U0008087

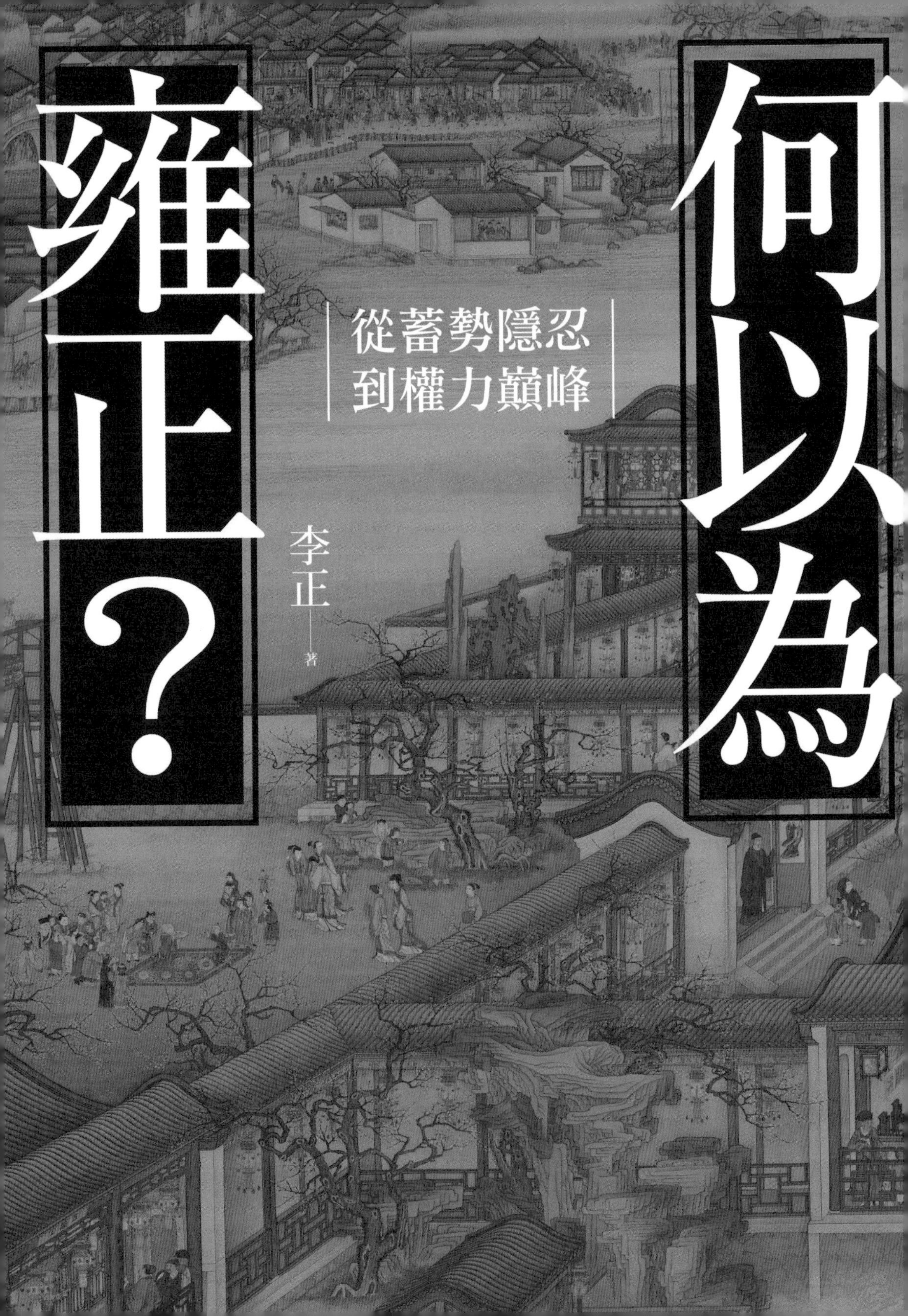
何以為
雍正？
從蓄勢隱忍
到權力巔峰
李正——著

▲ 雍正讀書像
▶ 雍正朝服像

▲ 雍正祭法農衣壇圖卷（第一卷）局部

◀ 胤禛行樂圖冊（十三頁）

01

02

05

03

06

04

09

07

10

08

13

11

12

▲ 出自康熙《御製耕織圖》（康熙三十五年彩繪本）

▲ 雍正像耕織圖冊（第二開・耕）

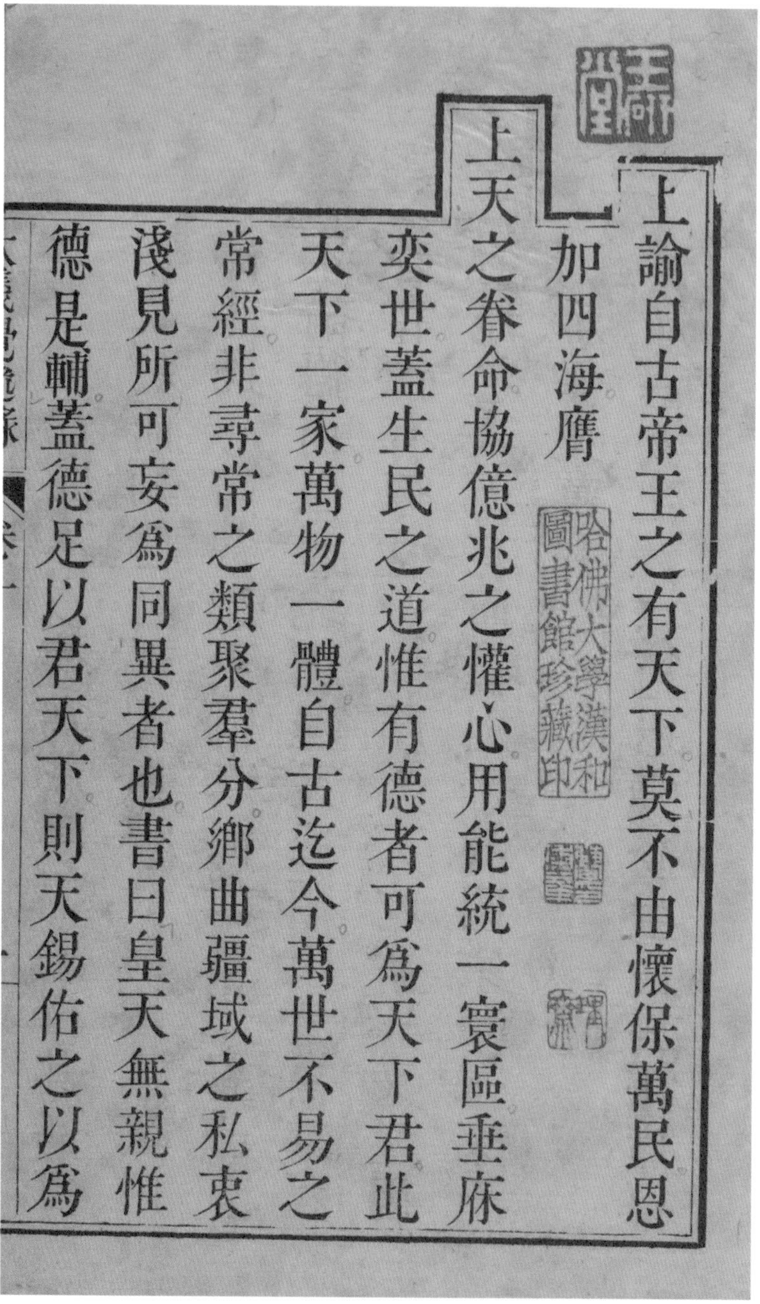

上諭自古帝王之有天下莫不由懷保萬民恩
加四海膺
上天之眷命協億兆之懽心用能統一寰區垂庥
奕世蓋生民之道惟有德者可爲天下君此
天下一家萬物一體自古迄今萬世不易之
常經非尋常之類聚羣分鄉曲疆域之私衷
淺見所可妄爲同異者也書曰皇天無親惟
德是輔蓋德足以君天下則天錫佑之以爲

哈佛大學漢和圖書館珍藏印

▲《大義覺迷錄》書影（清雍正時期刊本）

目次

第一幕　雍正朝的群臣光影

第一章　治國用人：清世宗的偏愛與憎惡

第二幕 紫禁城的皇家風雨

第二章 蕭牆奪嫡：四阿哥胤禛的登基之路

第三章 阿哥之外：被遺忘的滿洲公主

▲▲返場

第三幕 清世宗執政十三年

第四章 朝乾夕惕：雍正帝繼位後的日子

第五章

祕密立儲：雍正朝的後奪嫡時代

第一幕 雍正朝的群臣光影

回望歷朝歷代，觀其臣，知其君。拔擢大臣、貶黜官員，既是皇帝用人好惡的體現，也是君主治國理政的縮影。正如雍正皇帝在雍正三年（一七二五年）所說：「朕惟治天下之道，首重用人。朕自臨御以來，凡大小文武官員，俱親加看驗，考試補用。」（《清世宗實錄》卷三四）每一位臣子的選拔與重用都要經過雍正帝親自考察。

於是，當我們轉頭望向年羹堯、隆科多、張廷玉、李衛等雍正朝的文臣武將時，他們的命運起伏也為我們了解雍正皇帝打開新視窗。

第一章

治國用人：清世宗的偏愛與憎惡

年羹堯：外戚名將的膨脹與毀滅

雍正當皇子時，雖然一直以孤臣形象示人，但他在朝中同樣有自己的政治親信，其中最為關鍵的便是年羹堯。雍正帝繼位之初，便靠年羹堯成功穩住遠在西北的「大將軍王」皇十四子允禵；之後，雍正帝同樣靠他平定青海叛亂，穩住西北。做為得力助手，雍正帝一度感慨要與年羹堯「做個千古君臣知遇榜樣，令天下後世欽慕流涎就是矣」。只可惜，雍正帝與年羹堯之間「千古君臣」的新榜樣，非但沒能成形，反倒讓皇帝「鳥盡弓藏」、臣子「恃寵而驕」這萬世不變的戲碼再度上演。

◆ ◆ ◆

年羹堯是我們最熟悉的雍正朝武將之一，一方面是因為二十世紀末的電視劇《雍正王朝》熱播；另一方面是因為年羹堯的人生經歷的確很傳奇——四十六歲平定青海，達到人生頂峰，可是不到兩年，他就被雍正帝以九十二條大罪賜死。

年羹堯的一生到底經歷了什麼呢？

一、世代為官的開局

年羹堯生於康熙十八年（一六七九年），年家是書香門第，世代為官。他的祖父年仲隆是進士出身，官至和州知州；父親年遐齡是筆帖式[1]出身，官至工部左侍郎、湖廣巡撫。父、祖兩代人都是透過讀書、科舉考試步入仕途，不僅學問好，官場經驗也豐富。這種家庭氛圍的薰陶下，年羹堯開啟自己的讀書、科考之路。

電視劇《雍正王朝》把年羹堯設定為皇四子胤禛府裡的包衣奴才，其實是虛構。年羹堯早年在康熙朝的崛起，完全是靠他在學業上的卓越天分與勤勉。

年羹堯自幼開始讀書，二十一歲中舉人，二十二歲中進士。如此的科舉成績，放在康熙朝而言，絕對稱得上讀書天才。當時，哪怕是以博聞強記著稱的張廷玉，也直到二十九歲才考中進士，獲得功名時的年紀比年羹堯獲得功名時大了整整七歲。

康熙三十九年（一七〇〇年），二十二歲便中進士的年羹堯，可以說是當時官場中相當閃耀的一位青年才俊。而年羹堯的優秀也很快吸引當時朝中一位重臣的關注，這個人就是前武英殿大學士兼禮部尚書，時任內大臣的納蘭明珠。

明珠當時一眼就相中年羹堯，還把他招為孫女婿，就這樣成為年羹堯的太岳丈。這裡多說一句，年羹堯娶了明珠的孫女，她的父親也很有名，就是康熙朝的著名詞人納蘭性德。沒錯，那位寫出金句「人生若只如初見」（〈木蘭花令．擬古決絕詞〉）的納蘭性德，正是年羹堯的岳父。

如此來看，初入官場的年羹堯，拿到了夢幻般的開局：父親年遐齡官居湖廣巡撫，是一方封疆大吏，姻親家庭又是赫赫有名的明珠家族；更關鍵的是，他不但科舉成績優秀，而且做事勤勉扎實，深得康熙喜愛，屢屢受到破格提拔，升官就和坐火箭一樣，在年羹堯的履歷上體現得非常明顯。

看一看年羹堯的履歷：二十二歲中進士，任翰林院庶吉士；二十五歲通過考試，升任翰林院檢討；三十歲升任翰林院侍講學士；三十一歲升任內閣學士兼禮部侍郎。剛過而立之年的年羹堯，儼然是當時炙手可熱的政治新星。而就在年羹堯就任禮部侍郎的同一年，他還代表中央出使朝鮮，在外交事務中展示出不俗的能力，回京後不久，就被康熙外派到四川任巡撫，負責整頓當地民政，成為主政一方的封疆大吏。

然而直到年羹堯升任四川巡撫，他與皇四子胤禛（未來的雍正帝），仍然沒能建立任何政治關聯。但很快，一件事情的發生讓這兩個人迅速走到了一起。

二、命運轉折的巔峰

康熙四十八年（一七〇九年），就在三十一歲的年羹堯就任四川巡撫的這一年，康熙大封皇子，皇四子胤禛就此被晉升為親王。

康熙四十八年第二次大封皇子[2]

冊封皇三子多羅貝勒允（胤）祉為和碩誠親王。皇四子多羅貝勒胤禛為和碩雍親王。皇五子多羅貝勒允（胤）祺為和碩恆親王。皇七子多羅貝勒允（胤）祐為多羅淳郡王。皇十子允（胤）䄉為多羅敦郡王。皇九子允（胤）禟、皇十二子允（胤）祹、皇十四子允（胤）禵俱為固山貝子。（《清聖祖

實錄》卷二三九，康熙四十八年十月二十一日）

此次晉升後，年羹堯所在的漢軍鑲白旗被劃歸到胤禛的屬部，就此和皇四子胤禛形成一種主屬關係，這也是「年羹堯是胤禛門人」這一坊間傳聞的由來。

實際上，年羹堯此時已經是封疆大吏，起初他沒有太在意和雍親王胤禛之間的主屬關係，甚至壓根沒把胤禛當回事。一個有力的證據就是，康熙五十八年（一七一九年），胤禛曾寫信訓斥年羹堯，其中有兩句話相當值得玩味，一是：

> 妃母千秋大慶、阿哥完婚之喜，而汝從無一字前來稱賀。[3]

我媽過壽，我兒子結婚，年羹堯不說隨禮，居然連封祝賀信都沒寫！二是：

> 汝父稱奴才，汝兄稱奴才……而汝獨不然者……又何必稱我為主！[4]

年羹堯，你爸、你哥見到我都要自稱「奴才」，你居然從來都只是以職位自稱，眼裡到底有沒有我這個主子？

年羹堯對胤禛這麼不在乎的原因主要有兩點：一、他屬於業務骨幹，向來都是靠本事吃飯，為人很驕傲，不想在這方面動腦筋；二、年羹堯真正的大靠山一直都不是胤禛，而是康熙。

舉個例子，年羹堯就任四川巡撫後，本來是主管民政，具體軍務應該歸四川提督管轄。但當時的新提督康泰[5]水準不濟，年羹堯就直接插手四川軍務。這是絕對的越權，康熙卻表示支持。這還沒完，康熙五十七年（一七一八年），老十四胤禵出任撫遠大將軍，深入西藏作戰。年羹堯當時屬實露了一把臉，既打前哨偵察敵情，又搞後勤押運糧草，為戰爭早期的勝利立下大功。而後，年羹堯居然敢直接挾功要官，上奏給康熙：仗是打勝了，但四川軍務問題還很多，我身為四川巡撫，名不正、言不順，整頓起來很不方便，您能不能給我總督的虛銜？我整頓一年之後，退下來便是。（伏祈聖主暫加臣以總督虛銜……令臣節制各鎮。一年以後，營伍必當改觀。俟兵馬事竣，臣即奏繳虛銜，不敢久於忝竊。[6]）

這還得了？地方官員敢這麼和皇帝聊天，年羹堯算是相當出格了。結果康熙當即就升年羹堯為四川總督，待一年之後，還退什麼退啊？康熙六十年（一七二一年），年羹堯升任川陝總督，全權負責「大將軍王」老十四的軍事後勤問題。於是，年羹堯四十三歲時，就成為清朝當時頗有權勢的封疆大吏之一。

一方面，年羹堯能力很強，辦事可靠；另一方面，他深受時任皇帝康熙的賞識和信任。實在沒有必要在奪嫡形勢不明朗的情況下，貿然和皇四子胤禛產生過分緊密的聯繫。

可是此後事態的發展，讓年羹堯在康熙朝晚年的奪嫡政局中顯得愈發重要。

一是在康熙的安排下，雍親王胤禛娶了年羹堯的妹妹做側福晉，年羹堯搖身一變成為皇四子胤禛的大舅哥。

二是年羹堯的太岳丈明珠其孫子永福娶了皇九子胤禟的女兒，相當於胤禟成為年羹堯老婆的兄弟的老婆的爸爸。這個親戚關係簡單來說就是，胤禟是年羹堯的姻伯父，年羹堯是胤禟的姻侄。雖然親戚關係有些遠，但兩個人畢竟產生了聯繫。

三是除了與老四、老九有姻親關係外，此時的年羹堯還是皇十四子胤禵在西北軍事上的後勤助手。

此外，很多人不曾了解，年羹堯其實也和老三胤祉有過聯繫。

問題來了，如此多的關係中，年羹堯為什麼最終會倒向老四呢？原因有二：一，康熙五十八年，胤禎以八旗主僕關係的名義，藉口年羹堯父親年遐齡年事已高，讓遠在四川的年羹堯把十歲以上的年家子侄全部送回京城照顧年遐齡，等於扣留一票人質。（自今以後凡汝子十歲以上者，俱著令來京侍奉汝父！[7]）

二，康熙突然駕崩後，雍正借隆科多的力量，兵圍暢春園，順利登基，成為合法皇帝。年羹堯自此順水推舟，也更輕鬆。至於雍正到底是怎麼登基的，待後文詳述。

話說回來，就在雍正登基的同一年，年羹堯在西北完美地搞定時為「大將軍王」的皇十四子允禵，讓他把大將軍印交出來，也成為年羹堯對雍正新皇登基的投名狀。雍正自然是投桃報李，替年羹堯封爵。雍正元年（一七二三年）二月，年羹堯被封為二等輕車都尉，三月提升為三等公，十月又升為二等公。

年羹堯一時間化身炙手可熱的大貴族，背後其實體現新皇帝在軍事上的重要考量。

當時，青海的羅卜藏丹津叛亂，要選派一位大將去鎮壓。按滿洲慣例，逢大戰必由皇室宗親掛帥出征。但雍正剛即位，根基不穩，皇室宗親包括老十四在內，多是奪嫡時的政敵。因此，在雍正看來，還是大舅哥年羹堯，從軍事能力到政治手腕都更為可靠。於是，一番包裝下，年羹堯就以外戚貴族的身分，拜大將軍領兵出征。

年羹堯的業務能力絕對沒問題，打仗完全不是電視劇中演的那樣一拖再拖。年羹堯十月拜將，當月便孤軍進駐西寧，以自身為誘餌，指揮各地軍隊合圍叛軍。十二月，反包圍完成，開始猛攻。隔年二月，大軍殺到青海湖。三月，追擊到柴達木盆地，徹底打爆羅卜藏丹津。只用了不到六個月，年羹堯就蕩平青海，連當時清朝的官方頌文都說：「成功之速，為史冊所未有。」[8]

軍事上的巨大成功，徹底穩住雍正的皇位，四十六歲的年羹堯被加封為一等公，爵位這一塊算是封到頂了。這段時間，也是雍正和年羹堯的絕對蜜月期。雍正和年羹堯說的話，肉麻得無以復加。例如年羹堯孤守西寧時，雍正給奏章的朱批是：「好心疼！」（原話）年羹堯勝利後，雍正寫的是：「我二人做個千古君臣知遇榜樣，令天下後世欽慕流涎就是矣。」[9]

我們君臣二人是千古的榜樣，讓後世人流著口水羨慕吧。另外還有「朕之恩人」之類的吹捧，暫不一一列舉了。

三、恃功膨脹的毀滅

年羹堯剛平叛成功時，想過功高震主的問題。例如青海剛平定之際，年羹堯就在善後事務的奏摺中特別和雍正強調：今軍務已竣，臣無兼領大將軍印信，久駐西寧之理。[10]

可見年羹堯平定青海、立下大功後，心裡有功成身退的念頭。既然有這份心，為什麼還是沒能善終呢？其中很大程度上是因為雍正過於熱情，他不但繼續保留年羹堯的職位，讓他繼續經營西北，雍正甚至經常繞過中央六部，主動去找年羹堯商量各種中央決策。

坦白說，我們應該相信那時的雍正是真誠的，真的想和年羹堯做千古君臣的典範，對年羹堯的吹捧與信任，就是想換來他的忠誠與才幹。可是換位思考一下，皇上這麼熱情，如果你是年羹堯，會不會膨脹？皇上不但吹捧你是恩人，什麼事情都與你商量、哄著你，時間久了，絕大多數人都會漸漸迷失分寸。而年羹堯接下來出現了三個問題讓雍正真正對他產生殺心。

第一，政治站隊出問題。雍正上臺後，把奪嫡時的政敵老九允禟打發到年羹堯的帳下從軍，原本是想讓他監視允禟，可是年羹堯考慮到自己和允禟之間畢竟還有一層姻親關係，而允禟又是個政治上的失敗王爺，所以沒把這項監視的任務當回事。非但沒按時向雍正彙報允禟在西北的動態，反而放任允禟在當地做起買賣，且生意愈做愈大，以至於發展起來後，當地人還讚揚允禟是「賢王」。最終，因為年羹堯的不在意，硬是氣得雍正又派人去重新看管允禟。此時雍正對年羹堯的失望可想而知：朕對你這麼好，你怎麼能胳膊向外彎？

第二，團隊團結出問題。年羹堯取得軍事勝利後，曾向雍正舉薦大量官員。有合理的、立下軍功的將士，但也有不合理的、花錢賄賂的官員，年羹堯照單全收，而處於君臣蜜月期的雍正也是照單全准。但時任吏部尚書的隆科多受不了了——一來，這違背吏部的正常運轉，隆科多相當於被年羹堯架空分權；二來，年羹堯舉薦的人確實太多。因此，二人的矛盾愈積愈深。

雍正夾在中間就為難了，年羹堯是軍事支柱，隆科多是讓自己順利登基的功臣。最後，雍正來回和稀泥，甚至還提出要把年羹堯的一個兒子過繼給隆科多，讓兩邊親一親。

無奈顧此失彼，年羹堯和雍正最信賴的兄弟老十三怡親王允祥（胤祥）鬧出矛盾。雍正朝初期，允祥正負責追繳各省的財政虧空，而年羹堯以西邊打仗為由，拒不繳納，請求雍正幫忙豁免。雍正答應後，仍舊夾在中間和稀泥。沒事就寄點小玩意給年羹堯，說都是十三爺賞的。可是年羹堯不領情，甚至回京時，還對老十三的府第出言不遜，說了些類似「金玉其外，敗絮其中」的混帳話[11]。和電視劇《雍正王朝》二人熟識的設定不一樣，實際上，年羹堯和老十三之間沒有什麼交情，雍正夾在中間太難受了，手心、手背都是肉，年羹堯怎麼總是讓朕這麼為難呢？

第三，自我定位出問題。年羹堯得勝還朝回到京城時，實在太忘乎所以。巡撫見了要下跪，王公見了要問好，他甚至不下馬。按年羹堯的說法，這是上任「大將軍王」的慣例。可是你的上任是誰啊？人家老十四是皇子！最關鍵的是，別人愈捧，年羹堯愈忘我，不但炫耀功績，還插手中央各方事務。一時間謠言滿天飛，說年羹堯就是「隱形皇帝」，想幹什麼皇上都得准奏。這話還傳到雍正耳裡，雍正還得特別出來當著年羹堯和文武百官的面闢謠。雍正說：「朕豈沖幼之君，必待年羹堯為之指點，又豈年羹堯強為陳奏而有是舉乎？」[12]還說：「年羹堯之才為大將軍、總督則有餘，安能具天子之聰明才智乎？」[13]

其實這話已經夠狠了，但年羹堯還是不在意，在雍正面前照樣大大咧咧地叉開腿坐著，沒有恭敬的樣子。雖然沒有電視劇中「卸甲」的劇情那般僭越（劇中，雍正讓年羹堯的部下卸甲，但各部下直到年羹堯點頭後才遵命），但也非常過分。雍正的心情可想而知：朕對你好到如此程度，你倒真是絲毫面子也不留給朕啊！

於是，一場三步走的「倒年」活動就此開始：

第一步，放風。先逐漸放風，表達雍正對年羹堯的不滿，告訴大家年羹堯即將失寵。再私下透過密摺，誘導各省官員參奏年羹堯。

第二步，羅織。雍正開始正式地公開表達對年羹堯的不滿，聞風而來的大臣特別「懂事」，紛紛上奏彈劾年羹堯。

第三步，換人。雍正祕密策反年羹堯手下大將岳鍾琪，架空年羹堯，隨後一道聖旨讓他去當杭州將軍。接著便把他的官職、爵位，從一等公一步步削到庶民。之後將年羹堯鎖拿進京，以九十二條大罪賜他自盡。雍正三年末（一七二六年初），年羹堯被賜死，時年四十七歲。

話說回來，站在當事人的角度來看，被貶為庶民的年羹堯一定要死嗎？其實不一定。年羹堯的貪腐問題的確嚴重，操作各種權錢交易，但在康熙晚年間屬於常態，只不過雍正決心在新朝整頓吏治，年羹堯的貪腐就顯得大逆不道。即便如此，如果年羹堯不曾是雍正的寵臣，也不一定會死，正是雍正早期對年羹堯吹捧過度，滿朝皆知，最後卻在政治站隊、團隊團結等一系列問題上，慘遭年羹堯「啪啪」打臉。於是，在這位「好面子」的雍正皇帝眼裡，年羹堯面臨的自然是必死之局了。

年羹堯這一輩子活到四十七歲，風光了幾十年，最後一年突然隕落，仍是相當充滿傳奇性。如果生命中有一次選擇的機會，一邊是平平安安地度過漫長人生，一邊是像年羹堯一樣大起大落，我們該如何選擇呢？

在封建社會，當下屬的不管功勞再大、長官再喜歡自己，還是得恪守人臣本分，才能善終。正如孔子說的那樣，中國自古就「事君數，斯辱矣」（《論語．里仁》）。臣子和君主走得太近，日後倘若翻臉，前者的下場會比旁人更加悲慘。

張廷玉：清朝太廟的唯一漢臣

雍正皇帝一生裡有過很多大臣，但在中央，陪伴雍正帝走完整個十三年執政週期的，其實只有張廷玉一人。最終，雍正帝在遺詔中宣布讓張廷玉配享太廟。然而，雍正帝身為清朝皇帝，讓張廷玉這一位漢臣配享太廟，在當年還是引發一些爭議。只能說，或許在雍正眼裡，張廷玉才是一位大臣最應該有的樣子。

✦
✦
✦

張廷玉身為漢臣，死後能進清朝太廟，繼而受享皇家香火這件事，說起來還是挺奇怪的。首先，清朝配享太廟的王公大臣一共有二十六人，其中二十三人是滿人，二人是蒙古貴族，進太廟的漢人只有張廷玉。不僅如此，二十六人中，有二十三人都是戰功赫赫。剩下的三人，一個是雍正摯愛的親弟、雍正朝的「常務副皇帝」老十三怡親王允祥，另一個是晚清時皇族的「大咖」、洋務運動的主心骨恭親王奕訢，最後一個就是張廷玉。

張廷玉配享太廟這件事，從民族上講，他是漢臣，很特殊；從功績上講，他是文官，沒有戰功，仍舊很特殊。

張廷玉縱橫官場，跨越康、雍、乾三朝，到底憑什麼進太廟？又為什麼說他的結局不算善終呢？

一、勤學苦幹地崛起

張廷玉生於康熙十一年（一六七二年），父親張英不但是當時的文華殿大學士，而且曾被康熙指定為皇四子胤禛的漢學老師。張廷玉從小耳濡目染，接受的教育都是皇家等級。此外，張廷玉的科舉之路可以說非常順利。

十六歲中秀才，二十五歲中舉人，二十九歲中進士。康熙三十九年，張廷玉考中進士後，被選為翰林院庶吉士。在翰林院學習的日子裡，張廷玉與周圍鑽研四書五經的人不一樣，他對滿語產生極大的興趣，用他的話來說就是：「研究清書，幾忘寢食。」[14]

到了康熙四十二年（一七〇三年），翰林院散館考試時，張廷玉憑藉著御試滿文「一等第一」的成績，升任翰林院檢討。一個漢人獲得滿文考試的「一等第一」，張廷玉的學習能力可見一斑，也因此引起康熙皇帝的注意。

一年後，康熙四十三年（一七〇四年），張廷玉被安排去南書房[15]值班，這裡是康熙朝的決策中心；同年，他還兼任康熙的日講起居注官[16]，負責服侍康熙並記錄康熙的日常言行，都是由康熙欽點。康熙能看中張廷玉這個翰林院小官，極可能是因為以下兩點：一是張廷玉苦學滿文，讓身為滿族皇帝的康熙有極大好感；二是張廷玉的父親張英在康熙朝始終以老成持重著稱，很受康熙器重。兩點疊加，才讓年紀輕輕的張廷玉早早進入南書房，常伴御前。

久居權力中心的張廷玉，仕途也是扎扎實實地一步一腳印：康熙五十一年（一七一二年），升任翰林院修撰；康熙五十四年（一七一五年），升任翰林院侍講學士；康熙五十五年（一七一六年），升任內閣學士兼禮部侍郎；康熙五十九年（一七二〇年），轉任刑部左侍郎，這一年，張廷玉四十九歲。

張廷玉的為官風格雖然大體上和父親張英如出一轍，始終秉承著謹小慎微的原則，但也時常能在關鍵時刻展現出魄力與決斷。

例如，康熙六十年，當時在山東有鹽販和生員以「宗教」的名義聚眾鬧事，而當地官員為了邀功，將犯人的活動誇張地定性為「謀反」，做成一樁株連一百五十多人的大案。於是，張廷玉以刑部左侍郎的身分，代表中央巡視山東，確認案情。彼時的張廷玉「窮日夜之力，檢閱卷案」[17]，最終扛著「包庇漢人謀反」的政治壓力，將案件改判為「盜竊罪」而結案，並把判死刑的人數壓到七個，成功平息當地民怨。

對於這個結果，康熙很滿意，當年就將張廷玉從刑部侍郎平調為吏部侍郎，又因為時任吏部尚書的富寧安[18]在新疆駐兵，張廷玉就成為吏部實際的控制者。就任後，張廷玉開始整頓風氣、打擊貪腐。取得很理想的效果，時人稱張廷玉為「伏虎侍郎」。「打老虎」的反腐先鋒也成為張廷玉在康熙朝的最終形象。

隔年，康熙駕崩，雍正上位，張廷玉迎來人生的第二階段。

二、君臣相伴的典範

康熙駕崩後的第二個月，五十一歲的張廷玉就被雍正委派兩個官職：一、禮部尚書；二、《聖祖仁皇帝實錄》副總裁官。也許有人會覺得禮部尚書是從一品、正部級官位，顯然更重要，但編纂《聖祖仁皇帝實錄》的官職才是關鍵所在。

康熙做為清朝政權的實際鞏固者與版圖的實際確立者，與清朝歷代君主的實錄冊相比，《聖祖仁皇帝實錄》的內容實在是太簡潔了，而且對比原始檔案，明顯有非常多刪改痕跡。目前學界幾乎公認這多半是雍正授意，為了掩蓋「九子奪嫡」的部分真相，從而對政敵的負面評價加油添醋，對自己的陣營則盡量維護。

舉個冷門的例子：康熙一廢太子時，曾有一篇羅列胤礽罪行的口諭長文，這一紀錄就在《聖祖仁皇帝實錄》被刪改了。如果查閱當時的大臣回奏的滿文紀錄，卻能發現其中有一條極為關鍵的資訊，就是老二年輕時曾經暴打過老四，以致把老四踢到昏死，直接從臺階上滾下去。存在著諸如此類黑歷史的前提下，雍正將諱莫如深的宮廷檔案交給張廷玉修纂，足見他們君臣二人之間早已存在的信任與默契。

張廷玉出色地完成任務後，君臣關係持續升溫。放在今天也一樣，下屬替長官做多少件公開的好事，都不如做一件私密的壞事。

雍正朝的前六年，張廷玉的工作履歷看起來很有意思。幾乎主管過清廷所有的核心部門：雍正元年，五十二歲的張廷玉任都察院左都御史，監察全國各省和在京百官；同年，又改任翰林院掌院學士，兼任戶部尚書，握住全國的錢袋子；雍正三年升大學士；雍正六年（一七二八年）兼任吏部尚書，這一年，張廷玉五十七歲，說他一句「門生故吏遍布朝堂」，毫不誇張。但雍正始終很放心，因為張廷玉既不結黨，也不營私。

先說不結黨。除了雍正的口諭和奏摺，哪怕只是一封信，張廷玉也從沒以私人名義寫給任何一位官員：無一字與督撫外吏接。[19]用一句話來形容，張廷玉的為官之道就是「萬言萬當，不如一默」（黃庭堅〈贈送張叔和〉）。

再說不營私，張廷玉幾乎不收禮，凡饋禮值百金，輒峻卻之。[20]禮物但凡貴重一點，就嚴詞拒絕。

張廷玉的生活之清苦，甚至連雍正都看不下去，有一次決定賞他二萬兩白銀以補貼家用，張廷玉一開始拒絕，表示臣不需要。雍正堅持後才收下，但又拿出部分錢給老家的人和族人。

張廷玉除了用清廉自守換得雍正的絕對信任之外，也靠勤政和付出成為雍正離不開的「貼身祕書」。根據《清史列傳‧大臣畫一傳檔正編十一‧張廷玉》的記載，雍正的口諭需要張廷玉擬旨時，使「述旨信無二，萬言頃刻成」，簡直如語音輸入一般又準確又快速。

如果說康熙是真正奠定清朝統一版圖的皇帝，雍正就是正式確立清朝國家制度的皇帝。像是軍機處的設立，以及那些為清朝強行續命的改革，如「攤丁入畝」、「火耗歸公」、「官紳一體當差，一體納糧」，甚至是「改土歸流」，這些制度與政策能成功推行，除了依賴雍正本人偏執的勤政之外，也離不開雍正破格選拔重用的一批重臣。而這些重臣，如果說地方的代表是非科舉出身、忠心耿耿的李衛與田文鏡，那中央的代表，就只能是清廉能幹、勤勉當差的張廷玉了。雍正幾乎所有的制度建設與改革政策，都是由他草擬。換句話說，雍正是改革方案的設計者，張廷玉是改革內容的宣講者。就像雍正在遺詔中對張廷玉的評價：每年遵旨繕寫上諭，悉能詳達朕意，訓示臣民，其功甚巨。（《清世宗實錄》卷一五九，雍正十三年八月二十三日）

雍正對張廷玉的喜愛與依賴，幾乎到了想想就很開心的地步。例如，張廷玉曾有幾日生病了，沒上班，直到老張身體好了後，雍正才突然和身邊的人說：「朕股肱不快，數日始愈。」[21]朕的這胳膊和大腿已經疼了好幾天，直到最近才感覺好一些。此話一出，周圍的侍從很慌張，皇上胳膊和大腿疼？我們這些做奴才的怎麼都不知道啊！接著就是陣陣賠禮道歉，請罪說是自己沒有伺候好聖上。但雍正卻哈哈一笑說：「張廷玉有疾，豈非朕股肱耶？」[22]

而此種依賴在雍正八年（一七三〇年）以後更上一層樓，那一年，雍正帝最得力的助手、老十三怡親王允祥去世，此後，除了必須由滿人出面的事情，張廷玉幾乎扮演允祥生前的所有角色。雍正身體抱恙時，就曾指定由張廷玉辦理一切事務。而謹小慎微、勤勤懇懇地服侍雍正半輩子，幾乎所有事都和雍正堅定地站在一起的張廷玉，也換來巨大回報。雍正十三年（一七三五年），雍正駕崩前留下遺旨，著張廷玉配享太廟。

在清朝，對一個漢臣而言是無上的光榮，意味著此後歷任清朝皇帝祭祀祖先時，還要一起拜一拜張廷玉。可是一朝天子一朝臣，雍正臨終前的好意，卻讓張廷玉在晚年備受折磨。

三、配享太廟風波

雍正十三年八月二十三日凌晨，清世宗雍正皇帝駕崩。皇四子弘曆繼位，成為熟悉的乾隆皇帝。

說起來，乾隆最初對張廷玉還不錯。不但在繼位之初就替張廷玉加封伯爵，讓他成為自滿洲入關以來，第一個獲封伯爵的漢臣，還公開承諾會繼續保留張廷玉配享太廟的資格。而張廷玉對乾隆也很忠心，乾隆推行各項政策時，他都表示支持；而等到乾隆想安排訥親、傅恆等新人取代自己在軍機處的位置時，老張同樣知所進退，選擇接受。

但其中還是存在一個尷尬的問題——雖然讓張廷玉配享太廟是白紙黑字寫在雍正遺詔中，但真要認真計較，純粹是雍正仗著個人喜好胡來，朝堂上對此的非議始終很多。

道理很簡單，張廷玉進太廟前，清朝太廟一共有十九位大臣，其中十八位都立有軍功。包括乾隆朝早期兩個有資格進太廟的，一個是主持西南各省「改土歸流」的鄂爾泰，一個是鎮守西北的「超勇親王」策棱，兩人都戰功赫赫。而那時，太廟裡唯一沒有軍功的還是雍正的親弟弟，老十三怡親王允祥。張廷玉只是一個漢臣，能和允祥比嗎？顯然不能。以至於乾隆即位後不久，就有人對張廷玉進太廟這件事提反對意見，例如吏部尚書史貽直[23]就帶頭反對過。乾隆說：「史貽直久曾於朕前奏，張廷玉將來不應配享太廟。」（《清高宗實錄》卷三五四，乾隆十四年十二月十四日）

而乾隆對此的反應是：「而彼時，朕即不聽其言也。」（《清高宗實錄》卷三五四，乾隆十四年十二月十四日）

可見在早期，面對其他大臣對張廷玉配享太廟的質疑時，乾隆還是一度選擇保護張廷玉。只不過，

「章總」（因喜好在字畫上蓋章，乾隆被戲稱為「章總」）也是太過在意張廷玉配享太廟這件事了。

乾隆十三年（一七四八年），七十七歲的張廷玉提出要告老還鄉時，乾隆說的第一句話就是：

「卿受兩朝厚恩，且奉皇考遺命，將來配享太廟。豈有從祀元臣歸田終老之理？」（《清高宗實錄》卷三〇七，乾隆十三年正月二十九日）

張老，您將來可是要進太廟、在京城享受皇家香火的人，怎麼能回家養老呢？這一年，乾隆三十八歲。這句話聽著像是在刁難張廷玉，但也能聽出來乾隆對張廷玉的承諾仍在，至少此時還認為張廷玉能配享太廟。但乾隆的話或許有另一層意思：以你的功勞，配享太廟本來就有很大爭議，倒不如留在京城、死在京城，一輩子鞠躬盡瘁，進太廟更名正言順一些。

此時的乾隆，其實是對張廷玉釋放善意。

再來看一份比較冷門的史料，就是乾隆十四年（一七四九年）十一月十六日，宮廷御醫劉裕鐸一份對張廷玉的診斷報告：「奉旨看得大學士張廷玉，係心脾虛弱，胃經微受客寒，以致腹脅作脹，夜間少寐。」[24]

很明顯，這是乾隆派御醫去替張廷玉看病。那時的張廷玉不但腸胃不好，還經常失眠。之前一直拒絕張廷玉告老還鄉的乾隆，收到這份報告後不久，就批准了張廷玉的退休請求。而且，還特別召集百官開一次大會，以表彰張廷玉過往的付出，同時，乾隆在會上還對君臣的未來展開美好暢想：

至朕五十正壽，大學士亦將九十。輕舟北來，扶鳩入覲，成堂廉盛事。（《清高宗實錄》卷三五三，乾隆十四年十一月二十三日）

待朕五十歲生日時，張老也快九十歲了，到時我們君臣再會，必定會是一樁佳話呀！

故事到了這裡，是不是看起來一切都特別美好？可是接下來就出事了。

張廷玉先犯嘀咕了，他想起去年申請退休時，乾隆不但沒答應，還說配享太廟的大臣就不該告老還鄉。於是，他開始擔心，如今聖上允許自己告老還鄉，會不會不讓自己配享太廟了呢？接著，張廷玉突然跑進宮中，一把鼻涕、一把眼淚，非要乾隆寫個字據，承諾哪怕自己告老還鄉了，死後仍然能配享太廟。

一個大臣要當朝天子立字據，太過分了，有失體統。

乾隆考慮到多年的感情，就硬著頭皮答應。你不是要字據嗎？行，朕就寫首詩給你當字據：

造膝陳情乞一辭，動予矜惻動予悲。先皇遺詔惟欽此，去國餘思或過之。[25]

放心吧老張，父皇在遺詔裡說好的事，朕一定答應你。

其實這時乾隆已經有些動怒，如果一切到此為止，尚且還有餘地，意外卻接踵而來。

領到字據後的張廷玉無比開心，熬夜寫了一宿的謝恩摺子。可是隔天七十八歲的老頭卻怎麼也下不了床，既然無法親自到宮中謝恩，張廷玉讓二兒子[26]替自己進宮謝恩。終於，乾隆應付完張廷玉的二兒子後，轉頭就天威震怒——要恩典時，親自來，拿了恩典，就派兒子來打發，你眼裡還有沒有朕這個皇帝？「章總」此時會生氣，其實有一定道理，畢竟老張想要退休，人家不但批准，甚至還開會表彰你這一生的功績；你要立字據，人家也立了，讓你吃了定心丸。可是人家都做到位之後，你卻派兒子去答對，到底懂不懂感恩呢？

更大的意外還在後面，張廷玉意識到自己的行為有問題，隔天一早飛奔進宮，親自去謝恩，卻謝出大罪過。乾隆說：「昨天朕罵你的時候，你兒子早已經走了，你怎麼知道朕生氣了？你是不是在朕身邊安插眼線？」於是，乾隆愈想愈氣，最後便以「結黨」為名，革除張廷玉的伯爵之位。

即便如此，乾隆還是保留底線，沒有廢掉張廷玉配享太廟的待遇。

乾隆十五年（一七五〇年）年初，張廷玉剛收拾完家當，準備回老家，卻碰上乾隆皇長子永璜意外病逝。皇室發喪，張廷玉動身不成了。喪期三月二十三日結束，張廷玉三月二十五日就去找乾隆，問道：「既然皇長子的喪期已經結束，臣這會兒是不是就能離開呢？」此時的乾隆還沉浸在巨大的喪子之痛中，張廷玉來了這麼一齣，乾隆終於無法再忍，正式召集群臣討論，取消張廷玉配享太廟的待遇。這不就是你一直心心念念的嗎？還讓朕給你立字據？這回朕還真不給你了。

直到張廷玉死後，乾隆才恢復他配享太廟的待遇，以表示對雍正遺詔的尊重。只是此時的張廷玉已經什麼都不知道了。而張廷玉的晚年則是在一無所有的情況下，帶著無限的遺憾去世。

故事到這裡就結束了嗎？沒有。

張廷玉去世三十年後，乾隆五十年（一七八五年）時，乾隆七十四歲了。他翻閱檔案時，突然看到一篇剛即位不久時張廷玉所寫的文章〈三老五更議〉。張廷玉在文中既講臣子該如何恪守本分，又講了君主該如何保持威儀。此時已逾古稀之年的乾隆，讀著讀著，可能想起年輕時對張廷玉所做的事，忽然感慨道：「夫廷玉既有此卓識，何未見及朕之必不動於浮言，遵皇考遺旨，令彼配享太廟？而臨休致歸里時，乃有求入廟之請。此所謂老衰而戒之在得乎？朕又以廷玉之戒為戒，且為廷玉惜之。」（《清高宗實錄》卷一二二四，乾隆五十年二月初七日）唉，張廷玉當初為什麼不相信朕一定會讓他配享太廟呢？最後非要朕寫個字據，最後平白無故牽扯出那麼多事情。

此時的「章總」是在貓哭耗子假慈悲嗎？還真不是。

在此之後，乾隆對張廷玉的後人照顧有加。像是張廷玉的小兒子張若渟，當初沒考上科舉，最後靠納捐買官，仕途一直不順。乾隆五十四年（一七八九年），乾隆下旨說：「張若渟雖非科甲，但尚謹慎，且係大學士張廷玉之子，特加擢用，以示朕眷念舊臣之意。」（《清高宗實錄》卷一三四一，乾隆五十四年十月二十四日）

張若渟雖然沒考上科舉，但畢竟是張廷玉的兒子，還是要好好培養，朕也是個念舊情的人。於是那年，張若渟從內閣學士升為工部侍郎。嘉慶朝時，張若渟還升為兵部尚書。不管是出於懷念，還是出於愧疚，如果不是對張廷玉還存有感情，乾隆沒必要特別優待張若渟。

不僅如此，乾隆對張廷玉的孫子張曾誼也很關照，當時，張曾誼在短短幾年內，就從山西平陽府知府升為浙江按察使。而且，七十多歲的乾隆還特別召見過張曾誼，並囑咐他說：「汝曾祖英，汝祖廷玉皆為賢相，汝家世受國恩，非他臣可比……汝好好居官，還要大用。」[27]

你爺爺張廷玉當年是非常優秀的大臣，你們家和其他人家不一樣，你要以你爺爺為榜樣，好好努力，做個好官，將來朕還要重用你。

也許脾氣上來時，乾隆真的是個不講情面的政治動物，對晚年張廷玉的各種折騰，難免讓人覺得有些吹毛求疵。可是看他晚年對張家後人的重用與栽培，很難說他是個不念舊情的冷酷之人。只能說，人生在世，年紀愈大，才愈能感受到年輕時做過的每個選擇背後的得與失吧。

隆科多：從擁立之功到圈禁至死

對於如何用人，雍正似乎始終都有一種「愛之欲其生，惡之欲其死」的衝動，不僅對年羹堯如此，對隆科多亦是如此。當雍正信任隆科多時，曾讚揚他是「當代第一超群拔類之稀有大臣」；而當他懷疑隆科多時，又會以雷霆之勢將其迅速圈禁。於是，隆科多的命運起伏是繼「年羹堯案」之後，雍正執政時期升黜大臣的又一經典案例。

✦ ✦ ✦

從歷史的角度而言，隆科多是雍正繼位的最大功臣，甚至沒有之一。康熙駕崩的那一夜，時任九門提督的隆科多是現場除皇子之外唯一的異姓大臣，並全權負責雍正的安保工作，保證皇權順利交接。雍正繼位後，隆科多迅速成為當朝的政治明星，位高權重，但僅五年後，隆科多就十分狼狽地死在北京暢春園外的一間小房子裡。

隆科多究竟如何崛起？康熙駕崩的那一夜，他到底做了什麼？做為擁護雍正繼位的從龍之臣，最終為何隕落呢？

一、滿門勛貴的家世

隆科多，儘管生年不詳，但毫無疑問，他出身於十分顯赫的家族。隆科多能在康熙朝崛起，簡單來說就是一句話——靠爹、靠姊、靠姑媽。

首先得確立一個小背景，隆科多不姓「隆」，他姓「佟佳」，全名是佟佳．隆科多。清朝早期有兩位赫赫有名的佟佳氏皇后。第一位是順治的孝康章皇后[28]（隆科多的姑媽），她生下一個寶貝兒子——愛新覺羅．玄燁；第二位則是康熙的第三任正宮娘娘，孝懿仁皇后[29]（隆科多的親姊姊）。從姑媽的角度講，隆科多是康熙的表弟；從姊姊的角度講，隆科多是康熙的小舅子。

再來看看隆科多的父親——佟國維，就是電視劇《雍正王朝》的那位議政大臣，只不過佟國維被改編成隆科多的六叔，這下子，兒子變成侄子。像這樣改編影響倒不大，歷史上，隆科多和佟國維在政治站隊上，的確產生比較大的分歧。佟國維是典型的「八爺黨」，隆科多則沒有參與其中。

話說回來，因為姊姊和姑媽這兩位佟佳氏皇后與父親佟國維的影響力，隆科多所在的佟佳氏家族當時是絕對的權貴家族。按《滿族姓氏綜錄》（遼寧民族出版社，二〇一二年）的說法，佟佳氏是「滿洲八旗中，皆有其人」。其家族的大量成員在朝為官，且職銜普遍不低，以至於佟佳氏家族在康熙朝獲得一個響噹噹的稱號——佟半朝。

而出身於權貴家族的隆科多，官場生涯走了典型的旗人武官升職路線。自康熙二十七年（一六八八年）起，隆科多就在康熙的身邊任一等侍衛、鑾儀使。此後，又升任鑲白旗漢軍副都統、正藍旗蒙古副都統。

但人生偏偏有時選擇比努力更重要，尤其是一個權貴家族，其興衰終究離不開政治鬥爭中的站隊。而隆科多第一次站隊顯然是失敗的，很多人不知道的是，他最早是老大胤禔的人。轉捩點則發生在康熙四十七年（一七〇八年），當時，太子胤礽第一次被廢，老大胤禔因為魘鎮太子、圖謀不軌，被削爵囚禁，隆科多因此受到批評。從此在政治站隊上愈發謹慎，並由此躲過一次重大災禍。

這次重大災禍就發生在太子第一次被廢的那年冬天。當時，康熙要群臣推舉新太子，老八胤禩的眾望所歸嚴重挫傷康熙對控制朝堂的自信。轉過年來，本已退休的佟國維被康熙視為串聯「八爺黨」的罪魁禍首之一，佟佳氏家族遭受一次全面且沉重的打擊。

但佟國維的兒子隆科多在此期間始終沒有表態，且隆科多和擁護老八的所有皇子都保持一定距離。於是，這場政治風波過後，保持中立且謹慎的隆科多，很快就迎來高升的機會。

康熙五十年（一七一一年），時任九門提督的托合齊[30]的「結黨飯局」曝光，再次引發康熙強烈的不安。托合齊是胤礽復立之後「太子黨」的核心人物，常年以組織飯局為由拉幫結派。而這場頂級的政治飯局中，除了托合齊這位掌握京師軍事力量的九門提督之外，還有時任刑部尚書和兵部尚書的兩位高級幹部。最邪門的是，康熙的貼身太監梁九功[31]也在其中。

相當於「太子黨」利用托合齊和梁九功的職務之便，可以監視在京大小官員的一舉一動，甚至能監視康熙。康熙在驚恐與震怒之餘，當即以雷霆手段掀起一波鎮壓與殺戮。

處死托合齊後，康熙的當務之急就是要挑選一位新任九門提督，此時的任職條件開始產生變化。除了要武官出身外，還必須滿足兩點：一是絕對可靠、值得信任；二是不能和任何皇子有瓜葛。再看隆科多，一方面，他身為康熙的表弟兼小舅子，自少年時起便做著康熙的貼身護衛，自然值得信任；

另一方面，自老大胤禔被囚禁後，隆科多始終潔身自好，遠離政治站隊，完全符合條件。

最終，康熙五十年，猶如天上掉餡餅一般，隆科多成功擔任步軍統領一職。步軍統領就是常說的九門提督，相當於衛戍部隊司令員，掌握京師幾乎全部的軍事力量。

遭受打擊後又突然崛起的隆科多，開始進入人生中最為謹慎、沉穩的階段。一方面，他和所有皇子都保持著明面上的絕對距離，另一方面，他絕對效忠於康熙，始終將京師各方的動態情報第一時間上報，逐漸獲得康熙的信任。康熙五十九年，隆科多兼任九門提督的同時，升任理藩院尚書，成為康熙晚年間炙手可熱的政治新星。所有的一切彷彿都是為了給康熙駕崩於暢春園的那一夜做鋪墊。

二、從龍保駕地騰飛

康熙六十一年（一七二二年）十一月十三日，康熙皇帝駕崩，雍正上臺。

根據《清聖祖實錄》記載，康熙駕崩時，暢春園現場的主要人物，除了皇族的眾位皇子之外，大臣只有隆科多一人。而人們談到這段歷史的疑惑之處在於，隆科多只是理藩院尚書兼九門提督。論文職，他上面有大學士和六部尚書；論武職，他上面還有領侍衛內大臣。從任何一個角度講，隆科多似乎都沒有資格出現在那種特殊場合之中。

然而這背後的原因，今天已無法揣測。但當天夜裡隆科多做了什麼，還是比較清楚的。首先，隆科多組織武力對暢春園進行戒嚴；之後，隆科多與老十三允祥一同領兵，護送雍正返回紫禁城；最後，隆科多還派兵徹底封鎖京城整整六天，對所有王公大臣都實行控管，以確保雍正順利登基。

未來半年多的時間裡，隆科多都是雍正人身安全的第一負責人。一方面是隆科多對雍正的忠誠，另一方面也是雍正對隆科多的信任。自此，隆科多開始被視為雍正的絕對死忠分子。

這位長期與皇子們保持距離的「孤臣」，到底是什麼時候選擇站隊雍正？沒有任何檔案記載可以查詢，因而成為懸案。人們普遍有兩種推測：一、隆科多只是堅定地履行康熙的意志；二、冷熱灶理論。如果燒勢力龐大「八爺黨」的熱灶，隆科多不過是眾多從龍之臣中的小字輩，不會有太大收益，但如果燒老四胤禛這位「孤臣皇子」的冷灶，他就可以成為重要砝碼，並獲得巨額回報。

事實證明，隆科多這一次豪賭獲得空前巨大的成功。雍正繼位沒多久，隆科多就升任了總理事務大臣，兼吏部尚書，承襲一等公爵。

隆科多獲得的回報還不只如此，雍正對中央許多大臣都表態過，隆科多的親姊姊孝懿仁皇后是他的養母，隆科多就是他的親舅舅。於是，雍正下了一道在清朝前無古人、後無來者的命令，命內閣以後書寫公文時，凡遇到隆科多的名諱，一定要寫成「舅舅隆科多」——

諭內閣：隆科多應稱呼「舅舅」，嗣後啟奏處，書寫「舅舅隆科多」。（《清世宗實錄》卷一，康熙六十一年十一月二十五日）

這下隆科多哪裡只是雍正的舅舅，倒成為全國人民的舅舅了。

此外，在待遇上，雍正對隆科多也是好得邪門，什麼雙眼孔雀翎、四團龍補服、黃帶、鞍馬紫轡等，統統賞賜，和親王相同待遇。在大臣之中，能讓雍正這麼寵的除了隆科多，恐怕只有年羹堯了。只可惜，年羹堯膨脹了。隆科多呢？嗯，也膨脹了。比起在表哥康熙打壓下的謹小慎微，在外甥雍正吹捧下的隆科多，實在是有些忘乎所以了。

此人真聖祖皇考忠臣、朕之功臣、國家良臣，真正當代第一超群拔類之稀有大臣也！[32]

於是乎，隆科多在雍正朝僅崛起五年，便迅速墜落。

三、轟然崩塌地落幕

比起張廷玉的謹小慎微，出身權貴、一輩子沒遭過罪的隆科多，實在活得太過跋扈。他主管吏部時，吏部幾乎成為他的私人領地，官員任命被他大肆干涉。時人將隆科多所選的官員均稱為「佟選」，在雍正朝初期與年羹堯的「年選」如出一轍。

結黨問題則是隆科多失寵的主因，他因佟佳氏一族而起，也因佟佳氏一族而落。當年，族人幾乎全體站隊老八時，他因中立而崛起；但等到他成為佟佳氏的頂梁柱時，又開始庇護那些曾經表態效忠老八的族人。相當於隆科多不單是結黨，還包庇雍正昔日的諸多政敵。因此，從雍正三年正月開始，隆科多便逐漸失寵。雍正二年（一七二四年）底，隆科多為了試探，也可能為了自保，曾主動向雍正請辭九門提督的職位。結果他的請求被立即准奏，還安排隆科多的對頭鞏泰[33]來接替他。

大概從這時起，隆科多就已經意識到，他的外甥雍正儘管說話比表哥康熙好聽，但翻臉之後的手段可是要狠辣得多。於是，隆科多開始牢騷滿腹、胡說八道，最有名的其中一句是：「白帝城受命之日，即是死期已至之時。」（《清史列傳．大臣畫一傳檔正編十．隆科多》）

這句話的含義相當值得玩味：隆科多自比季漢的託孤大臣諸葛亮，康熙是劉備，雍正不就成為樂不思蜀的劉禪嗎？至於後半句的「死期已至」，不就是指責雍正忘恩負義嗎？表達得如此直白，都不需要專業的「文字獄人士」來羅織罪名，因為根本解讀不出其他意思。而另一句則是隆科多誇耀在康熙駕崩的那一夜——

一呼可聚二萬兵。（《清史列傳．大臣畫一傳檔正編十．隆科多》）

這種話一旦說出來，對雍正繼位合法性的打擊可就太大了。隆科多誇耀自己在那一夜的武力，到底是炫耀擁立之功，還是暗示雍正是靠武力奪權，繼位的合法性不足呢？

一旦對皇權的合法性產生威脅，隆科多的死亡就只是時間問題了。雍正想避免落得一個「飛鳥盡，良弓藏」殺功臣的惡名，於是，玩了一手借刀殺人的把戲。

隆科多的人緣很差，一是他沒有科舉身分，科甲出身的官員都看不上他；二是做為「全國人民的舅舅」，隆科多自恃皇親國戚的身分，又有擁立之功，多年來飛揚跋扈，四處樹敵。於是，雍正處理起來也很輕鬆，先公開收回隆科多的種種「親王級」待遇，繼而在大會、小會上，沒事就點名批評兩句，明確表態隆科多失寵，朝野上下立刻心領神會，參隆科多的摺子像雪片一樣紛紛飛落至雍正案前。

最終，雍正合理合法地把隆科多送進監獄，定了四十一條大罪，判了無期徒刑。值得玩味的是，雍正給隆科多選的幽禁地點居然緊挨著康熙駕崩之地——暢春園。服刑中的隆科多看著暢春園，想起五年前在這裡的意氣風發，又對比此刻牢獄中的狼狽之相，沒過多久，他就精神失常，變得瘋瘋癲癲。一年之後，一命嗚呼。

隆科多的一生是典型外戚權貴的滅亡之路。出身好便自恃皇親國戚，賭對了一件事便忘乎所以，最後失了身分，自取滅亡。《清史稿．列傳八十二．胡期恆》中對隆科多的定論，說得相當直白：當其貴盛侈汰，隆科多恃元舅之親，受顧命之重……方且憑藉權勢，無復顧忌，即於覆滅而不自怵。臣罔作威福，古聖所誡，可不謹歟！

從被賜自盡的年羹堯，到晚年一塌糊塗的張廷玉，再到吞下無期徒刑惡果的隆科多，他們似乎都在警告我們「伴君如伴虎」這一道理。可是帝王溫情的一面，難道就沒有人能夠看到嗎？

田文鏡：大器晚成的「天下第一巡撫」

雍正十三年的執政生涯，其實就是一部改革史。改革，既需要中央朝堂的設計，也離不開地方督撫的支持。雍正最得力的改革先鋒正是主管河南一省的田文鏡。可是田文鏡在歷史上的評價卻相當兩極分化：雍正誇他是「天下第一巡撫」，河南士紳罵他是嚴苛酷吏。這種兩極化的評價，後來同樣出現在雍正身上。因此，某種程度上，田文鏡的命運起伏，也為我們近距離地觀察雍正和他的改革提供一個全新視角。

✦
✦
✦

田文鏡，一位在清朝連舉人都沒考中，卻一路升至河東總督的傳奇官員。

講述田文鏡的故事之前，要先思考一個問題——田文鏡的一生究竟是以康熙朝為主，還是以雍正朝為主？和既定的認知不同，田文鏡活了七十年，有六十年都活在康熙朝，只有最後十年活在雍正朝，但我們往往會認為他是個典型的雍正朝大臣。很多時候，生命的存在感不在於數量，而在於品質，這對古人也一樣。相信即使讓田文鏡回答自己是康熙朝的人，還是雍正朝的人這一問題，他的答案也一定會是後者。

一、蹉跎半生的轉折

田文鏡出生於康熙元年（一六六二年）。從小就開始讀書的他，偏偏考試能力一般。科舉制發展至明、清時期，具體形式已經變為八股取士。可是田文鏡怎麼都學不會寫八股文，每次考試都考得一塌糊塗，總是名落孫山。最後花錢買了學歷，就是「監生」，和秀才的等級差不多。接著，二十二歲時，花錢買官，就是福建長樂縣縣丞，是個八品官。

由此大概可以看出，田文鏡不但考試能力一般，而且家裡的經濟實力也有限。同樣是買官，富二代的李衛起步就買了五品官（從五品的員外郎），田文鏡與之相比就差多了。

康熙朝當時的環境下，科舉考試不行，家族實力也一般，又沒有能逆天改命的婚姻，按常理，田文鏡一輩子可能就這樣了，但老田偏偏是個對命運不服輸的人，工作起來異常努力。二十二歲出任福建長樂縣丞後，三十歲前後升任山西寧鄉知縣，四十四歲升任直隸易州知州，四十五歲升任吏部員外郎。

仔細觀察田文鏡的履歷就能發現：他做了八、九年的八品縣丞才升到七品知縣，可見，他真沒有什麼政治資源可以依仗。可是之後，他又能從七品知縣升遷為易州知州，進而升遷為吏部員外郎，很快又歷郎中，授御史。可以大膽推測，田文鏡在地方政務的治理上一定相當有才幹，且政績突出，以至於能有像這樣持續的升遷。

只可惜，此後田文鏡升遷之路陷入停滯。直到五十五歲，仍然只是個小小的御史，但這一年，他意外接到一個小任務——到天津的長蘆鹽場收稅，他立刻發現當地連續幾年的巨大虧空，並擬出具體的解決方案，上報給康熙。

這個歷史細節雖小，能推測出的事情卻很多。首先，田文鏡必定拒絕鹽商的巨額賄賂，否則為什麼前幾年來收稅的官員都沒能發現如此巨大的虧空；其次，二十多年的基層治理經驗，讓田文鏡面對地方官吏的小伎倆能遊刃有餘；最後，田文鏡辦事情很妥當，不僅能發現問題，還能連帶提出解決方案，一起上報給上級。

果然，田文鏡巡鹽後的第二年，就升任內閣侍讀學士，這是個從四品的京官。但苦於沒有政治資源和依仗，田文鏡的仕途就僅此而已，很難再繼續升遷。直到康熙駕崩那一年，田文鏡還在原地踏步。這一年的他，六十一歲。

面對此前與自己並無交集、繼位時年四十五歲的雍正皇帝，田文鏡高機率會覺得這輩子就如此了，出頭無望。但正是在雍正朝，蹉跎半生的田文鏡終於迎來人生的重大轉折。

一切還要從一件小事說起。

雍正元年，新皇正式登基，田文鏡代表中央前往華山祭告山神，途中經過山西。而此時的山西正在鬧災，陝甘總督年羹堯奏報，請求賑災，但山西巡撫德音[34]卻表示沒有災情。等田文鏡回京覲見時，雍正向他詢問情況，田文鏡對答如流，十分詳盡，說清楚讓山西百姓流離失所的嚴重災情。

這一次對話讓田文鏡在雍正那裡拿了高分，一方面是田文鏡彙報得很清晰；另一方面，雍正料定田文鏡一定是心中裝著百姓，才能對沿途災情有頗多關注。

於是，田文鏡被雍正安排去山西賑災，最終，他在全省統籌兼顧，出色地完成任務。雍正很開心，當即升田文鏡為山西布政使，從二品官。隔年，雍正升他為河南巡撫。六十多歲的田文鏡，兩年不到，便從一個從四品的普通京官成為主政一省的封疆大吏。

對於田文鏡晚年間突然躥升的原因，史學界的推測有很多，可以總結出三個核心原因：

一、田文鏡的確才幹好，能做出政績，能力強永遠是下屬被長官重用的基礎條件。

二、田文鏡做事風格雷厲風行，偏嚴酷，與康熙晚年間官場「你好、我好、大家好」鬆弛、寬仁的政治氛圍格格不入，卻恰恰符合勵精圖治，準備改革，力行新政的雍正需要。

三、田文鏡此前沒有科舉功名，缺乏可靠的政治資源，雖然對田文鏡個人不利，但雍正很喜歡：因為如此一來，田文鏡的政治背景就顯得十分乾淨，沒有結黨的可能性；而且，缺乏政治資源的情況下，雍正的出手相助會讓田文鏡形成一種巨大的報恩心理。

二、奮勇不懈地改革

基於治理能力出色、辦事風格嚴厲、政治背景清白，田文鏡開始走入雍正的核心政治圈，並向雍正表達高度的忠誠，就連寫奏章說的話都是一片感激之詞：「臣一介庸材（才），至愚極陋。」[35]「聖主天高地厚之恩至深至渥，即鞠躬盡瘁亦難以報效，惟有矢此血誠，不敢一毫怠惰。」[36]

從此，抱著知遇之恩的田文鏡，瞬間成為雍正朝的改革急先鋒，不管髒活、苦活、累活，這個六十多歲的老頭都第一個衝鋒在前。雍正的四大改革政策——「攤丁入畝」、「火耗歸公」、「官紳一體當差，一體納糧」、「清補虧空」，田文鏡都以雷霆手段迅速推展。

什麼叫雷霆手段呢？

雍正剛即位時，國庫空虛，源頭就是地方各級官員的貪汙和挪用公款。田文鏡在河南時，一上任就發通知，凡是有虧空的各級官員，要嘛趁早補上，要嘛抓緊時間自首。這種通知放在過去肯定不會有人搭理，田文鏡就把但凡能查到有虧空的官員全都抓到省城，並迅速開始審問。至於具體的審問手段，大家可以自行想像。接著，他總結陳詞，你們這些官員都要回家進行資產拍賣，就算把祖宅賣了，也得把欠朝廷的錢補上。最後，田文鏡在河南到任的第一年，就把河南府庫的虧空補齊。儘管河南官場早已罵聲一片，但雍正卻表示：嗯，幹得漂亮。

再例如，推行「火耗歸公」。簡單來說就是朝廷官方徵收賦稅銀兩，把徵收上來的百姓碎銀子用火燒鑄成銀錠的過程中會有損耗，於是，各級官員以此為藉口再多收百姓一筆錢，稱為「火耗」。之前，各地官員完全按自己的意思擬定火耗數額，隨意盤剝百姓。而田文鏡再次力行雍正的意志，先以省政府的名義向河南各級政府明定火耗稅率，任何人不能隨意加派；之後，又將火耗收歸省管，進行公用分配，這一系列動作就是「火耗歸公」。儘管河南官場再次罵聲一片，但田文鏡還是憑靠威權，把棘手的差事辦好了。雍正會心一笑，再次表示：嗯，幹得漂亮。

不僅是對官場同僚，對地主士紳，田文鏡也採取一系列硬手段。「攤丁入畝」的推進上，還是老套路：明定按土地徵收人丁費，先清查士紳的實際使用田地數量和登記在冊的稅收田地數量是否匹配；然後發布通知，隱匿田地者早早自首，坦白從寬，凡是抗拒、隱瞞不報的地主士紳，或者從中包庇的官員，只要查到，統統抓起來。不到一年，田文鏡就查出隱匿的田地二千五百餘頃。

事到如今，田文鏡已經把河南上下的官員、地主全得罪過一遍。但他仍舊挺著一把老骨頭，強硬地給河南的地主科普什麼叫「官紳一體當差」。河南自古處在黃河中下游，河患嚴重，需要修河堤。照慣例，這種苦活只會是老百姓來做，地主旁觀就行了。但「官紳一體當差」的意思就是地主家也得出人，全都下到泥裡當河工。政令一出，河南上下，從官員到地主全都爆炸。但田文鏡親自下場督工，不僅讓工程順利推進，且這一次黃河堤壩還修得相當好，汛情來臨，當地百姓的生活幾乎未受影響，當年秋收時，還迎來大豐收。

得知消息後，雍正內心相當激動，在內閣和中央各部大臣面前，他難掩喜悅。你們經常有人說朕的新政有問題，這次河南改革的效果怎麼樣？還有說朕用人有問題的，你們看看，田文鏡幹得怎麼樣？最後，雍正還自問自答了一番，稱讚田文鏡道：「整飭河工，堤岸堅固，河汛安瀾，年歲豐稔；紳衿畏法，正已率屬，地方寧謐，而每事秉公潔己，謝絕私交，實為巡撫中之第一。」[37]

雍正的確給人封過「天下第一巡撫」的稱號，只不過給的不是電視劇《雍正王朝》中的諾敏[38]，而是田文鏡。

三、君臣相惜地落幕

然而田文鏡雷霆手段加持下的改革，得罪的人實在太多，最終，一場雍正朝有名的「督撫互參案」爆發了。

雍正四年（一七二六年），時任廣西巡撫的李紱[39]升任直隸總督，他路過河南時和田文鏡爆發衝突。起因是田文鏡在暴烈的改革過程中，打擊大量官員和士紳。李紱聽到諸多鄉紳的抱怨後，指責田文鏡是自己考不上科舉，便有意作踐讀書人，還說他重用的官員盡是潑皮無賴，表示要參他。打人不打臉，李紱如此挖苦田文鏡，田文鏡只好說：好，你參，我也參。田文鏡在奏摺中說李紱包庇罪犯、結黨營私。

一邊是直隸總督，一邊是河南巡撫，兩份摺子就這樣放到雍正面前。於是，雍正派人調查，發現田文鏡的手下居然真的有問題。可是雍正最後還是一邊准了田文鏡此前彈劾官員的奏摺，另一邊又處罰田文鏡的手下官員，算是各打五十大板，但雍正又公開表示：「闔省之廣，屬員之眾，焉得人人不謬？」[40]

意思是說，田文鏡管一個省，手底下有一、兩個惡劣官員隱覓其間，沒被人發現，這不是很正常嗎？然後，雍正為了安撫田文鏡，還賜他一筐荔枝，讓老田同學別灰心，繼續努力。這的確屬於皇帝明目張膽地護犢子。

非但如此，隔年雍正又替田文鏡升職，且硬造出一個叫「河南總督」的官職，田文鏡還是管河南，但職位從巡撫升級成「總督」。這樣還是不夠，雍正又替田文鏡加個「兵部尚書」的虛銜，以突顯田文鏡的地位。又過了一年，雍正琢磨還是不夠，單管一個省算哪門子總督呢？就把山東劃給田文鏡，再次創造一個獨屬於田文鏡的官職，叫「河南山東總督」，簡稱「河東總督」，

> 今思山東民俗官方，宜加整理。河南與山東地界相連，以田文鏡之精神力量，辦理兩省之事，綽然有餘。著將田文鏡授為河東總督，管理二省事務。（《清世宗實錄》卷六九，雍正六年五月二十五日）

為什麼雍正這麼喜歡田文鏡呢？原因大概有三點：田文鏡忠誠地貫徹雍正的執政思路，使他幾乎

成為雍正新政的化身，所有對他的攻擊都會被雍正當成對新政的攻擊；田文鏡也的確能力過硬，儘管辦事風格激烈，容易出格，但他為官清廉、勤政，始終沒有致命黑點；同時，最重要的是，六十多歲的田文鏡做官太懂得分寸，即便雍正對他這麼好，他從來沒主動提過任何過分的要求。

田文鏡是漢軍正藍旗出身，屬於下五旗[41]，他想讓自己的家族被抬進上三旗，但思前想後就是不敢和雍正提出請求。有一次，田文鏡和出身正白旗的下屬楊文乾[42]聊天時，感慨過這一想法，此後，楊文乾升任廣東巡撫，進京述職時，才和雍正說了田文鏡的心願。雍正知道後，很快寫信給田文鏡，責問他為什麼不以實相告——我們倆誰和誰，為什麼不直接和朕說啊！最有意思的是，雍正還在奏摺裡寫了一句：「朕甚嗔汝！」[43]。人家生你氣了！不過生氣歸生氣，雍正批摺子前就已經把田文鏡一家從鑲藍旗抬進正黃旗。

戲碼如果重演一遍，田文鏡就敢直接和雍正提要求嗎？想必還是不敢，這就是田文鏡的分寸感——皇帝可以賞我，但我絕不能主動去要。

儘管田文鏡晚年犯過一次非常嚴重的錯誤——隱匿河南災情，但雍正卻表示，田文鏡只是年紀大了，被手下蒙蔽而已，他絕不會主動欺瞞朕。但時年已經七十歲的田文鏡，的確覺得身體不行了，就申請退休。雍正寫信安慰他說：好好養病，先別提退休的事，問題不大，總督的職位會一直留給你。雍正十年（一七三二年），七十一歲的田文鏡再次上奏，表示身體實在不行了，請求退休。雍正沒辦法，只能囑咐田文鏡好好休息，工作的事安排給副總河孫國璽協助處理。由此，田文鏡處於一種停工不停薪的半退休狀態。此外，值得一提的是，為了讓田文鏡的身體盡快恢復，這一年十月初，雍正特地送田文鏡一顆名為「既濟丹」的丹藥，說能補元氣，對身體好。沒想到，田文鏡服藥後，僅一個多月便過世了。其實沒必要有過多的惡意揣測，畢竟雍正實在犯不上毒死七十多歲的田文鏡。可能純粹是田文鏡年紀大，加之常年勞累，身體不好，或許是雍正的煉丹技術頗為一般，才導致意外發生。

雍正送藥這件事，與其說是早有預謀的暗害，不如說它體現著某種帝王溫情。畢竟，得知田文鏡的死訊後，雍正非常傷心，立刻要求河南當地必須建立專門的祠堂祭祀田文鏡，河南的賢良祠也必須放上田文鏡的牌位。儘管在雍正死後，繼任者乾隆早年間喜歡以寬大示人，始終對田文鏡的暴烈改革橫挑鼻子豎挑眼。但田文鏡已經死了，死後的譭謗也已經聽不到，算是死得早的一種別樣幸福吧。

而且，相信田文鏡臨終前，應該還是很開心能在人生的最後十年有機會去燃燒、戰鬥一番。儘管雍正施行新政的目的是為了維護清朝的統治，田文鏡的勤政可能更多是為了自身在政治上的追求，但不得不說，他們君臣的改革，在客觀上，的確某種程度上改善了當時底層人民的生活處境。

每當人們談及清朝時，總會有很多爭議，甚至出現給在清朝做官的漢臣扣各種帽子的極端言論，但我們應該跳出歷史的局限性去看問題，不能要求古人去做在大環境中做不到的事情，例如田文鏡在彼時的環境下，只能為清政府當官，沒有第二個選擇。不能因為「田文鏡們」做了清政府的官，就否定他們發揮的積極作用。他們從一出生就恰逢清朝鼎盛時期，也需要順應時代，謀求自身的發展。他們所做的選擇和明末清初的「冬泳健將錢謙益」、「松山殉難洪承疇」之流不一樣。

田文鏡的人生得到完美收官，張廷玉還在埋怨一萬年太久，有沒有人在乾隆朝仍舊能安享晚年呢？

李衛：錦衣衛後人的手段

雍正用人常不拘一格，李衛的辦事風格正是雍正手下諸多臣子中最具江湖氣的。李衛沒有功名，雍正卻讓他先後出任浙江與直隸兩省的總督。任職期間，兩地的經濟開發與社會治安均提升到全新高度。可以說，雍正對李衛的重用是他在調教官員時所創造的又一經典案例。

✦ ✦ ✦

早年《雍正王朝》與《李衛當官》兩部電視劇的熱播，李衛幾乎成為雍正朝最出名的臣子。只不過這兩部劇中，年輕時的李衛都被描繪成乞丐、小混混，但歷史上的李衛卻是一個家大業大的超級富二代。可是，李衛偏偏放著享福的日子不過，花了一大筆錢買官，廢寢忘食地勤政一輩子。李衛這麼做的動機到底是什麼呢？他又怎樣度過一生呢？

一、捐納官身的開局

如前文所提，同樣是沒考中科舉，以監生的身分去買官，田文鏡起手只買了正八品的縣丞，二十三年後才升為吏部員外郎，而李衛起手直接買從五品的兵部員外郎。對田文鏡和李衛而言，真是應證那句話——條條大路通羅馬，但有的人一出生就在羅馬。

只是，李衛此次捐納所買到的從五品兵部員外郎，到底花了多少錢呢？據《六部則例全書・戶部下・捐敘》[44]記載，在康熙朝，一個監生若想當上知縣，花費大概是：未經考職者，納銀一千七百兩，俱准以知縣用。

而從知縣升至六部員外郎，又要再花二千一百六十兩。考慮到李衛沒有考過科舉，最初的監生身分也是花錢買的，並且，他是直接到六部任職，沒有經歷過中間的候補和等待，整體估算下來，李衛直接買下從五品的兵部員外郎要花費四千兩以上白銀。這個價錢在當時是什麼概念呢？

在康熙朝，一品大員在紙面上的俸祿，一年只有一百八十兩。相當於李衛用一品大員二十多年的工資買官。於是，兩個問題由此浮出水面：李衛家的錢從哪裡來？電視劇為什麼要把一位超級富二代改編成小混混呢？

因為李衛家世特殊，我們的印象中，古代富人大多是地主，而地主群體通常是讀書考科舉出身。但李衛的家族不一樣，他出身於明朝的錦衣衛世家，家族子弟非但不讀書，還很重視習武。從出身上看，李衛來自一個已經累積百年的地主世家，他很有錢；從性格、習慣上看，他自幼熱衷於習武，不愛讀書，是個剛直勇猛、頭腦靈活的江湖派。既然是江湖派，電視劇將他的出身設定為在底層摸爬滾打的乞丐，更容易讓人理解李衛充滿江湖氣的行事風格，也增添一定的戲劇張力。

此外，電視劇中，除了李衛的出身，還有另一處對史實的改編，就是往往將他設定為雍正潛邸的奴才，這也不對。李衛是康熙五十六年（一七一七年）趁著朝廷即將對青海用兵，需籌集軍費時才納捐買官，沒有證據表明李衛此時和老四有過任何聯繫。他此時和皇十三子胤祥倒是極有可能已經相識，老十三對李衛還有某種知遇之恩。

李衛在康熙五十六年入仕，買下兵部員外郎，兩年後升任戶部郎中，只算一個不入流的京官。在雍正朝，李衛之所以會突然崛起，正是因為怡親王老十三允祥的舉薦。

當時，雍正剛即位，國庫空虛，源頭是康熙朝晚年的政務鬆弛，各種稅款都收不上來，其中最典型的就是鹽業。明明是暴利行業，各地卻屢屢出現虧空。各地官員不是亂發鹽引[45]，與鹽商三七分帳，就是發現鹽井後，隱匿不報，據為私有。由此導致在雍正初年，僅雲南一省，鹽業的虧空居然就有十一萬餘兩。正當雍正一籌莫展之時，老十三舉薦李衛南下查鹽。

李衛走馬上任雲南驛鹽道開始查鹽，背靠著怡親王允祥這棵大樹，李衛做事雷厲風行，追查鹽業虧空時，盡顯錦衣衛世家的風采。起手就是兩步：

第一，先把所有已經查明存在貪汙的官員都抓起來。

第二，李衛公開對這些官員攤牌，明確擺在他們面前的只有兩條路：第一條路，你們幾個貪汙犯，財政虧空差多少，就平攤多少，把虧空補上，誰說沒錢，就抄誰家；第二條路，你們趕緊供出其他人，就可以讓更多人一起平攤，藉此減少損失。

最後拔出蘿蔔帶出泥，不到八個月時間，李衛不但把雲南帳上的十一．九萬兩虧空追回來，甚至盈利三萬餘兩。儘管雲南的官場都罵李衛不守規矩，但雍正卻很興奮，他鼓勵李衛，叫他儘管放膽去做，出事有朕來做主！

最終，各種複雜的聲音之中，在雍正的力保之下，李衛南下查鹽一年後，就升任雲南布政使。隔年，雍正三年，李衛升任浙江巡撫，主政一省，成為封疆大吏，繼續主抓江南鹽業，並再次扭轉局勢，解決江南的鹽業稅收問題。為什麼電視劇裡總是上演李衛和鹽商交談的橋段呢？因為他就是靠治鹽起家。

二、廢寢忘食的督撫

不過我們不能因此僅把李衛看成逢迎君主、暴烈行政的官員。做為雍正朝的地方三大督撫之一（另兩位是田文鏡和鄂爾泰），李衛在具體的行政層面，很多時候都是頂著壓力認真辦事。例如在浙江巡撫的任上，至少有兩件事，李衛做的都對底層百姓有好處。

第一件事，推行「攤丁入畝」。

所有改革的本質都是治理方式的重新改變與利益資源的重新分配。「攤丁入畝」說到底就是消除人頭稅，增加土地稅。帶來的結果必然是地多人少的大地主反對，而地少人多的小地主和底層農戶支援。

李衛之前，上一任浙江巡撫佟佳・法海[46]也想過推行攤丁入畝，但遭到地主士紳圍攻巡撫衙門示威，無法推行下去。究其原因，就是法海太過怯懦，被嚇到了。而更深層次的原因在於，法海是隆科多的堂兄，屬於佟佳氏家族，他和浙江出身的官員往來很多，面對浙江士紳時，顧慮就多了。

官場中的關係向來盤根錯節，本就複雜，而一旦改革者的利益關係是你中有我、我中有你，改革必然失敗。可是李衛接任浙江巡撫後顯然沒這個顧慮，因為他的頭上只有兩朵雲：一朵是皇帝雍正，一朵是怡親王允祥。

李衛在浙江著手推行「攤丁入畝」後，地主士紳別說要鬧到省政府，光是到錢塘的縣政府去鬧事，就全被李衛下令抓了。殺雞儆猴，掃清障礙。最後，李衛非常迅速地成功推行「攤丁入畝」的新政策，既緩解國家的財政壓力，又緩解底層民眾的納稅壓力。

浙江的利民領域，他做的第二件事就是開發玉環島。

自康熙末年起，浙江的人地矛盾愈發尖銳。人多地少，糧食不夠吃。浙江臨海的地方，有一座方圓七百多里的玉環島，雖然可以種地，卻沒人開發。按照前任閩浙總督滿保[47]的說法，不開發的理由有兩個：一是玉環島臨海，軍事上有防範海盜搶劫的壓力；二是玉環島缺乏基礎設施。

我們都清楚這兩個理由不過就是搪塞。不開發的本質原因仍舊是當地官員懶政，他們想的是即便糧食出問題，老百姓吃不飽，就再苦一苦百姓好了，回頭找朝廷賑災，還能再賺一筆。可是李衛上任後立刻就去啃了玉環島這塊硬骨頭，寫了一整套開發方案，上奏雍正。簡單總結，就是三步走：修築防禦工事，派兵上島；就近招募願意開荒的農夫；派文官負責收稅。

雍正見到奏摺後，甚是激動，便直接批覆：「好事，好事，此等是覽而不嘉悅者，除非是獃（呆）皇帝也。好的，好的，如此方不愧封疆之任。」[48]只有傻子皇帝才會不同意這個方案呢！可是雍正清楚，這件事的難處不是決策，而是執行。

李衛親自登島，從周邊的縣級人事安排開始指揮，不但開發出十萬餘畝農田，還把玉環島建成浙江的海防堡壘，另外，玉環島每年為國庫增加二．五萬石糧食的穩定稅收。直到今天，玉環島都是浙江省的第二大島。

但勤政的代價就是李衛鐵打的身體也熬不住，他曾經病重到咳血，雍正心疼得從京城直接送藥過去，並安撫道：「聞汝因過勞吐血，此則大謬。嗣後慎勿復爾。諸凡量力而為，不可勉強。」[49]工作是國家的，身體是自己的，不要逞強，凡事量力而為。

與此同時，自幼習武的李衛除了改革新政、進行經濟建設，還肅清浙江的土匪，保民安定。此後，李衛更是一路高升：雍正五年（一七二七年），李衛升任浙江總督；雍正七年（一七二九年），加兵部尚書銜；雍正十年，署理刑部尚書；同年，出任直隸總督。

三、剛正愛民的督撫

當李衛離開浙江時，百姓夾道送別，場面令人動容，按時任蘇松總兵的李燦[50]的說法：「督臣李衛於十一月二十五日啟程，老幼百姓擁擠道旁，目擊人情正切。」[51]

封建制度下，一個地方治理的好壞不是靠制度，而是靠那一、兩個心繫百姓之人。事實上的確如此，李衛走後，浙江官場的風氣再次惡化，以至於後來李衛以直隸總督的身分回到浙江視察海塘時，當地百姓還以為他又回來任官，奔相走告、夾道歡迎了幾十里路。

且李衛做為封疆大吏，其對親屬的約束也讓人無可指摘。例如李衛在浙江當總督時，兩個堂弟在老家生事，不算違法，僅是作威作福，就被李衛派人抓到浙江，動用家法圈禁一年。而此後，李衛在直隸當總督時，又有兩個堂弟在老家強行兼併農民的土地，並動手打人，甚至打起「我哥是李衛，你們隨便告」的旗號。氣得李衛直接派人把兩個堂弟給綁了，大義滅親地上奏雍正請求按法律嚴懲。但李衛又怕年事已高的堂叔承受不住刺激，一命嗚呼，遂額外請求雍正把他堂叔在甘肅任官的兒子平級調回老家，好讓父子團聚以示撫慰。雍正感動於李衛的公私分明，就准奏了。

我們不難看出李衛做事以國法為重，同時也頗為細心。而這種細心，不只是對家裡人，對百姓也一樣。他做直隸總督時，查到信徒眾多的大型邪教，邪教嚴重影響社會安定，必須嚴厲打擊。但當時正值年末寒冬，李衛心懷慈悲說：「若目前一時舉動，即止於查拏首犯，而入教人眾，驚惶疑懼，輕生逃竄事所必有，現在將居歲暮，倘使無知愚民流離失業，亦所不忍。」[52]這些信邪教的人大多是身處社會最底層的無知百姓，因為走投無路才誤入歧途，若打擊得太猛烈，寒冬臘月讓他們流離失所，我實在是不忍心。

於是，李衛玩了一把「無間道」。先安排精幹的手下做為臥底進入邪教，鎖定各級頭目的行蹤後，立刻進行祕密抓捕。之後，李衛下令在直隸各級各地張貼告示，由政府背書，講述邪教存在的種種問題，釐清利害關係，並以政府的名義做擔保，只要百姓們退出邪教、燒毀經書、改過自新，此前的種種事端，便概不追究。這種打法算是既維護治安，又穩定局面。

以上，不難看出李衛的辦事能力很強。但不知道是有意為之，還是性格使然，李衛和同僚的關係非常不融洽，甚至經常找碴和同僚吵架，像田文鏡、鄂爾泰，二人都被李衛挑些雞毛蒜皮的事情，彷彿和誰的關係都不好。以至於雍正駕崩，李衛奔喪時痛哭流涕，甚至當場哭暈過去，醒來便哀嘆自己的一生竟如此結怨招尤、孤立無援，唯一的靠山就是雍正，現在他還先走了。新皇帝乾隆聽了卻很激動，他對李衛說：敵人多也不要怕，父皇走了，但朕還在啊，朕來當你的靠山。

最終，李衛不但在乾隆朝安享晚年，還被賜了四團龍補服以示嘉獎。乾隆三年（一七三八年），李衛病逝在直隸總督任上。按乾隆的旨意，李衛被風光大葬，謚號「敏達」，入了賢良祠，享受百姓祭祀。

這件事還有後續，乾隆下江南，巡行浙江時，發現西湖邊上有一座花神廟，有廟不算什麼，只是廟裡花神的相貌卻和李衛無比相似。史書有過這樣一處記載：李敏達督浙時，自塑其像，廁花神中。53也就是說，這尊神像是李衛做的。可能在工程大建之時，李衛還是想烙下一些個人印記吧。只是李衛替自己做神像這件事，浙江百姓雖然沒多在意，多年來花神廟的香火也不錯，但乾隆一看就火大了——你李衛是神，那朕成什麼了？於是，乾隆立刻叫人把廟拆了，塑像、神牌也全部毀掉，還發飆道：「李衛於督撫中並非公正純臣，在浙江無甚功德於民，聞其仰借皇考恩眷，頗多任性驕縱之處。」（《清史列傳．大臣畫一傳檔正編十．李衛》）

大意就是，李衛不是好大臣，當官對百姓根本就沒有什麼功德可言，而且朕還聽說他仗著父皇喜歡，飛揚跋扈，人際關係糟糕得一塌糊塗啊。總之，「章總」對李衛進行一番全面否定。

當然，此時李衛已經去世四十多年，自然聽不到這些牢騷，即便聽到，李衛想必也不會在乎。當一回官，誰能管得了身後的名聲呢？倒是回看李衛生前在直隸賑災時曾說過的一句話，頗有意味。彼時很多官員都抱怨賑災工作不好做、壓力大，李衛卻在一旁開導說：「不過一番心思，耳目之勞，而小民免於賤糶貴糴，錢糧不損分毫，倉儲可冀漸得充裕。」54

自古至今都一樣，封建官僚也好，當代官員也好，本質上都是手握公權的人。只需要多花些心思，多看、多聽，可能就會保住許多家庭活下去的希望。

忠君愛民確實是個技術工作，但說到底是個良心事業。

鄂爾泰：滿洲寒門的堅守與回報

雍正執政後曾提拔過很多官員，其中提拔速度最快的人就是鄂爾泰。雍正即位不到一年的情況下，就將鄂爾泰由從五品的內務府員外郎，連升六級，提拔成從二品的江蘇布政使。雍正這番知遇之恩，自然換來鄂爾泰的湧泉相報。雍正朝最大的地方改革政策之一「改土歸流」，便是由鄂爾泰主導完成。可以說，雍正在年羹堯身上沒能打造的「千古君臣」新榜樣，在鄂爾泰身上，總算是得到完美實現。

✦ ✦ ✦

西林覺羅・鄂爾泰，在康熙朝摸爬滾打幾十年無所成就，卻突然在雍正朝崛起，並在乾隆朝達到人生巔峰的三朝老臣。在雍正朝，鄂爾泰可能是除了雍正之外，朝廷裡最重要的一個人了。

儘管電視劇中似乎沒有多少鄂爾泰的經典形象，甚至他的知名度也遠低於張廷玉、田文鏡、李衛這些耳熟能詳的雍正朝寵臣，但實際上，歷史上的鄂爾泰絕不「冷門」，非常受雍正喜歡。雍正喜歡他到什麼程度呢？雍正即位後，曾對鄂爾泰說：「朕臨御四載，亦只得卿與怡親王二人耳。」[55]朕當了這麼多年皇帝，真正的貼心人只有你和怡親王啊。雍正能把鄂爾泰和老十三允祥相提並論，絕對不是一般的喜歡。

鄂爾泰究竟做過什麼才會讓心胸「開闊」的雍正如此喜歡？而他歷經三朝，面對心胸更加「開闊」的乾隆時，又會有怎樣的結局？答案就隱藏在鄂爾泰這「冷門」且大器晚成的一生中。

一、負重前行的低谷

鄂爾泰出生於康熙十九年（一六八〇年），滿洲鑲藍旗人，西林覺羅氏。

與大多數在騎馬射箭、嬉戲娛樂中長大的滿洲子弟不同，鄂爾泰的童年是在無窮無盡的讀書與學習中度過。究其原因，在於他有一位極其特殊的父親——西林覺羅．鄂拜。

說起來鄂拜真是個硬骨頭，他的父親圖彥突早年間曾跟著多爾袞南征北戰，也是打過山海關、追過李自成，屢屢立過戰功。最後，圖彥突官封正五品的戶部郎中。雖然不是什麼大官，但至少能保證一家人衣食無憂。遺憾的是，順治元年（一六四四年），鄂拜兩歲時，父親圖彥突去世，就此家道中落。而小鄂拜為了改變家族命運，開始發憤讀書，《八旗滿洲氏族通譜．卷之十七．鄂拜》[56]記載：

幼好讀書，稍長，即嗜正學（儒學）……歲讀一、兩周，自元旦至除夕不少輟。

一年裡，他每天都在學習，從來沒有中止過。鄂拜憑著一身學識，在康熙朝做官做到從四品的國子監祭酒。國子監就是當時全國的最高學府，祭酒則是最高學府的總負責人。因此，鄂拜的身分類似今天的北京大學校長。

從兩歲喪父到成為國子監祭酒，鄂拜的一生不能說不成功。只是靠真本事、瘋狂學習而爬上來的人，他的生命中難免會形成深刻的思想烙印——只相信正義與努力，堅持君子不黨。《八旗滿洲氏族通譜．卷之十七．鄂拜》又有記載：平生耿介，以義命自安，不妄交一人，尤嚴於權要。

鄂拜一輩子耿直、剛正不阿，做事只求問心無愧，不但交友謹慎，還從不攀附權貴。

中國古代，父親的氣質往往會影響兒子的一生，鄂爾泰的童年某種程度上就是鄂拜的翻版。爺爺死得早，我們家雖是滿洲出身，但比不了那些名門望族，想活下去，不靠別的，只能靠讀書。於是，鄂爾泰六歲上學時就被鄂拜要求日夜背誦四書五經；八歲開始學習儒家義理和寫作，闡述聖賢理念。可以說，在「望子成龍」這件事上，鄂拜可能比康熙折騰老二胤礽還要激進。

鄂拜其實有六個兒子，鄂爾泰排行第四。但很可惜，鄂爾泰前面的三個哥哥，二哥夭折，大哥和三哥不是讀書的料，天分有限。於是，鄂爾泰必須加倍努力，一方面是為了出人頭地，另一方面是為了給後面的兩個弟弟樹立榜樣。接著，鄂爾泰的童年生活就變得「從不知有嬉戲事，自幼言笑不苟」[57]。雖然只有短短十幾個字，但我們完全可以想像，鄂爾泰從一出生開始，便背負著異於常人的壓力和負擔在學習和拚搏。

而鄂爾泰的努力和付出，不能說沒有回報，因為他的儒學功底真的很深厚，甚至超過很多同齡的漢族學生。康熙三十七年（一六九八年），鄂爾泰十九歲那一年，時任順天府學政的李光地在考查學子功課時見到鄂爾泰的卷子，說他未來必會成為國家重臣——李文貞公科試，得公卷，大加稱賞……語竟日，以國器目之。[58]

「語竟日」就是說李光地誇鄂爾泰誇了一整天，而鄂爾泰確實爭氣，一年後，年僅二十歲就考中舉人。然而，就在人們以為前途無量的鄂爾泰未來會繼續讀書，日後考進士、入翰林時，意外卻發生了。

二十一歲時，鄂爾泰突然放棄學業，進宮當了正五品的三等侍衛，直接斷送了自己的前程。史書中沒有記載出現這次變故的原因，猜測是鄂爾泰的父親鄂拜在這一年去世了，家裡失去經濟來源。這時必須有人去掙錢養家。而出於照顧弟弟的需要，鄂爾泰被迫放棄學業，透過清朝針對滿洲官宦家庭的特殊政策，謀了個小侍衛的差使來掙錢養家。

可是鄂拜生前沒有攀附過任何達官顯貴，鄂爾泰也一直悶頭讀書，他們一家不具備任何政治資源和官場靠山。以至於，鄂爾泰這個二十歲就中舉的滿洲學霸，卻在只要是滿洲子弟就能做的三等侍衛的職位上，待了整整十六年。從二十一歲到三十七歲，生命中最寶貴的時光就這樣在日復一日的巡邏與站崗中蹉跎過去。如此十六年，毫無疑問是鄂爾泰人生的最低谷。只是，往往愈是在低谷，愈能看出一個人的品行。鄂爾泰當侍衛時，都做了些什麼呢？

公侍衛時，每直內庭，時出懷中所攜古文、時文各一冊，手不釋卷，竟夜忘寢。[59]

哪怕我永遠只能當個侍衛，也不會放棄讀書，因為這是我唯一的希望。

這十六年間，最能夠慰藉鄂爾泰心靈的大概就是在他的供養下，五弟鄂爾奇成功考上舉人，接著考上進士，也進了翰林院。說實話，鄂爾泰和弟弟早年間的生活頗為慘澹，即便後來鄂爾泰位高權重時，也一直囑咐弟弟，不能忘記曾經的苦日子：汝記我兄弟無屋居祠堂時耶？[60]

永遠不能忘記我們兄弟窮得連房子都沒有，只能賴在祖宗祠堂裡的那段日子啊！

多說一句，鄂爾泰這輩子，不管是最初的低谷，還是之後的巔峰，從沒納過妾。他有六個兒子，兩個女兒。但只有過兩任老婆，原配夫人難產過世後，才娶第二任，之後沒和其他女性有任何關係。在中國古代官員中，實屬難得。因此，哪怕僅就家庭而言，鄂爾泰也足以稱得上是重感情的好男人，更不需要說他那憨憨、不苟言笑的性格，以及他所取得的政治成就了。

至此，年近四十，眼看著大半輩子已經過完的鄂爾泰，到底該如何走出生命中的低谷呢？

二、柳暗花明的逆襲

首先，機會確實是留給有準備的人。但是，瞅準時機、果斷出手也非常關鍵。鄂爾泰人生的第一個契機出現在康熙五十五年。

那一年八月，康熙心血來潮去了翰林院，說要出道題讓大家寫文章來比一比文采和想法。那天恰好趕上鄂爾泰當差值守，他就賭了一把，說：皇上，我也想參加這場比試。康熙一聽非常開心，朕的侍衛都敢和全國最頂尖的翰林比文采了！於是，康熙讓他領了一份紙筆作答。寫畢，交上去，康熙拿到手一讀，特別開心，便和周圍的人說：「朕見其所作，躍躍不能自掩。其仍以文員擢用。」[61]

哎呀，朕開心得恨不得跳起來，這樣的文章才華在朕身邊當個侍衛實在是可惜了，鄂爾泰，你還是去當文官吧。

此刻鄂爾泰時來運轉了嗎？沒有！當時只是轉換跑道，沒有升官。他從正五品的三等侍衛，被調成從五品的內務府員外郎。非但沒升官，在品級上還降了半階。

不過，鄂爾泰新去的這個部門很關鍵，是內務府的慎刑司，主要負責對內務府管轄內上三旗滿洲權貴的違法行為進行司法審判。在這種衙門當差，擺在三十七歲的鄂爾泰面前的只有兩條路：第一條，萬事以和為貴，只需要睜一隻眼、閉一隻眼，判案時稍微放放水，自然能結交不少達官顯貴；第二條，處處秉公執法，但注定會得罪不少天潢貴胄、權貴顯要。

鄂爾泰會往哪條路走呢？沒錯，就是第二條，對他來說，根本沒有別的選項。我當了十六年的侍衛都沒張口求過人，換個工作就讓我去賠笑臉、放水，怎麼可能？鄂爾泰在慎刑司辦公期間，「王侯公主之家，有過必懲，有善必顯……法之所在，威武不能奪，勢力不能搖。」[62]總之一句話，誰來了我這裡，都得照法律辦事。

鄂爾泰在慎刑司沒交幾個朋友，得罪的人卻愈來愈多。其中最有名的是一位郡王，他實在受不了鄂爾泰的不講情面，一個芝麻大的官在這裡裝什麼正人君子？於是，這位王爺就拉了一幫人，叫囂著要打鄂爾泰。但別看他只是個從五品的員外郎，居然敢和這位王爺動刀。

公袖匕首見曰：「士可殺，義不辱。」[63]

意思很簡單，鄂爾泰從袖子裡掏出匕首說：王爺您今天要是夠硬氣，就一刀捅死我，不然這案子我該怎麼判就怎麼判。這王爺就是再凶悍，也不可能在內務府隨便殺人，最後他賠了不是，罵罵咧咧地離開。儘管史料沒說這位王爺是誰，但這件事發生在康熙五十五年以後，生事者還是位郡王，此人非常可能是老十敦郡王胤䄉。

總之，鄂爾泰鐵面無私、不近人情的名聲算是傳出去了。人們對他的看法也由此分成兩類，絕大多數人對他避之不及，生怕和他走近，再得罪別人；而有的人對鄂爾泰卻十分欣賞，甚至還有點喜歡。其中最欣賞鄂爾泰的不是別人，正是當時同樣以鐵面無情著稱的老四雍親王胤禛。當時的老四非常有禮貌，特地派人去請鄂爾泰，說本王想和你見一面。鄂爾泰不但當場回絕，還讓送信人捎話回去：「皇子宜毓德春華，不可交結外臣。」[64]您身為皇子應該好好修養德行，不能老想著結交外臣。

伸手不打笑臉人，老四好心好意去請你，不答應就算了，竟然還給人家上課。鄂爾泰為什麼會這樣呢？一方面是他從小受的教育就是這樣，做人要剛正不阿；另一方面也可能是他覺得年紀大了，四十歲，這輩子大概只是個從五品的郎官，沒必要犧牲堅守半輩子的道義去做一些有損人格的事情。康熙六十年，四十二歲的鄂爾泰曾在詩裡感慨說：「看來四十猶如此，便到百年已可知。」[65]我這一輩子啊，就這樣了，不爭了，累了。

可是連鄂爾泰都沒想到，恰恰就是這種道德堅守，為他的人生帶來一次巨大逆轉。

康熙六十一年，鄂爾泰四十三歲，康熙駕崩，皇四子胤禛繼位，成為雍正皇帝。雍正剛繼位，就要特別召見鄂爾泰。當時，鄂爾泰很多親戚都擔心說雍正是不是記仇啊？鄂爾泰不會連內務府的郎官都保不住吧？雍正見到鄂爾泰後，說的卻是：「汝以郎官之微而敢上拒皇子，其守法甚堅。今任汝為大臣，必不受他人之請托也。」[66]

當初你連朕都能拒絕，未來一定不會受他人賄賂或威逼。如今朕非但不罰你，反而要重用你。朕要的就是像你這樣能不畏權貴、堅守法律底線的真漢子、硬骨頭！

四十三歲的鄂爾泰就此迎來人生中柳暗花明的逆襲。升遷速度快得不可思議，基本上就是「三級跳」。

康熙六十一年底，鄂爾泰被雍正任命為雲南鄉試副主考。一般情況下，鄉試副主考應該是翰林或進士出身，而鄂爾泰能以舉人出身的內務府員外郎身分擔當重任，很明顯就是一次特殊任用。更令人震驚的是，鄂爾泰在雲南的招生工作剛結束，人還沒回京，雍正元年三月，第二道聖旨就到了：擢內務府員外郎鄂爾泰為江南江蘇布政使司布政使。（《清世宗實錄》卷五，雍正元年三月二十二日）

這一年的鄂爾泰四十四歲，直接由從五品的內務府員外郎，連升六級，成為從二品的江蘇布政使，主管一省的行政與財政，算得上名副其實的一方大吏。

關於鄂爾泰這次超級升遷，主要有三點原因：

一、執政初期，雍正缺乏可靠的政治班底。雍正當皇子時，比起受滿朝擁戴的老八，他在朝堂上幾乎無人問津，始終是以「孤臣」自居。以至於繼位後，除了怡親王允祥之外，幾乎無人可用，他必須拉攏、培養一批自己的人才行。

二、雍正培養官員時，始終有兩條標準。第一，這個人必須在康熙朝處於低谷，雍正重用他時，知遇之恩的效果才明顯；第二，這個人最好是非科舉出身，才會更倚仗皇帝的信任，而不是結黨的同僚，在日後雍正的改革觸及鄉紳利益時，用起來更方便。如此一來，舉人出身、長期處於低谷的鄂爾泰，幾乎完美符合雍正的用人標準。

三、鄂爾泰是滿洲人。雍正即位後，內用張廷玉，外用年羹堯，雍正元年，全國十八個省的巡撫有十六位是漢人。哪怕只是單純為了平復滿洲貴族的情緒，雍正都有必要特別重用一名滿人。鄂爾泰是滿洲人，道德品格過硬，政治關係簡單，沒有任何權貴背景。在雍正眼裡，鄂爾泰幾乎就是個完美的提拔對象。對雍正而言，唯一的懸念就是：鄂爾泰的個人能力到底怎麼樣？能不能擔得起自己的信任？而就任江蘇布政使這個職位，就是雍正給鄂爾泰出的第一道考題。

再站到鄂爾泰的角度去看這次超級躍升。鄂爾泰六歲能背四書五經，二十歲中舉人，最後卻當了十六年宮廷侍衛，即便轉換跑道到內務府，也只是微末小吏，被人呼來喚去。如今，他終於有機會主政一方，很難想像四十四歲的鄂爾泰此時內心會是多麼五味雜陳。但有一點似乎可以肯定，他一定有著強烈的報恩心態：既要對得起死去的父親，也要對得起自己多年讀的聖賢書，更要對得起眼前這位賞識自己的雍正皇帝。鄂爾泰到了江蘇後，發表過一段政治宣言，那段話即使放到今天來看，仍舊頗具借鑑意義。

國家設官分職，凡以利民耳……薄務虛名，不以民事為事，不以民心為心，固未有能奏效者，恐廉吏與貪吏罪相等。[67]

國家設置官員是用來造福百姓。一個官員如果只顧虛名，什麼都不敢管，不能造福百姓，那麼即便廉潔，也和那些貪官汙吏一樣有罪，因為對不起父母官的身分。

鄂爾泰所做的，完全對得起他的宣言，他對這次執政做了充足準備。剛到江蘇的第二天，他立刻發布十大禁令[68]，條條都是奔著解決江蘇的現實問題。例如，那時江蘇的有錢人多，貧富差距大，賭博、攀比之風盛行，有權有勢者欺壓平民百姓的現象更是屢見不鮮。鄂爾泰的十大禁令中，最典型的四條就是「禁賭博」、「禁婚嫁逾制」、「禁惡霸」、「禁遊民」，樁樁件件都在保護窮人、約束富人、打擊惡人。

沒有不發生衝突的改革，只可惜這些地頭蛇遇見的是鄂爾泰。他當年在內務府當差時，只是個從五品的郎官，就連王爺都不怕，如今主政一方，又怎麼會怕幾個惡霸劣紳呢？總而言之，鄂爾泰就一句話——誰違反禁令就抓誰。哪個衙役兵丁不敢去抓，就地開除編制，換個敢抓的、能辦事的人。相當於鄂爾泰一邊掃黑除惡，一邊推動政府換血。鄂爾泰主政江蘇不到半年時間，當地便民風大改。

這對雍正而言，莫過於天大的驚喜。當時，雍正忍不住誇獎鄂爾泰說：「鄂爾泰自到江蘇，聲名甚好，毫不負朕恩，是天下第一布政。」[69]

按理說，鄂爾泰該算平步青雲了吧？連皇上都說你是「天下第一布政」。但此時的鄂爾泰卻陷入深深的自我懷疑之中。

他讀了這麼多年書，始終沒做成什麼事業。如今被皇上提拔，立刻就能主政一方，造福於民。鄂爾泰開始懷疑過去是不是太傻了，如果早些擁有一些政治關係，早些提升官位，豈不是早就能展現才華嗎？世間道理就是如此，人在窮困時還能堅守本心，發達起來後，就會覺得曾經的自己像個笑話。於是，鄂爾泰開始和隆科多、年羹堯這些雍正初年的寵臣來往，讓他們多在雍正面前替自己美言幾句，以便增加自己的政治資本。

雍正捕捉到鄂爾泰這種變化後，特別擔心他會誤入歧途，便立刻下旨，讓時任江蘇巡撫的何天培[70]去喊醒鄂爾泰，讓他別想那些亂七八糟的。

> 鄂爾泰可惜將自己的好，反算別人的，亂跑門路，尋倚仗，到（倒）誤了自己的進路了……凡人求人不如求己，無能的人，尚不肯求人，何況如他如此人材（才）學問之人乎？是其自取，錯認門路也，可惜朕恩，教他著實勉力做好官。[71]

雍正雖然與鄂爾泰差不多大，但兩個人的人生經歷天差地別。鄂爾泰是在底層待了好多年的政治白紙，雍正卻是在頂層鬥爭中廝殺出來的奪嫡冠軍。雍正知道一個人最迷茫時的樣子，此時的雍正應是真心喜歡鄂爾泰這個小老弟，才會說出這些肺腑之言去敲打鄂爾泰。

鄂爾泰收到何天培的傳信後，當即叩頭懺悔說：「爾泰惶恐無地，感激泣下，遵旨不敢具折，伏乞代奏，叩謝天恩。」[72]

鄂爾泰嚇得連奏摺都不敢寫給雍正，只得拜託何天培替他上奏。鄂爾泰此時肯定非常痛苦，畢竟他父親鄂拜一生都不曾結交權貴，鄂爾泰前半生也從未結交權貴，這輩子第一次對信仰產生動搖，卻招來最賞識他的雍正的訓導與失望。而就在鄂爾泰惶恐不安時，雍正的旨意又一次到了。雍正三年十月，雍正下旨，擢升「鄂爾泰為雲南巡撫，管總督事」（《清史稿・本紀九・世宗本紀》）。這一年，鄂爾泰四十六歲，名為雲南巡撫，實為雲貴總督，成為清朝頂級的九位封疆大吏之一。

鄂爾泰收到聖旨那一刻會想些什麼？雍正的那句「著實勉力做好官」，想必鄂爾泰會記在心裡一輩子吧。

接著，鄂爾泰從江蘇啟程到京城謝恩，雍正留他在宮裡住了五天，鄂爾泰前往雲南的臨別之際，又特別送他一頂轎子，讓他安心赴任。而隨著四十六歲的鄂爾泰一路向南奔赴，他也將在雲貴總督的任上完成一生中最偉大的事業——「改土歸流」。

三、配享太廟的相國

鄂爾泰可能真的就是一生都不太擅長社交，小時候不苟言笑、不愛嬉戲，當侍衛就悶頭看書，被王爺脅迫就以死相抗，讓雍正訓斥幾句，硬是嚇得連奏摺都不敢回，好像始終缺乏和人進行密切交流的能力。這次遠赴雲南，也許是在京城時，有些話當著雍正的面說不出口，總之，雍正三年底，鄂爾泰剛到雲南就寫了一封奏摺給雍正，倒沒什麼大事，只是報平安。可是他卻在這篇奏摺裡，第一次把雍正比作慈父：皇上天高地厚之恩，訓誨儼若嚴師，矜憐宛如慈父。臣口不能述，心實難安，縱使竭盡駑駘，斷不能少酬萬一，若復甘自暴棄，稍易初心……皇天后土亦必不容臣負背至此也。[73]

字裡行間無不流露著真摯，確實頗令人感動。而此後，鄂爾泰在雲南真的是為了能做出一番事業，幾乎要把命搭上了。

當時，中國西南地區最大的難題就是土司問題，這裡自古以來就是中國少數民族分布最廣的地區，考慮到民族與文化差異，同時為了避免衝突，中國古代的中央政府表示，只要各地的少數民族首領願意稱臣納貢，便可以世襲方式長期統治該民族所在的區域。而這些世襲的少數民族首領，做為世襲的土著首領，被稱為土司，或者土官。

土司制度，說好聽點，是中央政府利用地方土司實行間接統治；說難聽點，就是地方的半分裂、半割據。而且這些土司在自己的轄區內可以說是稱王、稱霸、胡作非為，實行的都不能叫封建制度，得叫奴隸制度。土司不但隨意盤剝本族平民，甚至連殺人都要找死者的家屬要錢，還美其名曰「玷刀銀」，不給錢？那就一刀刀片，折磨死者。當時有記載，在土司治下的平民百姓，生存狀態是：無官民之禮而有萬世奴僕之勢，子女財帛，總非本人所自有。[74]老婆、孩子、房屋、土地，什麼都保不住。

甚至在康熙朝，當土司區域內部的階級矛盾超越民族矛盾時，有很多少數民族的百姓主動申請讓中央政府派官取代當地土司。但康熙當時的答覆是：控制苗蠻，惟在綏以恩德，不宜生事騷擾。（《清聖祖實錄》卷一二四，康熙二十五年二月十六日）

意思就是，不管，朕怕折騰。上面尚且是這個態度，地方官員面對轄區內的土司時，更是放任不管，且生怕惹上是非、空耗心神，相當於在西南地區始終都有個明擺著的問題，但處理起來太複雜、太困難，從中央到地方，全都沒人想管。

而此時，身在雲南的鄂爾泰內心只有一個念頭，就是要對得起雍正的信任。雍正四年，鄂爾泰上奏，主動請纓，要在西南各地全面實行「改土歸流」。換句話說，就是把西南各地的世襲土司全部廢除，改為由中央統一任命的流動官員。如此一來，既能加強中央集權，又能鞏固國家統一，同時新管理的土地還能增加中央的財政收入。但鄂爾泰也表示：「欲改土為流，非大用兵不可。」[75]

鄂爾泰小時候始終忙著讀書，身體一直很弱，十幾歲時連弓都拉不開。可是現在年近五十，居然準備領兵上戰場。彼時的朝堂之上，聽到鄂爾泰的奏報後，大臣們都覺得他瘋了，「盈廷失色」[76]，雍正力排眾議，道：「卿，朕奇臣也。此天以卿賜朕也。」[77]你可真是上天賜給朕的好大臣。

於是，雍正不但正式封鄂爾泰為雲貴總督，還特加兵部尚書銜。之後更是連廣西也交給他，讓他成為西南三省的總督，為的就是讓他放手一搏，完成偉業。而鄂爾泰做事也是步步為營，概括來說仍舊是「三步走」：

第一步，殺雞儆猴。先發兵突襲，解決最開始就不服管教的幾個刺頭土司。

第二步，宣布區別處理。他給各地的土司兩條路：一是配合政府工作，把土司的位置交出來，朝廷會保留你的現有財產，並另外委任新官職，讓你繼續有官當、有錢領；二是若繼續負隅頑抗、對抗政府，到時候就大兵壓境，不但小命難保，全家的財產也要統統沒收。降，則以禮；戰，則以兵。考慮到最開始的武力威懾，到區別處理時，相當一部分的土司就主動投降了。

第三步，遷移土司。命令所有土司遠離屬地，避免死灰復燃，每個土司畢竟都經營故地多年，樹大根深。遠離本土，以弱根基。

這「三步走」，此時總結起來很簡單，但樁樁件件處理起來都無比複雜。以至於鄂爾泰一個年近半百的人，每天都要在雲南、貴州、廣西三省上下翻飛，真是鐵打的身子也給折騰散了。

而遠在京城的雍正聽聞後又心疼又著急。一邊送藥給鄂爾泰，一邊找人打聽他的身體狀況，怕他不說實話。一聽說鄂爾泰身體不好，雍正就寫信慰問祈福，說：「思卿之勞，實令至於不忍……惟秉一誠，默祝上蒼厚土、聖祖神明，令我鄂爾泰多福多壽多男子，平安如意耳。」[78]

皇帝祈求上天保佑大臣長壽多子。這種事古往今來，怕是只有雍正能做得出來。聽聞鄂爾泰身體狀態良好時，雍正也會寫信說：「來往人朕備細訪問，知卿精神起居甚好，實如獲珍寶之喜。」[79]

最有意思的是，雍正過完五十大壽後，還把吃過的剩飯千里迢迢地寄給鄂爾泰，說這樣就相當於我們君臣一起吃過飯了：「諸王大臣因朕五十大壽，懇請備宴……念卿在遠省，未得入座，特留數種朕親嘗食物，寄來卿食，此如同君臣對面宴會也。」[80]

皇天不負有心人，雍正九年（一七三一年），西南三省的「改土歸流」終於全部完成。中央政府的實際控制土地，僅在貴州一省就擴張近三千里，實際控制人口也增加四萬戶。用今天的話來說，鄂爾泰推行的「改土歸流」鞏固了中國做為統一多民族國家的發展。而當時，遠在京城的雍正再也難掩「相思之情」，讓鄂爾泰完成善後工作後，火速回京覲見。而鄂爾泰臨行前，把在西南主政多年所攢下的二萬多卷書都捐給雲南的五華書院。

與我家子孫讀，何如與萬戶子孫讀也！[81]

隨後，鄂爾泰揮別西南，啟程返京。這一年，他五十二歲。

鄂爾泰進京後，雍正開始無底線地封賞他。首先，官位加封為保和殿大學士、首席軍機大臣。接著爵位升一等伯，署理鑲黃旗滿洲都統，政治地位直接封頂。雍正封賞完後還和鄂爾泰說：「卿勿還舊居，可赴新居。」[82]你一會兒回家別走錯路，朕給你置辦了一座新宅子。說完，雍正還拿出一塊親筆書寫的「公忠弼亮」匾額，讓十個大內侍衛捧著，跟著鄂爾泰一起回家，說是到新宅時，直接掛到府門上去。從宮裡到家裡，這一路上得多少人看著，多少人眼紅啊。

遺憾的是，他們君臣相聚的緣分，到這時只剩三、四年而已。雍正十三年，雍正駕崩，先走了一步。但他在遺詔中專門囑咐乾隆說：

> 大學士鄂爾泰，志秉忠貞，才優經濟。安民察吏，綏靖邊疆，洵為不世出之名臣……朕可保其始終不渝，將來……配享太廟。（《清世宗實錄》卷一五九，雍正十三年八月二十三日）

既讓鄂爾泰當了輔政大臣，又讓他配享太廟。這一年，鄂爾泰五十六歲。

當臣子當到這份上，鄂爾泰絕對光宗耀祖，西林覺羅氏到他這裡，算是到了巔峰。只可惜，少年時不曾攀附權貴的鄂爾泰，如今自己成為權貴，卻沒能拒絕底下人的攀附。或許是自己多年處於低谷而懷才不遇，鄂爾泰始終有著越級提拔人才的衝動。張廣泗本來只是知府，憑著曾和鄂爾泰一起推行「改土歸流」，在鄂爾泰的推薦下一路高升，沒幾年就登上總督的高位。還有哈元生，本來只是個把總[83]，也在鄂爾泰的推薦下官至「揚威將軍」。再加上鄂爾泰既是滿人，又好儒學，滿、漢通吃，於是，愈來愈多人彙集在鄂爾泰的周圍。即便他沒有結黨營私的想法，也沒有越界干政的行為，但這股強大的政治勢力足夠讓乾隆忌憚了。

乾隆七年（一七四二年），鄂爾泰六十三歲時，他遭到一次突然的政治打擊。有人舉報說：鄂爾泰的門生仲永檀[84]給乾隆上密摺前，曾經和鄂爾泰的兒子鄂容安[85]商量過奏摺內容。於是，乾隆逮住機會，不由分說直接把兩個人全抓了。審問的核心集中在——你二人的密謀，鄂爾泰有沒有參與？結果，無論是各方人員的口供，還是偵查得來的證據，都不能證明鄂爾泰有參與密謀。可是乾隆卻認為沒證據也沒事，反正鄂爾泰曾經舉薦仲永檀，如今他犯錯，鄂爾泰就有連帶責任。

以仲永檀如此不端之人，而鄂爾泰於朕前屢奏其端正直率，則其黨庇之處，已屬顯然。（《清高宗實錄》卷一八一，乾隆七年十二月十八日）

不過乾隆最終只是將鄂爾泰降兩級調用，沒有做太大的處罰，畢竟鄂爾泰是將來要配享太廟的重臣，不可能因為舉薦有誤就大加處罰。

只是六十三歲的鄂爾泰看著學生和兒子被抓，自己也被論罪，很清楚自己終究是老而不死、樹大招風，被乾隆厭煩了。六十四歲那年，鄂爾泰摔了一跤，把腳摔壞了，自此走路一瘸一拐，他還寫詩自嘲：

登樓人不少，終恐笑蹣跚。[86]

也不知鄂爾泰的這句詩，感慨的究竟是自己的腿，還是晚年的境遇。總之，這位宦海浮沉四十餘年，殺伐決斷，改制三省的滿洲重臣，晚年在乾隆朝徹底消沉、不問政事。乾隆十年（一七四五年），鄂爾泰走到生命的盡頭，壽終正寢，享年六十六歲。

想來，鄂爾泰死前應該是比較安詳，因為他知道馬上就可以進太廟和雍正一起同享香火，光耀門楣了。

這一輩子走過低谷，看過高峰，他不虧。

鄂張黨爭：前朝舊臣的落幕

三個人，一臺戲。

三個人，即青年君主乾隆和兩位老臣鄂爾泰、張廷玉；一臺戲，就是發生在他們三人之間的乾隆朝早期的經典政治事件——鄂張黨爭。

此前在雍正朝一向忠心耿耿、不喜結交大臣的鄂爾泰與張廷玉，為什麼會在乾隆朝開始「黨爭」呢？而面對心胸更加「開闊」的乾隆時，他們又會迎來怎樣的結局呢？

讓我們再次請出鄂爾泰和張廷玉。

一、「泰山壓頂」的新君

說起來，「鄂張黨爭」這件事的根源既不在鄂爾泰，也不在張廷玉，更不在乾隆，而是在雍正。原因有二：一是雍正生前對皇子們的教育太特殊；二是雍正死後留下來的遺詔太致命。

雍正生前為了避免皇子們重演「奪嫡鬥爭」的慘劇，把弘曆和弘晝嚴格限制在宮裡讀書，既不讓他們參與政務，也不讓他們結交大臣。由此導致乾隆剛繼位時，別說掌控政府，就連朝堂上的官員，他都不能認清楚。當時乾隆為了完成權力的平穩過渡，保障政府的日常運行，必須依靠前朝舊臣的力量，而這把鄂爾泰和張廷玉的政治地位推向頂峰。

與此同時，再看雍正的那份遺詔，可以說，雍正對鄂爾泰和張廷玉實在太好了。遺詔中，不但讓二人做了輔政大臣，還讓二人配享太廟。更關鍵的是，雍正遺詔中還有這樣一句話：

此二人者，朕可保其始終不渝。（《清世宗實錄》卷一九五，雍正十三年八月二十三日）

言外之意就是，除非有極特殊情況，否則鄂爾泰和張廷玉在政治上不可能垮臺，因為他們得到雍正的擔保。於是問題來了，假如朝堂上有兩個大臣權力大、地位高，且幾乎不可能垮臺，無論在哪一個朝代，結黨都是一件必然發生的事情。甚至，即便他們沒有結黨的意願，下面的官員一樣會撲上來，躲都躲不開，因為他們已經身處那個關乎權力命門的位置上。

雍正對皇子的特殊教育和對鄂、張兩人的過度信任，使得「鄂張黨爭」成為一件無法避免的事情。不過，乾隆同鄂爾泰和張廷玉之間的君臣關係，開始還是非常好。他們從親密無間到徹底破裂，詮釋了什麼是官場裡的「七年之癢」。

乾隆登基後兩、三年，是他們君臣三人關係最親密的時期。

乾隆一上位，除了恪守父親雍正的遺詔，封鄂爾泰和張廷玉做輔政大臣，且承諾他們未來一定能配享太廟之外，還額外加恩，封了他們一人一個三等伯爵。面對乾隆此時的封賞，鄂爾泰和張廷玉非常開心。

鄂爾泰開心是因為在雍正的遺詔裡，輔政大臣的順序本來是張廷玉在前，鄂爾泰在後。可是等乾隆任命軍機大臣時，順序卻反了過來，把鄂爾泰放在張廷玉之前，顯然就是一種特殊重視了。

而張廷玉也很開心，因為這一輪封賞過後，他就成為自滿洲入關以來，第一個封伯的漢族文臣，只要他未來能安穩地配享太廟，將一舉超越范文程[1]，成為清朝歷史上地位最高的漢族文臣。這對張廷玉一個老人而言，誘惑太大了。

這種情況下，無論是鄂爾泰還是張廷玉，這兩把老骨頭在工作中都異常賣力，成功幫乾隆穩住執政初期的朝堂局面。

可是很快問題就來了，鄂爾泰和張廷玉愈賣力，插手的事務就愈多。與此相應，聚集在他們周圍的人也愈多。

當時與鄂爾泰關係親近的有戶部尚書海望、工部尚書史貽直、河道總督高斌、雲貴總督張廣泗等一大群中央官員和地方督撫；甚至連老十六莊親王允祿也和鄂爾泰結成兒女親家。按理說，鄂爾泰的這股勢力實在是令人驚恐，可是張廷玉也不遑多讓。他是從康熙朝末期開始主管吏部和翰林院，門生故吏遍布朝堂，甚至張廷玉的老鄉在當時都被評價為：桐人之受國恩，登仕籍者甲於天下。[2]

全國各地，當官最多的就是張廷玉老家桐城的人。

單看二人周圍的政治勢力，不管誰來當皇帝都會忌憚。乾隆三年，乾隆就對鄂、張二人進行一次「釣魚執法」。

中國古代有種傳統禮儀叫「三老五更」[3]，就是選兩個德高望重的大臣，一個當「三老」，一個當「五更」，由皇帝對這兩個人行跪拜禮，以展示國君尊養老人的姿態。這套禮儀在漢朝時最興盛，待宋朝後就沒什麼人進行。乾隆三年，乾隆突然問鄂爾泰和張廷玉：朕一向崇尚中原儒學，準備恢復「三老五更」，二位覺得如何？

當時的鄂爾泰可能真的比較單純，就說：嗯，倒也不是不行。張廷玉聽了十分驚訝，鄂爾泰老弟這是不長眼嗎？就這麼急著配享太廟？直鉤釣魚你都能咬鉤？張廷玉不但當場斷然拒絕，還連夜寫了一篇文章〈三老五更議〉，反覆論證為什麼不能實行這套禮儀。這件事在史書上的記載是：事在乾隆戊午（乾隆三年）……曾向軍機大臣等，談及三老五更，而諮其可行與否。彼時鄂爾泰依違其間，張廷玉則斷以為不可。（《清高宗實錄》卷一二二四，乾隆五十年二月初七日）

此番事出後，乾隆看鄂爾泰甚是不爽：蓋鄂爾泰固好虛譽而近於驕者。（《清高宗實錄》卷一二二四，乾隆五十年二月初七日）

意思就是，鄂爾泰太驕縱了，什麼事都敢當真？朕就是和你說說，你倒真敢答應。

張廷玉的謹慎就給乾隆留下好印象了嗎？也沒有！因為張廷玉太完美了，辦什麼事都不留一點破綻，以至於坊間興起一條政治流言：閣老張廷玉負天下重望……彼人皆以為張閣老在，天下無事云。[4]

此話一出，別說乾隆受不了，換了誰當皇帝都受不了。有張廷玉在，就天下無事，皇上不就成裝飾了嗎？這種尷尬的局面下，二十八歲的乾隆該如何破局呢？

二、「腹黑」、刺激地突襲

鄂爾泰和張廷玉之間其實存在一些小矛盾，究其原因，大概是雍正十年時，鄂爾泰從西南一回來，就搶了張廷玉軍機處首席大臣的位置。資歷更深、年紀更大的張廷玉，心理上自然不太能接受。不過他二人的矛盾想來也不會特別大，今天翻遍史書，能找到的鄂爾泰和張廷玉之間唯一一次直接交鋒，其實就是耍嘴皮子的開玩笑。

乾隆即位後某年夏天，鄂爾泰和張廷玉在軍機處上班。因為天氣太熱，辦公室又太小，鄂爾泰就把官帽摘了，並問周圍的人說：「此帽置於何所？」——還不趕緊來個會辦事的，幫我把帽子接過去放好。拍馬屁的官員還沒伸手，張廷玉的嘲諷就先過來了：相國，您的紅頂子還能在自己的腦袋瓜上頂著，就不錯了。（公徐笑曰：「此頂還是在自家頭上為妙。」）於是，「鄂神色不怡者數日」。鄂爾泰被氣得臉色難看了好幾天。[5]

這件事說到底，無非是兩老頭鬥嘴。而且，考慮到他們在雍正朝時，二人的政治見解經常保持高度一致，所以，二人之間的矛盾起初就沒多深，甚至細品起來還讓人覺得有點可愛。

真正一直在暗地裡放火的還是乾隆，故事要從雍正十三年講起。當時，貴州發生苗疆叛亂，雍正安排刑部尚書張照南下查案。只不過很可惜，張照做了錯誤判斷。貴州是鄂爾泰的大本營，如今貴州出事，雍正沒派鄂爾泰去解決，而是另尋他人，難不成是想整鄂爾泰，君臣二人打算翻臉了？於是，張照的調查報告就說此次叛亂完全是由鄂爾泰當年「改土歸流」操作過激導致，應由鄂爾泰負全責。

張照的報告剛打上去，雍正便駕崩了。鄂爾泰搖身一變成為新朝的輔政大臣。

張照立刻就被乾隆抓了，按鄂爾泰當時的意思，張照必須死，我這輩子最大的功績就是「改土歸流」，張照居然敢說我有問題？可是誰也沒想到乾隆居然出面，強行保張照一命。

鄂爾泰欲置伊於死地，朕若聽信其言，張照豈獲生全？（《清史列傳．大臣畫一傳檔正編十六．

張照》)

乾隆為什麼要保張照?表面上的說法是乾隆標榜「寬仁治國」,不輕易斬朝廷大員。實際的原因卻是乾隆到晚年才透露:蓋照即張所喜而鄂所惡者……余非不知。[6]

朕當年就知道張廷玉喜歡張照,而鄂爾泰討厭張照,這種情況下,只要留張照活著,鄂爾泰和張廷玉之間的關係只會惡化,不會好轉。乾隆的期待下,鄂爾泰和張廷玉的關係還真朝著對立的方向發展。

上之初年,鄂、張二相國秉政,嗜好不齊,門下士互相推奉,漸至分朋引類,陰為角鬥。[7]

就這樣,在鄂、張兩人沒有直接交鋒的情況下,底下的人倒是有了分組對抗的感覺。此時的乾隆心情舒暢,畢竟大臣之間的矛盾愈大,做為最終裁判的皇帝的權力才愈穩固。

時間慢慢來到乾隆五年(一七四〇年),這一年,乾隆三十歲。去年,他透過一場「弘皙逆案」解決宗室內部的不安定因素。此外,「章總」還把握各種時機完成官場的大規模轉換跑道與換血。與乾隆元年(一七三六年)相比,到乾隆五年時,全國的七個總督已經換了六個;十七個省的巡撫換了十幾個;至於中央的六部尚書,更是逐個換了一輪,其中最重要的吏部,乾隆還交給嫡系訥親[8]。

至此,朝堂秩序日益穩固的同時,鄂、張這兩位前朝舊臣,逐漸由乾隆執政的輔政者變成絆腳石。一場政治打擊在所難免。

乾隆五年四月,一場御前會議上,乾隆突然拋出一枚重磅炸彈:無知之輩,妄行揣摩,如滿洲則思依附鄂爾泰,漢人則思依附張廷玉。不獨微末之員,即侍郎尚書中,亦所不免。(《清高宗實錄》

卷一一四，乾隆五年四月初四日）

乾隆既說了鄂、張二人有結黨的嫌疑，同時又把這件事和「滿漢之分」的民族問題綁在一起。這個做法對乾隆而言，真是非常高明。

這件事本來和民族問題沒有關係，例如鄂爾泰雖然是滿洲人，但從小熟讀四書五經，始終對讀書人禮敬有加。像楊名時、方苞[9]、李紱、蔡世遠這些康、雍、乾時期的漢族文人，和鄂爾泰的關係一直都很親密。且蔡世遠是乾隆的老師，楊名時、李紱都是乾隆親自提拔的大臣。

因此，乾隆知道鄂爾泰和漢人的關係很好。

乾隆為什麼還要挑起滿、漢對立呢？原因很簡單。乾隆此話一出，滿洲大員肯定不敢和鄂爾泰走太近，怕惹上朋黨之嫌；而漢人官員一樣沒辦法和鄂爾泰走太近了，不然會被其他漢族人嫌棄。反過來，對張廷玉人際關係的影響也一樣。乾隆的一句話如一頂帽子般扣了下來，「鄂張黨爭」抱團對抗的局勢，就此便遏制住了。「章總」絕對是玩人的天才。

光靠嘴說還不夠，還得見血才行。乾隆即位之初始終標榜「寬仁」，連一個朝廷大員都不曾殺過。皇帝不殺人，威懾力始終感覺有所欠缺。很快就有一個人撞槍口上了，就是時任兵部尚書兼九門提督的鄂善。鄂善雖然名字裡有個「鄂」字，但他既不是鄂黨，也不是張黨，是個滿洲中立派。與其殺鄂、張任何一邊的人，燃起另一方的囂張氣焰，倒不如先挑個中間派動手，可以同時震懾鄂、張二人，讓他們知道，朕也會殺人。

事情的起因是乾隆六年（一七四一年）三月，鄂爾泰的學生御史仲永檀舉報鄂善受賄。仲永檀最初目的應該很簡單，就是想把鄂善從兵部踢出去，以擴張鄂黨勢力。但誰也沒想到，鄂善最終會死。

鄂善被捕後，對受賄一事始終死不承認，而官員們沒打算好好審，本準備以「下人受賄，鄂善管教不嚴」的罪名，糊里糊塗地結案就完了。可是關鍵時刻，乾隆突然表示要單獨提審鄂善。而這一套審案過程看下來令人毛骨悚然，沒有任何大刑伺候，純粹就是心理戰。

乾隆提審時和鄂善說的第一句話就是：「此事汝家人及過付之人，皆已應承。」鄂善啊，你家裡人和中間人都已經招了，你就承認吧。可是此時的鄂善根本不信，也不可能承認。接著，乾隆又說：「汝能保汝家人捨命為汝，而自認此贓為己否乎？」鄂善，你覺得你家裡人會連命都不要來替你背這口黑鍋嗎？他們真的已經把你供出來了，你就招了吧。就在鄂善動搖的一瞬間，乾隆又開啟更大的糊弄模式，說：「汝一身之事，所關甚小。而朕用人顏面，所關則大。」你的命其實不值錢，朕的面子更重要，大家都知道朕是個好面子的人，鄂善，你是朕所重用的人，就是朕的面子。接著便說：「汝若實無此事則可，若有，不妨於朕前實奏，朕另有處置。而諭此數大臣從輕審問，將此事歸之汝家人，以全國家之體。」你要是沒受賄，皆大歡喜，但假如你真的受賄，可得如實和朕說，到時朕會讓他們把所有的罪責都推給你家裡人，這樣你既能保住官位和性命，朕也能保全臉面，兩全其美。千萬別搞得你家裡人都招了，人證、物證俱全，你卻不說實話，到時朕就是想保你，也保不了啊。（見《清高宗實錄》卷一三九，乾隆六年三月二十五日）

不知道大家有沒有在生活中遇見過像「章總」這樣撒謊如喝水一般坦然的長官，假若遇到了，一定要小心，不然可能就會像鄂善一樣下場悲慘了。「鄂善熟思，乃直認從家人手中得銀一千兩是實。」鄂善深思熟慮後，承認自己的確受賄一千兩銀子。接著，「章總」立刻上演經典川劇藝術——「變臉」，瞬間一副痛心疾首的樣子，鄂善啊鄂善，朕一直很信任你，甚至包括朕的父親，先帝世宗憲皇帝也很信任你，你怎麼真的受賄了呢？接著，乾隆便說：「以皇考及朕平日深加信用之大臣。而負恩至此。國法斷不可恕。」即便朕想放過你，國法也不能放過你，組織可是有紀律的。最終，乾隆宣布：「爾罪按律應絞，念爾曾為大臣，不忍明正典刑。然汝亦何顏復立人世乎？汝宜有以自處也。」鄂善本來應該被施以絞刑，但畢竟君臣一場，朕一向寬仁，心有不忍，可是即便朕不殺你，你應該也沒臉活著，所以，你還是自殺吧。（見《清高宗實錄》卷一三九，乾隆六年三月二十五日）

鄂善就這樣成為乾隆朝第一個被殺的一品大員。乾隆騙殺鄂善的全過程是當著滿朝文武的面，親口說出來的，真是殺人誅心。乾隆不但真的敢騙，也真的敢殺。之後，乾隆更讓兩個親信舒赫德[10]和哈達哈[11]分別接管兵部尚書和九門提督的職務，緊緊地攥住京城內部的情報系統和軍事力量。

到了這個時候，朝堂的局面幾乎是一邊倒地靠向年僅三十一歲的乾隆。

三、雙面打擊的終章

在乾隆朝，鄂、張兩組人雖然看著勢力強大，但實際上他們沒有任何擅權僭越的行為。鄂爾泰和張廷玉在歷史上的退場都很有意思。

乾隆六年底，時任左都御史的劉統勳突然上書乾隆，要彈劾張廷玉：

大學士張廷玉歷事三朝，遭逢極盛，然晚節當慎……竊聞輿論，動云「張、姚二姓占半部縉紳」，張氏登仕版者，有張廷璐等十九人……今未能遽議裁汰，惟稍抑其遷除之路，使之戒滿引嫌，即所以保全而造就之也。請自今三年內，非特旨擢用，概停升轉。（《清史稿．列傳八十九．劉統勳》）

張廷玉做為三朝老臣，一輩子夠光榮了，晚年該更加慎重才是。儘管他什麼錯都沒犯，但考慮到他家裡當官的人實在太多了，為了防止張家盛極而遭人非議，建議若無特旨，張家所有人三年之內一律不准升官。

對於劉統勳這次突然上奏，人們始終有兩種猜測：第一種，劉統勳是乾隆的老師，是在乾隆的授意下故意上奏打擊張廷玉；第二種，劉統勳是雍正二年的進士，而張廷玉恰好是那一年的主考官，劉統勳是張廷玉的門生，這次上奏其實是他和張廷玉合謀，想用最小的代價讓七十歲的張廷玉盡快退出官場，平穩落地，安度晚年。不論劉統勳的動機是什麼，總之，他這次上奏後，張廷玉就逐漸不問政事，大隱隱於朝了。

不過比起張廷玉的主動消失，鄂爾泰的退出多少有些狼狽。

當時是乾隆七年，乾隆收到舉報說鄂爾泰的學生仲永檀給乾隆寫密摺之前，曾和鄂爾泰的兒子鄂容安商量過。乾隆立刻逮捕二人，要求嚴加審問。但因為二人身分特殊，官員一開始審案時只打算以洩密罪處理。但乾隆說不行，要按「結黨罪」處理，並將背後主謀直接指向鄂爾泰。待官員再次審問時，一上來就進行有罪推定，說仲永檀和鄂容安是：

意則當將参之時，必先告知鄂爾泰；既参之後，必即將所奉諭旨告知鄂爾泰。12

意思是說，一切都是鄂爾泰在幕後主導。最終，官員們強行以「結黨包庇」的罪名結案，並申請逮捕鄂爾泰。可是問題在於，這個罪名既沒有物證，也沒有人證。於是，乾隆最終以「舉薦仲永檀有誤，識人不明」給鄂爾泰定罪，並降兩級處理，未嚴加處罰。

從此之後，鄂爾泰就和張廷玉一樣很識趣，再也不問政事。他們三人之間的「七年之癢」就此結束，而所謂的「鄂張黨爭」，就這樣退出歷史舞臺。

但或許「鄂張黨爭」本來就不曾存在。

回望過去七年，這老哥倆之間沒有任何正面衝突。即便各自周圍聚集很多人，但乾隆也沒能從法律上找到任何結黨營私的證據。更令人沒想到的是，本來在軍機處會鬧彆扭不說話的鄂、張兩人，淡出官場後，反而會主動一起吃飯、喝酒、吟詩、閒聊。

乾隆八年（一七四三年），已經被邊緣化的二人有回一起吃飯。鄂爾泰感慨最近腳扭傷了，走路都不俐落了，張廷玉還安慰他說：「神明松柏茂，何惜小蹣跚。」[13]西林相國，像你這樣光芒萬丈的人，即便走路費力一些，也不會影響到你光輝的人格，不要太在意。

而等到張廷玉哀嘆自己七十多歲，想退休回家養老卻始終張不開口時，鄂爾泰則反過來安慰張廷玉道：「七十古稀有，如今數校寬。那能返初服，適得謝朝官。」[14]張太保，你就別想了，我們倆都當一輩子官了，宦海浮沉，這身官袍子是想脫就能脫的嗎？等兩老頭都喝多了，連走路都打顫時，鄂爾泰還和張廷玉說：「與公計奔走，同是一蹣跚。」[15]

哎！我們倆一起走路，怎麼就搖搖晃晃呢？而今天的我們既不知道那一年七十二歲的張廷玉和六十四歲的鄂爾泰到底喝了多少，也不知道他們的關係究竟是好是壞。

兩年後，乾隆十年，六十六歲的鄂爾泰先一步去世，配享太廟，乾隆的心腹訥親成為新任軍機處首席大臣。鄂爾泰得到榮譽，乾隆得到權力，每個人都得到自己想要的。只有七十四歲的張廷玉還默默活著，並期待著實現人生最後的兩個夢想：落葉歸根，他想回老家看看；配享太廟，真正成為清朝的第一漢臣。

他的夢想最終實現了嗎？實現了，也沒實現。做為伺候康、雍、乾三代皇帝的張廷玉，晚年可以說非常淒涼。

乾隆十一年（一七四六年），張廷玉的長子張若靄病逝，七十五歲的張廷玉白髮人送黑髮人，之後傷心欲絕，申請退休，被乾隆無情拒絕：你不能走。

幾年後，乾隆十五年，七十九歲的張廷玉再次申請退休，因恰逢乾隆皇長子永璜病逝，乾隆認為張廷玉急於返鄉是對皇家不忠，儘管批准張廷玉的退休請求，但取消他配享太廟的資格。七十九歲的張廷玉奮鬥一輩子的人生夢想就此破滅，然而，這還不是他晚年最痛苦的時刻。不久後，乾隆找碴，肆意發難，不但把張廷玉家裡的各種御賜之物全部沒收，還要額外罰款二十萬兩白銀。當了大半輩子國家高級長官的張廷玉，生前太過清廉，沒有多少積蓄，只得到處籌錢，硬是熬了半年多，四處求人，才在八十歲時給乾隆交上這筆罰款。

乾隆二十年（一七五五年），八十四歲的張廷玉終於在一場糊塗中壽終正寢，結束了一生。直到張廷玉死後，乾隆才恢復他配享太廟的資格。

皇考之命，朕何忍違？（《清高宗實錄》卷四八六，乾隆二十年四月初九日）

只可惜，那時張廷玉已經過世，他到死都不知道自己能配享太廟，帶著無限遺憾去世。

也許，今天會說張廷玉是清朝第一漢臣，實際上，張廷玉臨終前應該會覺得自己這一生就像一個笑話吧。如果說張廷玉晚年的悲劇還有什麼作用，可能就是他用自己的悲慘襯托出乾隆至高無上的皇帝權威，此後，再也沒有任何一個大臣敢招惹、觸怒乾隆了。

第二幕
紫禁城的皇家風雨

常有人說，無情最是帝王家。這話在雍正帝聽來，或許既對，也不對。

說對，是因為雍正皇帝登基前，經歷清朝歷史上最殘酷的奪嫡鬥爭，父子反目、手足相殘的戲碼，屢見不鮮；說不對，則是因為雍正帝與弟弟怡親王允祥，兩人之間的手足情深，縱使時隔三百年，讀來依然令人感動。

與此同時，聚焦康熙朝的皇家宗室會發現除了赫赫有名的「九子奪嫡」參與者之外，還有許多未參與奪嫡之爭的阿哥，以及不受人關注的公主，他們的命運同樣被紫禁城的皇家風雨裹挾著，難以自拔。

第二章

蕭牆奪嫡：四阿哥胤禛的登基之路

老十三胤祥：從「不大忠孝」到「宇宙全人」

電視劇《雍正王朝》中，胤祥的一生已然是敢愛敢恨、大起大落，而真實的歷史上，胤祥的一生更加命運多舛。一年之間有春夏秋冬四季，但胤祥的人生，卻注定要分成五季。

一、暖春入冬的沉寂

康熙二十五年（一六八六年），胤祥出生，這是他人生之春天的開始。

胤祥的母親章佳氏雖然只是內務府包衣出身的嬪妃，並非電視劇中描繪的蒙古公主，但她深受康熙喜愛。胤祥小時候上學時，兄弟間是兄友弟恭。學不會數學時，四哥胤禛就手把手一點點地教他。父母親愛，家庭和睦，這就是胤祥的童年。

胤祥人生中的第一個節點出現在十四歲時，那一年，母親章佳氏去世。按慣例，出身低下的章佳氏死後只能葬在妃園寢，卻被康熙破例葬在自己帝陵[1]的地宮邊上（琉璃花門之內），畢竟地宮內只有皇后才能進入，這已經足以顯示出康熙對胤祥母親的偏愛。當然，待雍正登基後，立刻把章佳氏連跨兩級追封為皇貴妃，移進地宮，畢竟是他十三弟的母親。

喪母後，胤祥得到父親康熙更多關注，他的人生來到最熾熱的夏天。無論是外出巡遊還是木蘭圍獵，康熙都把胤祥帶在身邊。

胤祥也是少年英才，能文能武；不但擅長書法、吟詩、作畫，更精於騎射，能百步穿楊。年不滿二十，就被康熙派往盛京、泰山，獨自代表皇家進行祭祀。此時康熙對胤祥的父愛，不可謂不深。

不過，此後康熙的一項安排卻嚴重影響父子之間的感情，他讓胤祥去輔佐太子胤礽。康熙不但外出時經常只帶胤礽與胤祥，更在處死「太子黨」的權臣索額圖後，安排胤祥迎娶索額圖的姻外孫女兆佳氏，有意讓他接管索黨的殘餘勢力。

然而這就是父親康熙與兒子胤祥之間最後的溫情了。隨著康熙四十七年太子胤礽第一次被廢，那個熾熱的盛夏就結束了，年僅二十三歲的胤祥開始面對人生中的蕭瑟深秋。

沒人能說清康熙四十七年，胤祥與康熙之間到底發生了什麼，幾乎所有相關史料都是空白的。史學家普遍推測所有不利於胤祥的記載，應該都被雍正刪除殆盡。今天只能從邊邊角角的史料中，一點點拼湊出胤祥在康熙朝末期的生存狀況。

康熙四十七年九月，胤祥與皇太子胤礽、皇長子胤禔一同被圈禁。但不到一年，史料中又出現胤祥陪駕出巡的紀錄。只不過，老十三被圈禁又被釋放的理由，史書上都是空白。但胤祥失寵後，其地位一落千丈卻是肉眼可見。

康熙四十八年，老皇帝復立太子，為了安撫其他皇子，對他們大加封賞。十二個成年皇子中，老二是太子，老三、老四、老五被封為親王，老七、老十被封為郡王，老九、老十二、老十四被封為貝子。而沒受封的三個人中，老大已經被定調是「喪心病狂之人」；老八則是因為「群臣擁立八阿哥事件」而失寵（見下文），但此前已經被封為貝勒。活著的、享有自由的成年阿哥中，只剩下老十三胤祥仍是個沒有任何爵位的平頭阿哥。

一年後，康熙四十九年（一七一〇年），二十五歲的胤祥遭受精神與肉體的雙重打擊，人生步入寒冬。精神上的打擊來自該年六月，胤祥與老三、老十四一起向父親康熙遞請安摺子，康熙卻公開批覆說：「胤祥乃不大勤學忠孝之人，爾等若放任之，必在一處遇著他，不可不防。」[2]

實在難以想像，胤祥到底做過什麼事情，竟能讓康熙厭惡他到這種程度，以至於進行如此狠辣的公開批評。甚至，我們有理由懷疑這不是康熙對胤祥唯一的批評，因為這只是一封滿文奏摺上的批覆，被雍正忽略了，才沒被銷毀。

同樣是這一年，胤祥的腿上突然生毒瘡，還可能患上結核性膝關節炎，一病就是兩年，從此身體便時好時壞，也為他未來壯年而逝埋下伏筆。

此時的胤祥在經濟上也極不富裕。康熙五十一年，老皇帝曾有一次大賞宮廷的撒錢活動，不用說親王，連御前侍衛都能領到幣，但偏偏把老十三胤祥跳了過去。老十三沒有爵位，俸祿本就低於其他兄弟，各種賞錢活動又慘遭忽略，經濟上的窘態可想而知。

精神、肉體、物質上都活得極為痛苦的胤祥，逐漸開始變得謙卑、暗淡，再沒有前半生那光彩照人的樣子。我們可以看看胤祥在這一階段所寫的詩句：

虛廊宴坐夜沉沉，偶得新詩喜獨吟。萬籟無聲風不動，一輪明月印波心。[3]

一股寂寞、消沉的氣息，撲面而來。

二、父死兄繼的轉折

痛苦之餘，他唯一的慰藉大概就是與四哥胤禛的手足之情依舊。雍正曾感慨，康熙朝末期，十三弟經常寫詩給他，每一首他都倍加珍惜。老十三前後寫了共計三十二首詩，雍正如數家珍。

老四和老十三的感情甚至好到在家人面前都毫不避諱的程度。康熙五十八年，胤禛的五兒子弘晝病重，多虧老十三四處奔波、尋醫訪藥，才救下弘晝一條命。以至於胤禛感動之餘，當場勒令弘晝以後見到胤祥不要叫「叔叔」，直接喊「爸爸」。

只不過老四與老十三的關係雖親暱，但康熙朝末期，他們也是祕密來往，二人的關係不為外人所知。

電視劇中胤祥的那句「無情最是帝王家」雖是改編，但大概也是那時胤祥內心的真實寫照：曾經與自己親密無間的皇阿瑪，轉眼間就變得冷若冰霜；曾經的兄友弟恭也一去不返；就連與四哥的往來只能暗通書信，或是尋醫問藥時才能順理成章地流露真情。

但就事論事，縱覽胤祥一生的種種作為，實在難以把他和「大逆不道」四個字聯繫在一起。考慮到胤祥並未像老大一樣被治罪，他的罪過極有可能是沒有實質證據，而他與康熙之間關係的驟然轉變，可能是源於某種誤會，只不過這種誤會被康熙朝末期的奪嫡鬥爭無限放大了。

康熙六十一年十一月十三日，康熙駕崩。而那一夜，正是胤祥親自護送四哥胤禛從暢春園前往紫禁城，繼承大統。父親去世，四哥上位，通往紫禁城的那一路上，胤祥的心裡會想些什麼？經歷康熙朝的大起大落後，胤祥一定很清楚，從這一晚、這一刻開始，他身旁的四哥就再也不是四哥了，而是新君雍正皇帝。

隨著雍正登基，胤祥迎來人生中的第五個季節——寒冬後的暖春。

雍正繼位之初立刻任命老十三允祥為總理事務大臣，加封怡親王。

同時大手一揮，賞給他二十三萬兩白銀補貼家用。但允祥當即拒絕，在雍正的強烈要求下，他收下十三萬兩。可是雍正覺得還不夠，又提出要隔代給允祥的兒子封郡王，但清朝歷史上從來沒有一門雙王的先例，允祥又是堅決拒絕。最終，雍正以高風亮節為名，給允祥每年漲一萬兩的俸祿。

當然，恩賞遠遠不只在爵位和金錢上，權力上，老十三在雍正朝的地位更是遠超大多數人的想像。大家戲稱老十三為「常務副皇帝」，這個說法絕不誇張。用雍正的話說就是：「至於軍務機宜，度支出納，興修水利，督領禁軍，凡宮中府中，事無巨細，皆王一人經畫料理。」（《清世宗實錄》卷九四，雍正八年五月初四日）

這話是什麼意思？意思是老十三當時差不多行政、軍事、財務一肩全挑。

此外，雍正不愛出門，連木蘭圍獵這種用於聯絡蒙古王公、必須由皇帝親臨的重大活動，也都交給老十三全權操作。以至於「副皇帝」這種說法不用等到今天，雍正朝時，朝鮮人留下的記載中就有類似的說法：

> 十三王，全管天下事，凡千機務，盡許裁決，各寺皆待令其第，胡人（滿人）畏之，過於皇帝云矣。[4]

可以說，雍正對老十三是能給的全都給了。而雍正這種不加掩飾、違背祖制、近乎瘋狂的恩賞與重用，如果對象換成一般人，可能早就膨脹了。只不過在冬天待久了的人是不敢享受春天的。經歷與父親之間關係的大起大落後，也許雍正還把允祥當成自己的十三弟，但允祥卻永遠只能把四哥當皇上了。

允祥所有的治國建議幾乎都是私下和雍正說，從不公開表達。允祥死後的碑文上，有一句話描述得非常精妙：「祇慎而不宣於眾，退謙而恐居其名。」名聲、功勞都是皇上的，我什麼都不要。很多臣子或下屬只要能做到這點，高機率能安享晚年。

老十三的謙卑還不止於此，大臣寫給他的信件，他一字不落地全拿給雍正看；大臣送給他的禮物也全拿去讓雍正先隨意挑選，雍正沒看上的，老十三再一律退回。

三、忠敬勤廉的落幕

權力大，還一心謙卑，更重要的是，老十三是雍正執政的最大倚仗，儘管沒有像電視劇中所演的阻止「八王議政」[5]那種力挽狂瀾的傳奇事件，但在當時的朝堂，老十三絕對發揮到定海神針般的作用，甚至在某種程度上還推動歷史的發展。

很多人不知道的是，今天一提清朝就會說「海禁」、「閉關鎖國」等愚昧政策導致近代中國的空前落後，但清朝的海禁是從康熙朝晚期才開始，到了雍正五年，海禁被老十三允祥力排眾議解除了，這一舉措推動中國沿海的對外貿易發展。只可惜到了乾隆朝，海禁又被恢復，才有了後續所謂的「一口通商」（清朝中後期，只開放廣州做為通商口岸），中國正式進入「閉關鎖國」的年代，直到一八四〇年鴉片戰爭爆發，才再次打開國門。

日常政務中，老十三幾乎不顧身體地拚命工作。自康熙四十九年，他的腿生毒瘡以來，老十三的身體就一直時好時壞。雍正四年，老十三生過一場長達四個月的重病，雍正急得每天在宮裡焚香祈禱。但即便如此，這四個月中，老十三還是先後完成地方州府劃分、全國軍隊整頓、雲南鹽務清查、福建賑災、勘探河道等一系列常人根本無法想像的繁重任務。老十三的兒子弘曉回憶說：父親當年每日回家「手不停批」[6]，始終在工作。更誇張的是，雍正七年，老十三本就腿有舊疾，身體狀況已經嚴重堪憂的情況下，為了帝陵的建造，他還翻山越嶺，親自勘察地形。雍正勸不住，只好硬是把太醫院的一個太醫封為戶部侍郎去貼身伺候老十三，生怕弟弟出事。

但最終，雍正八年五月初四，惡病纏身的老十三在繁重的政務壓力下，壯年而逝，享年四十五歲。

我們可能會問：老十三這麼拚命到底圖什麼？今天評價政治人物時，都喜歡談一些利益和資源的糾葛、權力鬥爭的考量。但對於老十三，不妨考慮得單純些，也許只是想洗刷汙名，就是要做出個樣子，讓人看到他不是「不大勤學忠孝之人」，他是個有治國安邦之才的好人。而且老十三對雍正的謙卑與忠誠，大概也是想保住他和四哥之間最後的親情吧。允祥十四歲喪母，二十三歲父子反目，他也是人，可能後半生唯一的念想就是，哪怕再苦、再累，也不能再讓自己和四哥有朝一日也反目成仇。帝王家也該有些溫情在。

正是老十三夙興夜寐地勤勉工作，雍正才有足夠的精力在紫禁城的深宮之中，放心謀劃一項項精巧的改革舉措。實話說來，像老四和老十三這樣的君臣兄弟組合，恐怕翻遍史書都難得一見。也難怪雍正對十三弟的評價更是高得無以復加，他稱年羹堯叫「恩人」，稱張廷玉叫「股肱」，稱隆科多叫「全國人民的好舅舅」，但他給老十三的評價是：「王固建不朽之盛烈，稱宇宙之全人矣！」[7]朕的十三弟就是全宇宙最好的好人！

老十三連人生的彌留之際都忙著畫自己陵墓的規格圖，並告誡家人必須嚴格按圖安葬自己，不能因為有皇上的恩寵就僭越規制。可是死訊傳來，看著十三弟親手畫的陵墓圖，雍正悲傷過度，不能自已，哪裡還管得了這些？他硬是給允祥蓋了一座遠超規制、縱觀整個清朝歷史也是最大的一座親王墓園。為老十三舉辦的喪禮也遠超規格，老三允祉只是在喪禮上面無哀色，便被極度哀傷的雍正革去親王爵位，拘禁到景山反省。

不僅如此，雍正還將老十三的名字復為「胤祥」，不必避皇帝名諱。定胤祥的謚號為「賢」，並在謚號前追加「忠敬誠直勤慎廉明」八字，同時，讓沒有軍功的老十三配享太廟更是毫無懸念。可以說，雍正在胤祥死後無論哪一個做法，都絕對是違背清朝祖制，但他就是這麼做了。這可是朕的十三弟，是全宇宙最好的人啊！胤祥在臨終前大概隱隱猜到四哥可能會有的一系列做法，才會去畫那張陵墓圖吧。

失去父愛後苦了半生的老十三，終於還是保全他和四哥胤禛之間一輩子的手足情誼。

老二胤礽：「四十年太子」的立與廢

這是中國最後一位皇太子。

如果說有的人是出道即巔峰，胤礽就是出生即巔峰。康熙十三年（一六七四年），胤礽出生。隔年，他就被立為太子，一人之下，萬人之上。

一、天生富貴的皇儲

為何不到兩歲的胤礽會被康熙早早立為太子呢？簡單來說就是四個字——形勢所迫。

胤礽出生時恰逢「三藩之亂」時期，一歲多時，三藩勢力已經席捲半個中國，清王朝朝不保夕。此時的康熙，一方面必須提前立儲，安定人心，預防不測；另一方面必須立嫡長子胤礽，表明自己尊重儒家的傳統政治秩序，以尋求漢族官員和士大夫的支持。

尚在襁褓之中的胤礽，憑藉著母親孝誠仁皇后赫舍里氏的地位，早早成為康熙朝的太子。很多人不了解的是，胤礽從被立為太子的那一刻起，就面臨著一群隱性敵人，即滿洲的軍功貴族集團。

說說當時的背景。清朝前期的歷史中，除了太祖努爾哈赤是自立為汗，後面的皇太極和順治都是由滿洲的軍功貴族共同推選出來的君主，即所謂的「八和碩貝勒共議國政」[8]。即便後來順治因感染天花而死，軍功貴族不得不接受能免疫天花的康熙，還是出現四大貴族代表輔政的局面，即正黃旗的索尼、正白旗的蘇克薩哈、鑲黃旗的遏必隆與鰲拜。

康熙趁亂立胤礽為太子，某種程度上，也是削弱軍功貴族權力的一種手段。誰當繼承人，朕說了算。致使小胤礽剛一歲多就已經陷入政治鬥爭的漩渦中，不能不說是一種苦難。

而為胤礽少年時期保駕護航的主要有三個人——父親康熙、曾祖母孝莊太皇太后、叔姥爺索額圖。母親赫舍里氏在生他時因難產過世了。

必須提及的是，胤礽的母親赫舍里氏是索尼的孫女、索額圖的侄女，並非如電視劇中所演的是索額圖女兒。赫舍里家是清朝早期少有的依靠文治起家的非軍功集團貴族。赫舍里家崛起源於索尼早期對孝莊的絕對忠誠。索尼死後，康熙重用索額圖有兩層考慮：一是為了給胤礽找一位官場上的支柱，二是為了進一步壓制軍功集團的膨脹。

在三位長輩的呵護與溺愛下，少年時代的胤礽過得順風順水。讀書，滿、漢文字無所不識；習武，騎馬、射箭無所不通。論臉蛋，一表人才；談地位，東宮儲君。只是，有時人生得意得太早並非好事。一路坦途的胤礽，性格飛揚跋扈，既不謙遜，也不禮貌，一言不合便對周圍的人拳腳相加。

用康熙的話來說：「如平郡王訥爾素、貝勒海善、公普奇，俱被伊毆打。大臣官員以至兵丁，鮮不遭其荼毒。」（《清聖祖實錄》卷二三四，康熙四十七年九月初四日）

單看這串文字，真的是皇親國戚、大臣將軍、僕從小兵，只有想不到的，沒有太子胤礽打不到的。本就對胤礽不滿的軍功貴族，開始暗中聚集在另一位至少看上去謙遜禮貌的皇子周圍，形成一股反太子勢力。胤礽的政治形勢更加艱難，但他的應對辦法卻是更加倚重叔姥爺索額圖，進一步放大自己與其他大臣間的矛盾。

然而真正讓胤礽出現人生危機的，不是性格上的暴躁與政治上的拙劣，而是他在親情上的麻木。自幼喪母、缺乏母親教導的胤礽，就像那些在溺愛環境下長大的熊孩子一樣，他對父親康熙也缺乏感恩之心，覺得自己擁有一切是理所應當。

康熙二十六年臘月（一六八八年一月），孝莊太皇太后去世。失去祖母的康熙在傷心之餘，開始更加重視對孩子的感情培養。

但康熙二十九年（一六九〇年），胤礽十七歲時，康熙病倒了，胤礽奉詔侍疾。本該是父慈子孝的大好場景，但伺候康熙時，胤礽卻心不在焉，而且臉上毫無憂傷之色，甚至有點不耐煩，氣得康熙當時就把胤礽轟走了。康熙的心情可以理解，他早早立胤礽為太子，胤礽要什麼就給什麼，誰知道最後是這樣的反應，任誰是父親都會很傷心。可惜十七歲的胤礽沒能察覺到父親這些細微的感情變化，等他有所發現時，為時已晚。

二、父子相疑的悲劇

康熙三十五年（一六九六年），康熙親征噶爾丹。二十三歲的胤礽以太子身分留在京城監國。不得不說，胤礽還是有一定政治才華，史書稱其監國期間：居京師辦理事務，如泰山之固。[9]

但胤礽此時最大的錯誤是仍然沒有選擇好好維護與父親之間的感情。

當時，遠征塞外的康熙思念兒子，瘋狂寫信給胤礽，而且遇到的大事小事全都寫。旁人問康熙：皇上您是不是寫得太頻繁了一點？康熙還說怕太子太想他，結果胤礽一封信也沒回。最後氣得康熙直接寫信訓斥胤礽：「皇太子好嗎？朕因遙遠恐皇太子惦念……為何與朕無一覆信，繕寫如此多之書信亦有毫不辛勞之理乎？」[10]難道給你爹寫封信能累到你這個監國太子不成？

更要命的是，比起胤礽，反倒是反太子勢力先察覺到康熙心態上的變化，參胤礽的密信雪花般紛紛飛至康熙面前。康熙回朝後，接連三板斧，直接把胤礽給砍傻了。

康熙三十六年（一六九七年），康熙下令處死胤礽身邊三個親密的侍從，胤礽感受到父親的憤怒與力量；康熙三十七年，康熙第一次大封皇子，老大、老三封郡王；老四、老五、老七、老八封貝勒，胤礽感受到兄弟們的崛起。

康熙三十七年第一次大封皇子[11]

> 封皇長子胤禔為直郡王，皇三子胤祉為誠郡王，皇四子胤禛、皇五子胤祺、皇七子胤祐、皇八子胤禩俱為貝勒。（《清史稿·本紀七·聖祖本紀二》）

康熙三十九年，康熙藉索額圖在家中妄議朝政為由，說他怨恨皇上，讓索額圖退休。三年後，康熙又以索額圖意圖謀反為罪名將其拘禁，並賜死，胤礽失去官場中的最大依靠。

顯然，康熙四十二年索額圖的死是三十歲的胤礽人生旅途中的重大分水嶺。此前的胤礽是飛揚跋扈的天之驕子，此後的胤礽變得極度敏感不安、患得患失。人生在世，很多時候最難熬的不是失敗後的日子，而是擔心失敗的那段日子，源於一種對未知的巨大恐懼。可是愈擔心失敗，往往愈容易失敗。康熙四十七年，三十五歲的胤礽迎來人生中最大的打擊。

那一年，康熙帶著八位皇子（老大、老二、老十三、老十四、老十五、老十六、老十七、老十八）巡幸塞外，但任誰也不會想到，這八位皇子有四人是一死三圈禁的慘澹結局。

九月，先是意外染病的小十八病重，康熙心急如焚。可是本就對親情麻木，後來又精神高度緊張的胤礽，實在是對這位比自己小了近三十歲的十八弟沒什麼感情，一副事不關己的樣子。可能是胤礽的態度再度勾起康熙某種不好的回憶與聯想，於是對他痛加責罵。

電視劇中對這一階段胤礽的演繹較為接近真實，當了三十多年太子的胤礽，見到康熙仍然像耗子見了貓一樣，被責罵一番後，變得更加精神恍惚、行動異常，以至於在九月初三夜裡做出偷窺康熙帳篷的行為。以客觀的角度看，可能只是被嚇破膽的胤礽想要去了解父親的情緒狀態。但在老大胤禔添油加醋的告發下，康熙做出了判斷——胤礽被責罵後要鋌而走險、行刺謀逆的徵兆，他想為索額圖報仇。

康熙愈想愈傷心，最器重的兒子居然要殺自己，內心的憂愁和煩惱可想而知。第二天一早，便收到十八阿哥病逝的消息，康熙罕見地情緒崩潰了。他召集諸皇子大臣，一邊痛哭流涕，一邊指責胤礽：

> 「允（胤）礽不法祖德……暴戾淫亂，朕包容二十年矣……朕不卜今日被鴆、明日遇害……似此不孝不仁……朕所治平之天下，斷不可付此人！」（《清史稿．列傳七．理密親王允礽》）

從前朕生病時，胤礽漠不關心，平日裡，他還會無端毆打兄弟、大臣，現在更是膽敢謀逆，朕一整晚都在擔心到底會被毒死，還是會被捅死，祖宗的江山社稷絕不能交在胤礽這種不忠不孝的人手中。

康熙愈說愈傷心，甚至跌倒在地。他正式下令將胤礽抓起來，並在回京後，正式祭告天地，宣布太子胤礽被廢，將他圈禁至咸安宮，而負責看押胤礽的正是老大胤禔。考慮到老大胤禔早就看胤礽不爽了，這段被拘禁的日子裡，胤礽所承受的苦難可想而知。

舉一個簡單的例子，胤礽被拘禁時，嘗試過真情辯白。當時，胤礽請求看管他的人代奏：「皇父若說我別樣的不是，事事都有，只是弒逆的事我實無此心，須代我奏明。」[12]

然而，胤礽這次喊冤卻被大哥胤禔嚴密封鎖消息，同樣負責看管胤礽的老四胤禛，對老大胤禔的所作所為實在看不下去，進宮把二哥胤礽的這番話稟報給父親。

康熙冷靜下來後，感覺到胤礽說的應該是實話，便安排人去通知胤礽，讓他在拘禁期間不必戴枷。雖然康熙的冷靜與心軟讓胤礽的處境有所改善，但無法改變胤礽被廢的事實。沒想到，接下來發生的兩件事卻讓「廢太子風波」迎來一次重大反轉。

三、二次被廢的晚年

一是胤禔喪心病狂地想殺死胤礽。胤礽被廢後，胤禔錯誤地判斷形勢，居然對康熙說出「今欲誅允（胤）礽，不必出自皇父之手」（《清聖祖實錄》卷二三四，康熙四十七年九月二十五日）這樣毫無手足之情的混帳話，且他魘鎮太子的事情也被曝光。這可以說是「神助攻」了，給胤礽的詭異行為找到最佳的藉口，因為康熙在某種程度上很相信魘鎮這類東西。

二是群臣擁立八阿哥事件。胤礽從接近帳篷窺視到被康熙當眾廢掉，前後連十二個小時都不到。情緒逐漸穩定下來的康熙，開始意識到自己的確衝動了，儘管胤礽舉止怪異，但絕無謀逆的可能，反而是其他藉此機會蠢蠢欲動的兒子更為危險。因此，康熙決定復立胤礽為太子，只是金口玉言，如何收回呢？

康熙謀劃得很好，一邊提議讓大臣們推舉新太子，另一邊暗中叫來在官場既有威望又支持立嫡長子傳統的漢人大臣李光地瘋狂進行暗示，讓李光地去聯絡大臣們復立太子，康熙的理由很直白——胤礽之前行為不端是因為有瘋病，現在已經好得差不多了。但李光地估計想明哲保身，硬是揣著明白裝糊塗，完全沒按康熙的意思去辦。在推舉現場就發生軍功集團集體擁立八阿哥胤禩的意外情況，而且，康熙已經表露出不滿之後，軍功集團繼續施壓，認為儲君除了老八無人可選。逼得康熙不得不憑著自己多年的威望藉口孝莊託夢，才強行復立胤礽。

兜兜轉轉，被廢半年後，胤礽就恢復太子之位。這一年是康熙四十八年，胤礽三十六歲。

同一年，康熙開啟瘋狂和稀泥模式，三管齊下，先讓群臣把「廢太子」的事情忘掉，繼續尊重胤礽；再勸胤礽把群臣舉薦老八的事情忘掉；然後第二次大封皇子以安撫其他阿哥，還特別跳過老八胤禩。

覆水難收、破鏡難圓，「廢太子」的經歷對胤礽而言到底意味著什麼呢？父親真的說翻臉就翻臉；原來手足兄弟真的恨不得除去自己而後快；朝堂的大臣的確大多反對自己，更加支持老八。

看到電視劇中胤礽復立後報復群臣的畫面，我們可能會吐槽他心胸狹隘，沒有人君的器量和智慧。可是易地而處，假若我們是胤礽，真能做到對擁立老八的群臣既往不咎嗎？實在太難了，尤其是身處你死我活的政治鬥爭的情況下。

於是，胤礽開始專注培養忠誠於自己的官員小圈子，只是這次玩太大了。

胤礽的新班底是由索黨的殘餘勢力與時任九門提督的托合齊共同組成。該圈子拉幫結派的方式就是以托合齊為核心的飲酒聚會，但「托合齊酒局」的名單很快就被「八爺黨」的官員捅給康熙，間接導致胤礽二次被廢。

名單上不但有九門提督托合齊，還有兵部尚書耿額[13]、刑部尚書齊世武[14]，以及伺候康熙起居的太監總管梁九功。康熙的情報頭子和貼身管家都成為太子一黨，無論是想突然逼宮，還是給皇帝下毒都輕而易舉。此時的胤礽不管有沒有謀逆的心思，至少都已經具備謀逆的能力，再加上這一階段胤礽那句「古今天下，豈有四十年太子乎？」[15]的狂悖之語，空前警覺與憤怒的康熙再次展示自己的雷霆手段。

托合齊死後被挫骨揚灰，齊世武被以鐵釘釘在牆上活活疼死，耿額被處以絞刑，梁九功被終身監禁。隔年的康熙五十一年，康熙第二次廢除胤礽的太子之位。這一次，康熙的情緒穩定多了，也看開了，他說：「前次廢置，朕實憤懣，此次毫不介意，談笑處之而已。」（《清聖祖實錄》卷二五一，康熙五十一年十月初一日）並鄭重聲明絕不會再次復立胤礽。

不僅康熙是「談笑處之」，對三十九歲的胤礽而言，這次被廢同樣是一種解脫。當了近四十年的太子，在政治漩渦的風口浪尖站了近四十年的胤礽，終於能卸下重擔歇一歇了。儘管胤礽後來曾試圖復出，但他的主要精力還是放在家庭。而且，胤礽被廢後的日子裡，只是被限制自由，生活待遇還是很優越。最後被圈禁的十一年中，一共生了六子七女，十三個孩子，可謂兒孫滿堂。

康熙六十一年，康熙駕崩。這一年，胤礽四十九歲，被幽禁在咸安宮，外面新朝的號角已經吹響。曾經被自己拳打腳踢的老四胤禛成為新的一國之君；曾跟著自己一起遭罪受苦的老十三胤祥成為總理國務的怡親王。此時的胤礽又會想些什麼呢？經歷人生的大起大落之後，大概此時的他早就釋然了吧。而且雍正登基後，對胤礽非但沒報復，反而照顧有加。

兩年後，胤礽病重去世，享年五十一歲。臨終時，胤礽託人向雍正帶去自己人生的最後感言：

臣當日與皇上雖無好處，亦無不好處。臣得罪皇考，係大不孝之人，應將臣棄置不問，乃蒙皇上種種施恩甚厚，臣實感戴靡涯。臣今福薄，病已至此，安敢虛言。前若賜臣二寸白紙一條，豈能延至今日乎？識者自必知之。荷蒙聖恩，別無他願，冀得生存而已。[16]

皇上，我們哥倆當年的關係一般，雖說談不上好，倒也談不上壞。我當初對不起父親，是大不孝的罪人，按說您該將我置之不理，可是承蒙您的照顧，我這兩年的日子過得不錯，我很感激。如今我病成這樣，沒必要說好話哄騙您，我們都知道，您登基之後若是想殺我，我絕活不到今天。不多說了，謝謝了，老四。

胤礽死時，正值寒冬。雍正不顧部分大臣反對，冒雪前去祭奠胤礽，還追封他為理親王。此後，雍正確立祕密立儲制度，清朝再無皇太子。中國歷史上最後一位太子，就此離場。

老大胤禔：庶長子的妄想悲劇

首先思考一個問題，康熙帝的皇長子愛新覺羅・胤禔，他的影視形象並不陌生，《康熙王朝》中又帥又猛，《雍正王朝》中又蠢又壞，這兩版康熙的皇長子，誰更符合歷史上真實的胤禔呢？

比起《雍正王朝》中「傻笨憨呆蠢」的老大，歷史上的胤禔應該更貼近《康熙王朝》這一版。根據當時供職於清廷的法國傳教士白晉（Joachim Bouvet）的記載，皇長子胤禔十分英俊聰明，並且「有很多優良品質」[17]。

如此優秀的皇長子為何淪落成電視劇中那個飛揚跋扈的「蠢豬」呢？

一、長子的悲喜

胤禔自幼年時期就經歷一喜一悲。

康熙十一年出生的胤禔，其實是康熙的第五個兒子，但前四個都夭折，沒能進入皇子的排序，胤禔因此成為真正的皇長子。更重要的是，連續遭遇四次喪子之痛後，康熙給予茁壯成長的胤禔極大的寵愛。《清史稿・列傳七・貝子品級允禔》的記載是：上有巡幸，輒從。

從老大胤禔幼時起，康熙每次外出活動都必定帶著他一起去，父子關係融洽。

然而，皇家後宮不僅母會憑子貴，子也會以母為貴。胤禔的母親惠妃那拉氏，家族並不顯赫，那拉氏並非電視劇中所演的納蘭明珠的妹妹，那拉氏的父親索爾和只是內務府的小官。因此，那拉氏只能升到妃位，老大胤禔也只能是庶長子；但老二胤礽就不一樣了，他的母親赫舍里氏是皇后。老大三歲多時，不到兩歲的老二以嫡長子的身分被立為皇太子。對於老二胤礽被立為太子這件事，其他阿哥心理上比較容易接受；但對老大胤禔而言，感覺就非常不舒服了，他是哥哥，卻要反過來向弟弟行禮。

這種自童年起就存在的落差，也許造成老大對老二產生最早的嫉妒與怨恨。然而把這顆充滿矛盾的種子澆灌長大的不是別人，正是康熙。

按理說，中國歷史上「立子以貴不以長」（《春秋公羊傳》）是個老傳統。一般情況下，皇帝會在太子名分確定後，盡量樹立太子的權威，以免其他皇子對皇位產生覬覦之心。但康熙對所有皇子都盡力培養，並且幻想個個都能獨當一面後，就能更好地輔佐老二胤礽。然而，這實在是康熙一廂情願，政治遊戲中，皇子們很難禁受住權力的誘惑。

康熙二十七年，清政府剛結束與俄國的雅克薩戰役，兩國要商討簽訂中、俄《尼布楚條約》，康熙派出以領侍衛內大臣索額圖和鑲黃旗漢軍都統佟國綱為首的豪華外交團北上談判。

可是送外交使團離京的關鍵儀式上，康熙不但沒有出席，甚至沒有讓早已是儲君的老二胤礽出席，反而是讓當時十七歲的老大胤禔代表皇家前去送行。老二只比老大小兩歲，兩個人在年紀上沒差多少。盛大的歡送儀式中，只有老大胤禔一個人全程站穩「C位」，索額圖和佟國綱一左一右緊隨其後。臨別時，兩位朝廷大員遙遙對著皇宮三拜九叩一番後，還轉過身來對著老大胤禔跪下拜謝，進行辭別。

如此場景，任何一個十七歲的少年恐怕都難忍激動。幹掉太子二弟成為下一任新君的想法就愈來愈真切，真切到令胤禔以為是可以實現的。所以說，老大胤禔的野心在某種程度上是被康熙一點點培養出來，而且在不久的將來還會被進一步放大。

二、軍旅的榮光

康熙二十九年，年僅十九歲的老大胤禔以前軍副將的身分隨父親親征噶爾丹。康熙當時很激動，提筆賦詩：武略期無敵，王師出有名。親藩分鉞，長子擁麾旌。[18]

而老大對得起康熙的期待，第一場仗便武力值拉滿，旗開得勝。只可惜，胤禔當時畢竟年輕，聽信手下挑唆，和主將福全產生矛盾，康熙便下令讓胤禔撤回京城反省。但事後胤禔沒有遭到進一步處罰，因此這次撤回的命令與其說是責罰，不如說是訓導和保護。果然，六年後，康熙三十五年，康熙二次征討噶爾丹，二十五歲的胤禔不僅擔任前軍統帥，還扮演軍隊參謀長的角色，最終清軍大獲全勝。班師回朝之前，康熙還委派胤禔代表自己犒勞三軍，慰問有功將士。

就這樣，胤禔的青年時代宛如一顆在軍界冉冉升起的新星。而且當時的軍方，可以說是遍布胤禔的親信，「鄂倫岱、隆科多、順（舜）安顏，與大阿哥相善，人皆知之。」（《清聖祖實錄》卷二三六，康熙四十八年二月二十八日）

老大早期的支持者中，除了比較出名的鑲黃旗漢軍都統鄂倫岱、正藍旗蒙古副都統隆科多，當時清朝東北地區的八旗各級軍官中，也有不少人是胤禔的擁護者。

更重要的是，老大陪父親征戰沙場時，另一邊，大後方監國的太子胤礽卻相當缺乏政治敏感度，對征戰在外的康熙不聞不問，招致康熙嚴厲斥責，最終導致身邊三個親密的侍從被處死。

康熙三十七年大封皇子時，老大胤禔因軍功赫赫，和老三一同成為當時僅有的封王皇子，老大封直郡王，老三封誠郡王。甚至更巧的是，康熙三十八年（一六九九年），老十三胤祥的母親章佳氏過世，老三胤祉卻在喪禮未超百天的情況下，未請旨便在家中把頭給剃了。康熙知道後，怒斥老三不遵禮法、不守孝道，直接把他從郡王降成貝勒。於是，一旁看戲的老大就成為當時唯一享有王爵的皇子。

站在康熙三十八年這個時間節點上，太子胤礽失寵，而二十八歲的胤禔呢？論年紀，是皇長子；論能力，軍功赫赫；論爵位，又是唯一可稱「王爺」的皇子。如此大好的政治形勢，不管是誰處在老大的位置上，恐怕都會有擠下胤礽、取而代之的衝動。

只是胤禔還不明白，這世界上有些事不能強求。

三、奪嫡後毀滅

奪嫡形勢一片大好的情況下，胤禔卻做出一個極為錯誤的政治判斷。他覺得只要幹掉老二胤礽，自己就一定會是新太子。此時，常年征戰沙場的老大開始展現出狠辣的一面。他對太子以言語中傷、魘鎮暗害，無所不用其極。

假如很難想像身處權力和政治漩渦中心的人到底能扭曲成什麼樣的話，胤禔就是最好的答案。人近中年，本快到「四十不惑」的人生階段，卻變得愈發短視、貪婪、凶狠。

康熙四十七年，胤禔三十七歲。當時，京城內有個混跡於王公貴族間的道士叫張明德。他利用當時的滿族勛貴對太子胤礽的不滿，口出狂言，說自己有十六個本領高強的兄弟能刺殺胤礽。這番話，張明德一共對兩位皇子說過，一位是老八胤禩，一位是老大胤禔。老八轟走了張明德，老大卻和張明德認真地謀劃起刺殺行動。

張明德供：由順承郡王長史阿祿，薦於順承郡王，及賴士公、普奇公，由順承郡王薦於直郡王。我信口妄言，皇太子暴戾，若遇我，當刺殺之。又捏造大言云，我有異能者十六人，當招致兩人見王，聳動王聽。（《清聖祖實錄》卷二三四，康熙四十七年九月二十五日）

只不過，刺殺行動還沒開始，太子胤礽就被廢了。

康熙四十七年秋天，康熙帶著八位皇子巡幸塞外，老大和太子都在其中。太子胤礽對突然患病的十八阿哥漠不關心，招致康熙的激烈斥責。於是，精神高度緊張的胤礽變得進退失據，還在半夜偷窺康熙的帳篷。

近復有逼近幔城，裂縫窺伺，中懷叵測之狀。（《清聖祖實錄》卷二三四，康熙四十七年九月二十四日）

看「裂縫」二字，極可能是指胤礽當時是用刀劃破帳篷，從而向內偷窺。拿刀，本質就十分惡劣。康熙是怎麼發現的呢？根據此事後續的發展來看，最大的可能就是由負責保衛工作的老大胤禔發現後，加油添醋，誇張、放大地傳達給康熙，最終達成他想廢太子的目的。

如願以償看到太子被廢的胤禔，可能是表現得太過亢奮且志在必得，一番上躥下跳之後，引起康熙的高度警惕。畢竟，比起拿刀的太子，這位多年領兵的老大看起來好像更危險。康熙立刻做了兩項部署：安排老大胤禔負責看管廢太子胤礽，體現對老大的信任；公開表態稱老大胤禔不會成為新任太子，敲打胤禔，告訴他不要胡作非為。康熙當時是這樣說的：「允（胤）禔秉性躁急、愚頑，豈可立為皇太子？」（《清聖祖實錄》卷二三四，康熙四十七年九月初四日）

如果那時的老大胤禔能表現出溫順與忠誠，以他的年紀、資歷與爵位，將來未必沒有機會上位。但可能老大心中對胤礽的怨念太深，彼時已經三十七歲的胤禔卻像個傻子一樣，發動整場「九子奪嫡」大戰中，最為「蠢豬式」的一次政治進攻。

老大胤禔向康熙表態，如果他不能當皇太子，願意推薦老八來當，並給出推薦理由和對廢太子胤礽的處理意見：術士張明德嘗相允（胤）禩必大貴。如誅允（胤）礽，不必出皇父手。（《清史稿·列傳七·貝子品級允禔》）

暫且不說這話把老八害得有多慘，關鍵是這句話徹底敲響老大走向敗亡之路的喪鐘。

首先，康熙立刻意識到老大會威脅老二胤礽的生命安全。因此，他立刻叫來老四胤禛和老大一起看管廢太子。而此時老四登場，究竟是來盯老二，還是來盯老大呢？恐怕兩者都有。隨後，康熙要求時任九門提督的托合齊立即逮捕張明德，務必審問清楚他到底和皇子們說過什麼。

再回到老大的視角，當他看到老四出現的那一刻，但凡有一絲敏感都該立即收斂起對廢太子的怨恨。可是老大仍然瘋狂輸出，完全沒把老四當回事，不但折磨並裁撤廢太子周邊的僕人，還堵塞胤礽的申冤管道，並到處散布謠言攻訐、誹謗胤礽。此時老大的目的只有一個，就是讓胤礽徹底死透，無法翻身。殊不知，危機已經從他身後悄然而至了。

刑部已經將張明德案審理清楚，並向康熙報告老大和老八兩個人的罪行，一個鋌而走險，一個知情不報。老四胤禛也向康熙祕密報告廢太子胤礽的艱難處境與冤屈。康熙對老大胤禔的不滿逐漸升級，誰料，老三胤祉也在這個節骨眼獻上「神助攻」，他上奏康熙說發現老大透過蒙古喇嘛巴漢格隆等人魘鎮廢太子胤礽！非但如此，康熙派人調查魘鎮案的過程中，還發現有個名叫布彥圖的知情人，他準備自首時，竟被殺人滅口了！不得不說，反動勢力實在太過囂張，目無王法。

康熙的心中，大清國絕不允許這麼囂張的人存在。康熙迅速成功抓捕蒙古喇嘛巴漢格隆，並在胤禔家中查出魘鎮的罪證，「巴漢格隆等供，直郡王欲咒詛廢皇太子！」（《清聖祖實錄》卷二三五，康熙四十七年十月十五日）

人贓並獲，康熙立即下令革除老大胤禔的一切爵位，永久圈禁，不得釋放。曾經的乖兒子老大此刻在康熙心目中的形象已經不再只是莽撞、暴躁這麼簡單，而是冷血、陰狠、危險。康熙四十八年，康熙帝要巡行塞外，仍然擔心自己離京後，常年帶兵的老大會趁機在京城生事造反。不僅如此，康熙還擔憂若是真發生特殊情況，其他兒子都是胤禔的弟弟，恐怕無法制服暴躁大哥。於是，康熙下令安排十七位王公和八旗將軍輪流領兵，監管胤禔。但康熙的擔憂，實話講，真是既高估老大的造反能力，又低估那些看起來人畜無害的寶貝阿哥們的手段。

不過，康熙晚年對老大胤禔不只是行為上嚴加防範，心裡也的確是厭惡透頂了。康熙曾評價老大胤禔說：「大阿哥為人下賤無恥。不堪之處，大臣侍衛等，無不知曉。但不出諸口耳，心實惡之。」（《清聖祖實錄》卷二三六，康熙四十八年二月二十八日）

之後的老大胤禔在長久的圈禁生活中，逐漸開始認命，把生活的重心放在生育上。自康熙四十七年起，二十六年的圈禁中，老大胤禔一共生下十一個兒子，九個女兒，其中最小的兒子，還是他六十一歲的老來得子。最終在雍正十二年（一七三四年），胤禔在圈禁生活中鬱鬱而終，終年六十三歲。

而新皇帝雍正也算是對得起他的大哥了。雍正下旨：

諭內務府：大阿哥允禔薨逝，著照貝子之例辦理。（《清世宗實錄》卷一四九，雍正十二年十一月初一日）

諭宗人府：大阿哥允禔之子弘昉，著封為鎮國公。（《清世宗實錄》卷一四九，雍正十二年十一月初二日）

雍正將被廢除爵位的老大胤禔硬提了一格，按貝子的級別置辦喪禮。老大去世的第二天，雍正就封老大的兒子弘昉為鎮國公。以老大的罪過來看，雍正的處理可謂極為寬仁。

老大胤禔的一生大起大落，青年風光，中年陰狠，晚年落寞。有時候愈志在必得，愈容易適得其反，非但看不清前路，還容易走上邪路，最後大夢一場空。想來，晚年被圈禁的胤禔只有在夢中才能回到青年時馳騁過的遼闊草原吧。老大不值得任何人可憐，但他的一生也的確令人唏噓。

老八胤禩：勛貴擁戴的賢名困局

這是曾經在「九子奪嫡」之爭中最受眾人擁戴的阿哥，同時，他也是程式設計師的噩夢、康熙帝的「bug」、老四雍正的「阿其那」。沒錯，他就是愛新覺羅．胤禩。

提起老八胤禩，許多人首先想到的很可能是電視劇《雍正王朝》中那位城府極深的陰謀家。但真實歷史中，胤禩卻更像是個命運多舛的苦命人。

今天就來展現八爺一生的全景。

一、黎明的開始：從出身低微到滿朝擁戴（〇～二十八歲）

相比後宮中那些動輒是滿蒙王公、達官貴人之女的妃子，胤禩的母親衛氏只是內務府辛者庫[19]中一個包衣僕人的女兒。康熙二十年（一六八一年），胤禩一出生就過上寄人籬下的生活。他被安排給皇長子胤禔的母親惠妃撫養，與生母衛氏從此聚少離多。

老八胤禩的童年是和老大胤禔一起度過，雖然在同一屋簷下，胤禩卻活得像個外人。彼時小胤禩的人生目標大概只有兩個，一是謙遜謹慎地獲得周圍人的青睞；二是努力精進自己，以改變母親衛氏在後宮中的地位。

不得不說，胤禩做得非常好。在每天上躥下跳、猶如風口上飛豬般的老大胤禔的襯托下，謙遜守禮的胤禩顯得非常可靠，所以他自幼便有賢名。

不僅名聲好，胤禩做事也很穩妥。康熙三十五年，年僅十六歲的胤禩陪同父親親征噶爾丹，承擔並出色地完成看管營地的任務。康熙當時寫詩進行表揚：

> 戎行親蒞制機宜，櫛沐風霜總不辭。隨侍晨昏依帳殿，焦勞情事爾應知。[20]

可見十六歲的少年胤禩在艱苦的軍旅生活中勤勉敬業、不辭辛苦，為他在康熙的心中贏得不少加分。

兩年後，康熙三十七年，康熙帝大封皇子，表現出色的胤禩成為當時最年輕的貝勒，才十八歲。又過了兩年，母以子貴的衛氏被冊封為良嬪，他與母親終於苦盡甘來。而在兄弟們的襯托下，二十歲的胤禩進入他在政治上的快速成長期。

彼時，胤禩的七位兄長，老大、老二都暴躁成性；老三孤僻，不愛說話；老四胤禛喜怒無常；老五、老七天資平平，在奪嫡的過程中始終只是旁觀者；老六早早夭折。至於胤禩的那些弟弟年紀尚小，而且都沒有爵位。

對比之下，年紀輕輕的貝勒爺胤禩待物接人謙遜有禮，在家對母親恪守孝道，在外對工作盡心盡責，而且朝中不管是科舉文臣還是軍功貴族，凡是和胤禩共事過的，都對他的為人讚賞有加。因此，本就對太子胤礽飛揚跋扈有所不滿的軍功貴族開始簇擁在胤禩周圍，形成反太子的奪嫡集團，就是所謂的「八爺黨」。

畢竟在貴族群體看來，清朝的歷史上，皇太極、順治，甚至當朝天子康熙，不都是大家開會選出來的嗎？而且，嫡長子立皇太子是漢人的傳統，不是滿人的規矩。況且事實證明，這個嫡長子如今的確存在著嚴重的性格缺陷。

基於胤禩的個人素質、太子胤礽的失德表現，以及清朝貴族商討推選新君的傳統，胤禩成功完成從出身低微、無人問津到受眾臣擁戴的華麗轉身。

至於「八爺黨」由哪些人員構成呢？按《清史稿．列傳七．允禩》的說法，「八爺黨」最核心的人物有四位——阿靈阿、鄂倫岱、揆敘和王鴻緒。

阿靈阿，康熙初年輔政大臣遏必隆的兒子，時任理藩院尚書，鈕祜祿氏的核心人物；鄂倫岱，佟國綱的兒子、佟國維的侄子，時任領侍衛內大臣，屬於號稱「佟半朝」佟佳氏的核心人物；揆敘，納蘭明珠的兒子，時任工部右侍郎，那拉氏的核心人物；王鴻緒，科舉榜眼出身，時任戶部尚書，漢人士大夫群體的代表。

同時，「八爺黨」中還有老九、老十、老十四三位皇子。

不說胤禩有多麼大的野心，單看這個豪華陣容，換了誰都可能產生取代太子的念頭。從奪嫡之念產生的那一刻起，胤禩與康熙的關係就注定會破裂。

二、命運的轉折：從父慈子孝到恩斷義絕（二十八～四十二歲）

事情的起因是太子胤礽第一次被廢，按理說，本該是胤禩的天賜良機，但卻成為他人生的滑鐵盧。

最初的形勢對胤禩非常有利。

太子胤礽於九月初四被廢，三天後，老八胤禩就被任命為內務府總管事，可見此時的康熙仍然非常信任胤禩。但僅過了兩週，胤禩的大好局面就被他的豬隊友全毀了。這個豬隊友就是兒時夥伴、好大哥胤禔。

胤礽被廢的同一天，看著眼前那個上躥下跳的胤禔，康熙明確表示過：「允（胤）禔秉性躁急、愚頑，豈可立為皇太子？」算是封死胤禔當太子的可能。如果這時胤禔能懸崖勒馬、學會閉嘴，一切都是可控的。

但胤禔的一番發言直接毀了他和胤禩的前途。胤禔對康熙說：假如他不能當太子，他願意推薦老八來當。理由是，此前有個叫張明德的相面術士，曾說老八有大貴之相。胤禔緊接著表示：「如誅允（胤）礽，不必出皇父手。」

也許胤禔的豬腦袋裡覺得這話是一番無比善意的發言。但站在康熙的角度來思考，這段話透露出的資訊是：老八和老大是一夥的；老八也想當太子；老大和老八二人居然想合謀殺死胤礽！

於是，胤禩在康熙心目中的評分一落千丈。可憐的胤禩此時完全不知道，自己被大哥胤禔給害得結結實實。

康熙召集眾皇子，當眾怒斥胤禩「柔奸性成」，竟然膽敢謀害胤礽，並決定要鎖拿胤禩。「八爺黨」中的老九、老十四覺得是康熙冤枉胤禩，公開反抗康熙的旨意，氣得康熙當場拔出佩刀要活劈老十四。關鍵時刻還是老五胤祺撲通一聲跪在地上，一把抱住康熙，加以勸解，才緩和局勢。

事態以康熙革除老八胤禩的爵位而告終，這一天是十月初二。而胤禩從九月初七主管內務府到被革除貝勒爵位，前後連一個月都不到，胤禩就這樣從蜜罐子跌到苦罈子裡。

從審理的結果來看，胤禩的確是冤枉的。相面道士張明德是由鎮國公普奇[21]帶到胤禩家中，張明德對胤禩說的只是些「福壽綿長」之類的客套話；至於圖謀行刺太子，更是老大胤禔一人謀劃，胤禩並未參與。可是此時康熙仍決意將胤禩革爵，還有另一層考慮——為復立胤礽鋪平道路。

但接下來發生的事，毫無疑問大大出乎康熙的預料。已將胤禩革爵的情況下，康熙鼓動群臣推選太子，群臣仍然反對胤礽，支持胤禩。

群臣的態度使康熙感到震驚，他不顧父子、夫妻之情，明確地說：「八阿哥未嘗更事，近又罹罪，且其母家亦甚微賤。爾等其再思之。」（《清聖祖實錄》卷二三五，康熙四十七年十一月十四日）

胤禩剛犯了大錯，他母親衛氏更是出身低微，請文武大臣務必重新考慮。結果呢？第二次投票還是老八胤禩當選。康熙沒辦法，當場宣布退朝，今天太晚了，你們都回去休息吧，明天再接著投。結果第二天沒投票，康熙藉口「孝莊託夢」的故事，直接強行復立胤礽。並在當月月底恢復胤禩的貝勒爵位，算是對眾臣的安撫。畢竟根據審判結果來看，胤禩本就沒有明顯過錯。

只是縱觀這次廢立太子的風波，表面上看，康熙依然乾綱獨斷；但深入思索，對康熙而言，這是非常可怕的政治訊號。朝堂裡的大臣們居然真的願意、真的敢為了一個年紀不滿三十的皇子和已經當了四十多年皇帝的康熙公開對抗。群臣的態度其實很好理解，一是他們的確覺得謙遜的胤禩比暴躁的胤礽更加賢能，這是為國舉賢；二是他們考慮到胤禩的性格若未來成為皇帝，必然會對官僚集團有更多妥協。

無論如何，從這一年起，康熙對皇子們的態度就由早年的愛轉變為晚年的猜忌與提防，最為提防的就是老八胤禩。然而這還未到胤禩與康熙關係中的冰點，之後發生的兩件事更是加速了他們父子之情的持續下滑。

第一件事：康熙五十年，胤禩的母親衛氏去世。

當時，衛氏病重，卻拒絕服藥。原因不難想像，衛氏想死——原本地位低微的她，好不容易因為兒子胤禩的出色表現而翻身，沒想到剛過幾年好日子，自己卻成為丈夫打壓兒子的理由。因此，衛氏大概早就想了結自己飽受折磨的一生。衛氏臨終前，也許康熙實在於心不忍，便加封其為妃。至於老八胤禩看到母親因自己而死後，整日號啕痛哭，甚至百天之後，走路還需要周圍的人攙扶。

數來數去，從康熙三十七年胤禩被封貝勒，再到康熙四十七年的「廢太子事件」，胤禩與母親衛氏一共過了十年好日子。很難講康熙與胤禩此時的父子關係到底如何，胤禩會怨恨康熙嗎？康熙會不會覺得胤禩怨恨自己呢？總之，這是讓他們父子關係開始惡化的第一件事。

第二件事：康熙五十三年（一七一四年），胤禩實名送了康熙兩隻將死之鷹。

當時，康熙外出巡視，要求胤禩陪駕。但恰逢胤禩母親衛氏的祭日，胤禩決定前去祭奠母親，他將兩隻獵鷹進獻給康熙表達歉意。但這兩隻獵鷹被送到康熙面前時，卻是奄奄一息。

父子間的誤會瞬間就被放大，康熙覺得這是胤禩在詛咒自己，一時間髒話滿天飛，痛斥胤禩為「辛者庫賤婦所生」！連著胤禩的母親一起罵了。而且，他對自己和胤禩的關係下了論斷：「自此朕與允（胤）禩，父子之恩絕矣。」同時，他還給胤禩的政治生涯宣判死刑：「因不得立為皇太子！」（見《清聖祖實錄》卷二六一，康熙五十三年十一月二十六日）

可是靜下心來一想，「斃鷹事件」顯然太過不可思議。胤禩再弱智，再對康熙不滿，也不可能實名送兩隻將死之鷹去激怒康熙。最為合理的解釋就是，兩隻獵鷹的狀況的確是意外。根據事後康熙沒有進一步處罰胤禩來看，這件事的最終定性就是「意外」。但無論如何，胤禩與康熙的父子關係到此是徹底恩斷義絕，再無迴旋的餘地。

一路走下來，胤禩到底做錯了什麼呢？錯就錯在，皇權政治的漩渦中，容不下第二個政治權威，哪怕是親兒子也不行。群臣保舉胤禩為太子的那一刻起，胤禩的政治生涯就已經在康熙的心中提前終結。

同樣的，也為胤禩在雍正朝的遭遇埋下重要的伏筆。

三、最後的歸途：從廉親王到「阿其那」（四十二～四十六歲）

康熙六十一年十一月十三日，康熙駕崩之夜，隆科多傳口諭讓四阿哥胤禛繼位。面對這個意外的結果，胤禩沒有如電視劇中所演的進行激烈反抗，只是走到暢春園院子裡的樹下低頭沉思，最終和老三胤祉私語幾句後，選擇接受老四的登基。

雍正登基之初，對允禩這位「第二政治權威」還是很照顧。他先把允禩直接從貝勒加封為廉親王，任命他為總理事務大臣，排名甚至在老十三之前。之後又將允禩母親衛氏的家族全家抬旗，由內務府辛者庫的戶籍轉為正藍旗世襲佐領，自此便再沒人能說允禩出身低微。

說不定，雍正此時是對和允禩的兄弟關係心存幻想。我們可能不知道的是，允禩母親過世時，允禩守孝百天，有四位皇子輪流給允禩送飯，除了老九、老十、老十四，還有老四胤禛。但雍正對兩人關係的幻想毫無疑問是脆弱的。畢竟允禩不是允祥，他是個黨羽眾多的政治權威，一絲絲的風吹草動都會引起雍正的警覺。

其中，典型事件有三例：

第一，允禩受封親王後，人們到府上祝賀，允禩的福晉烏雅氏當眾抱怨說：何賀為？慮不免首領耳！」（《清史稿．列傳七．允禩》）有什麼可祝賀的？誰知道這個親王能當幾天？這話很快傳到雍正耳裡，一片好心被當成驢肝肺。

第二，老十四自西北回京後大鬧一場，雍正的聖旨他一個字也不聽，等老八允禩出來打圓場時，老十四秒跪。雍正看來，意味著在「八爺黨」眼中，大清的皇上另有其人。

第三，自雍正繼位起，到處都是政治謠言，最出名的就是那句：十月作亂，八佛被囚，軍民怨新主。[22]

「八佛被囚」，言辭極為露骨。這個謠言是誰散布的不重要，重要的是雍正覺得是誰散布。儘管事實上，這事高機率是老九的人做的。

雍正繼位不到半年就公開抱怨說：「外間匪類捏造流言……（朝內佞臣）朋比為奸，搖惑人心。」（《清世宗實錄》卷四，雍正元年二月初十日）

在外有小人捏造流言誹謗朕，朝中奸臣則結黨以蠱惑人心。朕自繼位以來，派人外出，你們說我是打擊報復；提拔重用，你們說我是私心收買。朕裡外不是人了？

如此一來，本就脆弱的幻想一觸即碎，雍正決心坐穩位置，一定要滅掉允禩的「八爺黨」。

雍正二年三月，年羹堯取得青海大捷，他贏得太快、太漂亮，雍正徹底在朝堂站穩腳跟。之後，雍正便對滿朝文武進行公開挑釁：「爾諸臣內，但有一人或明奏，或密奏，謂允禩賢於朕躬，為人足重，能有益於社稷國家，朕即讓以此位，不少遲疑！」[23]

顯然，青海大捷後，朝野已經沒人敢去挑戰雍正的權威了。

隔年（雍正三年），雍正開始整治允禩。簡單來說，就是利用君主權威對允禩各種找碴，宗人府與部分官員迎合雍正，屢屢參奏，把允禩折磨到不行。

最典型的是雍正四年，雍正要允禩交出康熙當年寫給他的御批，允禩不給，說不小心燒了。可是雍正不會相信這個說法，允禩被逼急了，說道：「若有虛言，一家俱死！」（《清世宗實錄》卷四〇，雍正四年正月初五日）這話說完，雍正立刻抓住把柄，朕和你也是一家，愛新覺羅的子孫誰和你不是一家？你這是詛咒皇家，自絕於列祖列宗。

雍正藉此將允禩革去親王爵位、開除宗籍，並交宗人府圈禁。既然要開除宗籍，就要改名，雍正讓允禩自己起名，允禩答道：就「阿其那」吧。這裡闢個謠，滿語裡的「阿其那」不是「狗」的意思，當然也不是「豬」，而是「夾冰魚」，即待宰的魚，也算老八對處境的一種自嘲吧。同年六月，雍正公布老八的罪狀共四十條。三個月後，被圈禁的老八意外死亡。

很多人說老八是被雍正下毒而死，但其實未必，此時的老八已經被雍正徹底擊倒，殺死他對雍正沒有任何好處，只會背上「屠弟」的罵名。而至於老八的死，可能的原因是：底下的人為了迎合雍正，虐待老八；老八的人生走到今天這一步，大概像母親衛氏臨終時一樣，已然一心求死。

其實允禩在雍正朝沒做過什麼恢復「八王議政」祖制的陰謀，也沒犯過什麼大錯。包括雍正給他定的四十條大罪，大多是硬湊的，極為空洞。甚至連母親過世，允禩哀號百天都成了罪名。

阿其那母妃喪時，凡事逾禮，欲沽孝名。[24]

理由是這體現允禩的虛偽，如此無厘頭的罪名都能在四十條大罪中高居第十四位，這四十條大罪整體的風貌都可想而知了，可以說是欲加之罪，何患無辭。最後，還是乾隆出來表態：「皇考晚年屢向朕諭及，愀然不樂，意頗悔之。」（《清史稿．列傳七．允禩》）

對於「阿其那」等人的遭遇，父皇晚年也是後悔的，覺得做得有些超過。所以，由乾隆重新恢復允禩等人的名字與宗籍。

允禩最後被打擊的原因很簡單，你曾是政治權威，對皇權而言就是個威脅，和你有沒有具體做錯什麼並無太大關係。

說起來，老八這一輩子，童年便寄人籬下，好不容易讓自己和母親翻身，品德與能力得到周圍人的認可，卻又因為和皇權之間的巨大衝突，讓自己在廢立太子的風波中得罪父親，政治生涯提前終結。至於母親衛氏不但因自己而死，還受兩隻將死之鷹的無端牽連，亡故後仍要被康熙大罵為「賤婦」。在雍正朝，已經接受現實的允禩，還是因為巨大的政治威望，成為雍正維護君主權威必須踢掉的政治路障。窮途末路時的一句賭咒發誓，竟讓他只能帶著「阿其那」這樣一個屈辱的名字了卻殘生。

的確，他只是一條待宰的魚。

胤禩是電視劇《雍正王朝》中最大的反派人物，他的人生可能是「九子奪嫡」選手中最悲慘的。試問，有誰想這樣活一輩子呢？你可能做對了所有事，但還是贏不了。甚至在許多年後被人當成大反派，一再被提及。人生之中，許多事終究是不能強求。也許，胤禩臨終前會覺得自己的一生就像是個笑話，充滿遺憾，但他終究還是會為自己讓母親翻身封嬪，至少過上十年風光的好日子而感到欣慰吧。

老九胤禟：「我們兄弟沒有爭天下的道理！」

提起老九胤禟，腦海中的印象可能是電視劇《雍正王朝》中那位一心輔佐老八胤禩上位的好弟弟。但事實並非如此。

歷史上的老九曾想當太子，只不過因為沒什麼希望，才轉而輔佐老八，而且之後又支持老十四，政治投機的意味非常濃。只可惜是「機關算盡太聰明，反算了卿卿性命」（《紅樓夢‧第五回》），最後落得一塌糊塗。

這位在「九子奪嫡」中因顏值而慘遭淘汰的可憐人，是如何一步步把自己逼上通往「塞思黑」的絕路呢？

一、群嘲與光亮

先來看看老九的童年。

胤禟出生於康熙二十二年（一六八三年），母親是康熙朝非常受寵的宜妃郭絡羅氏。按理說，母親受寵，胤禟的童年應該會過得非常幸福，但他是在一片嘲笑聲中長大的。原因很簡單，胤禟長得不好看。用雍正的話來說就是：「塞思黑乃係痴肥臃腫……皇考從前不比之於人數，弟兄輩亦將伊戲謔輕視。」（《清世宗實錄》卷四四，雍正四年五月十七日）

從父親康熙到手足兄弟，大家都不太瞧得起老九，經常拿他開玩笑。這話聽上去雖有些誇張，但與現實相差無幾。素有賢名的老八可能是當時為數不多沒嘲笑過老九的人，因此他們兄弟二人日後才異常親近。如果說胤禟被嘲笑的童年中還有一絲光亮的話，就是他十歲時「因病得福」。

當時，小胤禟耳朵上長了膿包，使他高燒不退，幾乎命懸一線。太醫院的中醫治不了，最後是兩個西洋大夫替他做外科手術才治好，胤禟因此在日後頗親近洋人。

但真正的光亮之處是，此時正在塞外打獵的康熙得知兒子死裡逃生，大喜過望，讓剛痊癒的小胤禟趕緊出來一起玩。這是自胤禟出生以來，康熙第一次帶他外出，年僅十歲的小胤禟一出手就射中兩頭小鹿，得到父親的讚許。只可惜，這份讚許在他的童年中宛如流星般一閃而過。此後，少年時代的胤禟始終處於幽暗的角落，無人問津。畢竟康熙在看待兒子這一方面，是個「顏控」。

不過，康熙還是給過胤禟一次機會。胤禟二十多歲時，康熙安排出身江南書香世家的秦道然[25]到老九家裡做教書先生。康熙的言外之意很明顯，就是勸胤禟要精進學業。但胤禟卻沒能領會父親的意圖，終究把路走歪了。

二、糊塗與投機

儘管胤禟從小飽受兄弟的嘲笑，也缺乏父親寵愛，但他還是經常幻想能一步登天。

例如，他曾透過編瞎話對自己進行一番「造神運動」。他說起童年那次耳朵痛，本來病重昏迷，忽然看到天花板神光大作，殿梁間全是「大羅金仙」，醒來後他的病就好了。

> 我幼時耳後患癰，甚危。已經昏迷，忽聞大響一聲，我開眼時，見殿梁間金甲神圍滿，我的病就好了。[26]

老九還對人說過母親宜妃懷他時本來生病了，夢中忽然來了一位菩薩，餵她一塊紅餅，母親醒來後便百病全消。

> 妃娘娘懷娠之日，身子有病，病中似夢非夢，見正武菩薩賜以紅餅，狀如日輪，令妃娘娘吃了，果然病癒胎安。[27]

這種暗示「自己是天命所歸」的說法，除了胤禟和他身邊的幾個傻瓜太監之外，根本沒人信。康熙晚年間，胤禟派人給時任四川巡撫的年羹堯送禮，送禮的人就說：您別看皇九子雖是個胖子，但相貌有大福氣，皇九子將來必定要做皇太子。年羹堯把禮收下後，幽幽地來了一句：我怎麼聽說前兩天皇上剛把九貝子臭罵了一頓呢？

> 年羹堯向我說：「皇上把九貝子狠罵了一頓。」[28]

年羹堯的態度可以說是康熙朝全體官員對老九的一個縮影，就是不大瞧得起。官員之所以看不起老九，主要是胤禟貪財，顯得個人形象太差。電視劇也好，網路吐槽也好，經常說胤禟是「八爺黨」的「財神爺」。歷史上的胤禟的確很有錢，但主要來自敲詐和走私，取財之道相當丟人。

可以看一下胤禟早期的敲詐紀錄：正藍旗都統滿丕[29]，銀八百兩；吏部郎中陳汝弼[30]，銀六百兩；內閣學士宋大業[31]，銀五百兩；河南知府李廷臣[32]，銀一百二十兩。

陳汝弼是當時有名的清官、老實人，敲詐他完全屬於霸凌、欺負人；再看李廷臣，一個皇子為了區區一百二十兩銀子，竟然敲詐一個知府，真是相當沒水準，所以漢人大臣普遍對胤禟處事的觀感較差。

滿人對他也沒什麼好印象。胤禟的女兒嫁給明珠的孫子永福時，明珠已經過世，但家產還在，胤禟就以岳父的身分對永福連哄帶騙，硬是敲詐出三十萬兩白銀。隔年，胤禟又找到永福的哥哥永壽的老婆瓜爾佳氏，讓她認自己為乾爹，隨後又以乾岳父的身分敲詐永壽八萬兩白銀。吃相實屬太難看，逮著明珠家一隻羊就騙到底。可能在胤禟的心裡，那拉氏和瓜爾佳氏兩個大家族加一起，就只值四十萬兩吧。

非但如此，胤禟還進行走私。清朝東北地方的物產，尤其是人參，都由皇帝的內務府經辦，要進皇帝個人的小金庫。胤禟可倒好，直接搞出一場「大清版三角貿易」：派人去東北，滿洲的龍興之地挖人參；把挖好的人參運到江南高價賣掉，換成絲綢；再把絲綢運到北方賣掉，換取暴利。當兒子的胤禟為了錢財，竟連親爸爸的錢都要搶。如此一來，當時的清廷官場上下，從漢人到滿人，從文臣到軍功勛貴，會怎麼看老九呢？

雖然老九會花錢收買人心，可是大家的態度都和年羹堯一樣，我們是喜歡錢，但你這個人，我們真的看不上。走上歪路、無法回頭的胤禟，無奈之下只能對兄弟進行政治投資。

他的第一個投資對象就是老八胤禩。一方面是出於童年友誼，另一方面是出於老八的龐大勢力。胤禟對老八可說是盡心竭力，胤禩說沒錢了，胤禟轉身就是大手一揮：這一萬兩八哥先拿去花，問題不大。

只可惜，胤禟的支持偶爾還會產生反效果。康熙四十七年，受老大胤禔連累，老八胤禩慘遭革爵拘禁。老九就拉著老十四一起去找康熙抗議，並在御前當面頂撞。氣得康熙破口大罵：你們兩個是指望他做了皇太子，日後登基好封你們當親王嗎？你們說有義氣，都是好漢？可是在朕看來，這只是梁山泊的義氣！康熙的這番盛怒表明已然輪不到後來「群臣擁立八阿哥事件」的刺激，從這一刻開始，老八的奪嫡之路就已經斷了。

抗議當天，老十四差點挨砍，老九胤禟也是結結實實地挨了兩耳光，直到散朝回家後臉還腫著，這大概就是「大清第一巴圖魯[33]」的掌力吧。而胤禟這次失敗的抗議導致第二年大封皇子時，連弟弟胤䄉都被封為郡王，自己仍只受封最低等級的貝子。

從結局來看，胤禟的第一次政治投資可以說是極其失敗。

等到康熙五十七年，老十四胤禵被封為撫遠大將軍後，胤禟火速開始第二次政治投資。這一次胤禟更加不惜血本，老十四出征時，他先送一萬兩銀子助興，而後又送數萬兩，還有各種衣物和禮品，不計其數。比較有意思的是，胤禟特地動手畫了一張新式戰車的設計圖送到前線去，不過應該沒用上。而且康熙六十年，胤禵中途回京述職時，胤禟甚至特地提前翻修胤禵府上的花園。

隔年，胤禵再次出征，兩人臨別時相互囑託。老九這邊：十四弟好好幹，立下不世之功，回來你就是太子了！老十四這邊則是：請九哥務必關注好皇阿瑪的身體變化！

老十四仗還沒打完，康熙就駕崩了，老四雍正閃亮登場，胤禟的第二次政治投資徹底失敗。

康熙駕崩、雍正登基那一夜，胤禟的表現相當不正常。年紀最長的老三胤祉沒什麼太大的反應，威望最高的老八只是在院裡發呆。偏偏老九胤禟氣憤不已，叉開腿，鼻孔朝天坐在老四面前，毫無恭敬之意。此外，胤禟的母親宜妃替康熙奔喪時，坐著軟榻奔赴靈堂，搞得比雍正的親媽德妃的排場還大，德妃此時還跟在後面走。見到雍正時，宜妃還以先帝的寵妃自居，好像自己才是皇太后一樣。

為什麼胤禟會如此氣憤？

電視劇《雍正王朝》中，老四和老九幾乎毫無交集，但歷史上，二人的關係卻相當「不正常」，或者說，他們曾經很親近。例如康熙四十七年，太子胤礽被廢，慘遭圈禁，老四胤禛和老大胤禔負責看管。此期間太子胤礽要向康熙申冤，一心想取而代之的老大自然拒絕上奏，並要求老四和他統一戰線。然而令人意想不到的是，這個關鍵時刻，沒有鄔先生（鄔思道）的老四胤禛去找老九胤禟商量該怎麼辦，而胤禟的答覆是：「此事關係得大，似乎該奏。」[34]

老四聽從老九的意見，而為廢太子胤礽上奏申冤的老四不但得到康熙的讚賞，還在隔年被加封為親王。此外，康熙五十年，老八胤禩的母親衛氏過世時，又是胤禟帶頭叫老四胤禛來為胤禩輪流送飯。

由於史料不足，很難進一步去分析二人之間的關係，但合理的推測是：老四胤禛應該是為了了解「八爺黨」的政治動向，長期「扮豬吃老虎」，接近老九是為了拿他當作突破口。而向來不太清醒的老九應該是會錯意，真的誤把老四胤禛當成自己的「小弟」。直到胤禛獲勝的這一刻，老九才發現被耍了，異常氣憤。

三、賭氣與歸宿

面對允禟這對母子的態度，雍正做出回應。康熙駕崩連一個月都不到，雍正就下旨將宜妃身邊和允禟身邊的三個貼身太監，分別發配到新疆、雲南、黑龍江，並且表示：「如不肯遠去，即令自盡……仍將骨頭送至遣發之處。」[35]你們要是不想去，可以就地自盡，朕之後會找人把你們的屍骨送過去。

隔年二月，康熙駕崩剛過百天，雍正就把允禟直接送到西北的西寧，讓他在年羹堯的眼皮底下好生待著。允禟愈想愈氣，開始賭氣之旅，先和周圍的人發牢騷：「不料事情竟至如此，我輩生不如死。」[36]

後來，他在西北撒錢，收買人心。他的家人在當地市集購物時，從不還價，為的就是讓人們誇他好，從側面來襯托雍正欺負人。之所以說允禟是賭氣，是因為當時真有人相信雍正欺負他，寫信勸允禟造反時，允禟又答覆道：「我們兄弟，沒有爭天下的道理。」（《清世宗實錄》卷四五，雍正四年六月）

可是，政治鬥爭中，要嘛開打，要嘛認輸，愈賭氣鬱悶，往往愈沒有好下場。雍正三年，允禟的下人在當地鬧事，雍正派欽差去找允禟，他直接當面嗆欽差：「上責我皆是，我復何言？我行將出家離世！」（《清史稿・列傳七・允　》）皇上批評的都對，我就這樣了，沒什麼可說的！我準備出家了。

允禟既不造反，又不認輸，沒事還給雍正搬弄是非。雍正四年，雍正向「八爺黨」發起總攻時，允禟的結局注定很淒慘。雍正找碴定罪的能力可以說是亙古無雙。舉三個例子：

一、西北當地有人傳頌允禟是「九賢王」，雍正便抓住由頭。一個貝子竟然也敢稱王？這不是僭越是什麼？於是革除了老九的爵位。

二、允禟為了防備雍正找碴，特地學習如何用拉丁文字母拼寫滿語，硬是創造了一種除了他和親信之外誰都看不懂的文字。信件被雍正搜出來，內容看不懂沒關係，看著滿是用西洋字母拼寫的信件，雍正說胤禟必定是裡通外國，這是叛國。

三、雍正發現老九的兒子弘暘給老師佟保[37]的信中寫道：「余尊敬師父，就似遵照阿瑪之旨意一樣。」[38]

你這話是什麼意思？允禟說的話是旨意，那朕的話成什麼了？這是謀逆！

湊齊僭越、叛國和謀逆的罪名後，允禟就被削除宗籍，逮捕回京。削除宗籍就得改名字，老八給自己改了「阿其那」，賭氣小王子允禟就不一樣了，似乎自己改的名字都過於不正經，最後由老三允祉拍板，給老九起了個名字叫「塞思黑」，這個不是「豬狗」的意思，而是「討厭的人」，雍正看後非常滿意。

雍正又給允禟定了二十八條大罪，讓他帶著「塞思黑」這個名字死在直隸的大牢裡，享年四十四歲。至於允禟的死因，至今都是個懸案。史書說他腹痛而死，很多人推測允禟是被雍正毒死，但沒有實證。雍正毒死胤禟，著實沒必要。不過，時任直隸總督李紱百分之百虐待過允禟，至於是雍正授意，還是李紱揣摩上意逢迎而為之，這可就不好說了。

總之，允禟這一輩子可謂生得難受，活得糊塗，死得痛苦。參與奪嫡缺乏能力，政治投機又缺乏頭腦。估計允禟到死都沒能想明白自己到底活成什麼樣子。小時候是哥哥們嘲笑的「討厭鬼」，臨終前則是沒人疼愛的「塞思黑」。相比太清楚自己想要什麼而只落得悲慘結局的老大，允禟這一輩子則始終搞不清楚自己想要什麼，最終在糊塗賭氣之中慘澹收場。

老十胤䄉：母族顯貴的攪局者

老十胤䄉的歷史形象和影視形象，二者反差非常大。電視劇中，老十看起來特別不正經，大街上擺攤，朝堂裡放屁，不但借錢修戲園子，沒事還滿嘴髒話，活脫脫一個莽撞草包，但這些編排都毫無史實依據。恰恰相反，歷史上老十在康熙的心目中非但不是草包，反而是以「厚道」著稱。

真實的歷史上，老十胤䄉的一生可謂是開高走低。

一、顯赫的背景

康熙二十二年，老十胤䄉出生了。之所以說老十背景顯赫，主要是基於他母親溫僖貴妃鈕祜祿氏身上的兩點要素。

第一點，後宮地位顯赫。「九子奪嫡」中，除了老二太子胤礽的生母赫舍里氏是皇后以外，只有老十的母親鈕祜祿氏是貴妃，其他參與奪嫡的皇子，他們的母親都只是妃、嬪，甚至貴人。「妃」和「貴妃」看似只有一字之差，但在皇宮中意味著天壤之別。

第二點，強大的家族實力。奪嫡的皇子中，老二和老十母親的家族實力處於絕對領先地位。比起其他皇子的母親大多是內務府官員女兒出身，老二胤礽的母親赫舍里氏是康熙初年輔政大臣索尼的孫女，老十胤䄉的母親鈕祜祿氏則是康熙初年輔政大臣遏必隆的女兒。儘管從個人地位而言，索尼高於遏必隆，但從家族實力來看，鈕祜祿氏家族是高於赫舍里氏家族的。

這裡特別說一下鈕祜祿氏家族的背景故事。

遏必隆的父親（老十胤䄉的太姥爺）叫額亦都，真正的滿洲第一代巴圖魯，與清太祖努爾哈赤一起起兵，當時的議政五大臣之一。額亦都不僅在戰場上十分勇猛，在家裡也一樣，他一共生了十六個兒子，遏必隆排第十六。更重要的是，額亦都的兒子們大多驍勇善戰。總而言之，額亦都這一大家子全是清朝初建時期的開國元勛，家族裡的人所擔任的官職包括但不限於：議政大臣、領侍衛內大臣、兵部尚書、吏部尚書、工部尚書、戶部尚書、刑部尚書。

清朝政權建立之初，戰爭頻繁，皇家為了維護自身的統治，極力拉攏軍功家族，典型的手段就是聯姻。於是，額亦都先後娶了努爾哈赤的堂妹和女兒；而額亦都也有一個女兒嫁給皇太極，三個孫女嫁給康熙，其一是老十胤䄉的母親溫僖貴妃。愛新覺羅皇族和鈕祜祿氏家族在清朝初期，可以說是聯姻最頻繁的組合之一。

什麼叫權貴？鈕祜祿氏家族就是清朝初期最正經八百的權貴。但康熙朝有三個鈕祜祿氏后妃，但只生下老十胤䄉這麼一個皇子。我們完全可以想像，老十童年時，待遇絕對稱得上眾星捧月。再看康熙本人，他既看重出身，又有拉攏鈕祜祿氏一族的現實需要，對老十也寵愛有加。

最能證明其寵愛的是，康熙在老十胤䄉十七歲時，特別安排他迎娶蒙古烏爾章噶喇普郡王的女兒博爾濟吉特氏。其他阿哥大多娶的是朝廷官員的女兒，老十卻娶了蒙古王爺的女兒，在康熙朝所有的皇子中，都是獨一無二，但也成為老十胤䄉人生悲劇的巨大伏筆。這個伏筆後文會詳述，目前的問題是：這樣一位自出生就有著顯赫背景的皇子，為什麼會開高走低，以至於在整場「九子奪嫡」的鬥爭中，顯得有些碌碌無為呢？

二、注定的失敗

所謂「成也蕭何，敗也蕭何」，老十因顯赫的背景獲得康熙寵愛的同時，也注定他難以奪嫡成功。無論是康熙還是其他朝臣都不願意看到鈕祜祿氏一家獨大的局面，尤其是國家統治日趨穩定的情況下。老十在奪嫡遊戲中看似強勢，其實隱性的制約更大，奪嫡高機率會失敗。

再看老十胤䄉本身能力平庸，才幹有限，也很難服眾。看看雍正翻臉後對老十的評價：「允䄉卑鄙性成，行止妄亂。文學武藝蒙皇考訓諭數十年，終於一無所成。平生無一事可以上慰皇考聖心。」（《清世宗實錄》卷一八，雍正二年四月初八日）

老十學東西學了幾十年，最後做什麼都不行、做什麼都不成。有的讀者會認為雍正和老十關係對立，評價肯定不真實，不能以此做為老十能力平庸的證據。但老四這個人雖然說話容易誇大其詞，但很少會憑空捏造。他打壓兄弟時，罵起人來都是有的放矢。例如，批評老三「王口鈍」，說他表達能力不好；批評老九則是「痴肥臃腫」，說人家胖、長得難看。唯獨到了老十這裡，雍正直接一棒子打死，「一無所成」、「平生無一事可以上慰皇考聖心」，可見老十高機率是真的才能平庸。甚至鈕祜祿氏家族都沒有堅定地支持老十奪嫡。

例如老十的親舅舅，領侍衛大臣、刑部尚書鈕祜祿・阿靈阿就選擇支持老八，而且成為「八爺黨」的核心領袖。鈕祜祿氏之所以選老八，道理很簡單，眼見老十沒有希望，橫向對比那些或暴躁或喜怒不定的阿哥，顯然只有脾氣最溫順且久負賢名的老八才會是成為新君後最容易向勛貴家族妥協的那一個。

一方面因為家族裹挾，另一方面可能因為年齡相近，老八又待人謙和，相對平庸的老十自然就成為「八爺黨」的一員。但老十絕對不是電視劇中所演的成為「八爺黨」的核心成員。證據就是康熙四十七年老八獲罪時，老九和老十四衝出來作保，可是老十沒有參與此次行動。而且，隔年大封皇子時，在老八保留貝勒爵位、老九和老十四僅封了貝子的情況下，老十直接被封為郡王，爵位僅次於老三、老四、老五這三位親王。

很明顯，老十的封王，一方面有拉攏鈕祜祿氏家族的考慮，另一方面也體現出康熙眼中的老十不屬於「八爺黨」的核心人物，他就沒有受到牽連。而且，哪怕在老九胤禟的眼中，老十似乎也離「八爺黨」很遠。老十獲封郡王後，老九曾對身邊的人發牢騷道：「將我們降一等，他們升一等。」[39]從這句話不難看出，老九顯然沒把老十當自己人。

康熙給老十的封號叫「敦郡王」。「敦」就是厚道，既可以理解成「憨厚」，也可以理解成「單純」，或是解讀成其他類似的含義。總之，觀察康熙朝的史料後得知，老十應該只是「八爺黨」的邊緣人物。

如此一個可能比較憨厚，又只是「八爺黨」邊緣人物的老十，到底犯了什麼錯而慘遭雍正拘禁呢？

三、被誤會的結局

老十在雍正朝的整件事充滿意外因素。

故事的起因要從一個大家不太熟悉的人講起——丹巴羅桑丹貝堅贊，他是蒙古黃教[40]當時的活佛。這位大師曾於康熙二十七年，蒙古面對噶爾丹的進攻時，成功勸說蒙古喀爾喀部歸順清朝。而投桃報李，康熙封大師為蒙古呼圖克圖大喇嘛，之後，大師在京城講學十幾年，和康熙締結了深厚的友誼才返回蒙古。

康熙六十一年，遠在蒙古的大師聽到老友康熙駕崩的消息後，不顧自己八十八歲高齡，非要來京城給康熙弔喪。果然不出所料，年事已高，受不了舟車勞頓，雍正元年，大師到北京不久後就去世了，享年八十九歲。但這留給雍正一個燙手山芋——蒙古活佛在這裡圓寂，為了滿蒙團結和宗教穩定，朝廷必須要派高級宗室出面把大師的遺體送回蒙古。

派誰去呢？雍正左看右看，於公於私，只有老十最合適。於公，在爵位上，老十是王爵，夠分量；於私，在親情上，老十是蒙古女婿，在諸多兄弟中，也是獨一無二。此時，不管誰是皇帝，老十都會是首選。

但老十非常不想去，原因有三個：

一、此時，康熙的喪期還未滿百天，出於孝道，老十不願意動身。

二、老十可能不太喜歡蒙古。他共有九個子女，只有一個是蒙古大老婆所生，另外八個都是兩個小妾所生，他婚後和誰更親近也一目瞭然。偏偏大老婆是蒙古王爺家的女兒，目前雖沒有史料可以佐證，但老十婚後和蒙古那邊的關係高機率不太和諧。

三、老十到底是「八爺黨」的成員，儘管非常邊緣，但和雍正也是對立關係，覺得雍正故意擠對他走。

屋漏偏逢連夜雨，起初不願意動身的老十走沒多遠，出北京後剛到張家口就病了，然後就不想動。別人催他，他卻說皇上有旨意，要召他回去：允䄉托疾不行，旋稱有旨召還，居張家口。（《清史稿．列傳七．輔國公允》）

可是雍正根本沒下旨，只是他拖延的藉口。雍正起初確實沒太搭理老十，姑且就讓他先養病吧。之後歇得差不多，有人繼續催老十趕緊上路，這大師的遺體還在棺材裡躺著呢。但老十還是在張家口賴著不願意動，想著若是能把這事拖久了，讓雍正把他召回京了事。

不過可能嗎？雍正不要面子嗎？老十的這一連串行為屬於先假傳聖旨，再懶政抗旨，都不用雍正找碴，一頂「破壞滿蒙團結」的帽子，就能輕鬆地扣在他腦袋上。

真正惹惱雍正的還是老十在生病期間不問醫生問鬼神，搞了個祭祀祈福的儀式。按說也沒什麼，可是壞就壞在老十的禱告文裡寫了「雍正新君」四字。不稱「皇上」已經是不敬了，偏偏還在祭祀鬼神時反覆念叨雍正的名字，誰知道你是祈福還是魘鎮？再加上之前一連串的失禮行為，也許老十只是無心之失，但在雍正看來，絕對是挑釁君主權威且已有圖謀不軌的傾向。

老八當時正擔著理藩院尚書的差事，專管維護滿、蒙關係的業務，雍正下令讓老八胤禩去查辦老十。這齣「權力遊戲」，算是讓雍正玩上手了。

老八一開始好心地寫信，勸老十趕緊去蒙古。結果雍正大怒，你這是什麼意思？朕的聖旨還不如老八的書信管用？我們倆到底誰是皇上？蒙古這邊朕現在也不用老十去了，朕現在就找老八問話，老十如此抗旨不遵，破壞滿、蒙團結，到底該怎麼定罪？沒辦法，老八最終給出的處理結果是：

> 應革去多羅郡王，撤其所屬佐領，沒入家產解回，交宗人府永遠禁錮。（《清世宗實錄》卷一八，雍正二年四月初八日）

雍正看後表示很傷心，說朕也是重感情的人，老十是我們的手足兄弟，但既然廉親王都這麼說了，國法無情，朕只能照辦了。

> 雖係兄弟，亦難顧惜……或照允禩所議治罪。（《清世宗實錄》卷一八，雍正二年四月初八日）

雍正二年，老十就這樣成為「八爺黨」中第一個被革除爵位、慘遭拘禁的皇子。可能是考慮到老十背後鈕祜祿氏家族的影響力，比起後來在圈禁當年就被折磨致死的老八、老九，老十儘管被圈禁十三年，卻始終安然無恙。最終他熬到乾隆二年（一七三七年），被乾隆放出來，並封了輔國公的爵位。但此時的老十已經深感自己與世界格格不入，最終在乾隆六年撒手離世，享年五十九歲。

不知道老十這開高走低、略顯窩囊的一生，算不算得上善終。

老三胤祉：年長位高的落寞親王

印象中的老三彷彿始終是「九子奪嫡」中的邊緣人物。但真實的歷史中，老三既是康熙的皇子中最早封郡王，又是最早封親王。康熙晚年間，他曾是皇位的有力競爭者之一。可是為何最終在奪嫡鬥爭中功虧一簣，並在雍正朝屢屢慘遭打擊呢？

老三的一生痛苦又無奈，雖然貴為皇子，但頗讓人感到同情。

一、命運的起點

康熙十六年（一六七七年），胤祉出生了。

老三命運的悲劇屬性彷彿從他出生就注定了，他非常有可能存在先天性語言障礙，就是俗稱的「結巴」。證據有兩條：雍正八年，老四與老三徹底撕破臉時，雍正就挖苦老三道：「年至六歲，尚不能言。」[41]

這話也許有點誇張，但按雍正換著花樣找碴的本事來看，應該並非空穴來風；雍正四年，雍正也捅過老三：「王口鈍，著繕文具奏。」[42]

意思是聽老三說話可真是吃力，你還是回去寫個摺子給朕看吧。這一年，老三已經五十歲了，很可能一輩子都在語言表達上存在某種缺陷。

如果說上天為你關上了一扇門，必定會為你打開一扇窗，而上天則為老三打開十扇窗。受表達天賦的限制，老三從小就一門心思撲在學習上，而且他的學習天賦極高。單論個人能力，老三恐怕是康熙眾皇子中最強大的一個，是標準的「六邊形戰士」。

胤祉不僅國學功底很好，而且寫得一手好書法，今天到北京廣濟寺，仍然能看到老三親筆題寫的碑文。除了書法，老三還知天文、懂曆法，曾籌劃讓康熙朝七個省的天文臺測量北極高度與日影，以編修曆書。此外，老三還學過《幾何原理》，可謂「文理雙修」。不同於電視劇中的書生形象，老三的武藝也很高，出塞圍獵時，在騎射方面，老三是能與老大並駕齊驅的頂級選手。單看老三的個人能力，論文化，中西通吃；論武藝，弓馬嫻熟。如果他參與的不是奪嫡的政治遊戲，而是比拚個人能力的大獎賽，估計能拿獎拿到手軟。但很可惜，他沒那個命，生在帝王家，注定逃不脫政治鬥爭的巨大漩渦。

不過，老三胤祉很清楚自己在人際交往方面存在的缺陷，早期的胤祉並未參與奪嫡，而是堅定的「太子黨」。康熙活著，就忠於康熙；若康熙沒了，就忠於太子胤礽。這似乎是看起來幾近完美的方案，但無奈的是，他的兄弟們沒有一個是省油的燈。

二、錯入的迷局

老三之所以會被捲進奪嫡的漩渦中，本質上還是因為那遮掩不住的優秀才能。康熙三十二年（一六九三年），曲阜孔廟落成，做為皇子中文化水準最高，年僅十七歲的老三便代表皇家前去祭孔，同行的兩個跟班分別是老四和老八。

康熙三十五年，做為皇子中武藝水準最高等級，年僅二十歲的他就統領鑲紅旗大營，隨父親親征噶爾丹。當時，老大胤禔是前軍統帥，但史書上沒有記載他的作戰方略，卻完整地留下一份老三胤祉所做的軍事行動方案。一次軍事會議上，他先是有理有據地否定時任撫遠大將軍費揚古[43]的行動方案，強調兵貴神速的重要性，之後又擬訂出大軍兩面合圍進行突擊的新方案。最終，康熙被說服，採取老三的方案。

統領鑲紅旗兵皇三子允（胤）祉、領侍衛內大臣公福善等議：臣等以為大將軍伯費揚古奏稱，遲延五、六日，初八日出翁金口東。今噶爾丹，見在巴顏烏闌近處，若待伯費揚古兵至，時日稍遲，恐賊聞風逃竄，亦未可知。即以中路大兵剿滅賊寇，未為不足。既已近抵克魯倫河，似應一面移文，催西路之兵；一面使賊不及為備，前往擊之。（《清聖祖實錄》卷一七二，康熙三十五年四月二十三日）

不得不說，老三這一套方案看起來簡單，但背後展現出的卻是他對當時雙方兵力對比、敵情心理分析、軍事地理概況等多方面要素的精準把控，還有他在關鍵時刻敢於表態的決斷能力。且那時老三才二十歲，假如康熙朝再動盪一些，戰事再多一些的話，老三或許能成為一代名將。只不過當年康熙只取得昭莫多大捷，西北基本平定。

儘管老三沒能成為名將，卻因為軍功在兩年後被封為誠郡王。康熙三十七年，老三二十二歲，和二十七歲的老大成為當時（僅有的兩個）封王的皇子。很可惜，他這個王爺只當了一年零幾個月。老三封王的第二年，康熙的寵妃敏妃（老十三生母章佳氏）過世了。章佳氏過世未滿百天，胤祉在家裡偷偷把頭剃了，這絕對違背喪禮規定。而自幼父母早喪的康熙非常重視親情和孝道，不但把胤祉嚴厲訓斥一番，還把他從郡王降成貝勒。

這次事件對老三人生的影響絕不僅是丟了王爵這麼簡單。更要命的是，老三讓當時年僅十四歲的老十三胤祥徹徹底底地恨他。侮辱亡母，不共戴天。這可以算是老三即將在雍正朝走向悲慘結局的人生伏筆。

話說回來，儘管老三丟了王位，但能力依然突出，還是很受父親喜愛。康熙在各地巡遊時，仍然願意帶著老三。

康熙四十七年，太子胤礽第一次被廢時，老三完成一次人生大逆轉。正當太子被廢、老大胤禔興奮得像風口上的飛豬一般上躥下跳之際，老三出面指控老大收買蒙古喇嘛巴漢格隆，欲圖魘鎮太子。不但直接將老大一擊必殺，還為康熙復立胤礽找到絕佳理由，即此前胤礽的古怪行為都由老大魘鎮所致。

看過電視劇《雍正王朝》的人應該對劇中老三舉報老大，其他阿哥異口同聲驚訝地喊出「魘鎮！」的畫面有印象。彷彿這件事除了老三，其他人都不知道。歷史上，這件事還真是只有老三才知道。替老大胤禔魘鎮太子的蒙古喇嘛巴漢格隆，最早是老三底下的人。而且，老三一直都知道巴漢格隆會詛咒人性命的魘鎮之術，巴漢格隆被老大請走後，便派人一直緊盯著，並得到後續的消息。

老三舉報老大魘鎮這件事，細想起來對老三來說還是挺有風險。康熙但凡多一點懷疑，就衝著巴漢格隆和老三過往的關係，老三的政治前途興許就被毀掉了。

針對老三冒險舉報老大這件事的原因，人們往往有兩種推測：一是老三心思縝密，富貴險中求，力爭一口氣送走老大，幹掉一個奪嫡對手；二是老三心思單純，就是想為太子鳴不平，甚至冒著把自己搭進去的風險也要把二哥胤礽保出來。

縱觀老三一生的命運軌跡，後者的推測似乎更為合理。

老三這一生在人心算計上的水準很差，而且他能主動向康熙坦白與巴漢格隆的關係，證明他此前從未借助巴漢格隆進行過魘鎮，更有可能的是學霸老三壓根就不相信魘鎮這類東西，畢竟「子不語怪、力、亂、神」（《論語・述而》）。因此，老三這次舉報老大，力保老二，應該還是固守那個「康熙活著就忠於康熙，康熙沒了就忠於太子」的既定思路。

從結果看，康熙的最終判斷似乎認定老三的目的就是單純保太子，才會在隔年將老三胤祉直接晉升為親王，沒有做任何處罰。封王那一年的胤祉三十三歲。

故事發展到此，看似與世無爭的老三，究竟又如何捲進「九子奪嫡」的亂局中呢？

主要有三個原因：

第一，康熙五十一年，太子胤礽再次被廢，並且康熙鄭重聲明絕不會復立胤礽。康熙的諸多皇子中，老大、老二全被圈禁出局，老三則成為奪嫡選手中年紀最大的皇子，他還是親王爵位，能力又拔得頭籌。

即便老三本來不曾想參與奪嫡，可是氣氛都烘托成這樣，他也得琢磨自己有沒有機會繼承皇位。

第二，康熙對老三異常親近。根據《清聖祖實錄》記載，康熙晚年間，先後去老三家吃飯的次數達十八次，是皇子中最多的；排在第二的老四只有十一次。以雍正修改史料的「良好習慣」，能出現這樣一組數字對比，康熙很可能真的去過老四家十一次，但去老三家很可能不只十八次，父親的特別親近自然會助長胤祉的野心。

第三，老三開始有自己的奪嫡班底，而且草創團隊還是康熙給的。康熙朝中後期，康熙陸續安排許多學者到老三門下和他一起編書。這些學者中，最出名的是陳夢雷（康熙朝早年間的進士），還有不少翰林院的官員，如魏廷珍[44]等。康熙五十二年（一七一三年），康熙還專門讓老三在暢春園開了名為「蒙養齋館」的編輯室，專門負責編書。

老三當時主要編了兩部書，第一部叫《律歷淵源》，內容涉及音樂、曆法、數學等多方面。這部書的規模比較小，康熙朝就編完了。

第二部書就厲害了，叫《古今圖書集成》，是中國古代現存規模最大的類書，直到康熙駕崩都沒編完。編這部書的過程中，老三大量吸納各種文人進入圖書編輯室，還有一些官員乾脆把這條路線當成晉升捷徑。用當時的人的話說就是：「王總裁集成館書局，延攬名流，游其門者通顯可立致。」[45]

此時的老三，年紀、爵位占優，又有一票自己的班底，很多官員自然在觀望，老皇帝到底會不會把大位傳給老三呢？這期間，還出現一起特別有意思的詐騙案。

康熙五十五年，有個叫孟光祖的人，自稱是老三胤祉的門人，到處招搖撞騙去找各省的督撫索要錢財。有的督撫發現他是騙子，也不敢上奏，因為怕得罪老三，讓老三覺得他們是故意潑髒水；而有的督撫則是寧可信其真，真的給他一些禮物。孟光祖就這樣一路騙到直隸，才被當地官員舉報。

我們可以猜猜接到舉報後的康熙是什麼反應，震怒嗎？不，是對老三無比愛護。

當時康熙一邊叫刑部嚴加審問孟光祖，一邊叫來和老三一起編書的翰林院官員說明情況，並明明白白地告訴與老三相處時間最長的魏廷珍：「每日與三阿哥一處修書，若有此事，即當以身命保之。」[46]

三阿哥的為人你最清楚，即便這事是真的，你也要寫摺子以身家性命來保全三阿哥。這件事的結局是，康熙把孟光祖和那些受騙且有意結交皇子的督撫都懲治一圈，老三本人一點事也沒有。

非但如此，老三在康熙晚年間所受的恩寵還不斷上升。例如康熙五十八年，老三曾代表康熙前去祭天；康熙五十九年，老三的嫡長子弘晟又被康熙加封為世子。

這些種種巨大的優勢就能證明康熙有意傳位給老三嗎？還真的未必，康熙應該是沒這個打算，因為老三的缺陷非常明顯，他與人打交道的能力已經差到幾乎難以參與政治遊戲之中的地步。

而且，老三雖然有自己的班底，但政治班底約等於零。我們整理朝廷內的幾股勢力：首先，朝內的滿洲勛貴仍然力挺「八爺黨」，老八不行了，就挺老十四，反正沒來老三這邊；其次，早期可以和滿洲勛貴比手腕的「太子黨」殘餘勢力全被老十三胤祥接收，並暗地裡轉到老四胤禛手中；最後，老三本來最有可能籠絡的漢人官僚，又因為他的親信陳夢雷和漢人官員領袖李光地是死對頭，導致老三連這最後一股勢力也沒拉攏到。老三若是想靠書館裡幾個編書的人去爭天下，簡直是天方夜譚。

最關鍵的是，老三連這幾個編書的都沒能控制好。例如陳夢雷，此人雖是老三親信，但是個首鼠兩端的貨色。陳夢雷在康熙晚期託人做了「天降大位」的祥瑞牌位，居然把上面的名字空出來沒寫。等雍正登基後，陳夢雷轉手填上雍正的名字就進獻上去，並說是新發現的祥瑞。不過雍正心裡清楚得很，誰不知道陳夢雷是三哥的人，拿這種東西哄小孩呢？雍正收到禮物後，甚是「滿意」，當即就把陳夢雷抓起來發配。

連自己的編輯室都管不好的人，又怎麼能把江山託付給他呢？這一點，康熙應該比我們看得更清楚。其實老三也很清楚，康熙駕崩那一夜，聽到老四繼位的消息後，他和老八密語幾句，便率先跪下給老四雍正磕頭。只是老三沒想到，他的低姿態沒能換來好結局。

三、掙扎的迷霧

雍正繼位後，送給老三的下馬威必不可少，「三板斧」接連砍來。

第一，打壓政治地位。雍正先封老八、老十三為親王，並任命兩人為總理事務大臣。讓他們不但從爵位上和老三持平，甚至在行政上壓老三一頭。更絕的是，雍正特別安排老三先行去給康熙守陵，暫時把他踢出權力中心。

第二，拆散政治班底。雍正立刻把老三從還沒編完的《古今圖書集成》編輯室給踢出去，轉而安排親信蔣廷錫接班。雍正還把自陳夢雷以下，和老三有關係的人都處理了，重新安排新的翰林院官員去接手相關工作。

第三，敲打家庭成員。借助一起常見的敲詐案，雍正直接革除老三長子弘晟的世子身分，把他降成閒散宗室。

雍正的「三板斧」砍下來，直接把老三給砍傻了，本就不擅長搞人際關係的他，這下子更不知道該怎麼和這位皇上四弟相處。

老三一到雍正朝就慘遭打擊，主要有以下兩原因：

第一，老三對老四有法理上的威脅。例如，老四成功繼位的優勢是年紀大、爵位高，但老三在這方面的優勢更大，他的存在本身就是對雍正繼位合法性的重大威脅。同時，老三還有自己的政治勢力，但偏弱，不像同樣是有威脅的老八，因為勢力龐大，雍正只能先拉攏試試看。老三實力有限，當然一開場就得敲打住。

第二，很可能是老三年輕時得罪老十三。侮辱亡母，老十三肯定一直記恨。十三弟的仇人自然就是老四的仇人。即便是為了安撫老十三的情緒，也得收拾老三。

然而老三的人生悲劇，還不止於此。

雍正四年，當時雍正已經打翻老八，就問老三該怎麼給老八定罪。可是，這種問題你讓老三怎麼回答？做為兄長，難道要說殺了老八嗎？他說不出口。但若是定得輕了，誰知道雍正到底想怎麼樣？然後老三遲疑了，而就在短暫的猶疑之間，雍正的臉色瞬間就不好看了。

老三回去後愈想愈怕，極為擔心這位多疑的皇上四弟怕不是把自己當成老八的同黨吧？老三連忙上奏雍正，至於摺子裡的內容，真是卑微到塵埃裡了，開篇就是：

臣允祉謹奏……臣未奏明實情，未盡竭誠之心，至使主子懷疑，乃是背離主子，忤逆上蒼之人。[47]

最後收尾又是：

臣允祉乃一奴才，忝為人兄，竟敢如同主子之手足。主子如何想，諭旨如何言，我就如何遵照而行。此外再無他言。伏乞主子閱訖批還。若無主子聖明奇恩，我豈能存活至今。[48]

老三畢竟是哥哥，這麼卑微地和雍正說話，旁人讀著就相當難受了。再看雍正的回覆，更能感受到帝王的涼薄。雍正的答覆先是：「朕含淚閱之，大為讚賞。」[49]

看著還不錯是吧？但之後又挖苦道：「只是阿哥原本善於說謊哄人。」[50]

最後，雍正揚揚得意地總結陳詞說：「欣喜閱之，暢快之至，感激不盡！」[51]

不知道雍正是怎麼做到含淚的同時又欣喜暢快，總之，這裡的雍正是不厚道的，就是肆意侮辱老三。雍正曾評價三哥是個「心膽尚小」[52]的人。雍正明知道人家心膽小，還如此欺辱，多少有些過分。

兩年後，到了雍正六年，老三更慘了。早年間辛苦編纂的《古今圖書集成》，這一年終於刻印完畢。一共刻印兩個版本，高級版是用綿紙印的，有十九套；低級版是用竹紙印的，有四十五套。雍正把高級版送給老十三、老十六、老十七，還有張廷玉、岳鍾琪等人，連年僅八歲的福惠阿哥[53]都有一套；輪到老三就只送一套低級版，這可是老三耗費多年的心血，最後也只能不了了之。

就在這個當口，老十七允禮跑來查老三的帳了。他說老三曾勒索手下的門人，氣得老三破口大罵，連你老十七都欺負到我腦袋上了？我不只是你的三哥，還是當今皇上的三哥呢！老十七，你休要欺人太甚！如此一來，老三是罵痛快了，但他沒想過，老十七敢來查他，肯定是背後有人撐腰。而這個人不是別人，正是「常務副皇帝」老十三。於是，老十三直接上奏參了老三一本：

自稱皇上之兄，狂肆無禮。又將辦理公務之王、大臣痛加訶詆，毫無忌憚。悖理營私，罔顧大義，請敕下宗人府嚴加議處。[54]

老十三狀告老三，用腳都能想出來雍正會怎樣進行裁決。果然，雍正宣判老三的親王爵位降成郡王，比老十七都矮了一截。

但不久後卻有個意外情況出現，就是宣傳雍正弒父殺弟的「曾靜案」[55]爆發了。彼時雍正的心思全撲在洗脫汙名上，雍正七年，他出版清朝名著《大義覺迷錄》來為自己的種種傳聞進行解釋說明，同時為了配合出版，還在當年恢復老三允祉的親王爵位，以此表示自己對兄長還是很不錯。

好景不長，雍正八年二月，老三允祉的爵位剛被恢復，老十三就在五月分去世了。雍正受不了打擊，痛哭流涕。老三允祉卻不一樣，他和老十三本來就是對頭，老三不但在喪禮上面無哀色，喪期內還經常遲到早退。雍正在盛怒之下，也管不了自己在社會上的名聲，當即發布長文，歷數老三從小就說話吃力等種種「罪過」，之後又命令宗人府的全體王公屬員以最高等級的標準，加班開會給老三定罪。老十三去世當月，雍正就定出老三的十條大罪，奪去他的爵位後，圈禁到景山反省。

兩年後，雍正十年，老三死在景山，終年五十六歲，總算結束他彆彆扭扭的一生。之後，乾隆二年，乾隆宣布恢復三大爺允祉的親王爵位，還給了一個頗有意味的謚號——「隱」。老三胤祉若是泉下有知，會想著自己這一輩子若是真能「隱」起來就好了。可惜一身的才華最終也躲不開政治漩渦的誘惑與衝擊，他的人生總歸是以悲劇收尾。

老十四胤禵：一母同胞的最終角逐

老十四是「九子奪嫡」選手中年紀最小的阿哥，但他的形象卻似乎相當成熟、複雜。長期以來的政治傳說中，人們經常說他才是康熙真正屬意的繼承人，可是他最後不但丟了皇位，還慘遭圈禁，是個典型的悲劇人物。電視劇《雍正王朝》塑造的老十四頗有些膽大且「腹黑」陰謀家的味道。

這些對老十四的不同理解，都有待商榷。歷史上的老十四更像是個經歷意外的崛起後，卻在一場奪嫡迷夢中逐漸失去自我的人。

老十四胤禵，這位清朝唯一的「大將軍王」，他的一生頗為迷幻。

一、背向而行的兄弟

眾所周知，老十四胤禵和老四胤禛都是德妃烏雅氏的兒子，是「九子奪嫡」中唯一的一對親兄弟。可是老十四卻以「八爺黨」的身分，站到親哥哥老四的對立面。為什麼會出現這種局面呢？一切都要從老十四的童年說起。

康熙二十七年，老十四胤禵出生了。烏雅氏一共有三個兒子，只有老十四和她的感情最深。

烏雅氏的大兒子就是老四胤禛，但她當時剛入宮不久，地位較低，老四剛滿月就被送到貴妃佟佳氏的宮中，由後者撫養長大，導致老四與烏雅氏母子間的感情很淡。而烏雅氏的二兒子就是老六胤祚，六歲時夭折，烏雅氏對老二在感情上更多的是傷心與遺憾。而胤祚夭折三年後，老十四出生了。因此，老十四不但是烏雅氏經歷喪子之痛後全新的精神寄託，更是烏雅氏唯一親自養大的孩子。這樣的背景下，老十四從小就享受著母親的無限溺愛與偏心。

以老四的「心胸開闊」，眼睜睜看著母親偏心，心裡不可能不嫉妒，尤其老四小時候曾被康熙批評「喜怒不定」。

> 原有幼年微覺喜怒不定一語。（《清世宗實錄》卷四九，雍正四年十月初八日）

老十四的童年記憶中，多半有著一個溫暖的母親，一個威嚴的父親，還有一個脾氣古怪的哥哥。所以不難理解他們兄弟二人注定會有隔閡。

老十四為什麼會和老八走在一起呢？因為他們母輩的緣分可謂是妙不可言。

烏雅氏和老八的母親衛氏，以及老十二的母親萬琉哈氏，三個人是同一天進宮。這種特殊的緣分使她們姊妹間的關係非常好，她們的孩子們自然會經常一起活動。此時換位思考，假如我們是老十四，面對從小常見到的三位哥哥，一位是喜怒不定的老四，一位是素有賢名、待人和善的老八，還有一位是相對平庸的老十二，我們會更親近誰呢？毫無疑問是老八。

除了胤禵童年時的兄弟關係，再看他自身，老十四胤禵的個人能力應該也很強，雖然不知為何歷史上沒有留下直接的史料證據，但有兩項側面證據可供我們做出判斷。一是老九胤禟曾評價過老十四：「才德雙全，我弟兄們內皆不如。」[56]

二是根據《清聖祖實錄》記載，自康熙三十八年起，康熙外出時都頻繁地帶著老十四，隨聖駕出行的次數不僅遠超過沒有參與奪嫡的老五、老七和老十二，還超過老九、老十這兩個奪嫡的邊緣人物。如果老十四能力不濟，以他當時的年紀，應該很難受到康熙如此多寵愛。

同時，在母親烏雅氏的溺愛下，胤禵還養成一種率真、愣頭愣腦的直脾氣，特別像滿人的傳統脾性。總而言之，聰明伶俐、心直口快，這就是老十四在歷史上初登場的樣子。

他又是怎樣一步步邁上奪嫡之路呢？

二、機緣巧合地崛起

此處要特別說明，康熙四十五年（一七〇六年）前後，老十四胤禵應該改過一次名，改叫「胤禎」，和「胤禛」同音不同字。雍正登基後，出於避諱的需求，就把老十四的名字改回「禵」字，自此便是允禵。具體的史料考證可以參見馮爾康先生的《康熙十四子胤禵改名考釋》。而我們仍繼續稱呼他為老十四胤禵。

老十四的崛起，主要圍繞兩件事：康熙四十七年的廢太子風波，康熙五十七年的撫遠大將軍選拔。

康熙四十七年時，胤禵二十一歲，當年的「廢太子事件」起初可以說和老十四毫無關係，但經老十四一番操作後，卻讓自己收穫頗豐。

「廢太子事件」整體可以分成三個階段：第一階段，老大舉報老二半夜偷窺康熙帳篷，間接導致老二的太子之位被廢；第二階段，老大的亢奮招致康熙的懷疑與打壓，康熙宣布不會立老大為太子；

第三階段，老大發表著名的「蠢豬講話」，要保舉老八為新太子，並表示自己可以出面殺了老二，最終導致老大、老八雙雙獲罪。

聽聞老八獲罪的消息後，老十四主動去找老九，提議一起去擔保老八無罪。老十四這一大膽提議，連老九都沒想到，老九直接感慨道：「十四阿哥甚有義氣，八阿哥為相面的事得罪，要約我同保，救他。」57

康熙當眾宣布要鎖拿老八時，老十四和老九就出面頂撞康熙，保起老八來了。當時老十四說的是：「八阿哥無此心，臣等願保之。」（《清聖祖實錄》卷二三四，康熙四十七年九月二十九日）

但老十四實際上的言辭一定比這句話激烈得多，事後老九曾和別人回憶當時的情境說：「十四阿子立起誓來，言語舉動甚是不好。」58

連老九都覺得不妙，可見當時老十四賭咒發誓的言辭一定相當過分，以至於老父親當場抽出佩刀要活劈他，多虧老五胤祺連忙跪下抱住康熙，其他阿哥在一旁磕頭如搗蒜，才控制住場面。老十四被康熙下令拖出去打了二十大板，這場鬧劇才正式結束。

只不過，老十四這二十大板倒是沒有白挨。

康熙四十七年九月，老十四挨了板子，同年十月，下令抓捕老大胤禔後，康熙將老大屬下的上三旗佐領及人口一半轉交給老十四。隔年康熙大封皇子時，老十四被冊封為固山貝子，是當時受封年紀最小的阿哥。

康熙褒獎老十四的原因不難理解，站在父親的角度，同樣是惹父親生氣，老大想的是手足相殘、殺害老二；老十四想的卻是手足相親、保護老八。兩相對比，放在一向重視親情的康熙眼中，孰優孰劣一目瞭然。生完氣後的康熙事後再回想起來，對老十四這個重情義的兒子多了幾分欣賞與欣慰，也很正常。

除此之外，老十四藉此加深了自己與老八的情誼。

老八被抓，老十四挺身而出，這幅畫面相當打動人。或許有的人喜歡大談陰謀論，認為老十四挺身而出是為了挑撥、踩老八一腳。但實際上，九子之中，老十四當時年紀最小，沒有爵位，毫無奪嫡可能性的時候，他根本犯不著去踩一腳和他從小玩到大的八哥。更何況，天威難測，要是弄巧成拙，被康熙視為結黨謀逆，老十四更會前途盡毀。在康熙、老八這些當事人的眼中，老十四就是個衝動且重感情的小弟弟，他的目的或許根本沒有後人解讀的那麼複雜。

而之所以說廢太子風波後，老八和老十四的關係變得更親近，是發生了一件很不尋常的事。康熙四十八年，老十四在三月被封為貝子，同年四月，康熙巡幸塞外，帶了老八隨行，沒有帶老十四。老十四卻喬裝打扮成商販，一路尾隨其後，夜裡還到老八的帳中整夜密語。透過這種罕見行為，足可見當時兩個人的關係異常親密。

從此時起，「八爺黨」的奪嫡重心逐漸轉向支持老十四，而老十四也開始有意地接觸各類文臣士人，正式參與奪嫡。例如，他曾熱情款待漢人官僚領袖李光地的門人程萬策[59]。

> 即如李光地之門人程萬策者，聞十四王爺見彼，待以高坐，呼以先生。[60]

朝堂上下開始有了「十四王爺虛賢下士」的政治傳言。這一時期，積蓄力量的老十四，只差一個機會來展現才華與能力。這個機會很快就來了，康熙五十四年冬天，噶爾丹的侄子策妄阿拉布坦起兵入侵西藏。康熙緊急派出西安將軍額倫特[61]領兵出征，卻因為準備得太倉促，幾乎全軍覆沒。於是，康熙調動甘肅駐防八旗、川陝綠營和蒙古部隊等諸多軍隊，合計十餘萬人，齊聚西線，力爭一舉收復西藏。但軍隊來源複雜，為了避免各部隊各自為戰，必須有一位皇家宗室擔任大將軍進行各方統籌才行。

這個大將軍的位置最終是如何落到老十四身上呢？逐個看當時的候選人就會一目瞭然——老大、老二已被圈禁，老八、老十三雙雙失寵，老五心善，老七拘謹，老九貪財，老十和十二相對平庸，老四的軍事才能有限，以上全都很難稱得上是帶兵之人的良選。實際上，老十四的競爭對手只有四十二歲的老三胤祉，但考慮到青藏高原的特殊氣候和老三的年齡與身體狀況，老十四當選幾乎是必然的。

康熙五十七年，三十一歲的老十四正式被任命為撫遠大將軍，享王爵禮儀，康熙親口稱其為「大將軍王」。此時，太子之位虛懸，老十四出任撫遠大將軍，被很多人當成老十四要被立為太子的重要訊號，而老十四對此有很大期待。畢竟此時的他明面上深受康熙信任，手握重兵；背後又有「八爺黨」支持，奪嫡希望空前地大。

老十四開始陷入即將被立為太子的迷夢中。他一到西北，就派人找到當地有名的算命先生張愷來替自己測算八字。張愷提前拿到八字，最初的評價是「假傷官格，可惜身弱了些」，但他立刻被人提醒，這可是十四王爺的八字，一會兒見了王爺，你必須要說「元武當權，貴不可言」才行。之後，張愷面對面見到老十四時，不但說了已經被交代要說的話，還衝著「將來定有九五之尊」的話頭吹噓一番。老十四聽完之後就表示：嘿，你小子算得還挺準啊！一高興，賞了張愷二十兩銀子。[62]

可見，當時的老十四已經深深陷入某種玄學的幻想之中，並且十分相信自己能承繼大統。但老十四到底是不是康熙晚年心中的唯一繼承人呢？

三、迷夢破碎的晚年

說實話，老十四領兵西征，在軍事上的難度不怎麼高。清軍集結十多萬人，而策妄阿拉布坦在西藏的叛軍總兵力連一萬都不到。十比一的比例，真是「優勢在我」。

老十四帶兵的確很有章法，賞罰分明。康熙五十八年，老十四抵達西寧前線，當年便殺伐決斷，處理一批貪官汙吏，整頓軍紀，並統籌糧草運輸，保障後勤。最終在康熙五十九年四月正式出兵，五個月便收復西藏。老十四「大將軍王」的稱號就此名震西北。康熙也是大喜，立刻叫人撰寫碑文，讚頌老十四的豐功偉績。

可是這就能夠說明康熙有意傳位給老十四嗎？非也。關鍵節點在於老十四曾在康熙六十年有過一次回京述職，而這次返京過程中的諸多細節都值得仔細推敲。先交代背景，儘管老十四在康熙五十九年收復西藏，但叛軍首領策妄阿拉布坦逃回新疆的伊犁。如果此時進攻伊犁，補給線過長，於是清軍被迫暫停行動，康熙下令召回老十四，好進一步商量接下來的作戰計畫。康熙六十年十一月，老十四返回京城。

老十四這次返京恰恰體現他並非康熙心中屬意的那個繼承人。理由有三：

第一，康熙對老十四的態度不堅定。例如老九胤禟對康熙召回老十四的判斷就是：皇父明是不要十四阿哥成功，恐怕成功之後，難於安頓他。[63]

不管老九的判斷對與錯，從他產生懷疑的那一刻起，至少證明在那時，康熙與老十四的父子關係並非如許多人渲染得那樣親密。老九做為老十四最堅定的支持者之一，他從老十四那裡獲得的消息應該是相對全面而準確，因此他的懷疑頗具參考價值。

第二，收復西藏後，康熙沒有給老十四實質性的爵位封賞。「大將軍王」這個稱號只是特例，整個清朝宗室只出了老十四這一個，不屬於當時常規的正統爵位。而康熙年間，按照正常皇子爵位的排序，由高到低應該是——和碩親王、多羅郡王、多羅貝勒和固山貝子。而老十四的爵位，始終都排在最末的固山貝子，排在他之前的有六個人——老三、老四、老五三個親王，老七、老十兩個郡王，還有老八一個貝勒。假如康熙有意傳位給老十四，憑藉他收復西藏的功勞，至少應該給他封個郡王吧？但很可惜，康熙連個貝勒都沒封，老十四只是個貝子。年紀小，爵位還低，這是老十四在奪嫡之爭中絕對的硬傷。

第三，康熙對阿拉布坦的最後處理意見是和平招撫，並非用軍事手段解決。可是已決定和平招撫，康熙仍然要求老十四返回前線。雍正後來也說過，父親當時年事已高、身體虛弱，如果真有意傳位給老十四，怎麼可能在這個時候派他出軍千里之外呢？雍正這個說法有一定道理。儘管後世有學者認為康熙當時的身體還不錯，應該只是沒想到自己那麼快就會駕崩，才派老十四出去，但還是應該更重視當事人的判斷，就在老十四離京前，他曾特別囑咐過老九胤禟：「皇父年高，好好歹歹，你須時常給我信息。」64

意思已經很明顯，連老十四對康熙的身體狀況都很不放心。

果然，康熙六十一年四月，老十四返回西部前線，當年十一月康熙就駕崩，隨後便是老四胤禛繼承大統。此刻遠在前線的老十四，皇帝迷夢徹底破碎。這一年，他三十五歲。

此刻，手握重兵的老十四顯然成為新皇雍正心中最大的威脅。康熙駕崩後第二天，雍正下詔書讓老十四交出大將軍印信，火速返回京城奔喪。

也許有人會問：老十四可以不交印，直接起兵造反嗎？答案顯然是否定的，因為這是朝廷軍隊，不是老十四的私人武裝，面對敵人時大家聽你指揮，可是造反這種會被殺頭的罪過，誰願意和你蹚渾水呢？尤其是負責西路軍務糧餉的川陝總督年羹堯，此時已經明確倒向妹夫雍正。老十四若是此時造反，可以說毫無勝算。於是，老十四遵旨交出印信，啟程返回京城。

但迷夢破碎的老十四返回京城後，實在無法接受失敗，就有了所謂的「大鬧靈堂事件」。說實話，按史書記載，實際場面比電視劇《雍正王朝》的戲分還要過分。當時，老十四趕到靈堂，一眼就望見雍正，可是老十四不願向雍正行禮，遠遠地跪下磕頭，既不請安，也不祝賀。大家甚至分不清他是拜雍正，還是祭康熙，場面一度十分尷尬。還是親哥哥雍正在已經繼位的情況下，率先妥協，上前走了兩步。可是老十四十分不給面子，還是一動不動，場面更加尷尬。侍衛拉錫[65]連忙過去拉了老十四一把，勸他上前，沒想到老十四一下就發火，暴跳如雷，怒道：「我是皇上親弟，拉錫乃擄獲，下賤。若我有不是處，求皇上將我處分；若我無不是處，求皇上即將拉錫正法，以正國體。」（《清世宗實錄》卷二九，雍正三年二月二十九日）場面混亂不堪。

之後，康熙安葬景陵時，老十四又鬧了一齣。他拒不接受雍正的聖旨訓誡，恰好老八也在現場，待老八開口一勸，老十四撲通就跪下了。此刻老十四的言外之意清楚分明——八哥的話比雍正的聖旨都好用。什麼是挑釁？這就是赤裸裸的挑釁。不過，不得不說，面對親弟弟時，雍正難得有了充足的耐心與忍讓。雍正元年，德妃烏雅氏去世後，雍正宣布冊封老十四為郡王，但老十四的反應卻是：並無感恩之意，反有忿怒之色。（《清世宗實錄》卷四五，雍正四年六月初三日）

也許按照老十四心中的邏輯，他本該是皇上，如今雍正只封他郡王，簡直就是侮辱。但政治遊戲有時就是這樣，輸了就要認。實在不認，也要臥薪嘗膽，積蓄力量，待他日捲土重來。單純倔強，毫無意義。尤其對老十四而言，四哥的心胸又不是不了解，但無奈老十四偏偏是個不肯低頭的人。

雍正四年，雍正全面打擊「八爺黨」的同時，也以十四條罪行將老十四革除爵位，囚禁到景山。這一關就是近十年。直到雍正駕崩，乾隆繼位，才下令把老十四放出來。儘管乾隆給了老十四不少賞賜，甚至把老十四的爵位重新一路封到郡王。但老十四早已萬念俱灰，就像變了個人一樣，十分自閉，終日不與人來往，頂多偶爾同和尚、道士聊聊天，參禪論道。乾隆二十年，這位昔日的「大將軍王」壽終正寢，享年六十八歲。放在那時，也算得上高壽。

話說回來，老十四這一輩子在某種程度上，就是敗給自己的性格。母親烏雅氏的溺愛，讓他養成直脾氣，這種脾氣好的時候可以說是率真，但壞的時候就是倔強了。關鍵老十四早年間沒怎麼吃過虧，那次當面衝撞康熙，雖然差點被砍死，但也讓老十四趁機崛起，使得他更學不會低頭。這種性格帶兵打仗或許是個好手，但當皇帝就太容易被負面情緒操控。即便他真的像歷史傳言中是康熙真正屬意的繼位人，但真要把老十四放在皇帝的位置上，很可能不會比雍正做得更好。

「九子奪嫡」至此，八位阿哥都已經陸續出局。勝利者老四，已經在向我們招手了。

老四胤禛：後來居上的勝利凱歌

我們很少見到哪個皇帝能像雍正這樣，無論生前還是死後都流言蜚語纏身。生前被人說是篡位，死後被人說是讓呂四娘[66]割了腦袋。最有意思的是，目前唯一明確記載「雍正篡位」事蹟的相關原始文獻，還是他親手執筆的清朝名著——《大義覺迷錄》。一部本想澄清黑歷史的作品，反倒成為黑歷史本身。

老四胤禛的一生到底都經歷了什麼呢？皇四子胤禛又是個怎樣的漢子呢？「九子奪嫡」的壓軸人物終於登場了。

一、鍥而不捨的少年

康熙十七年（一六七八年），老四胤禛出生了。小胤禛的生母是當時尚無封號的烏雅氏，養母則是皇貴妃佟佳氏。清朝培養皇子大多是生母、養母並存的模式。目的是避免母親家的親戚干政，有血緣的母子不親近，親近的母子又沒有血緣，外戚的崛起就會受到壓制，皇權也會更加穩固。

小胤禛的運氣非常好，他的大哥胤禔、三哥胤祉都是被宮外的官員家庭撫養長大，而他則是由皇貴妃撫養長大。究其原因，應當在於佟佳氏深受康熙喜愛，又長期沒有子嗣，老四的出生恰逢其時，才有了這段養母、養子間溫馨的親情關係。這份與生俱來的運氣，對小胤禛來說意義巨大。

胤禛的生母烏雅氏出身不高，她父親是個護軍參領，而祖父只是個廚子。烏雅氏最初在後宮的地位比較低，連德嬪的封號都是老四出生一年後才獲封。但胤禛的養母佟佳氏的地位可就高得多了，佟佳氏的父親佟國維是康熙朝的議政大臣，祖父佟圖賴是皇太極一朝的正藍旗都統。她所屬的佟佳氏家族，在清朝前期就出了一百零八位中央官員和五百七十七位地方官員，以至於有人戲稱佟佳氏一族為「佟半朝」。生母地位低，但養母地位高，小胤禛的童年生活應該還是很優渥。

佟佳氏有個弟弟，就是老四胤禛的舅舅，佟佳·隆科多，他可是未來幫助老四順利繼位的最大功臣。隆科多未來能夠堅定地支持老四的原因一定很複雜，但這層甥舅關係所發揮的作用不容忽視。

待小胤禛快樂地長到六歲時，開始進入上書房和兄弟們一起學習。大概是從上學階段開始，小胤禛和其他兄弟們的成長軌跡開始不一樣了。皇子們上學和如今的中、小學生一樣，同學們一起學習，老師也都一樣。但小胤禛和老師的關係明顯更親近，而且是超出常理範圍地親近。

有兩位老師值得特別關注，一位是張英（張廷玉的父親），張廷玉當時應該是皇子們的陪讀。考慮到此後張廷玉在雍正朝的超高待遇與顯赫地位，我們有理由相信，老四在上學時和張家父子的關係就挺不錯的。第二位老師，大家可能不熟悉，卻非常重要，就是顧八代。套用電視劇中的一句話，顧八代就是個「堅剛不可奪其志」的人。

顧八代是滿洲貴族，軍事能力十分卓越，平定三藩之亂時立有大功。顧八代在文化方面的才能更為出眾，他熱愛儒家經學，康熙十四年（一六七五年）的旗人考試中名列第一。說起來，顧八代在儒學上的追求甚至超越許多漢人。例如他母親過世時，顧八代曾遵循古禮為母守孝，三日不食，百日不出。如果說顧八代有什麼不足，就是他嚴以律己做人的同時，做官也嚴以律人，從不受賄，也拒絕攀附，是個標準的孤臣。他早年受索額圖打壓，後來又遭到同僚排擠，甚至連康熙都曾批評顧八代有時做事情不顧體面，降官以示警告。但顧八代依然不改本色，秉公辦事，不徇私情。

這麼個怪老頭，別的皇子都敬而遠之，唯獨六、七歲的小胤禛非常喜歡且推崇顧八代。康熙四十七年，顧八代去世時，因為一生廉潔清貧，明明是貴族出身，死後家裡竟連棺材都買不起。就在人們看笑話時，老四以皇子的身分親自登門，花錢為老師置辦喪禮，並獻上十篇祭文後號啕痛哭。再後來，雍正登基後，他仍懷念顧八代，宣布恢復老師生前的最高官職禮部尚書，並追加「太傅」銜，賜謚號「文端」；雍正還下旨替老師修陵園，親自撰寫碑文。考慮到老師家中清貧依舊，又恩賞其子孫一萬兩銀子，以補貼家用。

以清史而言，老四胤禛的做法比較罕見，很少見到皇子和老師的感情能好成這樣。很多人談及老四時，都說他善於表演，但這種說法失之偏頗，在顧八代的事情上，老四沒有任何表演的必要。可以看出，老四的確是個從小就感情豐沛、重情重義的人。

顧八代對老四胤禛未來的性格與處世價值觀有著非常大的影響。這兩個人做事的風格極為相似——剛正嚴謹、嚴以律己、嚴以律人、不貪圖享樂。大概胤禛從小便認定如顧八代這般活著，才是不愧於天地的人，所以他多年以後仍然對恩師念念不忘。

尊師重道的胤禛，文化課成績一直很好，十六歲時和三哥胤祉一起到曲阜祭孔。

但老四胤禛的少年時期卻並非一帆風順，我們可以想像，假如一個人刻苦努力、文化成績不錯、講究自我道德約束、有明確的是非觀，很可能是個內心相對驕傲且不容易妥協的人。尤其是年紀尚輕的老四還不夠成熟，心裡藏不住事，情緒都寫在臉上，不知變通，更容易和周圍的人產生矛盾。

例如老二胤礽曾把老四直接踹下臺階，導致後者當場昏迷。老四胤禛登基後回憶起當年和胤礽爭鬥的原因：朕亦謹守弟臣之禮，但於其乖謬之處決不順從，跡似強抗耳。[67]

老四的意思很明白——朕當年恪守禮法，但老二胡作非為，朕不答應，才發生衝突。

這一時期胤禛的處境比較尷尬，一是他十二歲時，養母佟佳氏過世了；二是生母烏雅氏的心思全在小兒子老十四胤禵身上，對老四不怎麼關心，甚至康熙對這一階段胤禛的評價都是「幼年微覺喜怒不定」。而在兄弟之間，胤禛和太子胤礽間又爆發嚴重矛盾。不要覺得滿人兄弟打架不算什麼，整個康熙朝有過文獻記載的皇子中，老二胤礽只打過老四一個人，當時可以算得上相當轟動而恥辱的事了。老四不用說長大了是孤臣，少年時代應該就相當孤獨。有人推測老四此時應該和老八走得比較近，畢竟後者久負賢名。

老四不僅處境尷尬，做為滿人皇子，最大的短處在於騎射功夫太差。康熙三十五年，十九歲的胤禛隨父親親征噶爾丹。當時老四負責掌管正紅旗大營，但應該只是掛名，在《清實錄》中，找不到任何關於老四功績的記載，老四的軍旅生涯可能毫無建樹，否則不可能完全不寫。

正因如此，兩年後大封皇子時，老大和老三都因功封王，只比老三小一歲的老四只能和老五、老七、老八幾位弟弟一起受封為貝勒。當時有人提議將皇子們集體封王。康熙特別點出來，說道：「朕於阿哥等留心視之已久，四阿哥為人輕率……朕意已決，爾等勿得再請。」[68]

這一年的老四二十一歲，生存狀況極其尷尬，但胤禛之所以能取得奪嫡之戰最終的勝利，就在於他在逆境中也鍥而不捨。武功不行，就文學來湊。老四畢竟年紀較大，康熙出門還是喜歡帶年長些的皇子。老四努力發揮文學天賦，抓住一切機會寫詩讚揚父親。例如，康熙帶皇子們到塞外，老四就寫詩：一人臨塞北，萬里息邊烽。[69]

又例如，康熙帶皇子們去東北祭祖，老四又寫詩道：盛典叨陪從，威儀百爾欽。[70]

再例如，康熙去五臺山朝佛，老四也跟著寫詩道：雄關不阻驂鸞客，勝地偏多應跡賢。[71]

「章總」愛寫詩，極大可能是他老爹的遺傳。除了寫詩，老四也刻意模仿過康熙的書法筆跡，還受到康熙褒獎。

除了這些表面功夫之外，老四對康熙交辦的任務也異常認真。康熙三十九年，康熙帶著老四和老十三去視察永定河的治理工程，老四親自下場檢查，拔出木樁後發現木樁短小不堪，及時上報康熙，並要求當地返工。總之，老四憑藉花樣文章與踏實肯幹，可算是一點點地提升自己在康熙心目中的地位。

與此同時，老四還要爭取與兄弟之間的處境相比不能過於尷尬，因此需要加強和「八爺黨」的聯繫。康熙三十七年，老四與老八被封為貝勒，兩個人分到的府第相連。今天的雍和宮就是當年的四貝勒府和八貝勒府合併而成。如果說這次分房子的毗鄰只是巧合，蓋房時還做鄰居則是老四有意而為之了。康熙四十六年（一七〇七年），老四三十歲了。當時康熙允許皇子們在暢春園外修建自己的別墅，以方便交流父子感情。選擇別墅住址時，老四主動申請要和老八、老九、老十這三人緊緊相鄰。此外，那時的老四正在修習佛法，法號「圓明」，康熙給了老四一片園林，並題一塊牌匾，就是「圓明園」。

老四三十歲時，儘管他的生存環境有所改善，但奪嫡對他而言仍無異於空中樓閣，且他當時應該還沒有太強烈的奪嫡想法，只是想一邊討好父親，一邊維持和「八爺黨」的關係，確保自己的處境不過於尷尬。老四從什麼時候開始燃起奪嫡的希望之火呢？這一切仍舊要從康熙四十七年的「廢太子風波」講起，那一年的胤禛三十一歲。

二、左右逢源地奪嫡

康熙四十七年的「廢太子風波」，對「九子奪嫡」的每一位參賽選手而言都是一次大型考試。有的人一敗塗地，有的人就此隕落，有的人開始冒出頭，而老四無疑是考得最好的那一個。

與電視劇《雍正王朝》演繹的不同，「廢太子風波」實際上爆發於塞外，老四當時遠在京城，不在第一現場，收到的都是零零散散的消息。這一期間，老四得知的最關鍵資訊大概有三條：一、二哥胤礽的太子之位被廢，畢竟康熙在塞外痛哭流涕、下令鎖拿胤礽之事，不可能沒有風聲傳出來；二、老三、老七、老十被緊急召往前線；三、老四和老八均留守京城，但老八胤禩被緊急任命為內務府總管事。

此時老四的心情應該相對失落，畢竟產生如此重大變故，康熙的第一反應仍是讓老八來統籌一切。但很快，老四迎來在這場「廢太子風波」中翻盤的重要契機。同年九月十六日，康熙返京當日，康熙下令讓老四胤禛和大哥胤禔一同看管廢太子胤礽。而且從事後看，當時康熙做出這項安排就是對老大胤禔的不信任。有史料顯示，在塞外宣布廢除胤礽太子之位後，康熙說過：「直王（直郡王胤禔）為阿瑪之事忠心行走，然性情暴躁愚昧。直王，朕實無立為皇太子之意。」[72]

事實證明，康熙的判斷完全正確。康熙返京之後，承擔監管胤礽任務的老大胤禔，哪怕自己已經沒機會當太子，仍然無法按捺住心中對二弟胤礽的怨念，還是選擇向父親發表著名的「蠢豬講話」——「允（胤）礽所行卑汙，大失人心。相面人張明德曾相允（胤）禩，後必大貴。今欲誅允（胤）礽，不必出自皇父之手。」（《清聖祖實錄》卷二三四，康熙四十七年九月二十五日）

前文提過，胤禔的「蠢豬講話」不但徹底葬送自己的政治前途，連帶著老八也一起捲進「一廢太子」的奪嫡風波。康熙驚訝地發現原來胤禩和胤禔居然有疑似政治同盟的關係。

目睹兒子之間鉤心鬥角的種種亂象，康熙深受打擊，返回京城後一病不起，心如死灰，拒絕治療。此時康熙的反常狀態完全可以理解，做為威嚴半生、自詡教子有方的老皇帝，這半個月以來收到的消息可謂全是噩耗：辛苦栽培的嫡子居然想弒父；器重有加的大兒子居然想殺親弟弟；久負賢名的兒子胤禩居然一直野心勃勃地想奪嫡，甚至拉攏上躥下跳的老大。

康熙病倒了，政治形勢一度極其混亂。老皇帝拒絕治療，大臣們手足無措，沒有什麼實際行動。佟國維甚至勸康熙盡早再次立儲，這更是火上澆油。這個特殊時刻，我們就能看出老四的水準了，他幾次抉擇都恰到好處。

首先，康熙病重，皇子們大多選擇隔岸觀火，不敢貿然說話，生怕再出紕漏，想著如何自保。但老四則和老三一起挺身而出，勸慰康熙道：「皇父聖容如此清減，不令醫人診視，進用藥餌，徒自勉強耽延，萬國何所倚賴？臣等雖不知醫理，願冒死擇醫，令其日加調治。」[73]

老四和老三能直接當著康熙的面提到「願冒死擇醫」，可見這件事在許多人眼中比較犯忌諱。好在此時的康熙最需要的就是親情上的撫慰，他在老四和老三的勸說下開始用藥，日漸康復。

這是老四在「廢太子風波」中的第一次抉擇，而第二次抉擇則是代廢太子申冤。當時老大選擇封鎖消息，拒絕向上傳達，並虐待、裁撤老二身邊的僕人，還威脅老四不准傳達。面對這道題，可做兩種選擇：和老大一起封鎖消息來報復曾對自己拳打腳踢的老二；及時上報康熙，替老二申冤，完成陪同看管的使命。

此時答案似乎很好選，但凡神志清醒，後者都是唯一的選擇。

但老四胤禛兩個都沒有選，他做了第三種選擇——去問老九該怎麼辦。老八和老大都接觸過相面人張明德，「八爺黨」絕對不想和老大產生任何聯繫，因此老九的答覆是：「此事關係得大，似乎該奏。」收到老九的答案後，老四滿意地去上奏康熙，為胤礽申冤，過程中並完美把握康熙的神情變化，多為廢太子美言了幾句。不得不說，老四這次選擇真是絕妙，可以說「一箭五雕」：

一、收穫康熙的讚賞，老四挨過老二毒打，卻仍願意秉公直言，可見他不僅對皇帝忠誠，而且的確心胸開闊。

二、收穫胤礽的感激。事後看，老四胤禛幾乎是這一時期唯一替老二說話的皇子。用康熙的話來說就是：「前拘禁允（胤）礽時，並無一人為之陳奏。惟四阿哥性量過人，深知大義，屢在朕前為允（胤）礽保奏。似此居心行事，洵是偉人。」（《清聖祖實錄》卷二三五，康熙四十七年十一月十九日）

三、送了「蠢豬」老大一程。

四、麻痺最大競爭對手「八爺黨」的成員，讓老九等人仍把老四當成呆頭呆腦的自己人。

五、當時的局勢是誰當新太子都不會輪到老四當，與其出現新太子，不如保留有汙點的舊太子。

「廢太子風波」後，老四胤禛不但收穫父親的高度讚揚：

惟四阿哥……能體朕意，愛朕之心，慇勤懇切，可謂誠孝。（《清聖祖實錄》卷二三五，康熙四十七年十一月十六日）

還在康熙又一次大封皇子中被直接晉升為親王，與三哥胤祉平起平坐，一躍取得奪嫡路上的爵位優勢和領先位置。

除此之外，還有兩點不能忽略：一是之前的「太子黨」核心成員老十三胤祥自「廢太子風波」後在康熙朝徹底失寵，逐漸和老四走到一起；二是老四獲封親王後，漢軍鑲白旗被劃分到他的屬下，其中有時任四川巡撫的年羹堯，兩人就此形成主屬關係。

此時的老四算是邁出逆風翻盤局中最關鍵的一步，但整體形勢仍然不理想。老三仍然壓他一頭，老八依舊黨羽眾多。老四此時的行動綱領非常明確——做好自己的前提條件下，要隱藏自身的野心，穩住老八一夥，並繼續討好父親。

為什麼要說「做好自己」呢？說實話，老四已經三十多歲，做了幾十年皇子，政治風波中，他肯定工於心計。但不能把老四單純地想成陰謀家，因為他所做的選擇或行動只是符合一貫的秉性。僅如此，就已經足夠讓康熙心滿意足。例如「廢太子風波」的第二年，康熙批評時任領侍衛內大臣的鄂倫岱結黨營私、不尊法度、目無尊上，條條都是重罪，胤禛當時就說：「此等悖逆之人，何足屢煩聖怒？亂臣賊子，自有國法，若交與臣，便可即行誅戮。」74

再有康熙朝太監曹之璜敲詐官員、勒索錢財，還趕打宮中的扛夫，導致康熙一位常在的棺材在喪禮過程中落地。胤禛出面審判，以大不敬之罪，判斬刑。康熙五十二年，先皇順治的一位妃子逝世，喪禮極為草率，康熙震怒，並命胤禛審查，老四又是高舉法律的大旗，一次性查處工部尚書滿篤、工部侍郎馬進泰、內閣學士兼光祿寺卿馬良、內務府總管赫奕等四位高官。

這幾件事中，老四展現出的形象是剛猛無畏，一切照法律來辦，頗具亂世重典的味道。針對康熙晚年間官場的鬆散風氣，如果純粹從行事作風而言，比起社交能力差又愛舞文弄墨的老三、到處賣人情的老八、倔強又莽撞的老十四，老四這劑「猛藥」對清朝的長期發展而言無疑是最優的。相信康熙也是這樣認為，正如他所說：「朕萬年之後，必擇一堅固可託之人。」[75]

老四之所以能奪嫡成功，重要的前提之一就是他始終「做好自己」，從沒想著邀買人心而破壞原則。

再之後，胤禛要注意的就是隱藏好自己的野心，穩住老八集團，否則就有可能成為眾矢之的。不得不說，老四在這方面做得真是滴水不漏。康熙五十年，老八的母親衛氏病逝，老八哀號百天不願出門，老四和老九、老十、老十四一起輪流給守孝的老八送飯，兄友弟恭，仍然一副「八爺黨」邊緣人物的形象。康熙五十二年，老四的屬人戴鐸[76]寫了一封長信，勸老四準備奪嫡，但他的答覆是：「語言雖則金石，與我分中無用……況（當皇帝）亦大苦之事，避之不能，尚有希圖之舉乎？」[77]

意思就是，你的話是好的，但對我而言沒什麼用，當皇帝是全天下最苦的事，我躲還來不及，又怎麼會去爭皇位呢？這一年，老四三十六歲，他連對門人說話都是這個調調。

老四又是什麼時候暴露野心呢？就是康熙五十三年「斃鷹事件」之後。當時，康熙認為老八在詛咒自己，於是破口大罵：「允（胤）禩因不得立為皇太子……允禩則屢結人心。此人之險，實百倍於

二阿哥也。」（《清聖祖實錄》卷二六一，康熙五十三年十一月二十六日）

康熙將老八的政治生涯徹底判處死刑後，老四對奪嫡的態度發生明顯轉變。康熙五十四年，戴鐸再寫信給老四時，內容沮喪，說想辭官了。但雍正的答覆卻是：「將來位至督撫，方可揚眉吐氣，若在人宇下，豈能如意乎？」78

好傢伙，本來對「大苦之事」避之不及的老四，突然之間就變得無比昂然向上。更有趣的是，康熙五十五年，老八生病了，當時康熙正帶著皇子們巡幸熱河，他問老四：「八阿哥病了，你沒派人去瞧瞧嗎？」老四一愣，回答說：「哎呀，還真沒有。」康熙又說：「嗯，你該派人去看看的。」此時老四的心中很矇，琢磨著您和老八不是鬧翻了嗎？難不成老爹是試探我是否重視手足親情嗎？老四隨後趕緊差人去探望老八。待探視的消息回來後，第一時間上奏康熙：

臣使人往看八阿哥允（胤）禩，病勢甚篤。今欲先回看視。（《清聖祖實錄》卷二十六九，康熙五十五年九月二十三日）

老八病得很重啊，兒子決定自行先回去探望。康熙隨即批准。老四前腳剛走，康熙就說道：「四阿哥隨駕在外，惟伊一人。乃置扈駕之事，奏請先回看視允（胤）禩。觀此關切之意，亦似黨庇允（胤）禩。允（胤）禩醫藥之事即著四阿哥料理。」（《清聖祖實錄》卷二六九，康熙五十五年九月二十三日）

康熙的意思很簡單：好你個老四，老八生病，你連服侍朕的工作都不管了，估計你也是和老八他們一夥的，既然這樣，你就負責好生照顧老八吧。老四收到消息後，心裡很慌，連忙趕回來繼續服侍康熙，並持續找機會表示忠心。

待康熙返京之時，老八養病的地方恰好就在暢春園旁，按照禮制，皇帝的返程路上，病人都要回避。康熙就下令讓皇子們開會討論，看看能不能把老八搬回家歇著。這時老四總算抓住機會，第一個蹦出來主張必須讓老八搬走，其他皇子也隨聲附和，唯獨老九受不了了，他站出來。《清實錄》記載：

（九阿哥）怒云：「八阿哥今如此病重，若移往家中，萬一不測，誰即承當？」（九阿哥）激切攔阻，將欲移允（禩）禩之事奏聞。（《清聖祖實錄》卷二六九，康熙五十五年九月二十五日）

老四你要不要臉？八阿哥病得這麼重，如果貿然將他搬走，萬一發生不測，誰能負責？

這時，康熙趕緊表態：「八阿哥病，極其沉重、不省人事，若欲移回，斷不可推諉朕躬，令其回家。」（《清聖祖實錄》卷二六九，康熙五十五年九月二十五日）

聽說八阿哥病得很重，已經不省人事，你們幾個好歹商量好，要是真準備把老八搬走，出了事，可別把責任推到朕身上！

在老四的帶領下，皇子們還是決定把老八搬走，不能打擾到皇帝返京的心情，所幸老八沒被折磨死，還是活下來了。這一年，老四三十九歲，搬走老八後，他算是正式告別「八爺黨」。但此時，大家還是沒把老四當回事，因為兩年後，老十四受封為「大將軍王」，奪嫡的行情也是一路看漲。

這時，老四終於開始動手，手法真叫穩、準、狠，且是他開始謀求皇位的最重要訊號。前文提過，康熙五十八年，老四以八旗主僕關係的名義，藉口年羹堯的父親年遐齡年事已高，讓遠在四川的年羹堯把十歲以上的年家子侄全部送回京城來照顧年遐齡，相當於扣留一群年家的人質。年氏子弟入京這件事非同小可，很難掩藏，康熙也未阻攔。之後，老四算是穩穩地握住年羹堯，同時間接牽制領兵在外的「大將軍王」老十四。整體的客觀局勢在不知不覺中已經開始倒向老四。

此時老四的競爭對手只剩下老三和老十四。老三的政治團體偏弱小，而老十四只要領兵在外，老四的勝算就非常大。老十四一直到康熙六十一年四月都被康熙派去前線，而此時距離康熙駕崩只剩下不到半年的時間。有觀點認為當時康熙對身體狀況很有自信。可是這一年的康熙已經六十九歲，且從七年前身體就各種毛病不斷出現，一個六十九歲且久病纏身的老人又能對自己的身體狀況自信到哪裡去呢？

這期間，老四在康熙末年所承擔的任務愈來愈重。例如各種祭祖、祭天的活動都是由老四出面，其中最典型的就是康熙六十年的大慶，康熙派老四前往東北的盛京祭拜努爾哈赤和皇太極，以及愛新覺羅的列祖列宗。除了委以重任之外，康熙晚年和老四之間父子關係也甚是融洽。前文提過，康熙晚年愛去兒子們家中吃飯，去最多的是老三家，其次就是老四家，光是康熙六十一年，就去過老四家三次。這一年裡，康熙第一次見到弘曆。沒錯，真實的歷史不是電視劇中所演繹的他們祖孫早就認識。

以康熙晚年間老四的發展趨勢和個人能力而言，他的奪嫡形勢極具優勢，最後的確繼位，看上去似乎一切順利、合情合理。可是為什麼對於雍正繼位的合法性充斥著各式各樣的流言蜚語呢？

三、奪嫡之夜的謎團

康熙六十一年十一月初七這一天，康熙身體欠安，「戊子。上不豫，自南苑回駐暢春園。」（《清聖祖實錄》卷三〇〇，康熙六十一年十一月初七日）兩天後的十一月初九，康熙表示身體狀況無法參與冬至日的南郊祭天，仍然安排老四代替他前往，老四當天便前往齋所進行齋戒。十一月十三日這天，康熙突然病情加重，便迅速派人到南郊召老四趕回暢春園。老四返回途中，康熙又急召老三、老七、老八、老九、老十、老十二、老十三七位皇子和九門提督隆科多趕往暢春園。後世學者的質疑之處就在於——為什麼要召隆科多？按官員排位，上有六部尚書、領侍衛內大臣，怎麼看都輪不到隆科多。可是從康熙的角度而言，自從二廢太子後，隆科多身為康熙的小舅子，始終扮演著康熙手下頭號情報頭子的角色，十多年來忠誠無二，且手裡握著京城步軍五個營共二萬兵馬，他若不到場，肯定要出大亂子。

按雍正《大義覺迷錄》的說法，七位皇子和隆科多相繼趕到暢春園後，康熙用口諭將大位傳給老四胤禛。老四抵達後，康熙只和老四聊了聊自己的病情。等到康熙真正駕崩後，老四痛哭流涕之時，才由隆科多向老四宣布繼位的消息。聽到消息後的老四先是大為驚訝，緊接著又是號啕痛哭。最後是老三率先向雍正磕頭行大禮，其他皇子遂紛紛跪下行禮。用雍正的話說就是：「伊等若非親承皇考付朕鴻基之遺詔，安肯帖無一語，俯首臣伏於朕之前乎？」[79]如果不是我爹留有口諭，以老八、老九的為人，他們會這麼聽話？

很多人質疑過這個說法，因為雍正後來提到兩件新鮮事：老九曾暴跳如雷地怒視老四，老三與老八曾在院中低頭密語。但這兩件事似乎構不成大衝突，老九雖然暴躁，卻沒有什麼實際行動，僅出於一種無能的狂怒而不敬，可能是老九覺得自己沒實力對抗老四，也可能是康熙的金口玉言在前，他無法更改。而老八和老三這兩個失敗者儘管有思考、有密語，但仍舊沒有反抗，默認現狀。如今，人們對雍正繼位最大的質疑之處則在於——當天夜裡只有口諭，沒有康熙親筆寫的遺詔。今天看到的遺詔是康熙死後由隆科多代寫。根據滿文《上諭檔冊》[80]的記載：十一月十四日，諸阿哥等奏：恭閱尚書隆科多撰書「遺詔」。

且遺詔直到十一月十六日才正式公布，很多人懷疑原有的詔書被隆科多毀掉，甚至連康熙傳有口諭這件事都是雍正瞎編的，所有的一切都是康熙昏迷時由隆科多挾兵代為傳達。但雍正元年時，老四曾提過：「聖祖仁皇帝……倉猝之間一言而定大計。」81

這個說法當時沒有人反對，且當時的政治形勢比較混亂，老四敢於公開表態，康熙的口諭很可能是存在的。

只不過歷史上又有幾份遺詔是皇帝生前自己寫的呢？關鍵在於隆科多代寫的遺詔究竟是不是代表康熙的個人意志？但這無法論證。如果沒有強有力的證據能證明這份遺詔違背康熙的意志，我們就必須承認它是有效的。連當年的老八、老九都沒能找到強而有力的證據推翻雍正，幾百年後的我們若非說雍正繼位有問題，其實挺不講道理的。畢竟以老九展現出的品格，哪怕雍正繼位有一絲問題，他都可以製造出一萬種政治謠言。

除此之外，「暢春園事變」還有個關鍵人物就是隆科多，他在當晚到底扮演什麼角色呢？

首先，他動兵了嗎？一定動了。義大利傳教士馬國賢（Matteo Ripa）在當天夜裡回憶說：「我吃驚地看到數不清的騎兵，相互之間誰也不說話，駕著馬瘋狂地往四面八方去。」82 而在此之後，隆科多的確封鎖京城整整六天。事後看，這些都是對老四極其有利的做法，而唯一的疑問是，隆科多這麼做，究竟是提前和老四串通好，還是遵從康熙的意志而為之？高機率是後者，原因有三：

第一，隆科多後來被整倒前曾發過一句牢騷：「白帝城受命之日，即是死期已至之時。」表面上看是將雍正比作阿斗，實際上也證明隆科多當時的確受命於康熙，而不是夥同雍正搞陰謀。

第二，隆科多和年羹堯鬧矛盾時，雍正從中調和說過：「舅舅隆科多此人，朕與爾先前不但不深知他，真正大錯了！此人真聖祖皇考忠臣，朕之功臣，國家良臣，真正當代第一超群拔類之稀有大臣也！」[83]這話雖然肉麻了些，但某種程度上也體現老四最初應該和隆科多沒有多少交集。

第三，老二胤礽二次被廢本質上是因為他和前九門提督托合齊相互勾結，逆了康熙的龍鱗，老二被廢，托合齊死後被挫骨揚灰，面對如此前車之鑑，站在老四和隆科多各自的立場上，其實沒有勾結的必要。尤其是隆科多，他最佳的選擇就是康熙選誰，他就保誰。

而隆科多在雍正朝初年獲得超高待遇，或許只是因為他在康熙駕崩那一夜的出色表現——堅定地站定老四，而非其他人。至於後來隆科多被整倒，有人說是雍正想殺人滅口以保守祕密，可是「殺人滅口」哪裡會安排三堂會審呢？隆科多和雍正倘若真有勾結，要滅的口可太多了。

不管是後來公開審理年羹堯、隆科多，還是「曾靜案」爆發後親自下場撰寫《大義覺迷錄》傳告天下，老四胤禛都在證明一件事——他自認為從出生到四十五歲承繼大統，都問心無愧，敢於面對一切質疑。

康熙六十一年，康熙帝駕崩，四阿哥胤禛繼位，第二年改年號為「雍正」。胤禛，是為雍正皇帝，也是「九子奪嫡」的最終勝利者。

四、自信無愧的皇帝

老四這一輩子最辛苦的不是奪嫡那些年，而是執政的十三年。這十三年可以說是困難重重，他要過的第一關就是處理好那些奪嫡路上曾經的對手。

首先是三個哥哥。老大肯定是永遠的「黑戶」，絕對不能釋放；老二畢竟曾做了多年太子，不願意讓老二對如今的自己行跪拜之禮，免得兄弟倆都尷尬，只是對老二照顧有加，卻沒見過面，老二死在雍正二年冬天，雍正冒雪祭奠這位前朝太子；老三比較慘，可能是和老十三結怨，早早遭到雍正打擊，遠離政治中心。

至於「八爺黨」這邊，四個弟弟似乎都不太好相處。老八被加封為親王並委以重任，但人家不領情，他老婆更說不知道老八這個親王能當幾天；老九則是從雍正登基的第一天夜裡就在對抗，被扔到西北後還四處散布政治謠言；老十臨時被外派去送蒙古活佛的遺體，剛到張家口就賴著不動，抗旨不遵；老十四一回京城就大鬧康熙喪禮，四處挑撥。可以說，雍正初年，「八爺黨」集體處於對抗、不合作的狀態。

數來數去，只有老十三配合老四的工作。很多人開玩笑說雍正只有一個弟弟，就是老十三。其實這話說得沒錯，其他人誰又像是弟弟呢？不難想像，雍正繼位之初的政治形勢異常艱難，最終救了雍正的，還是他口中的那位大恩人——年羹堯。雍正二年，年羹堯蕩平青海，速度之快、效率之高令人震驚。至此，皇權徹底穩固，雍正開始著手整治「八爺黨」。僅兩年時間就將「八爺黨」徹底推平，四個弟弟先後被圈禁。老八、老九在圈禁當年就去世。

可是顧此失彼，年羹堯和隆科多這兩位寵臣又相繼膨脹，搞出雍正朝官場中的「年選」和「隆選」，二人結黨營私、貪汙腐敗，統統被雍正打倒。很多人藉此說雍正喜怒無常，對寵臣、功臣刻薄寡恩。可是雍正的寵臣太多了，張廷玉、田文鏡、李衛，哪一個不是在雍正朝平步青雲、恩賞有加呢？說到底，打鐵還需自身硬。年羹堯和隆科多的結局慘澹，更大層面上是自己造成的，任誰當皇帝都容不下兩個如此巨大的隱患。

完成政治鬥爭後，雍正還要拿出更多精力推行改革。可是雍正當皇帝又是怎樣的呢？簡單來說就是四個字——「自信無愧」。雍正曾說過：「朕返躬內省，雖不敢媲美三代以上聖君哲後，若漢、唐、宋、明之主，實對之不慚。」[84]若是只從守成之君的角度而言，雍正這番話相當有自信。回顧雍正執政的十三年，可以說他才是清王朝國家運行系統的實際設計者。

於行政而言，雍正設立軍機處，又一次加強皇權對官員的控制。

於經濟而言，雍正施行「攤丁入畝」、「火耗歸公」、「官紳一體當差，一體納糧」三大政策。其中，「攤丁入畝」消滅徭役，更被梁啟超評價是真正在中國消滅奴隸制度；「火耗歸公」極大地補充中央財政；「官紳一體當差，一體納糧」在確保財政收入的同時，也在一定程度上緩和階級矛盾。

於社會而言，雍正停止戶口編審，增強人口的流動性；廢除「賤籍」，既改變許多底層人民的屈辱狀態，同時又打擊士紳，從而維護社會秩序的穩定。

於國家而言，雍正開海禁，推動清朝與海外的交流；平定青藏和新疆的內亂，鞏固國家的統一；推行「改土歸流」則加強中央政府對西南地區的有效控制。

於吏治而言，雍正實行密摺制度、追繳欠款、打擊貪腐、推行「養廉銀」。一邊高壓反腐，一邊提高官員待遇，雙管齊下，使貪官不敢腐、清官不用腐。可以說，從雍正朝一直到乾隆朝初期，清朝的官場都處於風氣相對清明的狀態。

這一系列的措施不但繁雜，而且都具有開創性意義。我們很難想像這是一代君主僅用十三年時間就完成的。即使人們對雍正的繼位有非議，攻擊他的私人品德，但對他業務政績的評價仍然是高度一致。正如孟森先生所說：「自古勤政之君，未有及世宗者……至其英明勤奮，實為人所難及。」[85]

最終，雍正十三年，雍正皇帝駕崩，終年五十八歲。「九子奪嫡」的故事在此告一段落。

其餘皇子：奪嫡局外的人生（一）

九子之外，我們再看一看那些沒有參與奪嫡的兄弟。「九子奪嫡」最小的是老十四，前十四個阿哥中，未參與奪嫡的那五個人在做什麼呢？

首先要排除老六胤祚和老十一胤禌，這兩位都短命。老六，六歲夭折；老十一，只活到十二歲，沒能堅持到奪嫡鬥爭的到來。值得一提的是老六胤祚的母親烏雅氏，她也是老四和老十四的母親。有學者認為正是因為老六早早夭折，才讓承受喪子之痛的烏雅氏對小兒子老十四過於偏心，並間接導致老四和老十四之間長久地存在矛盾。這也算是一種蝴蝶效應。

剩下的三位，就是老五、老七、老十二。

一、老五胤祺：奶奶帶大的厚道親王

皇五子胤祺生於康熙十八年，母親是深受康熙寵愛的宜嬪郭絡羅氏（後晉為宜妃），她也是老九胤禟的生母。不過，老五和老九雖然是一母同胞，品行卻天差地別。比起奸詐的老九，老五愚鈍、單純多了。

可能有人會疑問：「九子奪嫡」的背景下，身處皇宮內院的阿哥，又被包圍在政治漩渦之中，怎麼可能單純呢？

主要是老五的成長環境太特殊，其他阿哥要嘛由親娘養大，要嘛寄養在其他妃子宮中，要嘛在官員府中長大，總之幾乎都由上一代人撫養。但老五是隔代教養，由——奶奶——是康熙朝孝惠太后博爾濟吉特氏帶大。

博爾濟吉特氏是順治第二任皇后，也是康熙的嫡母，還有另一個身分——孝莊太皇太后的侄孫女。這位太后的特點是文化水準有限，但政治背景過硬。她沒有孩子，比較孤獨，和康熙一番商量過後，老五就被送到這裡來撫養了。這位太后在老五的生活方面疼愛得不得了，也將老五保護得非常好，但非常不重視老五的學習，還經常產生反效果。

老五六歲開始上學，因自幼說滿語，學起漢文來特別痛苦，怎麼都背不起來。孝惠太后卻說：「寶貝孫子啊，學不下去就不學了，有奶奶在，你去哪裡都吃不了虧。」老五還真就不學漢文了，也沒人敢管，畢竟連康熙都不敢管，其他人著急也是瞎操心。

老五九歲時，迎來一次大型「社死」現場。

故事發生在康熙二十六年（一六八七年）六月，《康熙起居注》的記載著實有趣。當時的情況是，從同年六月初二開始，康熙就對大臣炫耀說，他在教育子女方面多麼嚴格和認真，連著吹噓七、八天。六月初十，康熙領著一堆大臣去檢查皇子們的功課。當日現場一共有七位皇子：老大、老二、老三、老四、老五、老七、老八。康熙隨手拿起十幾本經書往書桌上一扔，對為首的大臣說：「汝可信手拈出，令諸皇子誦讀。」[86]

你隨便挑，這十幾本書，朕的兒子們保證每個字都認識。老三、老四、老七、老八逐個過來朗讀課文，抑揚頓挫，讀得特別好。不要以為只是朗讀，不是背誦，就很簡單。當時的老八才七歲，能把十幾本儒家經典讀出來，實屬不易。

這幾個是歲數小的，年紀大的水準更高了。老二胤礽身為太子，這些書別說讀了，現場背都沒問題。老大胤禔不管他長大之後如何，最起碼小時候展現出的智力還是相當不錯。

又命皇長子講「格物致知」一節……皆逐字疏解，又能融貫大義。[87]

他現場就給大家講了一段儒學的「格物致知」，講得有板有眼。周圍的大臣在鼓掌的同時，也把目光全望向始終一言不發的老五：五阿哥您不露一手嗎？只見老五支支吾吾，不敢大聲說話。康熙一臉尷尬，只好說：「皇五子向在皇太后宮中育養，皇太后愛之不令其讀漢書，止令其習清書。今漢書雖未曾讀，已能通曉清書矣。」[88]

康熙只好讓老五朗誦一篇滿文課文，大臣們勉強聽著，氣氛尷尬地收場。

總體來說，老五是輸在教育起跑線上的皇子，從童年起就告別奪嫡這件事了。不過，有孝惠太后的庇護，老五的生活還是很舒適，康熙封爵時從沒把老五落下。康熙三十七年，年僅二十歲的老五就受封成為貝勒。

假如硬要找出老五的精彩時刻，還得數康熙四十七年「廢太子事件」中的「跪抱勸父」。

當時，康熙懷疑老八與老大結黨，想謀害廢太子胤礽，決定當著眾皇子公布老八的罪行，抓捕老八。但下令抓捕時，老九和老十四突然躥出來當眾頂撞康熙，還賭咒發誓，現場提出挑戰。徹底激怒本就心緒不寧的康熙，老皇帝氣得十分失態，拔出佩刀，當場要活劈老十四。一時間所有的皇子和大臣誰見過這種陣仗啊？全都傻住不敢動。史書記載：「上震怒，出所佩刀欲誅允（胤）禵。皇五子允（胤）祺，跪抱勸止，諸皇子叩首懇求，上怒少解。」（《清聖祖實錄》卷二三四，康熙四十七年九月二十九日）

關鍵時刻，老五胤祺一把撲出去，跪下抱著康熙，勸皇阿瑪息怒。別的阿哥這才反應過來，一時間磕頭如搗蒜，一場鬧劇才算是了結。為什麼偏偏是老五第一個衝出去呢？可能有兩方面原因，一方面是老五天性善良，正如康熙所評價的那樣：心性甚善，為人淳厚。（《清聖祖實錄》卷二三五，康熙四十七年十一月十六日）

另一方面在於老五長期和孝惠太后一起生活，身上的滿人氣息更重一些，對漢人禮法的認識不深，可能他那一瞬間沒有覺得撲出去攔住他老爹有什麼逾越禮制的地方。顧慮少，動作就快。

從事後看，康熙還是很欣賞老五的品性和做法。隔年，老五胤祺就被晉升為恆親王。當年一共只有三位親王，另兩位是老三誠親王胤祉和老四雍親王胤禛。但這證明老五可以和老三、老四一起參與奪嫡之爭了嗎？不能，因為老五的確能力不行。康熙五十六年，七十七歲高齡的孝惠太后壽終正寢。當時，老五胤祺想主持奶奶的喪禮：臣自幼蒙皇太后祖母養育，皇父聖體違和，一應事務臣可料理。（《清聖祖實錄》卷二七六，康熙五十六年十二月初五日）

不過康熙當場就拒絕了，並表示朕要親自主持。但最後實際是誰主持喪禮呢？是老十二胤祹。可見，哪怕是老五最該承擔的任務上，康熙對他都缺乏信心。老五沒有參與奪嫡主要還是從童年起學習就不刻苦，長大後的能力水準自然達不到要求了。

不過正因如此，老五安安穩穩地帶著親王爵位活了一輩子，在雍正十年因病去世，終年五十四歲。

這就是老五，一輩子糊裡糊塗、平平庸庸，但的確沒少享福。

二、老七胤祐：意外跛腳的「文藝宅男」

老七胤祐生於康熙十九年，之所以沒參與奪嫡，原因應該有二。一是性格上，老七為人相對柔和、謹慎，不願意捲入政治鬥爭。可以看一下康熙對老七的評價：心好，舉止藹然可親。（《清聖祖實錄》卷二三五，康熙四十七年十一月十六日）

雍正正式登基之後，也說老七：「安分守己，敬順小心。」（《清世宗實錄》卷六，雍正元年四月十四日）

透過兩代君主的評價可以看出，從性格上而言，老七就不是個會爭名奪利的人。

二是身體上，老七的身體應該有殘疾。但具體是什麼時候有，哪個身體部位，目前沒有定論。有的說法是康熙三十五年，老七隨父親出征噶爾丹時，腿部受傷導致瘸了，但此說法的具體文獻記載尚不清晰，只不過老七有殘疾這事應當屬實。康熙的喪禮結束時，雍正曾表揚老七，說：「於皇考大事，一應典禮，不顧殘廢，黽勉曲盡，殊屬可嘉。」（《清世宗實錄》卷六，雍正元年四月十四日）

受性格和身體的影響，老七有意遠離奪嫡紛爭，安心做起太平皇子，對誰都笑呵呵，沒事就伺候康熙。每次封爵時，他都能憑著歲數按部就班地獲封，從沒落下過。康熙三十七年封貝勒，康熙四十八年封郡王，到了雍正元年，又被封為親王。

老七更多時候還是一心在家裡，一共娶了七個老婆，生了十七個孩子。最大的業餘愛好就是在家練練書法，修身養性。值得一提的是，在幾個兄弟中，老七的書法水準應該僅次於老三胤祉。

雍正登基後，需要給康熙的陵寢寫碑匾，得找個字寫得好的人來負責。到底誰的字好呢？雍正辦了個書法比賽，讓大臣評選，誰的字好就用誰的。雍正率先推薦，「誠親王、淳親王，素工書法。朕已令其恭寫」。朕的兄弟裡，就數三哥和七弟的字寫得最好，我已經讓他們寫好了。此外，「翰林中善書者，亦令其恭寫」。翰林院中擅長書法的官員們，朕也讓他們各自寫了一份。但雍正還是圖窮匕見，說：「朕早蒙皇考庭訓，仿學御書，常荷嘉獎。」朕小時候也練過書法，仿寫過我爸的字，他經常誇我寫得不錯。接著又說：「今景陵碑匾，朕亦敬謹書寫。非欲自耀己長，但以大禮所在，不親寫，於心不安。爾諸臣可公同細看，不必定用朕書，須擇書法極好者用之，方愜朕心。」你們這些大臣不一定要選朕的作品，一定要選出寫得最好的來用，這樣朕才能安心滿意啊。大臣們聽完瞬間達成共識，齊聲回奏，皇上您這幅字簡直「御筆之妙，天矩自然。而仁孝誠敬之意，流溢於楮墨之間，正與陵寢大事相稱。聖祖仁皇帝在天之靈，實為欣慰」。結果雍正喜獲本屆書法比賽第一名。而老七的書法能入圍，可見他的水準一定相當不錯。（見《清世宗實錄》卷一〇，雍正元年八月初十日）

老七和老五一樣，安安穩穩地戴著親王帽子，做一輩子太平王爺。說起來，縱使不去奪嫡，若真能像老七這樣過一輩子，也不能算是可惜。但把常人放到老七的那個位置上，誰又能保證可以忍得住誘惑不去奪嫡呢？即便忍得住，以常人的水準能保證自己能在政治浪濤中像老七一樣，一點錯都不犯嗎？說實話，這太難了。就像老十二胤裪倒是能忍住不去奪嫡，但禍從天上來時，真是躲也躲不開。

三、老十二胤祹：專業能力過硬的喪葬大師

老十二生於康熙二十四年（一六八五年）。

他沒參與奪嫡，一方面是出生得晚，康熙三十五年西征噶爾丹和康熙三十七年大封皇子，他都因為年紀小沒趕上；另一方面，他的能力不像老十三那麼強，性格也沒有老十四那麼勇猛，就不太容易迅速出頭。老十二有什麼特長嗎？還真有。老十二熱衷於研究宮廷禮儀，尤其擅長主持喪禮。

前面提過，皇太后博爾濟吉特氏的喪禮就是由老十二主持。當時，康熙傷心欲絕，自己主持不了，就安排老十二在喪禮期間署理內務府總管事，全權負責皇太后的國葬。不出所料，喪禮搞得很隆重，效果很好，老十二得到康熙的高度肯定。後來康熙的嫂子（福全的媳婦）過世，也是由老十二主持喪禮。康熙朝晚期一些禮儀性活動都經常安排給老十二操刀。只不過這些都是康熙五十六年之後的事，相當於奪嫡大戲即將上演大結局，老十二才剛冒頭。那時他的爵位只是貝子，想奪嫡也沒戲唱，唯一能發光發熱的只剩主持喪禮。康熙六十一年十一月，康熙去世，喪禮也是由老十二主持。因為主持得不錯，被雍正晉升為郡王。

但好景不長，老十二是康熙六十一年十二月十一日晉升郡王，沒過幾天雍正就下令追查中央和各地方府庫的財政，要求歷任長官補齊在位期間所產生的各項虧空。這一查就查到老十二的腦袋上，康熙五十七年，他主持皇太后的國葬期間，內務府虧錢了。

當初也是按康熙的要求操作，要把皇太后的國葬辦得隆重，難免有虧空；即便有了虧空，在康熙朝算不上什麼大問題。可是問題在如今的政治環境變了，追繳虧空是雍正登基以來要做的第一件大

事，如果輪到自己的兄弟就放一馬，下面的錢就不好追了，雍正不能執法不公。於是，雍正勒令即便你是朕的兄弟，也必須得把錢還上！

可是老十二在康熙朝的爵位只是貝子，俸祿少得很，窮得還不出錢。於是，他做了件特別出格的事。

> 允裪在聖祖皇帝時管內務府事務，虧空錢糧，私用官物，責令賠補，乃將器用小物鋪列大街出賣，以示窮促。[89]

他硬是把自己家裡的東西都搬到大街上擺攤叫賣，電視劇《雍正王朝》裡老十擺攤的劇情挪用自老十二的故事。這件事表面上看丟的是老十二的臉，實際上打的是雍正的臉——允裪如此行事顯得雍正極為刻薄，竟逼著親兄弟變賣家業。

氣得雍正先把老十二從郡王又降回貝子，還無法消氣，過了幾個月，又找碴把老十二從貝子降成鎮國公。不過，老十二允裪最大的優點就是心理素質好，被打擊也不往心裡去，日子該怎麼過就怎麼過，在家安心歇著。直到雍正八年，老十三的喪禮期間，老十二才恢復郡王的爵位。史書沒有說明原因，但很可能是他這位治喪委員會的資深常務委員長又發光發熱了。隔年，老十二還主持雍正的孝敬憲皇后烏喇那拉氏的喪禮。甚至雍正的喪禮也是由老十二主持，且主持效果良好，他因此被乾隆晉升為親王。

老十二送走「九子奪嫡」的所有參賽選手後，一直活到乾隆二十八年（一七六三年），才以七十九歲高齡過世。他是康熙所有皇子中離世時歲數最大的一個，可算是一種別樣的勝利吧。

以上便是前五位沒有參與奪嫡的皇子了。再後面的老十五、老十六、老十七等人，實在出生得太晚了，別說康熙三十七年首次大封皇子了，就連康熙四十八年二次大封皇子，他們都沒趕上。明顯的年齡差距，面對那些「和藹可親」的哥哥，這些當弟弟的更不可能去參與奪嫡了。

其餘皇子：奪嫡局外的人生（二）

讓我們來說一說老十五、老十六和老十七，雖說這三位是奪嫡之外的吃瓜人員，但他們之中有個隱形的「四爺黨」和一個疑似「八爺黨」。

一、老十五胤禑：庸碌無為的「小透明」

老十五胤禑出生於康熙三十二年，全程沒有參與奪嫡。

首先在年齡上，他和哥哥們出現斷層。別看他排行十五，但和奪嫡中年紀最小的老十四就差了五歲，比老大胤禔更是小了二十一歲。這種年齡上的差距先天就決定他不可能參與奪嫡。更重要的原因在於，老十五的母親是漢人王氏，王氏的父親是蘇州的普通知縣，沒什麼背景。（「密嬪王氏，知縣王國正女。」[90]）目前，學者普遍推測王氏應是在康熙二十八年（一六八九年）皇帝南巡時被康熙看上，並帶回宮中。用一句話來形容王氏，就是姿色好、地位低。

為什麼說王氏姿色好呢？因為她是第一個被康熙從宮外帶回宮中的漢家女子。同時，王氏僅用八年，就接連生下老十五、老十六和老十八三位皇子。可見康熙一定非常寵愛王氏，除了姿色的優勢，我們想像不到其他原因。王氏地位低就更明顯了，一般來說，旗人出身的妃子哪怕只生了一位皇子，就可以給封號，例如烏雅氏剛生完老四，隔年就被封為德嬪。但漢人出身的王氏連續生了三位皇子，拖了十七年，才被補封為密嬪。那時，重滿輕漢的思想還是很嚴重。

王氏的三個兒子，老十五、老十六和老十八，從年紀和出身方面考慮，都不可能參與奪嫡。尤其是老十五，不但先天不具備優勢，後天的能力也很平庸，一輩子承擔過最重要的任務，就是在康熙駕崩後給他守陵。而且他的身體很弱，年僅三十九歲就因病去世。以至於老十五堂堂一位皇子，在《清史稿》的生平記述只有短短五十字。

愉恪郡王允禑，聖祖第十五子。康熙三十九年，從幸塞外。自是輒從。雍正四年，封貝勒。命守景陵。八年，封愉郡王。九年二月，薨，予謚。（《清史稿．列傳七．愉恪郡王允禑》）

他是特別沒有存在感的一個人。

二、老十六胤祿：能文能武的通透王爺

與老十五不同，他一母同胞的親弟弟老十六胤祿，憑藉著個人能力刷滿了存在感。

母親王氏的漢人身分，老十六一開始就沒想著奪嫡，把熱情全都投入學習中，而且學的是很講究天分的學科，例如數學和音樂。《清史稿．列傳六．莊恪親王允祿》記載：「允祿精數學，通樂律。」

水準如何呢？數學方面，老十六編輯過清朝的數學名著《數理精蘊》[91]，因為有外國傳教士的參

與幫助，這本書還涉及當時大量的西方幾何學和代數的內容。

音樂方面，文藝青年老十六不但精通中國樂理，還向義大利傳教士德理格（Teodorico Pedrini）學習過西方樂理。按德理格的說法是：「至於律呂一學，大皇帝猶徹其根源，命臣德理格在……皇十六子殿下前，每日講究其精微。」[92]

不過，老十六最強的其實是武藝，諸多皇子中，他的戰鬥力應該是出類拔萃。有個聽起來特別傳奇的故事，康熙五十五年冬天，康熙帶著老十六等若干皇子外出圍獵。按相關記載是：「十二月初四日上至喀爾沁吉魯克處行圍，遇虎。命（胤祿）提槍刺之，正中虎胃，虎被刺，憤噬槍柄而斃。」[93]

近身戰，單槍殺虎。僅就此次戰績而言，老十六應該是雍正這些兄弟中最能打的，沒有之一。這樣通數學、曉音樂，還武藝高強的老十六，卻很可能是康熙朝晚年間潛在「四爺黨」。證據有三：第一，康熙駕崩的當天夜裡，雍正除了安排老十三和隆科多一起負責城內的安保工作，還特別讓老十六負責宮廷的守備工作。

十六阿哥允祿……肅護宮禁。（《清世宗實錄》卷一，康熙六十一年十一月十三日）

應該說，能做這種安排，雍正對老十六可不是一般地信任了。

第二，康熙駕崩僅兩天後，雍正就命老十六署理內務府總管，全面負責皇家的各種事務。

第三，雍正授老十六莊親王爵，這件事甚至在雍正朝當年飽受非議。雍正元年正月十一日，和碩莊親王博果鐸[94]去世。「莊親王」就是赫赫有名的清朝開國八大鐵帽子王爵[95]之一，世襲罔替，數清朝最厲害、最硬氣的爵位。可是博果鐸沒有兒子，他死後，莊親王爵後繼無人。需要雍正敲定到底由誰來繼承這頂鐵帽子，當時所有人都覺得應該給博果鐸親弟弟的兒子，就是他的親侄子愛新覺羅・福蒼，因為他倆的血緣關係最近。雍正卻力排眾議，把這頂鐵帽子給了老十六。

朝野大亂，按血緣遠近來看，如果老十六可以繼承，小半個愛新覺羅家族的人都可以，更不用說老十六的母親王氏還是漢人，怎麼能成為滿洲的鐵帽子王呢？皇族內頓時議論紛紛。雍正受不了輿論壓力，出來闢謠道：「外間匪類，捏造流言，妄生議論，謂朕鍾愛十六阿哥，令其承襲莊親王王爵，承受其家產。朕為君上，多封諸弟數人為親王，何所不可，而必借承襲莊親王，以加厚於十六阿哥乎？」（《清世宗實錄》卷四，雍正元年二月初十日）

雍正的意思是，他是皇上，完全可以直接給弟弟們封親王，沒必要去搶莊親王這頂鐵帽子，更沒必要對老十六偏心。

雍正的解釋實在太淺薄了，一般親王和鐵帽子親王完全不在一個等級；而且在雍正朝從什麼爵位都沒有的平頭阿哥直接加封成親王，一共兩個人，一個是老十三允祥，封了怡親王，另一個是老十六允祿，承襲莊親王。

基於以上種種跡象，大膽的猜測是老十六極有可能在康熙朝晚期就已經暗地裡加入老四的奪嫡集團。體現在老四登基後，他和老十三、老十六之間的分工特別明確。老四雍正是皇上，抓全盤，設計改革方案；老十三出任總理事務大臣，負責解決朝堂的外部業務；老十六則是先後接手內務府和宗人府，負責解決皇族的內部事務。

這一套安排下來，要說他們三人此前沒有暗通默契，讓人難以相信。只能說，老四對自己的政治班底控制，比老八好太多了。像是老九和老十四，二人就差把「八爺黨」三個字刻在腦袋上。但老四這邊卻一直風平浪靜，沒有任何明顯的波瀾。

而三兄弟的配合在雍正八年五月初四，因老十三去世而終止。當時雍正傷心過度，一病不起，就由老十六允祿出面主持十三哥的喪禮。八天後，老十六突然上奏，彈劾老三誠親王允祉：「臣等奉命辦理怡親王喪事，所見齊集人員無不銜哀垂泣。獨誠親王允祉，當皇上親臨回宮之後，遲久始至；迨宣讀皇上諭旨之時，眾皆嗚咽悲悌，而誠親王早已回家；且每日於舉哀之時，全無傷悼之情，視同隔膜。請交與該衙門，嚴加議處。」（《清世宗實錄》卷九四，雍正八年五月十二日）

「該衙門」是哪個衙門？不就是老十六主管的宗人府嗎？憤怒的雍正即刻下旨，讓老十六召集宗人府各級王公及官員，議定老三的種種罪行。這個時間點上，老十六忙著給老三定罪，喪禮缺人手，雍正臨時找老十二允祹過來幫忙，且因為差事幹得不錯，老十二在當月月底被恢復郡王爵位。

老十六給老三定罪，這事仔細一想還是挺難的。罪定輕了，雍正心裡肯定不解恨；罪定重了，雍正好面子，怕別人說他刻薄。該怎麼辦呢？老十六來了一手絕招。

按說事件的導火線，無非老三違反喪禮規制，但老十六硬是花樣羅織罪名，扣各種大帽子，相當無厘頭。例如：我皇上宵旰勤勞……諭以勤政憂民諸事。而允祉漫不樂聞……此其欺罔不敬之罪一也。（《清世宗實錄》卷九四，雍正八年五月二十四日）

這個罪名說的是，雍正熬夜工作很辛苦，但老三聽聞後沒有主動安慰雍正，屬於欺君和大不敬之罪。老十六就這麼東拉西扯，給老三湊出十條大罪。定完罪，老三該怎麼處理呢？老十六給出的意見是：應將允祉削去和碩親王，革退宗室，即行正法。（《清世宗實錄》卷九四，雍正八年五月二十四日）

好傢伙，他要殺了老三。

可是能殺嗎？萬萬不能。老十六如此給老三定罪的意思實在是太明顯。四哥您看見了嗎？惡人我來當，罵名我來背，剩下的就看您的表演了。雍正看到處理意見後也是「一臉痛苦」，到底是朕的三哥，允祿你不能這樣！雍正批覆道：「朕心有所不忍，姑從寬曲宥。將允祉革去親王，其如何拘禁之處，候朕另降諭旨。」（《清世宗實錄》卷九四，雍正八年五月二十四日）還是要留條性命，把老三革爵、圈禁就行了。

這件事反過來想，老三只是違反喪禮規制，卻被判無期徒刑，革除王爵，圈禁到死，怎麼看都是極為狠辣、嚴酷的處決。可是經老十六先定死罪這麼一番操作後，倒顯得雍正還算是心胸開闊。

老四和老十六兄弟間的配合，果然是有默契。

雍正十三年，雍正駕崩前，他還安排老十六給弘曆當輔政大臣。不過，雍正隱約能猜到兒子是什麼樣的人，他特地留下遺詔，囑咐弘曆：「莊親王心地醇良，和平謹慎，但遇事少有擔當，然必不至於錯誤。」（《清世宗實錄》卷一五九，雍正十三年八月二十三日）朕的十六弟人很好，心地善良，待人溫和且個性謹慎，將來即便出問題，一定只是責任心不足，絕不會有大過錯！

有老爹的遺詔在，乾隆儘管找碴、敲打過老十六幾次，但都沒有給過特別大的處罰。而老十六活得也很通透，早早就向乾隆辭掉輔政大臣的職務，不問政事，研究個人才藝去了。乾隆開心了，老十六也開心了。乾隆七年，老十六先到內務府的「律呂正義館」報到，每天唱歌、編寫樂譜；又過了六年，乾隆十三年，五十四歲的老十六跑去國子監教數學；偶爾技癢時，還會去武舉考試中當個考官，考察後輩人的武藝。

有時乾隆計畫出去遊玩，會安排老十六在京城臨時負責看家，總攬事務。至於為什麼安排他看家呢？原因很簡單，老十六做為不貪慕權力的前輔政大臣，在地位、能力方面都鎮得住場子，性格品行方面也讓乾隆很放心，更何況他還是雍正生前最依賴的人之一，留他看家最合適不過了。自雍正八年老十三死後，老十六不管是在雍正朝還是乾隆朝，政治地位都稱得上「一人之下，萬人之上」。老十六最後優哉游哉地頂著鐵帽子，活到乾隆三十二年（一七六七年），享年七十三歲。之後，鐵帽子王世襲罔替，他的孫子永瑺又成為新一代莊親王。

老十六的一輩子活得歲數長又有品質。年輕時單槍殺虎，可謂青年英雄；人到中年，在雍正朝大權在握，還沒有老十三那麼勞累；晚年在乾隆朝，兩手一攤不問政事，愛玩什麼玩什麼，大家還得敬著他。最關鍵的是，他還賺了一頂鐵帽子，世代承襲。另外，看過前文羨慕老七娶了七個老婆的朋友，請冷靜，老十六一輩子娶了十個老婆，生了十九個孩子，十男九女。什麼叫人生勝利組？老十六大概就是了。

三、老十七胤禮：「氣體清弱」的膽怯弟弟

老十七出生於康熙三十六年，比老四雍正小了十九歲，在康熙朝默默無聞，本來應該是「九子奪嫡」之爭的旁觀者，但他曾經差一點被雍正當成「八爺黨」的一員給清算掉了。

事情的起因有兩個。一是在身分，老十七的老丈人是「八爺黨」的核心人物阿靈阿，在雍正眼裡，老十七就有結黨的重大嫌疑。更重要的是第二點，行為上，老十七有個「西直門夜奔事件」纏身。康熙駕崩當天夜裡，老十七本來在皇宮裡值班，聽聞康熙駕崩的消息後，他連忙趕往暢春園，卻在西直門大

街撞見時任九門提督的隆科多。接下來發生的事非常詭異，老十七聽到老四胤禛繼位的消息後，他的表現是：神色乖張，有類瘋狂。聞其奔回邸第，並未在宮迎駕伺候。[96]

老十七非但沒有去迎接雍正，反而跑回家躲起來。據雍正回憶說：「朕聞之甚為疑訝，是以差往陵上暫住以遠之。」[97]他當時覺得不對勁，想把老十七直接扔到景陵看墳。之所以沒這麼做，是老十三允祥攔了一把，他說老十七「居心端方」[98]，允禮這孩子人不錯，只是年紀小，有點慌神才這樣，四哥千萬別多想。

老四和老十三的關係中，最有意思的一點就是老四對老十三的無條件信任。老十三說老十七沒問題，人不錯，老四非但不懷疑，反而開始不斷加封。雍正元年，老十七先是在四月被加封為郡王，並兼管理藩院；五月，又被任命為右翼前鋒統領；七月初，兼管正黃旗蒙古都統，七月底，代管鑲藍旗漢軍都統；九月，雍正恩賞了一萬兩白銀。隔年五月，老十七又加管鑲紅旗滿洲都統。僅一年多時間，老十七就從差點要去看墳的平頭阿哥，搖身一變成為手握三旗都統兼管理藩院的小王爺。老十三的一句話可以說是徹底改變老十七的人生走向。

雖深受皇恩，手中握有如此多權力，但老十七的身體狀況堪憂。雍正六年，雍正加封老十七為親王時說過：「王微有弱疾。」（《清世宗實錄》卷六六，雍正六年二月初五日）這一年，老十七才三十二歲，而且身體狀況很可能不只「微有弱疾」這麼簡單。證據是老十七只娶過兩個老婆，而生的兩個孩子也早早夭折。此後，老十七沒有再娶，也沒有子嗣，絕後了。如此來看，老十七的身體狀況大概相當嚴重。

老十七是個狂熱的藏傳佛教徒。據畢業於中國人民大學清史研究所的學者那仁朝格圖在〈果親王允禮以及蒙譯伏藏經〉一文中的考證，老十七不但翻譯過大量藏傳佛經，還曾與西藏活佛七世達賴喇嘛噶桑嘉措締結深厚的友誼。兩人的會面應該是在雍正十一年（一七三三年），當時和老十七一起出行的還有一個叫章嘉・若貝多傑的人，他寫的《七世達賴喇嘛傳》中，曾描繪老十七和七世達賴分別時的場景：「親王將此哈達高高舉起……顯出極大敬信和不忍離別之態，流著淚水，一直回視喇嘛，直到看不清身影。」[99]

老十七這樣一個膽子小到在西直門夜奔，身體弱到沒有子嗣，潛心佛法的藏傳佛教徒，他大概做夢也不會想到，多年以後在電視劇中讓他為了愛情給四哥戴了「綠帽子」吧。

《甄嬛傳》中老十七被雍正賜毒酒而死的橋段也是虛構的，歷史上，雍正才是死得更早的那一個，臨終前還對老十七關心有加，囑咐弘曆說：「（允禮）平日氣體清弱、不耐勞瘁。儻遇大事，諸王大臣當體之。勿使傷損其身。」（《清世宗實錄》卷一五九，雍正十三年八月二十三日）

而乾隆繼位後的確對老十七照顧有加，特別恩准他：「或天氣晴暖時，隨便入見。所有應辦事宜，即在邸第辦理。」（《清高宗實錄》卷七，雍正十三年十一月十九日）十七叔，您這個工作，什麼時候天氣好什麼時候來上班，平常居家辦公就行。但老十七的身體實在太弱，即便如此養著，也只撐到乾隆三年就因病去世，年僅四十二歲。

他的喪禮倒挺不錯，由老十二和老十六兩個「專業人士」聯手主持操辦。

其餘皇子：奪嫡局外的人生（三）

接著聊聊雍正剩下的幾位兄弟，就是康熙最後的七位皇子。名單如下：十八子胤祄、十九子胤禝、二十子胤禕、二十一子胤禧、二十二子胤祜、二十三子胤祁、二十四子胤祕。

說起來，康熙在生孩子這件事上的確很有天賦。滿洲入關後，從順治到宣統，十代君主，一共生了八十四個皇子。其中有三十五個都是康熙生的，幾乎占了一半，真不愧是「大清第一巴圖魯」。只不過，康熙這些皇子有十一人不到五歲就夭折，就沒能序齒（只有三歲而逝的十九子胤禝是特例），沒有進入康熙的皇子排行榜中。因此，康熙在冊的皇子，應該是二十四位。

康熙二十四子			
皇長子胤禔	皇次子胤礽	皇三子胤祉	皇四子胤禛
皇五子胤祺	皇六子胤祚	皇七子胤祐	皇八子胤禩
皇九子胤禟	皇十子胤䄉	皇十一子胤禌	皇十二子胤祹
皇十三子胤祥	皇十四子胤禵	皇十五子胤禑	皇十六子胤祿
皇十七子胤禮	皇十八子胤祄	皇十九子胤禝	皇二十子胤禕
皇二十一子胤禧	皇二十二子胤祜	皇二十三子胤祁	皇二十四子胤祕

前面講了其中十七位，圖個圓滿，康熙最後的七位皇子，雍正最後的幾位兄弟，這裡一起全說了。

一、「九子奪嫡」之源

這七位皇子的年紀都太小，完全不可能參與奪嫡之爭。直到康熙駕崩、雍正繼位那一年，這七位皇子中，年紀最大的老十八胤祄若活著也只有二十出頭，年紀最小的老二十四胤祕剛七歲。對四十六歲的老三、四十五歲的老四和四十二歲的老八而言，最後的七位皇子，與其說是弟弟，不如說是兒子輩的人。他們和那些老謀深算的哥哥相比，完全沒有競爭力。

可是沒有競爭力、沒有威脅，這些小皇子就能安心當一輩子富貴王爺嗎？非常難，例如老十八胤祄和老十九胤禝就沒那福氣。他們倆都是先天命好，後天命薄。

說他們先天命好，因為他們的母親都很受康熙寵愛。老十八胤祄的母親王氏是康熙朝第一位自江南入宮的漢家女子。八年時間中，先後為康熙生下老十五、老十六和老十八三位皇子。可見她一定是頻繁受到康熙恩寵。

而老十九胤禝的母親高氏更是有過之而無不及。同樣是沒有任何政治背景的漢家女子，高氏僅用四年時間就為康熙生下皇十九子胤禝、皇十九女（無封號）和皇二十子胤禕，兩男一女，三個孩子。甚至，老十九剛一出生就被安排「序齒」，從而進入康熙的皇子排行中，側面可以看出高氏的受寵程度。

只可惜先天命好，架不住後天命薄。老十八和老十九這兩位小皇子命短，都早早夭折了。老十九胤禨在康熙四十三年夭折，年僅三歲。老十八胤祄呢？沒強到哪裡去，康熙四十七年，年僅八歲就染病去世。值得一提的是，老十八胤祄的死，某種程度上加速康熙朝「九子奪嫡」的發展進程。胤祄是被康熙領著去參加木蘭圍獵時，在塞外染病而逝世。

當時同行的還有太子胤礽，只不過胤礽對小胤祄的病情非常冷漠，一副事不關己的樣子。畢竟兄弟倆差了二十七歲，沒感情也很正常。可是做為父親，康熙對太子胤礽的冷漠非常生氣，狠狠地訓斥了胤礽一頓。之後，太子胤礽的行為變得鬼鬼祟祟，夜間偷窺康熙帳篷，康熙懷疑胤礽要謀逆。康熙在老十八胤祄去世當天，各種情緒交織之下，臨時起意召集群臣，宣布廢除胤礽太子之位的決定。由此出現後來一系列的政治事件，例如老大胤禔的「蠢豬發言」，老九和老十四的「難說逼宮」，還有老八的「滿朝擁戴」，以及老四胤禛的「漁翁得利」。

老十八胤祄雖然沒有直接參與奪嫡，但他的死卻成為康熙四十七年宮廷動盪的最初源頭。

這就是老十八和老十九，兩位早早夭折的皇子。

二、勤奮的哥哥與懶惰的弟弟

再看老二十胤禕。如果說老四胤禛和老十三胤祥是康熙的兒子中最勤奮的，老二十胤禕就是最懶的。

胤禕出生於康熙四十五年，老四繼位時，胤禕十七歲。為人又懶又笨，還不愛學習，在康熙朝，胤禕沒有留下過任何值得稱道的記載。

即便如此，雍正最初對允禕還是非常不錯，二十一歲封貝子，二十五歲封貝勒。能力不行，就白養著，皇家也不差這點俸祿。

不過雍正還是被他惹毛了，因為允禕實在太懶。雍正第一次給允禕交辦任務是在雍正十一年，派他去盛京祭祖。允禕出了京城，剛到通州就說他病了，走不動，要回京。雍正沒辦法，只能讓他回來。隔年，雍正又派他去盛京祭祖，允禕故技重施，這次還沒到通州，連家門口都不想出了。

這下真把雍正給氣到了，想想雍正看重的弟弟都是什麼樣的啊？老十七允禮，身體一直清弱，但雍正需要他時，讓他去西藏就去西藏，讓他去貴州就去貴州，從來不猶豫、推脫；老十三允祥更不用說，臨去世前一年，瘸著腿還要為了帝陵的建造翻山越嶺、勘察地形，雍正在一旁攔都攔不住。好個老二十允禕，三十歲不到，讓你去趟盛京，祭祖磕頭即可，你都稱病懶得去？

雍正公開批評說：「貝勒允禕，人本庸愚，性復懶惰。朕從前加恩特封貝勒，冀其知恩悛改，奮勉向上，以副朕期望之意。豈料伊秉性糊塗，毫不知感。上年派往祭陵，伊行至通州，稱病而回。今年派出，又託病不往，甚屬無知。著革去貝勒，降為公爵，以示儆戒。」（《清世宗實錄》卷一四六，雍正十二年八月十九日）直接把允禕連降三級，從貝勒降成輔國公。

而雍正駕崩，乾隆繼位後更有意思了。乾隆對允禕說：皇叔啊，我爹活著時，派您去陵地祭祖，您就是不去，如今我爹駕崩了，您這個當弟弟的，就直接去給哥哥守陵吧，有病在哪裡養不是養。老二十允禕只得在清西陵默默無聞地看墳看了十八年，最後因病去世，終年五十歲，他的一生在歷史中都毫無存在感。

允禕但凡能勤快一點都不至於落得這個下場。一輩子活個「懶」字，沒享什麼福，史書上也沒留下什麼成績，算是活得糊裡糊塗。哪怕是在皇家裡享福，你想躺平、摸魚，至少得有一技之長。例如老五有奶奶的庇護、老七有一手好字、老十二有主持喪禮的才能。相比之下，老二十允禕什麼才能都沒有還想躺平，就只能落得一塌糊塗了。

三、文藝技能保平安

和老二十比起來，老二十一胤禧的技能庫豐富多了。

胤禧出生於康熙五十年，他的母親陳氏是來自江南的漢族女子，因漢族身分的限制，生了胤禧這個皇子，也沒能在康熙朝得到任何冊封。胤禧從小沒想過能參與政事，就把所有的熱情都投入到習武、射箭、吟詩、作畫上，而且這幾項技藝的水準都很高。

康熙晚年間曾給弘曆找過兩位武術師父，一位是老十六胤祿，教弘曆打槍；另一位就是老二十一胤禧，教弘曆射箭：（聖祖）命學射於貝勒允禧，學火器於莊親王允祿。（《清高宗實錄》卷一，雍正十三年八月）

不僅武藝高強，老二十一在繪畫方面也很卓越。例如，鄭板橋在《繪境軒讀畫記》中評價老二十一的畫作為「本朝宗藩第一」，皇室內無人可比。我們可以看一下老二十一畫的《山靜日長圖》，自行感受。

老二十一的詩文也寫得不錯，例如他寫的〈樵歌〉：不聞人聲，但聞斧聲。寂寂岩響答，丁丁飛鳥驚。得柴換酒，醉歸踏月山歌清。友木石，無哀榮。白雲流水自朝暮，萬山漠漠煙光青。

從某種程度上講，老二十一可以說是當時清朝宗室的藝術門面，有兩個人特別偏愛老二十一，一個是老十三，另一個就是他的徒弟，雍正的四兒子寶親王弘曆。我們可以想像得到老二十一未來的人生會是多麼順利。

《山靜日長圖》

康熙駕崩時，老二十一才十二歲，自然不會被安排什麼職務。等到雍正八年，老二十一二十歲那一年，意外發生了，老十三允祥因病過世。雍正傷心不已，回憶十三弟的遺願時，一下又把老二十一想起來了。喪禮剛結束，雍正就下旨說：「朕之諸幼弟，朕向來不能深知。從前曾據怡親王奏稱二十一阿哥允禧，立志向上，且深知感朕之恩，恭敬之念，出於至誠。朕從前降旨，將伊封為貝子。著晉封貝勒。」（《清世宗實錄》卷九四，雍正八年五月二十八日）

允禧剛被封完貝勒，雍正轉頭又把宗人府、御書處、黏竿處（尚虞備用處）、鑲紅旗滿洲都統等一系列職務都給允禧安排上了。這些職務都屬於平常沒什麼工作，但地位又不低，允禧的政治存在感忽然空前膨脹了。

除了雍正的恩賞之外，允禧也非常會做人。

允禧和弘曆是同一年出生，兩個人的成長軌跡同步，說是叔侄、師徒，其實更像兄弟。允禧可能挺了解這個侄子的愛好，總是能拍馬屁於無形。例如允禧擅長繪畫，經常揮毫潑墨完就去找弘曆說：好侄子啊，叔叔最近又畫了一幅畫，雖說畫得還行，但總覺得還不夠完美，還缺首詩，可是叔叔寫詩的水準一般，要是好侄子能給叔叔這幅畫題一首詩，那就太棒了！

弘曆的反應可想而知，一拍胸脯就一口「沒問題」。弘曆為允禧題的詩作中最有名的就是《山靜日長圖》上的〈題二十一叔父山靜日長小景〉：吾叔乃詩翁，裁句清而好。近復參畫禪，頗得畫中道。……即景繪為圖，筆法特高老。一峰插天青，波面池亭小。……嗟我學畫法，年來曾探討。……

落款是寶親王長春居士（弘曆的雅號），然後再蓋上幾枚印章。

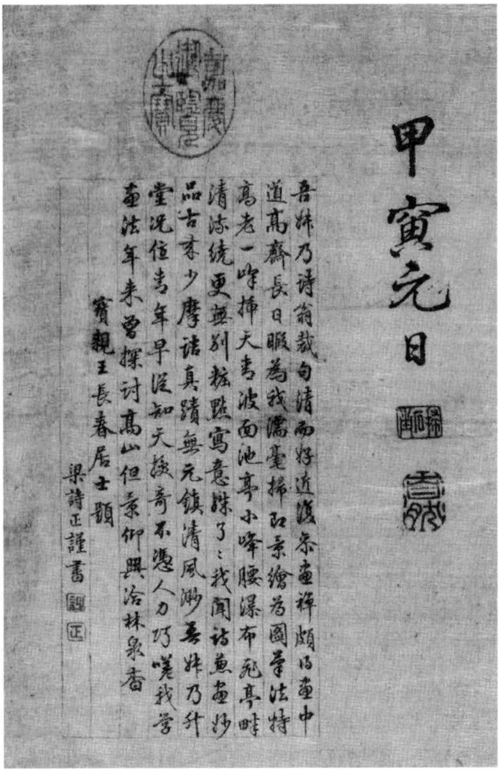

《山靜日長圖》題詩局部

接著允禧就說：這回叔叔的畫可算是完美了，而弘曆更加把這位叔叔引為知己。乾隆剛繼位，就任命允禧為正黃旗漢軍都統，過了沒多久，又下了旨：貝勒允禧，幼好讀書，識見明晰，辦理旗務亦屬妥協，朕意欲封為郡王。（《清高宗實錄》卷五，雍正十三年十月二十五日）並賜封號「多羅慎郡王」。

不過自幼喜好吟詩作畫的允禧，比起「王爺」之類的稱呼，更喜歡給自己起一些雅號，例如允禧曾經收藏一方叫「紫瓊岩」的墨岩（硯山），允禧愛不釋手，就起了個雅號叫「紫瓊道人」。他還四處結交文人雅士，比較有名的是「揚州八怪」之一的鄭板橋，允禧與他的關係非常密切。有趣的是，鄭板橋人生中的第一個入職工作調動，就是允禧出面辦的。

鄭板橋是乾隆元年二甲八十八名的進士，但當時僧多粥少，鄭板橋一直是候補身分，沒能上任。直到乾隆六年，鄭板橋再次到京城跑關係，允禧仰慕他的才華，主動請他吃了頓燒烤大餐，還親自給他割肉。這兩人那時一個是當朝王爺，一個是找不到工作的候補文人，身分可謂雲泥之別。因此，雖然能看得出允禧是真心喜歡自己，但鄭板橋確實非常受寵若驚，事後還感慨說：「紫瓊崖主人極愛板橋……昔太白御手調羹，今板橋親王割肉，後先之際，何多讓焉！[100]」這頓飯過後不久，吏部就下令，讓鄭板橋就任山東范縣縣令。

鄭板橋還問過允禧為什麼對自己這麼好？而允禧的答覆可能鄭板橋都沒想到。允禧說十幾年前他十五歲時，鄭先生曾到京城遊歷，他們見過一面，當時就很仰慕鄭先生，只是年紀小，幫不上什麼忙，如今都是舉手之勞，算不得什麼。之後，允禧還送了一首詩給鄭板橋：二十年前晤鄭公，談諧親見古人風。東郊係馬春蕪綠，西墅彈棋夜炬紅。浮世相看真落落，長途別去太匆匆。忽傳雙鯉垂佳貺，煙水桃花萬里通。[101]

自此，允禧和鄭板橋一直互通書信，引為摯友。允禧以書畫為伴度過了一生。只可惜乾隆二十三年（一七五八年），允禧突然染病去世，年僅四十八歲。而他的喪禮是由老十六允祿辦的。

老二十一有一技之長，再加上和乾隆的關係不錯，一輩子還算有所成就。而皇二十二子允祜和皇二十三子允祁則因相對平庸，人生平淡很多了。老二十二可能還好一點，在雍正朝，二十歲封貝子，二十四歲封貝勒，但終究沒承擔過什麼要緊的事務。等乾隆登基後，沒過幾年，乾隆就直接安排老二十二去清東陵給康熙看墳。意外染病去世時，老二十二允祜才三十四歲。老二十二的喪禮上，帶頭弔孝的是老十二允裪，居中主持的是老十六允祿。這也算他們老哥倆的「專業團隊」聯手送走的最後一位康熙朝阿哥了。

老二十三允祁活得比老二十二還要平庸，在雍正朝別說貝勒，連貝子都沒混上，只封了鎮國公。等到乾隆即位後，老二十三默默無聞，直到老二十二允祜病死後，清東陵沒人管，老二十三允祁才接班繼續看墳，一看就是四十多年。他守陵之初才三十二歲，臨終之時已經七十三歲。允祁病逝於乾隆五十年，是康熙三十五個皇子中最後一個去世的。說來也巧，允祁走的時候剛好在康熙的陵園內，他臨終前會想些什麼呢？大概是感嘆：四十多年了，真沒意思啊。

四、如弟如子

允祁之後還有康熙「序齒」排行中最小的兒子，胤祕。胤祕出生於康熙五十五年，比弘曆還要小五歲，他的童年可以說是悲喜交加。

悲的是，胤祕七歲時父親駕崩，十二歲時母親陳氏去世，孩童時代父母雙亡。因禍得福的是，心疼弟弟的雍正對小允祕照顧有加，把他接到宮中，讓他和弘曆、弘晝一起讀書上學。他們三人始終形影不離，關係特別好，雍正相當於直接把允祕當兒子養了。典型的例子是，雍正十一年，雍正把允祕、弘曆、弘晝三個人肩並肩一起封為親王。雍正的原話是：「朕幼弟允祕，秉心忠厚，賦性和平。素為皇考之所鍾愛。數年以來，在宮中讀書，學識亦漸增長。朕心嘉悅，著封親王。皇四子弘曆、皇五子弘晝，年歲俱已二十外，亦著封為親王。」（《清世宗實錄》卷一二七，雍正十一年正月初九日）

縱使他們沒有功勞，但朕就是喜歡自己的弟弟和兒子，所以封了三個親王。

等乾隆一繼位，更是給弘晝和允祕兩人修親王府，賞錢、賞護衛。而弘晝和允祕都明白乾隆是什麼人，於是他們每天晃裡晃蕩，一副不問政事的樣子。乾隆看著雖然心裡滿意，但皇家的體面也要顧及，就勸允祕說：「小皇叔，您能不能也看看書，好好學習學習？」允祕就說：「我不學，我也學不會。」乾隆一看，這不行，就下了旨：親王自幼蒙皇考慈愛，令在宮中與朕兄弟同學讀書。乃王性耽安逸，不知黽勉向學。以副皇考期望之意。屢煩聖心，降旨訓飭。而王仍未悛改，皆朕所親見者。今朕仰體皇考愛弟之心，何忍恝視？著選派翰林官二員，為王師傅，用心教導，務令學業有成。倘王仍前怠惰，當竭力規勸教誡之。若勸誡不從，即奏聞於朕，候朕降旨。倘不能盡訓導之職，又為王隱過，朕必於該翰林是問。（《清高宗實錄》卷四，雍正十三年十月初一日）

這一年，允祕二十歲，就這麼被二十五歲的侄子乾隆逼著讀書學習去了。

可是性格中有些東西是改不了的，允祕在乾隆朝還是頂著親王的帽子晃裡晃蕩，雖然不上進，但乾隆派任務時，倒是讓他做什麼就做什麼，今天讓去祭孔就祭孔，明天讓去御書處就去御書處。雖然偶爾犯錯，不過都是雞毛蒜皮的小事。例如有一次，允祕和弘晝本來陪著乾隆吃飯，乾隆還在使勁吃，他們倆提前把筷子一放，表示吃飽了。被乾隆念了一頓：「朕食肉未畢。而親王、和親王，便放碗匙默坐。」（《清高宗實錄》卷二〇二，乾隆八年十月初一日）

但這種小錯誤終究無關痛癢。最後允祕還是舒舒服服地活到乾隆三十八年（一七七三年）才染病過世，終年五十八歲。乾隆也親自弔孝，送了這位小叔叔最後一程。

到這裡，雍正的兄弟們算是全說完了。最後的這七位小皇子因過於邊緣，身處政治漩渦中的故事不多，但幾人身上都頗有一些特點，一併說齊，希望能為大家理解雍正提供盡量多的視角。因為對雍正而言，「兄弟」一詞是他一生中難以掩蓋的痛點。

第三章

阿哥之外：被遺忘的滿洲公主

大公主，二公主，三公主：福氣象徵，掌上明珠，被嫌棄的一生

康熙做為清朝最能生的皇帝，除了三十五個兒子之外，還生了二十個女兒。[1]

只不過，儘管康熙孩子生得多，夭折的也很多。三十五個兒子中，有十四個在十歲前就夭折了，夭折率高達四〇%。而女兒夭折的數字更驚人，有整整一半，十個女孩都在十歲前夭折。那時，皇帝的女兒只有先年滿十歲「序齒」進入排行後，才能被稱為「公主」。康熙的女兒中能被叫作「公主」的，一共只有「十＋一」，十一個人。

康熙公主名錄

大公主——純禧公主	二公主——榮憲公主	三公主——端靜公主
四公主——恪靖公主	五公主——溫憲公主	六公主——純愨公主
七公主——	八公主——溫恪公主	九公主——愨靖公主
十公主——敦恪公主	十一公主——	

十個親生女兒，再加上一個收養的女兒。要先說的是，我們稱呼的「公主」不是電視劇中常見的「格格」。「格格」是滿語「小姐」的意思，清代，從皇帝到王公貴族的女兒都可以叫「格格」，只有「公主」才是清朝皇室參照漢人傳統賜給皇帝女兒的專屬稱號。

皇女序齒完畢，獲得公主的稱號後，等到長大成人出嫁時，還會獲得一個封號。這個封號分成一高一低兩個等級。由皇后所生的嫡出女兒會被封為「固倫公主」；由其他嬪妃所生的庶出女兒則被封為「和碩公主」。之所以要等到公主出嫁才給封號，主要是清朝公主的婚姻大多是政治聯姻，需要在出嫁時有個響亮的名號。電視劇中公主們能夠自由戀愛，努力追求愛情的故事，真實歷史中幾乎不存在。

看到前面的名單時會發現這些公主只有排行和封號，沒有名字。因為史書上沒有記載她們的名字，更可能的是，當年康熙沒替女兒起名字，就是一種典型重男輕女的表現。今天對這些公主的稱呼只能是大公主、二公主、三公主，依此類推。

不過，七公主和十一公主怎麼連封號都沒有呢？這兩個公主儘管活過十歲進入排行，卻沒能活到成年後出嫁，於是只有排序，沒有封號。

這兩位公主的死因很可能一個因為天災，一個因為人禍。

天災，指的是七公主的死。七公主出生於康熙二十五年，是老四胤禛一母同胞的親妹妹，她在康熙三十六年突然去世，年僅十二歲。死因不詳，一般像這種沒記錄具體死因的往往都是身體不好，染病去世。

而十一公主（生母庶妃王氏）的死則可能是人禍導致。證據是張廷玉等人編纂的《國朝宮史》

中，曾記錄一條在康熙四十五年十月由康熙發布的上諭：可傳諭小阿哥、小公主、小格格處，乳母等各宜切實經心，不許怠慢。如有粗率怠慢之人，現有十一公主乳母之例，一家俱行充發，乳母之夫現鎖禁慎刑司。嗣後若不小心伺候，即照此例。

十一公主的奶媽因伺候時過於粗率，康熙直接把她全家株連發配了。至於這個奶媽到底做了什麼，史書卻沒有記載。

唯一能確定的是十一公主在這道上諭發布後，不到一年就去世了，年僅十三歲。透過康熙對這個奶媽的嚴厲處罰，和對其他奶媽的傳諭警示，推測十一公主的死和這個奶媽脫不了關係，只能說小十一她很不幸。

七公主和十一公主早早離世後，十一位序齒的公主中，能順利成婚並獲得封號的只剩下九位了。

滿洲的皇族有著非常深遠的政治聯姻傳統。從努爾哈赤起兵開始，滿洲統治者就非常重視靠聯姻來建立政治聯盟。這種政治聯盟中，最重要的就是滿、蒙聯盟，甚至連滿洲皇帝都要親自聯姻。皇太極娶了七個蒙古老婆，其中有大名鼎鼎的孝莊文皇后；順治同樣娶了六個蒙古老婆，其中包括撫養老五胤祺的博爾濟吉特氏，她受不受寵暫且不提，順治必須娶，還得給個大大的名分；再到康熙，此時滿人已入主中原，他仍然娶了兩個蒙古老婆，不為別的，就是為了滿、蒙團結。

既然連皇帝都要親自參與政治聯姻，做為皇帝的女兒，這些公主又怎麼能逃得開呢？康熙這九位能出嫁的公主，有七位嫁給蒙古的王公貴族，其餘兩位下嫁滿、漢大臣之子。不過，政治聯姻不一定不幸福，先結婚後戀愛，在中國漫長的歷史中，不算新鮮事。說到底，人生很多時候都在拚運氣，看你有沒有在婚姻中遇到那個對的人。

這些能出嫁的公主，她們的命運如何呢？

一、最長壽的大公主

先來看看大公主。首先，她不是康熙的親生女兒，她是康熙五弟恭親王常寧的女兒。被康熙收養表面上看是為了拉近兄弟關係、團結宗室，一個是親爹，一個是養父，用一個女兒做紐帶。但實際上收養她的原因可能是為了添福，因為康熙朝早年間的後宮實在太邪門了。

大公主在康熙十年（一六七一年）十一月剛出生不久就被接入宮中，那一年的康熙雖然年僅十八歲，但已生了三男兩女。但這五個小孩到康熙十年先後死了四個，唯一存活的女孩也體弱多病、朝不保夕（兩年後也夭折了）。康熙接連死了好幾個孩子，這幾個孩子還是不同的母親所生，實在難說是哪個妃子有問題。一時間，關於皇家被詛咒的謠言滿天亂飛。

這個節骨眼上被康熙收養的大公主，多少有些「工具人」屬性。被用來「沖喜」，去去宮中的晦氣。但巧的是，大公主入宮後，老大胤禔和老二胤礽相繼出生，後來都順利長大。一時間，康熙也好，太后也好，都喜笑顏開，覺得大公主給皇家帶來福氣。等到序齒時，康熙將她排為「大公主」，嗯，你就是朕第一個女兒。

做為康熙最年長的孩子，當年大公主在後宮到底有多受寵呢？從一個小細節便能看出來。大公主嫁人後再回紫禁城探親時，她在後宮四處溜達，去哪裡都沒人敢攔。可是這皇家深宮考慮到皇帝個人安全，不管誰來了，總得打個報告吧？康熙知道後，立刻把負責值班的太監和守衛罵了一頓：「大公主係已出嫁之人，凡進內必須告之總管奏明，方可放進。何得竟不阻攔，任令出入。」[2]

只不過太監、守衛雖然被罵了，但這件事對大公主毫無影響，康熙該怎麼寵她，就怎麼寵。從當初大公主出嫁，就能看出康熙對大公主的喜愛。康熙雖然給大公主的封號是「和碩公主」，實際上給她的待遇卻是「固倫公主」等級——大公主可以在府內破格設置護衛長史。對養女而言，已經是非常高的待遇了。

除了被父親康熙寵著之外，大公主嫁的老公也非常好，是蒙古貴族般迪（原名「班第」）。不是說般迪當年的地位有多高，而是這個人很好，從能力到性格全方位都好。

在清朝，這些迎娶公主的人被稱為「額駙」，代表他們是皇族的一分子。般迪做為康熙第一位額駙，娶了大公主的第二年，就升任從一品的侍衛處內大臣，他做官兢兢業業，之後歷任蒙古鑲白旗副都統、蒙古鑲黃旗都統和滿洲正藍旗都統，在康熙朝擔任二十多年高官，沒挨過康熙一句罵。若說般迪無非討了個好老婆，才能在事業上扶搖直上。而康熙所有的額駙中，能為官二十多年不犯錯的，只有般迪一人。因此，他的能力肯定很強。

而且，般迪對大公主是真的好。根據史料記載，每當大公主回京探親時，般迪都跟在她身邊，夫妻二人成雙入對，相當恩愛。

除了父親和丈夫之外，弟弟雍正對大公主也很好。雍正一即位就下旨將大公主的封號由「和碩公主」破格升為「固倫公主」。而且，大公主有事找雍正時，哪怕是一些比較棘手的私人問題，雍正都會幫她解決。舉個典型的例子，大公主曾經為了兒子、兒媳求過雍正一回。

具體情況是，大公主和般迪的兒子叫塞楞納穆占爾，娶的老婆是老大胤禔的女兒。康熙也許是出於對胤禔的厭惡，始終沒有給這個無辜女孩賜過封號。康熙駕崩後不到兩年，大公主就問雍正：「我亦已年邁，惟愛子之媳無品級，恭請聖主施恩賞我兒媳格格封號。為此謹奏。」[3]

姊姊兒媳婦的名分和封號，你能不能解決一下？而且，老四啊，姊姊覺得我這個兒媳婦還必須是個格格，你看著辦吧。而雍正的答覆是：「既然公主奏請，著賞為固山格格。」[4]

姊姊您都發話了，弟弟能不答應嗎？

大公主出嫁那一年，老四胤禛才十三歲。換句話說，老四是大公主看著長大的，姊弟的關係很好。雍正當皇帝後，兩人仍非常親近，每當大公主頭疼腦熱時，雍正總是在第一時間派御醫去替姊姊診治。

雍正四年，姊夫般迪去世後，雍正怕姊姊一個人在蒙古草原太過孤獨、傷心，特地下旨把姊姊請回京城生活，讓人好好照料。這一年，大公主已經五十六歲了，但在雍正眼裡，五十六歲又怎樣？照樣是公主。大公主在京城一直住到乾隆六年，突然感到身體不適，可能預料到自己時日無多，才和侄子乾隆申請說要返回蒙古，想在和丈夫般迪生前居住過的地方度過人生最後的時光。大公主返回蒙古半年後，於家中壽終正寢，享年七十一歲。由此不難看出，大公主和丈夫般迪一定甚是恩愛。

大公主的一生儘管很平淡，沒有電視劇中那些公主轟轟烈烈的愛情，但她得到自己的幸福，有個疼自己的父親，有個愛自己的老公，生了可愛的孩子，還有個照顧自己的弟弟，一輩子又足夠長壽。做為一名古代女性，出身於暗流湧動的皇家，能擁有這樣非常幸福的人生，實屬不易。

二、最受寵的二公主

與大公主相比，二公主的一生是輝煌與落寞並存。

二公主出生於康熙十二年（一六七三年），在五十六年的生命長河中，前四十九年風光無限，最後七年屢遭打擊。

說她風光無限，因為二公主是電視劇《康熙王朝》中藍齊兒的原型。康熙所有的女兒都是庶出，起初的封號均為「和碩公主」，唯有二公主，康熙破格升為「固倫公主」。她是康熙在世時眾多女兒中唯一的「固倫公主」。所以，二公主毫無疑問是康熙最喜歡的女兒。

關於二公主的家庭，母親是榮妃馬佳氏。與電視劇中只有獨生女的榮妃不同，歷史上的榮妃除了二公主之外，還生了五個兒子，但只有一個長大成人，長大成人的那個就是老三胤祉。二公主和老三是一母同胞的親姊弟。

二公主出嫁在當時也是一樁美談，比起大公主只是嫁給蒙古的普通貴族般迪，二公主下嫁對象則是蒙古王孫烏爾袞。歷史上的二公主沒有和李光地上演什麼感情戲，更沒有被迫嫁給噶爾丹。二公主和烏爾袞的婚事之所以能在當年的滿、蒙貴族之間被傳為美談，是因為烏爾袞的奶奶淑慧長公主是孝莊太皇太后的親女兒，他們二人的聯姻就是孝莊的曾孫女嫁給自己的曾外孫。儘管今天來看屬於近親結婚，但當年無疑是親上加親。

有了這層親戚關係，二公主和烏爾袞從一開始就非常親密和幸福，有機會就跟著康熙一起出去遊玩。例如，根據康熙朝傳教士張誠（Jean-François Gerbillon）記載，康熙三十一年（一六九二年），康熙巡幸塞外時有這樣一幅畫面：「（皇帝）親手整理自己打死的那隻鹿的肝……把片片鹿肝準備烤吃時，他將其分給他的兒子們、女婿們。」[5]這鹿肝，你們都嘗一嘗，朕吃了挺受用。「女婿們」指的就是般迪和烏爾袞。

此時大公主和二公主的地位差不多，但此後逐漸拉開差距。

康熙四十三年，烏爾袞承襲家裡的王爵，成為名副其實的蒙古王爺。康熙四十七年，康熙因十八阿哥胤祄的夭折和廢太子事件的刺激，大病一場，好幾天吃不下飯，且拒絕太醫診治。此時恰好二公主回娘家，二公主悉心伺候父親的起居，服侍他吃藥，晝夜不分。等康熙康復後，就下旨說：「頃以朕體違和，爾歸寧侍奉，問安視膳，克殫至情，諸公主中，惟爾為最。且年齒亦長，禮秩當優，茲特封爾為榮憲固倫公主。」[6]

二公主被破格升為當時唯一的「固倫公主」，烏爾袞因此有了蒙古王爺與「固倫額駙」的雙重光環。

兩口子在當時絕對處於眾星捧月的狀態，而且康熙對二公主真的非常寵愛。康熙五十二年十一月，康熙準備去遵化祭陵，要外出一個多月，恰巧暫居京城的二公主病了。康熙專門囑咐老三、老四兩個年長的皇子，說你們定要照顧好姊姊。老三、老四自然不敢含糊，精心照料之後，他們倆給康熙寫信：「公主服用御製健脾保元丸，已漸漸好轉，兩隻手麻亦漸平緩……故將大夫等之題本一併謹奏。」[7]父皇大可放心，大夫也說了，二姊沒事。

除了照料病情之外，康熙臨行前還給兩兄弟交代了任務，他覺得二公主在京城的府第太差，想給閨女換套新房子，讓老三和老四物色一下。兩個當弟弟的挑了兩處「太子黨」罪臣充公的房子讓康熙選，信上寫的是：「皇城內廣明殿東南，有阿哈展（阿哈占）之房百餘間；皇城外，黃守義胡同有托霍奇（托合齊）之房一片，一百九十餘間。」[8]

後者可是近二百室的房子，前九門提督的府第絕對夠大、夠氣派。但康熙的回覆是：「此二處房屋皆差。」[9]

你倆就別挑了，還是我這個當爹的回去親自挑吧。雖然史書沒有記載二公主最終的新家在哪裡，但二公主新房子的規格肯定比托合齊那套一百九十餘室的房子還好。

二公主人生中的大多數時光真是光彩照人，但從康熙五十七年底開始急轉直下。

那時獲封「大將軍王」的老十四胤禵出征西北平叛，二公主的老公烏爾袞也一起上前線。日夜期盼丈夫回來的二公主，在兩年多後收到丈夫的死訊。而二公主在丈夫去世僅一年後，康熙六十一年，父親也撒手人寰了。

新皇帝還不是她的親弟弟，而是老四胤禛。前文提到，老三曾在老十三母親的喪期內私自理髮，於禮，那是對死者極大的不敬。那一年的老十三才十四歲，就此和老三結仇了，侮辱亡母，不共戴天。從雍正繼位的那一刻起，老三就被踢出權力中心，之後屢遭打擊。

當時，最為老三的處境擔心的有兩個人，一是他的母親榮妃，二是他的姊姊二公主。可是這兩個女子又能做什麼呢？只能為兒子、為弟弟獨自憂傷，枉費心神。

雍正五年，榮妃去世。一年後，先後失去丈夫、父親、母親的二公主也黯然離世，終年五十六歲。

從某種程度上說，幸好二公主走得早，若是活到雍正八年，恐要再受一輪折磨。雍正八年，老十三怡親王允祥病逝後，雍正先是因為老三允祉在喪禮上面無哀色，把他革爵圈禁；再是老十三病逝不到百天，二公主的兒子林穆布在家中飲酒作樂，氣得雍正把林穆布的蒙古王爵直接廢了。從此，二公主的直系子孫全部淪為平民，再無貴族風采。

二公主的一輩子，從某種意義上講，其實不算福薄。半生的風光之外，晚年遭受的所有打擊都來自命運的無常，而不是身邊親人在感情上的背叛。父親康熙、母親榮妃、丈夫烏爾袞、弟弟允祉，至少這些親人都是愛她的。

三、最不幸的三公主

要說康熙最慘的公主，當數三公主。而且她從出生開始直到辭世，都十分悲慘。

首先，三公主出生在康熙十三年五月初六。這個日子很不好，因為三天前，康熙最愛的妻子——第一任皇后赫舍里氏剛因難產而死，整個皇宮籠罩在一片灰暗傷心的陰雲之下。而三公主的母親兆佳氏只是後宮中地位非常低下、十分不起眼的妃子。當時根本沒什麼人為三公主的出生慶賀。她從一出生就是被人忽略的女孩。

三公主好不容易長大到十九歲時，被封為和碩端靜公主，嫁給蒙古喀喇沁部的郡王之子噶爾臧，開始組建新家庭。這個新家裡，三公主過得幸福嗎？儘管史書沒有記載，但她的婚後生活一定很艱難，她的老公噶爾臧就是康熙所有額駙中「天字第一號」超級大渣男。

三公主年僅三十七歲時早早病逝。按理說，一個成年女性、蒙古王妃在正常伺候的情況下，不會死得這麼早。不過我們不對三公主的死因做太多惡意的揣測，真正令人憤慨的是，三公主病逝後的喪禮期間，不是所謂的百天，或者一個月的喪期，就是最初的喪禮時，噶爾臧居然置屍骨未寒的亡妻於不顧，反而去霸占、強搶別人的老婆，這是何等禽獸！

當時負責這起案件的人是領侍衛內大臣侯巴渾德，核實情況無誤後，立刻無比憤怒地上奏康熙：

額駙噶爾臧於公主喪事之時，霸占索諾穆之妻等款，俱係情實……今應將和碩額駙職銜革去，即行處斬。（《清聖祖實錄》卷二四六，康熙五十年四月十六日）他主張立刻殺了噶爾臧。

康熙可能考慮到滿、蒙關係，居然只是把噶爾臧的幾個手下殺了，而對噶爾臧本人僅判了無期徒刑，甚至允許他的家人來獄中送飯送菜。噶爾臧在監牢中吃了近十二年的家鄉菜，才病死獄中。

三公主假如真有在天之靈，知道自己死後發生的事情，無論是對丈夫，還是對父親，都會無比心寒吧。或許三公主會忍不住問：為什麼她出生在皇家，偏偏從生前到死後都沒能得到身邊人最起碼的尊重？為什麼偏偏她要熬過這樣被嫌棄的一生呢？

相比皇子們的故事，公主們的生活往往被掩蓋在宏大男性視角的歷史之下，總歸有些冷門。但與人們更關注的皇子相比，這些藏在歷史角落中公主的故事，往往更令人為之動容。她們的身世與經歷、她們的故事，完全值得被講述，被我們所有人知曉。

四公主：立碑草原的千歲公主

雍正的眾多姊妹中，最為傳奇的當數四公主了。儘管目前沒有看過關於四公主的影視作品，但她在真實歷史中堅韌而傳奇的一生，有著一齣「大女主爽劇」的既視感。

一、邊緣、落寞的童年

四公主出生於康熙十八年，之所以說她的童年邊緣、落寞，主要是她的母親郭絡羅氏在後宮中不但地位卑微，而且處境十分尷尬。

郭絡羅氏的品級僅是個「貴人」，清朝后妃的八個等級[10]中，只排在第六。在康熙朝，妃子只要生下孩子，品級至少是貴人起步。郭絡羅貴人看起來排在第六等，沒那麼糟糕，但有孩子的妃子群體中，她處於最底層。

地位卑微好理解，處境尷尬又從何說起呢？答案是透過對比。

康熙娶媳婦時有個特點，似乎特別中意姊妹花。當時他的後宮中有四對親姊妹——赫舍里氏姊妹、鈕祜祿氏姊妹、佟佳氏姊妹和郭絡羅氏姊妹，即赫舍里氏的孝誠仁皇后和平妃、鈕祜祿氏的孝昭仁皇后和溫僖貴妃、佟佳氏的孝懿仁皇后和愨惠皇貴妃、郭絡羅氏的宜妃和郭絡羅貴人。

前三對姊妹都是滿洲大貴族出身，有娘家撐腰，非富即貴，品級至少都是妃位。而郭絡羅氏姊妹的父親三官保是個正四品的佐領，只是個小人物。這對姊妹只能靠生孩子在宮裡翻身。

姊姊連生了三個孩子，全是男孩，就是老五、老九和老十一，都活到序齒。母以子貴，姊姊被封為宜妃，成為康熙最寵愛的妃子之一。相比之下，妹妹的處境尷尬很多。儘管郭絡羅貴人生下四公主之後，還生下一位皇子胤禨，但小胤禨兩歲就夭折了。沒有兒子的郭絡羅貴人，一輩子只能是後宮的邊緣角色。

這就是四公主童年時的大環境，母親地位卑微，弟弟早早夭折。不過，被邊緣化的處境沒有讓四公主就此消沉，反而讓她變得更堅韌。

接下來，就是猶如電視劇的故事了。四公主五、六歲時生過一場重病，感染天花。滿洲剛入關時，不少滿人都因感染天花去世。四公主卻死裡逃生，綻開生命之花。

本月二十三日，格格開始出痘發熱……二十六日經大夫甄玉俊、陳天祥看視，報稱格格已有喜事是實。[11]

四公主雖然感染天花，可是僅三天就好了。感染天花而不死，在皇室內部本是吉人天相之兆，要好好慶賀。而四公主又好得這麼快，人們的態度立刻不一樣了。

連當時內務府的奏報都問康熙：「見今格格之喜事，送聖時是否照阿哥之例辦理？[12]」我們這位小公主可不一般啊，慶典要不就按阿哥的規格來辦？康熙隨即表示可以。但染病痊癒得快，除了運氣因素外，更重要的在於病人本身，就是四公主的意志力和生命力。這份非凡的堅韌從四公主小時候就已經開始顯現。

這場大病後，四公主的人生並非一帆風順。她的母親郭絡羅貴人應該在她出嫁前就離奇地去世了，史書上沒有郭絡羅貴人死亡年分的記載，甚至沒有她具體封號的紀錄。四公主十九歲出嫁時，不但頂著「和碩恪靖公主」的封號，下嫁對象還是蒙古郡王，四公主既是和碩公主，又是蒙古王妃，她的母親沒有理由不受到加封，最大的可能是郭絡羅貴人已經去世了，今天康熙景陵的妃園寢中，無法鎖定郭絡羅貴人具體的墳墓。反倒是在瀋陽當地傳說三官保家的祖墳中埋著一位康熙朝的娘娘，只是傳說的真假已經無法甄別了。

總之，四公主在童年與少女時期，應當是在悲苦中鍛煉出外向而獨立的氣質，並促使她在往後的日子裡，活出與其他公主截然不同的風采。

二、遠嫁漠北的聯姻

四公主的老公是漠北蒙古最強部落土謝圖汗部的郡王敦多布多爾濟，他出生於康熙十五年（一六七六年）前後，比四公主大兩、三歲。

當時的蒙古分成三部分：漠南蒙古、漠北蒙古和漠西蒙古。三個區域對清政府的態度截然不同。漠南蒙古很忠誠，像般迪、烏爾袞都來自這裡；漠西蒙古很敵對，像噶爾丹所在的準噶爾汗國，就是當地的代表；夾在中間的漠北蒙古始終是偏中立的存在，他們的中立一直持續到康熙二十七年，遭到漠西噶爾丹的進攻後，當地的貴族紛紛南下，歸順清政府。

康熙為了籠絡這些貴族，開始大封王爵，其中包括多爾濟的父親。然而，敦多布多爾濟的父親命短，康熙三十一年就因病去世，敦多布多爾濟承襲父親的郡王爵位。這一年，敦多布多爾濟大概十六歲，同年康熙第一次見到這個小夥子。康熙大概此時已經準備要將四公主許配給敦多布多爾濟了。原因有三：

一是敦多布多爾濟的祖父還活著，且祖父是土謝圖汗部大汗，在漠北蒙古有很大的政治影響力；二是敦多布多爾濟的叔祖父羅桑丹貝堅贊也還活著，是蒙古黃教的活佛，在漠北蒙古有很大的宗教影響力；三是敦多布多爾濟十六、七歲，四公主十四歲，兩個人年紀相差不大。

一旦成功聯姻，康熙就能順利地從政治和宗教兩個方面掌握此前一直中立的漠北蒙古。康熙三十六年，擊敗噶爾丹、收復漠北後，四公主就頂著「和碩恪靖公主」的封號下嫁敦多布多爾濟。四公主的婚後生活過得怎麼樣呢？答案是非常好。康熙對第一個遠嫁漠北蒙古的女兒心存愧疚，相當照顧。

四公主出嫁時，由老七胤祐和老十胤䄉兩位皇子弟弟護送北上。漠北苦寒，加上偶爾有戰亂，不安全，康熙特地在漠南的歸化城（今內蒙古呼和浩特）建了一座公主府，讓四公主定居，今天呼和浩特依然能看到這座公主府。

敦多布多爾濟在漠北，四公主在漠南，兩個人不就兩地分居嗎？倒也未必。四公主嫁給敦多布多爾濟後，先後生下三男一女四個孩子，衝著這個數量，敦多布多爾濟和四公主兩個人一定甚是恩愛，肯定經常在一起。

嫁過去的女兒不到丈夫家裡住，反而自己蓋個房子住，敦多布多爾濟家的長輩和部落親貴會不會有意見呢？嗯，不會。因為四公主太蠻橫了，她不像三公主那樣誰想捏就能捏一下的軟性子。康熙的子女裡，序齒排第四的不管是阿哥還是公主，都是「堅剛不可奪其志」。

三、主政一方的公主

當初敦多布多爾濟家族部落遭到噶爾丹的打擊，族人南下逃難時，曾在漠南的清水河一帶借地放牧，即便後來收復漠北蒙古，但仍有零星戰亂發生，所以有一部分族人留居在清水河。由於是借地放牧，他們的收入不穩定，日子一直過得很苦。從治理清水河開始，四公主的手腕和能力逐漸突顯出來。

其他公主出嫁都是康熙給什麼就拿什麼，從不敢主動要。四公主就不一樣了，給不給在你，要不要可在我。她找康熙要土地，還真要來了。四公主向康熙請旨開荒，康熙應允，透過幾十年的治理，四公主討來的邊外荒地變得水草豐茂。這一事蹟記載於《清實錄》中：從前喀爾喀敬安（恪靖）固倫公主奏請耕種……載伊屬人所種清水河田，四萬八千三百七十五畝。（《清高宗實錄》卷十八，乾隆元年五月十二日）

一方面，四公主找康熙要到大量邊外荒地，肯定不是爸爸疼女兒那麼簡單的事，四公主很可能是用有益民生和維護滿、蒙關係等強而有力的理由說服康熙，只是具體理由如今已經查不到了；另一方面，四公主能成功說服一支蒙古部落完成從放牧到耕地這種巨大的生活方式轉變，可以看出四公主在當地的領導力很強。

幾百年來，四公主在呼和浩特有個雅號叫「海蚌公主」。「海蚌」就是滿語「參謀」的意思，指的是四公主在當地參與大量行政決策，而且她非常潑辣、灑脫。

根據內蒙古大學教授佟靖仁《呼和浩特滿族簡史》（內蒙古大學出版社，一九九二年）的記載，「（四公主）養的馬從不列印（不做標記），也不用人放，馬順風跑了，公主就讓府丁給歸化城的副都統傳話：『克（去），叫二小子找馬！』地方官便乖乖地將馬尋回來。」好傢伙，直接稱歸化城的副都統為「二小子」。

雖然這個故事只是佟教授在當地采風時蒐集的傳說，但那個重男輕女的年代，公主們的個人事蹟很難進入文獻記載中，有些故事真的只能口耳相傳。

關於四公主的政治傳說，之所以普遍認為是真的，因為在實物史料中，四公主的形象同樣是個政治強人的角色。

例如，清水河當地特別立碑紀念四公主，碑名很直接，就叫「四公主千歲千千歲德政碑」，其中一塊碑的碑文裡有幾句話是這樣說的：

惟草地較遠，悉難近天子之地，荒服非近，尤當沐聖人之祀。欽惟我四公主四千歲，至德誠民，深仁育物……累年豐收，萬民樂業，共用升平。雖彼天之穎粟，實公主之盛德所感也。且我公主留心民膜（瘼），著意農桑，其立心也公，其立政也明，其立法也猛且寬，恩澤普及萬姓，真乃堯天舜日。

儘管如今已經很難得知四公主當年到底做過什麼，但看到當地人將她比做堯、舜般的聖人，還具體談到行政、立法、司法等多個方面的功績，完全可以做出判斷，四公主當年應該是當地的最高政治領導人之一，而且她的領導能力很強。道理很簡單，在古代，人們誇獎一個公主通常是評價相貌與品德，可是四公主被評價的是行政與立法等方面的成就。

雍正即位後便將四公主由「和碩公主」加封為「固倫公主」。同樣是加封，大公主可能是因年紀大和自身的福氣屬性，二公主可能是因康熙的特別寵愛，而四公主則是因自己當年在蒙古的聲望已經達到一定高度，才能從康熙後宮一個「小透明」貴人的女兒，一步步走到「固倫公主」這個清朝公主巔峰的位置。

四公主在雍正十三年因病去世，享年五十七歲，康熙的親生女兒中，四公主已經是最長壽的了。四公主的丈夫敦多布多爾濟直到乾隆八年才去世，夫妻相濡以沫三十八年，也是康熙朝公主與額駙長相廝守的最長紀錄了。

歷史上四公主的一生，真的算得上「大女主劇本」了。低谷時沒有自暴自棄，長大成人後，既不辜負父親讓滿、蒙團結的期望，又能和丈夫一心一意地廝守。最關鍵的是，四公主活得很精彩，沒局限於個人的感情或愛情中，反而以女主人的姿態治理一方土地，給相當一部分底層民眾帶來安寧的生活，最終獲得「固倫公主」這樣對公主身分的最高褒獎。

之所以用「大女主」來形容四公主，是比起在感情上爭權奪利、做事上傻白甜憨而言，一個有智慧、勇敢、堅韌，且能真正哀民生之多艱，選擇造福於民的女性，才是意義上的真正的「大女主」。

當然不是說別的活法不好，假如有個穿越的機會，化身為大公主，一輩子被周圍所有的人寵愛著，想來也是非常幸福。只是，我們具體看待一個人時，對大公主當然會很羨慕，但對四公主卻會很佩服。

公主群像：政治與命運交錯下的悲苦人生

康熙的十一位公主中，還有五位：五公主，溫憲公主；六公主，純慤公主；八公主，溫恪公主；九公主，慤靖公主；十公主，敦恪公主。

我們往往更喜歡成功、大團圓的故事，但最後登場的這五位公主卻各有各的不幸。希望她們的故事能被更多人看見，而不僅是淹沒在史冊幾頁生冷的文字中。

一、五公主：有福難享的悲劇

五公主出生於康熙二十二年，母親是德妃烏雅氏，她是老四胤禛一母同胞的妹妹。五公主本可以成為康熙女兒中最幸福的，剛出生不久，就有人來找康熙說想撫養她了。是誰呢？

就是五公主的奶奶，康熙朝皇太后博爾濟吉特氏。當時老太太表示自己的宮裡目前只有老五胤祺這個孫子，還是冷清了些，再有個孫女就太好了。可想而知，五公主和老五胤祺一樣，成為老太太養大的孩子。五公主的童年非常幸福。《皇朝文典》記載：秀出紫微，祥開銀漢，爰從襁褓，即育慈幃。愛每篤於興居，日無違於左右。[13]

她一出生就被太后接去撫養，是「捧在手裡怕摔了，含在嘴裡怕化了」的掌上明珠。而且五公主的功課特別好，同樣是奶奶帶大的孩子，老五胤祺連漢字都學不下去，而五公主卻是：弱齡受教，聰慧夙成，性自悅乎詩書，行每諧於箴史。14

不但擅長詩詞歌賦，而且道德修養很好，「箴史」就是行為規範的意思。在老五胤祺的襯托下，孝惠太后更加喜歡這個孫女了。五公主長大成人要談婚論嫁時，孝惠太后堅決拒絕把五公主嫁到蒙古。康熙沒辦法，十八歲的五公主被封「和碩溫憲公主」，嫁給當朝國舅佟國維的孫子舜安顏。五公主留在京城，成為康熙朝第一位沒有遠嫁蒙古的公主。

截至目前，五公主的人生開局算是滿分等級。論家庭，母親德妃在後宮地位尊貴，又是太后一手帶大，絕對沒人敢欺負；論婚姻，她嫁給滿洲勛貴舜安顏，怎麼也比找個蒙古老公更有共同語言；論才藝，她精通詩詞歌賦，甚是討人喜歡；甚至，只要她能活得夠久，還能有個當皇帝的哥哥雍正。放眼望去，五公主未來的日子真是一片坦途。

可惜天不遂人願，康熙四十一年（一七〇二年）夏天，意外發生了。

這年六月，康熙和孝惠太后都覺得京城太熱，母子倆決定去熱河避暑。老太太說：我們出去玩，必須得叫上孫女溫憲公主一起去。當時從京城到熱河沿途的行宮還沒有建成，從北京到熱河的五百多里地，沒有什麼舒適的居住環境。

康熙一向熱衷於去塞外遊玩，孝惠太后也是蒙古牧民出身，身體都特別棒，壓根沒把五百多里地當回事。但五公主就不行了，她自小養在深宮，後來嫁在京城，長這麼大沒出過遠門，再加上她身體可能有點弱，意外就發生了。

五公主跟著大部隊外出不到一個月就病倒了，未及救治一命嗚呼，年僅二十歲。史書上沒有關於五公主病情的具體描寫，只有一句：康熙四十一年……七月庚戌……上駐蹕熱河，聞和碩溫憲公主薨，日晡未進膳。（《清聖祖實錄》卷二〇九，康熙四十一年七月初一日）

康熙突然聽到女兒去世的消息也傻了，整天一口飯都沒吃。周圍的大臣也不敢說話，直到傍晚，才忍不住讓太監捎話進去：「皇上聞公主訃過哀，此時尚不進膳，恐聖躬太為勞瘁。」（《清聖祖實錄》卷二〇九，康熙四十一年七月初一日）皇上您多少吃點東西，得保重身體啊。康熙還是把自己關在屋裡不出來，只是讓太監傳話道：「公主係已嫁之女，朕尚可寬釋。但皇太后自幼撫養，忽值此變，皇太后傷悼弗勝，膳尚未進，朕亦何心進食乎？」（《清聖祖實錄》卷二〇九，康熙四十一年七月初一日）

康熙這番話說得冷漠嗎？不見得。這只是皇帝盡力掩飾自己的感情，不想把脆弱的一面暴露出來。女兒年紀輕輕突然去世，當父親的一天沒吃飯，甚至都不見人，他心裡怎麼可能不難受呢？但人有時就是得克制感情，承擔責任。最後，康熙走出門，先到孝惠太后那裡，照顧母親把飯吃了。翌日，康熙又把所有陪駕的皇子叫來，讓這些哥哥、弟弟一起送五公主的靈柩回京安葬。

這些皇子中，有五公主的親哥哥老四胤禛。他們兄妹之間只差五歲，就是那種妹妹既需要哥哥的照顧，兄妹之間又不會有太大代溝的年齡差。而且以雍正重情義的性格來看，相信他們兄妹間的感情一定非常好。可是五公主偏偏在老四的眼皮子底下染病去世，更讓老四感到難受、懊悔，以至於他剛登基就追封這位二十多年前死去的妹妹為「固倫公主」。

五公主的一生實在太令人惋惜，假如不是這場意外的病，她大概會成為康熙朝最幸福的公主。

二、六公主：承諾一生的摯愛

六公主出生於康熙二十四年，母親是貴人那拉氏，那拉氏沒什麼家族背景，在後宮的地位很低。關於六公主的童年經歷，史書上一片空白。六公主不僅小時候不受重視，長大後的婚姻看來也很一般。她二十二歲才嫁人，是康熙的公主中結婚年齡最大的一位，站在古代人的角度講，屬於「晚婚」了。而六公主下嫁的對象，從政治背景和家族實力來講也不理想。她的五位姊姊嫁的都是蒙古的郡王、王子、王孫，或者是滿洲勛貴，可是六公主的老公當時只是蒙古一個名不見經傳的落魄貴族子弟。只不過「莫欺少年窮」，六公主的落魄老公後來的名氣可太大了，就是博爾濟吉特．策棱。

關於策棱在與六公主結婚前的經歷，這裡特別說說。

策棱也是個苦出身，雖然他算成吉思汗的子孫（第二十一世孫），但在康熙朝，他所在的家族卻只是屬於漠北蒙古的中等部落。而且小時候，家鄉遭到漠西蒙古準噶爾的噶爾丹進攻，策棱很小就過上顛沛流離的生活。康熙三十一年，策棱和兄弟在奶奶的帶領下，祖孫幾人來到京城投奔康熙。那一年的策棱大約十歲。

讓策棱意想不到的是，傳說中威嚴強大的康熙皇帝，對他卻特別和藹可親。按《清史稿．列傳八十三．策棱》的記載：聖祖授策棱三等阿達哈哈番[15]，賜居京師，命入內廷教養。康熙不僅授予他三等阿達哈哈番封號，還安排人照顧他的飲食起居，甚至讓他和皇子、皇孫們一起進入內廷讀書。

童年滿是苦難的策棱瞬間如沐春風，康熙四十五年，康熙決定把六公主許配給策棱時，策棱更是感動得無以復加，二十多年後談到這段往事，策棱仍感念康熙的恩情。雍正五年，策棱在給雍正的答謝摺子裡感嘆道：

> 「臣策棱原為蒙古一小臺吉，蒙聖祖仁皇帝撫育，逾格將公主下嫁卑賤之我以來，屢屢施恩，不計其數，難以枚舉。」[16]

不難看出，策棱是個非常懂得知恩圖報且重感情的人。婚後，策棱對六公主寵愛有加，在策棱眼中，自己是卑賤的，而六公主不只是妻子，她是上天對他的恩賜。

按中國社科院歷史系教授楊珍的說法，策棱的外表應該是「『白皙微髭』，相貌英俊」[17]，年輕時可能是個俊俏的帥哥。

而且策棱從小在宮廷裡長大，在京城也有宅子，六公主說是遠嫁蒙古，其實大多數時間住在北京，生活很安逸。兩個人育有自己的孩子，日子非常甜蜜。只可惜好景不長，康熙四十九年，他們的婚姻生活剛到第四年，六公主突然病逝了，年僅二十六歲。後世有學者推測，以策棱對六公主的感情與照顧，六公主過早離世大概是難產導致大出血，以至於最後無法救治。

六公主的故事在她去世後就結束了嗎？不，策棱還活著。策棱此後也許納過一、兩個妾，但正妻的位置始終空著，沒人能取代六公主。

六公主去世五年後，康熙五十四年，策棱上戰場，回到漠北的老家塔密爾，開始阻止漠西準噶爾汗國的擴張。又過了四年，老十四胤禵受封「大將軍王」領兵出征西北，策棱擔任前鋒大將。康熙五十九年，策棱在烏蘭呼濟爾之戰中暴揍準噶爾，並在這一年屢立戰功，成為西北最能打的將軍。用《清史稿·列傳八十三·策棱》的形容來說，策棱當時「一軍雄漠北」。

雍正登基後，為了拉攏策棱，不但越級加封這位妹夫為郡王，還在雍正十年底追封六公主為「固倫公主」。為什麼追封六公主？雍正一定知道策棱最在意的就是這個。到這裡，六公主的故事結束了嗎？仍然沒有。

雍正九年，清軍在和通泊大敗，被準噶爾追擊得潰不成軍，策棱又一次挺身而出，在鄂登楚勒之戰中斬將殺敵，成功擊退準噶爾，挽救清軍的節節敗退之勢。這場戰役後，策棱被雍正加封為親王。接著，更風光的時刻在雍正十年到來了。彼時準噶爾偷襲策棱的老家塔密爾，擄走他在老家的小妾和兩個兒子。策棱斷發盟誓，再次領兵追殺，一路追到光顯寺，斬敵一萬多人，徹底打敗準噶爾的主力部隊，一舉扭轉當時清軍的戰爭頹勢。光顯寺大捷後，策棱被雍正特賜封號「超勇」，史稱「超勇親王」。

不過遺憾的是，策棱沒能追回被擄走的兩個兒子。七年後，準噶爾使者哈柳[18]來京商談疆界劃分事宜，哈柳見到策棱時問了一句：「額駙有子在準噶爾，何不令來京？」（《清史稿．列傳八十三．策棱》）哈柳話中威脅與收買的意思非常明顯——你那兩個兒子還想要嗎？策棱心裡清楚，七年了，被擄走的兩兒子說不定被洗腦成什麼樣子，直接答覆說：「予蒙恩尚公主，公主所出乃予子，他子無與也。」（《清史稿．列傳八十三．策棱》）只有我的妻子固倫純慤公主所生的才是我兒子，我沒有其他兒子。

感情有時候就是這樣，策棱對六公主的深情在某種程度上也是對小妾的薄情吧。

乾隆朝時，策棱一直奉命鎮守西北。直到乾隆十五年，策棱在家鄉塔密爾病逝。策棱病重期間，乾隆特地派人前去探視，然而，這樣一位為清廷戎馬一生，立下無數功勞，「一軍雄漠北」的蒙古親王，史書上所留下的遺言只有一句話：「請與純慤公主合葬。」（《清史稿．列傳八十三．策棱》）策棱不想被埋在家鄉，他想回到京城，和六公主葬在一起。

策棱的棺槨被一路送回京師，乾隆不但親自上前祭奠，還特命讓策棱配享太廟。策棱成為清朝第一位享受皇家香火的蒙古親王。

假若策棱與六公主真能在地下相見，大概會非常驕傲地告訴妻子：妳走後，我一直很努力，如今妳成為「固倫純慤公主」，我也成為「超勇親王」，妳老公我是皇阿瑪九個女婿裡最優秀的那一個！我爭氣吧！

可惜這些只能是我們的美好幻想了，畢竟人沒了就是沒了，遺憾就是遺憾。

三、八公主：無力回天的難產

八公主是個苦命人，出生於康熙二十六年，母親是敏妃章佳氏，八公主是老十三胤祥的親妹妹。康熙三十八年七月，章佳氏因病過世了。八公主才十三歲就成為沒娘的孩子，此外，八公主似乎從小身體就不太好。《清聖祖實錄》中，關於八公主有個特別奇怪的紀錄。

明明記載八公主是康熙四十五年，二十歲時才以「和碩溫恪公主」的封號下嫁給蒙古郡王倉津，但兩年前，《清聖祖實錄》就稱倉津為「額駙」，且明確提到八公主在蒙古的公主府已經修好。這裡應該不是稱呼上的失誤，只有兩種可能：一是八公主和倉津提前兩年訂婚；二是八公主最初的婚期就是康熙四十三年，卻因為某種特殊原因被推遲到康熙四十五年。

考慮到其他公主都沒有訂婚的先例，應該是婚期推遲，原因很可能是八公主生了重病。事實上，八公主的身體確實很虛弱，以至於出嫁才三年就因難產而死。當時，康熙正巡幸塞北，突然收到老三胤祉等人的奏摺：竊本月二十一日夜亥時，八公主產下雙胎，因甚虛弱，不省人事。在彼護理之大夫霍桂芳、戴君選等未及用藥……即時薨。[19]

我們這些外行人來看，都能知道藥方肯定無法生效，當時的奏摺裡就附上當晚大夫的診治書，上面寫著：八公主產下雙胎，六脈全無，牙關緊急，四肢逆冷。隨用人參湯及童便，不能下嚥，即時暴脫。

如果說在巨大的噩耗中，還有那麼一絲絲能撫慰人心的消息的話，就是奏摺裡還附了一張小字條，上面寫道：「公主產下二女，皆安然無恙。」八公主就這樣在生下一對雙胞胎女兒後便香消玉殞，年僅二十三歲。

四、九公主：美滿、孤寡地墜落

九公主活得倒是稍微長一些，但她的運氣一樣不好。

九公主的母親袁貴人應該是漢人，且沒有兒子，在後宮的地位不高。九公主下嫁的對象也是個漢人，叫孫承運。不是說公主嫁給漢人就不好，因為康熙還挺喜歡孫承運。

孫承運的父親孫思克是在康熙朝屢立戰功的武將。早年間平三藩時，孫思克就從湖南一路打到雲南；後來西征噶爾丹時，孫思克也在昭莫多之戰中表現神勇，屢立戰功。

康熙人生中最重要的兩場戰爭，都活躍著孫思克的身影。

孫思克去世後，康熙看到他年僅十二歲的小兒子孫承運時，可能是出於恩賞功臣和拉攏漢人的考慮，當即宣布讓孫承運承襲父親的男爵爵位，並授予他從二品的散秩大臣一職，成為皇家警衛隊的一員。這可是年僅十二歲的從二品大員。

不但如此，六年後，孫承運十八歲時，康熙還把九公主許配給他。

九公主和孫承運的婚姻，起初應該還不錯。他們同齡，結婚時都十八歲。孫承運做為康熙朝唯一的漢人額駙，家族實力有限，他對九公主肯定要更加體貼才行；而康熙始終把這次聯姻當成滿、漢一家親的範本，對孫承運和九公主一直很好。

例如康熙五十三年，孫承運兩口子陪著康熙一起到塞外去避暑，這時沿途的各種行宮都已經修好，一路上相當安穩。想必康熙和女兒、女婿相談甚歡，於是囑咐隨行的內務府總管關保，說回去要賞給九額駙孫承運牛馬、羊群，讓內務府準備，看看應該給多少。關保簡單地查了查檔案，就上了份奏摺，答覆說按慣例「議應給與馬六十匹、牛百頭、羊四百隻。」[20]看著也不少，但康熙接到奏摺，眉頭一皺，也不寫批語，直接就用朱筆把數字改了，馬從六十匹改成二百匹，牛從一百頭改成二百頭，羊直接從四百只改成三千隻。然後把摺子遞回去，讓內務府照他改的數來辦。

至此，九公主的婚姻看起來還不錯啊。可惜孫承運命短，康熙五十八年五月，孫承運病逝，年僅三十一歲。而對九公主打擊更大的是，丈夫去世不到百天，八月分時，母親也撒手人寰。三年後，父親駕崩。最後只留下九公主一人孤苦伶仃地守寡十七年，乾隆元年鬱鬱而終，終年四十八歲。

九公主成為康熙女兒中守寡時間最長的一位公主。

五、十公主：兄困姊喪的妹妹

最後這位十公主，人生不長，卻一樣充滿悲苦。十公主是老十三胤祥和八公主的親妹妹，母親同樣是敏妃章佳氏。

章佳氏去世那一年，十公主才九歲，自小喪母。十八歲那一年，十公主被封為「和碩敦恪公主」，下嫁給蒙古的小貴族多爾濟。

出嫁時，十公主並不開心。那一年是康熙四十七年，九月分，她的親哥哥胤祥受「廢太子事件」牽連，被父親康熙拘押，父子關係直接降到冰點。而十公主就是在這種風雲突變的政治形勢下，帶著對哥哥的擔心，在三個月後離開京城，遠嫁蒙古。

就在十公主仍為哥哥擔心時，才過半年，她又收到親姊姊八公主難產而死的消息。同一年，可能是為了奔喪，也可能是單純想家，十公主從蒙古趕回京城。或許是這一路上舟車勞頓太過辛苦，又或許是十公主憂心忡忡，積勞成疾。總之，她剛到京城不久就生了一場大病，隨後就去世了，年僅十九歲。

故事也許還有起承轉合，但歷史卻不是這樣，往往就是一個意外，在翻頁之間，一個鮮活的生命就不見了。時間長了，人們甚至不會記得她們曾來過。

就像開篇說的，五位公主各有各的不幸：五公主滿分開局，卻在出遊的路上意外去世；六公主有著幾乎最好的老公，自己卻早早撒手人寰；八公主和十公主童年喪母已經滿是心酸，結婚後又年紀輕輕就滿懷遺憾去世；哪怕是活得還算久的九公主，也是人到中年先後喪夫、喪母、喪父，看著親人一個個離自己而去，最終孤苦伶仃十幾年，鬱鬱而終。

假如真有穿越這回事，別說穿過去能改變歷史、與古人談笑風生，哪怕能和家人平安相伴一生，都可以說是一種奢侈了。

我們站在後人的角度回首望去，幾位公主的人生比較起來，大概還是六公主的一生讓人比較欣慰吧。有一個說法是人的一生會死亡三次：第一次，你的心跳停止，呼吸消逝；第二次，當你下葬時，從人際關係網中消逝，悄然離去；第三次，這個世界上最後一個記得你的人把你忘記。當時的歷史中，蒙古人的宗教信仰很濃重，但策棱仍然選擇告別家鄉和草原，選擇與六公主合葬，相信他一定是真的很愛、很愛這位結髮妻子，說愛妳一輩子就是一輩子，是妳的一輩子，也是我的一輩子。

康熙所有的孩子，三十五個人，大家逐一都見過面了。

父親康熙：「聖父聖子」構想的破產

清聖祖康熙，「九子奪嫡」中的最高權威。

大多數人的印象中，要嘛英明神武，在殿前訓斥群臣；要嘛聖明燭照，對皇子們的行動洞若觀火。彷彿朝野上下一切都在他的掌控之中。但事實真是如此嗎？當然不是。康熙晚年被「九子奪嫡」折磨得身心俱疲。

這場影響清朝發展走勢的皇位爭奪大戰中，康熙究竟扮演什麼角色呢？

一、聖父聖子的幻想

「九子奪嫡」產生的根源主要有二：康熙的童年經歷，太子胤礽的意外冊立。

順治十一年（一六五四年）三月，順治帝的第三子愛新覺羅．玄燁出生，就是未來的康熙帝。他的母親是佟國維的姊姊佟佳氏。小玄燁兩、三歲時，當時皇宮鬧天花，父親順治要求他必須出宮避痘，玄燁被乳母抱離紫禁城，從此遠離父母。四、五歲時，小玄燁真的感染天花，所幸沒死，順利活下來。具有免疫力後，才得以重返皇宮。

沒過多久，順治駕崩，八歲的小玄燁繼承大統。幼時的經歷，用康熙自己的話說就是：「世祖章皇帝因朕幼年時未經出痘，令保母護視於紫禁城外。父母膝下，未得一日承歡。」（《清聖祖實錄》卷二九〇，康熙五十九年十二月十二日）

康熙感受過的父愛幾近於無。實際上，康熙能感受到的母愛也寥寥無幾，康熙二年（一六六三年），他的母親佟佳氏病故，十歲的小玄燁痛哭不已。

上擗踴哀號，水漿不御，哭無停聲。近侍無不感泣。（《清聖祖實錄》卷八，康熙二年二月十一日）

康熙自幼年感染天花，舉目無親，回到宮中後，十歲父母雙亡。此外，他每天還要面對以鰲拜為首的四個輔政大臣壓制，同時他與祖母孝莊太皇太后的關係並非電視劇中展現的那樣親近，因為孝莊曾明確阻止過康熙親政。康熙可以說從小時候起，內心就充斥著強烈的不安全感，而這種童年陰影幾乎伴隨了他一生。

無論是青少年時期的「智擒鰲拜」、「裁撤三藩」，還是中晚年時期的「一廢太子」、「打壓老八」，我們都能發現康熙只要感到危險，哪怕沒有證據，僅憑直覺，就會出現明顯的過激反應。

這就是「九子奪嫡」產生的第一個源頭，康熙本身沒好好當過兒子，且他在處事方式上明顯容易過激。正是這種過激反應，加劇了「九子奪嫡」後期的複雜性。

而第二個源頭，就是太子胤礽意外地被早早冊立。

康熙十四年十二月十三日，二十二歲的康熙帝冊立不滿兩歲的胤礽為太子。為什麼要在年紀輕輕就冊立尚在襁褓中的娃娃做太子呢？原因很簡單，形勢所迫。當時清政府處於「三藩之亂」的危難之際，吳三桂等藩王已經席捲半個中國。康熙為了凝聚人心及爭取漢人群體的支持，決定依照漢人的政治傳統，立嫡長子為太子。正如康熙所說，立太子的目的就是：以重萬年之統，以繫四海之心。（《清聖祖實錄》卷五八，康熙十四年十二月十四日）

假若沒有「三藩之亂」，胤礽很可能不會被早早立為太子。隨著太子的意外冊立，兩個深遠的影響由此產生：

第一，造成滿洲勛貴集團與太子的隱形矛盾。按滿洲的政治傳統，歷代新君，如皇太極、順治，都是由滿洲勛貴開會選出來。因為戰爭形勢危急，大家便對康熙和胤礽妥協了。一旦他日回歸和平，矛盾就會重新出現。這也是未來「太子黨」和「八爺黨」相互對立的重要背景和前提——太子不是滿洲勛貴的選擇，老八才是。

第二，康熙嚴重低估「冊立太子」在漢人政治中的意義。康熙受戰爭形勢所迫展開了以「冊立太子」為核心的一系列「滿漢一家親」活動時，就有漢臣藉機提出請康熙進一步依照漢族傳統，按明朝舊例，讓胤礽「出閣」接受教育：（沈荃）復疏列出閣四事。奏上。[1]

由此引發「太子出閣」事件，即讓皇太子遠離宮廷，並接受漢臣儒家學者的教育。

此意見提出時，胤礽才五歲，不管是康熙還是滿洲貴族，此時都不可能接受「太子出閣」。因此，康熙做出一個影響他一生的決定，把「太子出閣」的時間推遲整整八年。這八年間，康熙幾乎每天都親自領著部分滿漢學者嚴格訓練胤礽。康熙的原話是：「朕於宮中諭教皇太子……勤加提命，日習經書。朕務令背誦，復親為講解……未嘗間輟。」[2]

小胤礽在六歲到十歲之間，先學了五年的滿洲文化，十一歲到十三歲之間，又學了三年的儒家文化。滿字自六歲起至十歲，漢字自十歲起至今年睿齡十三歲閏四月二十三日出閣以前卷冊，積累已幾等身。[3]

整個過程非常辛苦，當時輔助教學的顧八代認為相關的經書初讀幾十遍就可以了，但康熙卻表示遠遠不夠：朕幼年讀書必以一百二十遍為率，蓋不如此則義理不能淹貫，故教太子及諸皇子讀書皆是如此。[4]一篇文章讀一百二十遍，如此嚴苛，當年的胤礽還只是個十幾歲的孩子。

康熙二十六年，胤礽「出閣」期間聽漢臣講課時道：「書已熟，爾等欲背則背。」[5]還有別的嗎？你教的這些我早就會了。以至於大學士王熙感嘆道：「皇太子睿齡十四，讀完諸經，學問大成。聖父聖子，此自古所未有，堯舜所不及。」[6]

這話肯定有拍馬屁的成分，但胤礽的表現想必一定相當夠水準。「出閣」教育只持續不到兩年便宣告停止，「太子出閣」事件就此結束。康熙的皇子、皇孫回歸上書房，繼續接受宮廷教育。

康熙為什麼要這樣做？簡單來說，他想鞏固滿人在中原的統治地位。每當少數人統治多數人時，如果想提高合法性，就必須證明他們是更優秀的存在。而康熙所追求的是透過勤政和對太子的嚴苛教育來塑造出堯、舜所不及的「聖父聖子」形象，彰顯清朝的統治遠勝歷代王朝。此時的胤礽只是一個太子嗎？不，他是康熙前半生耗盡心血、最重要的政治成果之一，其他皇子都無法與之相比。康熙三十五年，四十三歲的康熙遠征噶爾丹便安排胤礽太子監國，直接處理朝政。

三十五年二月，上再親征噶爾丹，命太子代行郊祀禮；各部院奏章，聽太子處理；事重要，諸大

臣議定，啟太子。（《清史稿・列傳七・理密親王允礽》）

可見，截至這一年，所有的一切仍按照康熙心中幻想的「聖父聖子」既定路線前進著。

但事情後來怎麼發生變化了呢？

二、廢立儲君的打臉

首先，「九子奪嫡」的重要前提就是康熙的兒子實力普遍很強，這也是他教育的成果。他要求皇子要能輔政、能統兵、能務學，政治、軍事、文化必須全面開花。但這是給胤礽製造障礙，讓皇子們彼此之間拚命競爭嗎？倒也不是，舉個例子，裕親王福全是康熙的親哥哥，非常讚賞老八，但他說的也是：「八阿哥心性好，不務矜誇。允（胤）礽若親近伊等，使之左右輔導。」（《清聖祖實錄》卷二三五，康熙四十七年十一月十六日）

在康熙、福全兄弟二人的心目中，其他阿哥再好，他們存在的作用只是輔佐胤礽。可是，康熙與胤礽的關係出現危機。

康熙愈重視胤礽，他的控制欲愈強，他不允許太子在他的既定路線上有任何偏離。康熙三十六年，康熙聽聞胤礽身邊有三個侍從帶著他行為不端時，直接把三個侍從全殺了；康熙三十九年，康熙接到舉報，胤礽的叔姥爺、領侍衛內大臣索額圖在家中抱怨康熙冷落太子，他直接下令讓索額圖退休，強制退出官場，並在三年後抓進大牢，直接弄死了。很多人說是因為索額圖要謀逆，但歷史上沒有任何跡象表明索額圖曾有過不軌行為，包括康熙晚年在回憶中怒斥索額圖是「本朝第一罪人」時，說的話也是：「索額圖懷私倡議，凡皇太子服御諸物，俱用黄色。所定一切儀注，幾與朕相似。（胤礽）驕縱之漸，實由於此。索額圖，誠本朝第一罪人也。」（《清聖祖實錄》卷二五三，康熙五十二年二月初二日）

康熙痛恨索額圖是覺得他毀了胤礽，並非因為謀逆的事情。康熙在史書上可是連「胤礽想謀逆」這樣的話都說得出來，又怎麼可能去掩護索額圖呢？

康熙本想用索額圖的死來敲打胤礽，讓兒子趕緊回歸父親的懷抱。可是，胤礽卻被嚇破膽，生怕哪天自己被廢掉，於是，開始變得戰戰兢兢，行為詭異。而向來安全感不足的康熙看到胤礽的樣子，也擔心他是否會為了幫索額圖報仇而選擇謀逆。父子兩人從此都背上沉重的心理包袱，活得愈來愈壓抑。幾年後終於發生「一廢太子事件」，當時的康熙僅因為胤礽半夜偷窺自己的帳篷，不加詢問，立刻判斷他要刺殺自己，第二天一早就宣布廢太子的決定。可見，康熙一定在內心中早就預想過胤礽謀逆的場景，才會一絲風吹草動就立刻出現嚴重的過激反應。而廢太子當天，心理防線崩潰的康熙也上演他一生中最為失態的一幕——在群臣面前邊哭邊宣布的決定：「諭畢，上復痛哭撲地。諸大臣扶起，上又諭曰：太祖、太宗、世祖之締造勤勞，與朕治平之天下，斷不可以付此人。」（《清聖祖實錄》卷二三四，康熙四十七年九月初四日）

康熙返京後敬告天地時，仍在向上天哭訴：「不知臣有何辜，生子如允（胤）礽者！……臣雖有眾子，遠不及臣。如大清歷數綿長，延臣壽命，臣當益加勤勉，謹保始終；如我國家無福，即殃及臣躬，以全臣令名。」（《清聖祖實錄》卷二三四，康熙四十七年九月十八日）

很明顯，廢了胤礽，康熙有一瞬間覺得大清徹底後繼無人了，只盼著自己再多活幾年。而我們眼中個個實力強勁的皇子，康熙看來都遠不及自己、難堪大用。然而，對康熙來說，更大的打擊還在後面，就是「一廢太子」後的兩大連鎖反應：皇子內訌、朝堂失控。

關於皇子內訌的緣由，此時應該很清晰了：先是老大胤禔的自殺式發言，百分之百嚇到康熙。「如誅允（胤）礽，不必出皇父手。」這句話一方面體現皇子間的矛盾已經大到手足相殘的地步，另一方面則暴露連久負賢名的老八也存在奪嫡野心。再加上之後老九和老十四為了老八當面衝撞康熙，老十四甚至不惜賭咒發誓，更是讓康熙明確皇子間結黨的事實，以及做為父親的權威下降。

然而除了皇子內訌，更加讓康熙震驚的還是朝堂失控。「一廢太子」後的康熙冷靜下來，不願意就這麼接受失敗的結局。他先後接到老三胤祉舉報老大魘鎮胤礽，以及老四胤禛為胤礽申冤的消息後，覺得前半生的付出還有翻轉的餘地，「聖父聖子」的構想貌似還有機會實現。他想復立胤礽，但金口玉言，不好打臉，就提出讓群臣共同推選新太子的想法，並且表示：眾議誰屬，朕即從之。（《清聖祖實錄》卷二三五，康熙四十七年十一月十四日）

這話說得很漂亮，你們就選吧，朕肯定聽從眾臣的意見。

康熙為了保險起見，還提前做了三件事：把年紀最大的老大胤禔圈禁；把久負賢名的老八胤禩革爵；召見漢臣領袖李光地，並對其瘋狂暗示。公選太子前，康熙曾單獨召見李光地，詢問道：「廢皇太子病，如何醫治方可痊好？」（《清聖祖實錄》卷二三五，康熙四十七年十一月十四日）

按理說，有病得問太醫，問大學士管用嗎？康熙的意圖昭然若揭。可能在他心目中，這已經是在不打臉的情況下，所能做出的最強暗示了。可是當一切準備就緒後，公選當天，朝堂上還是嚴重失控。被革爵的老八獲得滿朝擁戴，康熙當即駁斥道：「八阿哥未嘗更事，近又罹罪，且其母家亦甚微賤。」眾愛卿啊，你們好好想清楚，重選！大臣們則表示，既然皇上不同意，還是您定吧。可是康熙偏偏不答應，說你們定，就你們定。第二輪投票後，老八再次高票當選。情急之下，康熙不得已打了張明牌，他傳召李光地，質問道：「前召爾入內，曾有陳奏，今日何無一言？」（《清聖祖實錄》卷二三五，康熙四十七年十一月十四日）

前兩天你還為這件事上奏，今天為何一言不發？李光地則表態道：前幾天我們說的不是皇上您的家事嗎？我不好和其他大臣說。此時康熙心裡想的可能是，好你個李光地，和朕在這裡揣著明白裝糊塗？康熙沒辦法，只得宣布退朝，明日再選。第二天也沒重選，康熙直接攤牌，說孝莊太皇太后託夢給朕，她想復立胤礽，諸愛卿怎麼看啊？

還能怎麼看？最終胤礽成功被復立。

儘管康熙成功復立胤礽，但這件事對他的衝擊仍然很大。這一年，康熙五十五歲，他驚訝地發現原來大臣們已經敢為了二十八歲的老八公開和自己對抗了。可以說，老八胤禩是第一個真正威脅到皇權的阿哥，這是連胤礽都不曾做到的。從這一刻起，康熙再也沒把老八當成兒子看待，在他眼中早已是個野心勃勃的政敵了。

強行復立胤礽，康熙的偏心有目共睹，為了安撫其他皇子，康熙第二年便大封皇子，一口氣封了三個親王、兩個郡王、三個貝子，不僅如此，還恢復老八的貝勒爵位。大封皇子前，康熙自認為危機已經解除，開心地向大臣說：「自禁允（胤）礽之後，朕日日不能釋然於懷，染疾以來，召見一次胸中疏快一次。」（《清聖祖實錄》卷二三五，康熙四十七年十一月十六日）

真的是見到胤礽，他就開心。眼看「聖父聖子」的構想又有了希望，然而令康熙萬萬沒料到的是，復立胤礽不過是新一輪痛苦的開始。

三、一塌糊塗的晚年

康熙應該很快就意識到，言歸於好這種事是多麼一廂情願。父子之間巨大的隔閡根本無法彌合。正如康熙後來回憶時所說：「（胤礽）自釋放之日，乖戾之心，即行顯露。數年以來，狂易之疾，仍然未除，是非莫辨，大失人心。」（《清聖祖實錄》卷二五一，康熙五十一年十月初一日）

此處的「乖戾之心」，大概指的是胤礽那句「古今天下，豈有四十年太子乎？」的名言。而康熙的狀態也很不好，康熙說道：「但自釋放皇太子以來，數年之間，朕之心思用盡，容顏清減。」（《清聖祖實錄》卷二五一，康熙五十一年十月初一日）

再次引爆父子矛盾的則是康熙五十年的「托合齊飲酒案」。時任九門提督的托合齊聯合太監總管梁九功、兵部尚書耿額、刑部尚書齊世武等人結黨營私，並疑似策劃、撰寫讓胤礽提前登基的奏章。在康熙看來，都是太子逼宮的前兆。於是，康熙以雷霆手段處理托合齊等人後，康熙五十一年再次廢除胤礽的太子之位。這一年，康熙五十九歲。表面上說這次「二廢太子」是「談笑處之而已」，實際上，他的真實狀況要痛苦得多。「二廢太子」十幾天後，有大臣詢問康熙六十大壽的慶典安排，他的答覆是：「今憂勞倍增，血氣漸憊，惟恐愈久而力不支、願不遂，以至不全終始，一世勤瘁，俱屬徒然。」（《清聖祖實錄》卷二五一，康熙五十一年十月二十日）

言辭間流露出的情緒盡是悲觀與沮喪，然而這時，老八還很不長眼地進行試探，他問康熙：「我

今如何行走，情願臥病不起。」（《清聖祖實錄》卷二六一，康熙五十三年十一月二十八日）

意思很明顯，現在太子之位空了，你還記得上次大臣們都說該由我來當太子嗎？您看我現在該怎麼辦？我也很尷尬，要不我稱病，回家歇著？康熙一聽遂龍顏大怒，當即回覆道：「爾不過一貝勒，何得奏此越分之語，以此試朕乎？」（《清聖祖實錄》卷二六一，康熙五十三年十一月二十八日）

康熙真是厭煩老八到了極點，也透露出康熙立太子非常看重爵位，貝勒及以下的人選根本沒資格參與儲位競爭。康熙晚年間，符合繼承人要求的只有老三誠親王胤祉、老四雍親王胤禛、老五恆親王胤祺、老七淳郡王胤祐、老十敦郡王胤䄉。其中老五能力差，老七身體殘疾，老十沒什麼過人之處。很明顯，可選的就是老三或老四，但康熙誰也沒立。

整整十年，康熙朝都沒有太子。期間有大臣問過這件事，康熙的答覆很誠實，體現出他是真的看透了——

況建儲大事，朕豈忘懷，但關係甚重，有未可輕立者……凡皇太子服御諸物，俱用黃色。所定一切儀注，幾與朕相似。驕縱之漸，實由於此……漢、唐以來，太子幼沖，尚保無事。若太子年長，其左右群小，結黨營私，鮮有能無事者……今眾皇子，學問見識，不後於人。但年俱長成，已經分封。其所屬人員未有不各庇護其主者。即使立之，能保將來無事乎？……凡人幼時，猶可教訓。及其長成，一誘於黨類，便各有所為，不復能拘制矣。立皇太子事，未可輕定。（《清聖祖實錄》卷二五三，康熙五十二年二月初二日）

康熙這段話說得很誠懇，把兩個矛盾都指出來了：一是太子與皇帝之間的矛盾，只要太子年長，周圍的人一定會結黨，只要結黨必然威脅皇權；二是皇子之間的矛盾，封爵後，每個人都有一套自己的班底，成員又只維護自己的主子，這時不管立誰當太子都會成為眾矢之的。最關鍵的是，「及其長成，一誘於黨類，便各有所為，不復能拘制矣。」他知道問題出在哪裡，但皇子們年紀大了，已經管不住了，也不知道立儲的問題該如何解決，只能無限地拖延著。也許康熙可能意識到這道題的唯一解法就是：生前不立太子，臨終再宣布，讓新君直接登基。這樣既解決太子與皇帝間的矛盾，也解決皇子彼此之間的矛盾。

無奈的是，誰又能算準自己駕鶴西去之日呢？尤其康熙晚年時，身體狀況更是時好時壞，起伏不定。康熙五十四年，他右手病了，不能寫字：朕以右手病，不能寫字。（《清聖祖實錄》卷二六五，康熙五十四年十月初四日）

康熙五十七年，他的心臟又出了問題：或遇心跳之時，容顏頓改。[7]

可是康熙六十一年，康熙六十九歲時，他又跑去南苑打獵了：上幸南苑行圍。（《清聖祖實錄》卷二九九，康熙六十一年十月二十一日）

可能是年紀大，累到了，這次打獵結束後不到一個月，康熙突然感到身體不適，接著不到一週時間就駕崩了。在這一週，康熙都沒有提前公開繼承人是誰，以至於「暢春園事變」與康熙遺詔，就成為永遠的謎，「九子奪嫡」成為人們一直津津樂道的話題。但無論事實如何，雍正繼位這件事絕對是天佑清朝，支持「雍正篡位說」的代表人物孟森先生曾說過：「要之聖祖諸子，皆無豫教，惟世宗之治國，則天資獨高，好名圖治，於國有功，則天之佑清厚，而大業適落此人手，雖於繼統事有可疑，亦不失為唐宗之逆取順守也。」[8]

康熙在晚年備受奪嫡困擾，執政愈加鬆散，留下的可真是一個爛攤子：於財政而言，各省的錢糧虧空巨大，中央國庫存銀僅二千七百餘萬兩；於治安而言，各地起義不斷，先後爆發「山東王美公暴動」與「臺灣朱一貴起義」；於軍事而言，康熙晚年間的西北一戰，僅在收復西藏後便草草議和，不再追擊，本質原因在於戰爭造成的兵力與財政消耗，已經讓當時的清朝國力嚴重不足，打不動了。

蓋以征討西撻之故，如是凋敝云耳。[9]

這種局面之下，雍正在爭議中繼承大位，僅用十三年時間就逆風翻盤，讓清朝續命成功。

第三幕

清世宗執政十三年

「九子奪嫡」，眾多皇子都想爭得皇帝寶座，皇四子胤禛也是如此。可是真正當上皇帝後，又常感慨：「自古為君難，至於朕躬纘承大統，尤為難之難者。」（《雍正朝起居注冊》第一冊，雍正二年十月十七日）他覺得皇帝當得真是又苦又難。還特別刻了一方「為君難」的印璽，感慨工作不易。

究其原因，雍正給出的答案是：「（朕）若明知有弊，不加整頓，必加朕以懈弛不理之名矣，亦非治國經邦之道也；朕若竭力整頓，而內外大小臣工，不能革面革心，何以為政？」（《雍正朝起居注冊》第一冊，雍正二年十月十七日）國家出問題，不整頓，會被批評懈怠，於國無益；狠狠整頓，又會遭遇群臣消極對抗，同樣難以振興。雍正才會感慨「為君難」。

這樣艱難的環境下，雍正還是掀起一場整頓官僚、改革新政的巨大風浪，以宏觀的設計與微觀的勤勉，僅用十三年就為清朝重新打造一整套財政和行政系統。

正如前文孟森先生的評價，「惟世宗之治國，則天資獨高，好名圖治，於國有功，則天之佑清厚」。在孟先生眼中，清朝擁有雍正，某種程度上是上天的恩賜與庇佑。

第四章

朝乾夕惕：雍正帝繼位後的日子

新政改革：清朝制度的總設計師

從皇四子胤禛到清世宗雍正皇帝愛新覺羅．胤禛，走完艱辛的奪嫡之路後，老四終於踏上執政之路的新征程。

執政十三年，雍正到底做了什麼？為什麼長達二百年的時間裡，他一直被人罵成暴君，而最近幾十年中風評又反轉了呢？今天該如何解答「雍正到底是明君還是暴君」這樣的問題呢？

首先，要確立雍正繼位之初面臨的環境和形勢。康熙自詡的「盛世」於雍正而言，某種程度上是個難以收拾的爛攤子。光是擺在明面上的大問題就有以下三個：

第一，政治上，黨爭對抗。允禩的「八爺黨」背後仍然有許多滿洲勳貴，他們勢力龐大，老九在康熙駕崩當天夜裡就敢和雍正公開叫囂。

> 皇考升遐之日，朕在哀痛之時，賽思黑突至朕前，箕踞對坐，傲慢無禮。[1]

第二，經濟上，財政虧空。雍正登基前就知道清朝當時的國庫缺銀子——

> 歷年戶部庫銀虧空數百萬兩，朕在藩邸，知之甚悉。[2]

第三，軍事上，隱患重大。康熙晚年間，儘管老十四收復西藏，但財政緊缺、糧草不濟，朝廷被迫和新疆的準噶爾議和。無異於在當時的西北埋了一顆定時炸彈，隨時有可能爆炸。

這三個問題仍只是表面上的，更嚴重的在於這些問題背後所潛藏的稅收混亂、官場腐敗、社會階級矛盾尖銳等隱形危機，雍正看到的一切都預示著清政府正走向一條難以挽回的衰頹之路。沒想到，雍正僅用了十三年時間就改變這一切，並給乾隆留下一臺稅收清晰、治理高效、社會安定的超強國家機器。

雍正波瀾壯闊的十三年執政生涯，正式開始。

一、頭緒紛繁的亂局

與八歲登基的康熙不同，雍正繼位那一年已經四十五歲，是個大齡皇帝。不過歲數大自然有歲數大的優勢，憑藉著多年來在奪嫡鬥爭和辦差過程中積累的經驗，雍正對官場中各種爾虞我詐非常熟悉，以至於很少有大臣能哄騙他。

雍正登基後下令追繳虧空過程中，閩浙總督滿保試圖造假帳糊弄雍正，被雍正直接罵回去。雍正說：「此等言語何必奏朕，朕豈為八歲登基之君。爾等如此，反招朕猜疑。」[3]你當朕是八歲繼位的娃娃皇帝？以為朕什麼都不懂？儘管雍正這句話有些直白，把康熙一併諷刺了，但能從這句話看出他對自己相當有自信，也的確有如此自信的實力。甚至可以說，雍正從登基第一天起，其卓越的能力就已經顯示出來。

康熙是康熙六十一年十一月十三日駕崩，雍正當月十四日就下令：命貝勒允禩、十三阿哥允祥、大學士馬齊、尚書隆科多，總理事務。（《清世宗實錄》卷一，康熙六十一年十一月十四日）

事後來看，雍正選擇這四位總理事務大臣，水準非常高。選錯任何一個，當時的局面可能都不會那麼快穩定下來。

第一，任命老八，既是安撫也是拉攏，目的是穩住皇族宗室內部，不激化矛盾。這個不算難，稍有城府的人都能做到。

第二，任命老十三，這是給自己安排幫手，屬於最基本的操作，換了我們也能做到。

第三，任命馬齊，這絕對是「神操作」了。與電視劇中老好人形象不同，歷史上的馬齊是非常有號召力的滿洲貴族。他早期曾是「八爺黨」的核心人物之一，被康熙敲打後，迅速退出「八爺黨」。雍正重用馬齊就是釋放一個訊息，告訴滿洲勛貴只要遠離老八，忠於皇帝，都可以保有高官厚祿。

第四，任命隆科多。康熙駕崩當天晚上，雍正已指派隆科多派兵封鎖京城九門，實行全城布控。此次任命就是給所有觀望的王公大臣出的一道選擇題：二選一，退出黨爭，忠於新皇帝，像馬齊一樣飛黃騰達；或一意孤行，繼續抗爭，就全都去隆科多的牢房裡蹲著吧。

這一波操作可以說是非常穩、準、狠，康熙駕崩後不到二十四小時，雍正就把整個局面基本穩住了。心思之深沉和手腕之果斷，說實話，「九子奪嫡」選手中其他幾位阿哥，真是輸得一點都不冤。政治鬥爭的能力與素質上，雍正明顯領先。

穩住局面後，雍正開始大殺四方地整頓官場了。

二、雷霆手段的新君

雍正執政的最大特點，就是不但有手腕，而且不拖延。

康熙六十一年十二月十三日，康熙的喪禮剛結束。雍正連一天都等不了，立刻下令要求中央及各省補交康熙朝的財政虧空，三年之內補完，到期沒完成的一律從重治罪：各督撫將所屬錢糧嚴行稽查，凡有虧空，無論已經參出及未經參出者，三年之內務期如數補足。毋得苛派民間，毋得藉端遮飾。如限滿不完，定行從重治罪。[4]

著實打了官員們一個措手不及，按慣例，新皇帝登基為了彰顯仁德之心，前朝虧空往往會清零，既往不咎。雍正剛登基就宣布要錢，有的官員開始手忙腳亂，準備做假帳來蒙混過關，但雍正是何等精明。

雍正元年正月十四日，元宵節都還沒過，雍正就宣布要成立全新的中央機構，叫「會考府」，由老十三怡親王允祥親自掛帥管理。本質就是清朝版審計部，負責全盤審核中央及各省的財務報表。用最精銳的團隊，算最精確的數字，誰也別想用假帳欺瞞中央。

老十三做起事來是個細緻入微的狠人，僅用一年多時間，便查出戶部庫銀虧空是二百五十九萬二千九百五十七兩六錢三分一厘零[5]，連一厘都不放過。中央各級官員嚇壞了，原來老十三來真的啊。各種閒話遍傳朝野，說怡親王查帳的方式實在太刻薄。等閒話傳到雍正耳裡，他就怒了，立刻召集群臣開會，上來就先說：「朕特令怡親王管理清查，並諭怡親王，爾若不能查清，朕必另遣大臣，若大臣再不能查清，朕必親自查出！」[6]

朕的十三弟查你們的帳，那是被朕逼的！雍正又接著說：「經怡親王查出實在虧空二百五十餘萬兩，深以追補為難，請以戶部所有雜費，逐年代完，約計十年可以清楚。」[7]你們肆意詆毀十三弟，實際上，他非但不刻薄，甚至找朕求過情，把本來三年的還款期限寬限到十年，你們怎能在背後如此議論怡親王呢？講到激動處，雍正更是破口大罵：「無知嫉妒小人，反謂王過於苛刻。不但屈抑天理，人情何在？特令爾等知之。」[8]

雍正的意思很明顯：鍋全是朕的，和朕的十三弟無關，你們罵誰，也罵不到怡親王的腦袋上。這是何等的兄弟感情？雍正的目的確實達到了。很多朝代的百姓會痛罵當朝官員是酷吏，誇皇帝是明君，而雍正朝是反過來的。百姓會說雍正朝的大臣還不錯，偏偏雍正是個暴君。

但比起天子腳下的中央財政，地方財政的虧空才是更大的難題。

雍正不是只會靠強權強行討要錢財，追繳地方虧空這件事上，他非常講究方式和方法。他很清醒追繳的前提是不能讓官員勒索百姓，影響社會安定，否則得不償失。因此，強調「毋得苛派民間，毋得藉端遮飾」。他做的第一步就是先把有虧空的官員進行分類。

一般地方出現財政虧空往往有三個方面的原因：因公事挪用，被上司勒索，官員自己貪汙。雍正表示如果是因公事挪用和上司勒索導致的虧空，允許該官員三年內還清；但經調查發現是官員貪汙導致的虧空，犯事官員立刻抓起來免職。

可是抓貪汙官員這件事上，門道很多，對雍正的能力也是不小的考驗。

古代官官相護的背景下，經常出現一種奇妙的現象，每當有官員貪汙被查到，就會有人站出來袒護，理由通常是：這個人儘管是貪了點，但能力還是有的，況且朝廷培養一個官員不容易，不妨讓他

「革職留任」，免去官職後仍留在衙門裡辦辦差事，讓他戴罪立功，把錢還上。這樣既能補虧空，朝廷也能保留有能力的官員，豈不是一舉兩得？

倘若皇帝耳根子軟一點，顧慮多一點，很有可能就被糊弄了。例如康熙朝，革職留任這種事比較常見。可是雍正偏不，碰上有人袒護貪官，他直接罵回去：「虧空錢糧各官，若革職留任催追，必致貽累百姓。」[9]都已經是個貪官了，還讓他革職留任，不是縱容他繼續勒索百姓嗎？以後這種建議，你們就不要和我提了，一經查處，就地抓捕。

抓住貪官就代表問題解決了嗎？不，抓了貪官後，還是會有人來求情，而此時的理由就變成這個人雖然貪了一點小錢，但其官聲和民望很好，當地百姓願意集體出錢替他補齊虧空，聖上您看，百姓的「萬民傘」和「請願書」已經送來了，還請開恩，讓他官復原職。雍正一聽，這是把朕當大傻子呢？就說：「有州縣虧空錢糧，百姓情願代賠者，此端斷不可開。虧空之員未必愛民，況百姓貧富不等，斷無闔縣情願代賠之理。」[10]

雍正非但不准百姓代補虧空，還特地派人去調查當地是否存在黑惡勢力欺壓百姓，強迫百姓請願簽字。

即便是皇帝，想抓個貪官，打擊某種現象，也遠比想像中困難。但凡皇帝的思路亂一些，反應慢一些，或是心腸稍微軟一些，這種事很有可能推行不下去。有時候，官官相護嚴重到地方長官會直接袒護下屬、隱瞞貪汙罪狀的程度，而面對這種情況，雍正也有分外有趣的處理辦法。

例如，當時的江南虧空嚴重，雍正下旨：江南錢糧，積欠甚多……著戶部侍郎王璣、刑部侍郎彭維新前往。（《清世宗實錄》卷七六，雍正六年十二月二十四日）雍正直接從中央派兩個侍郎過去，一個管財政，負責查帳；一個管司法，負責抓人。這只是常規操作，真正厲害的是，雍正又從吏部調了四十多個候補官員，為前面兩人組了一個辦案團隊——應用四十餘員……並將吏部記名人員，一併帶領引見。（《清世宗實錄》卷七六，雍正六年十二月二十四日）

你們此次南下，一旦查到哪個官員有貪汙罪狀，就地逮捕，然後從這些辦案的候補官員裡挑人，直接原地安排他們上任頂缺。

面對如此旨意，這些候補官員在辦案時得有什麼樣的積極性？還官官相護？今天就是掘地三尺也得找出罪證，我來了可就不走了！

雍正的目的只是抓人嗎？當然不是。所有的辦法都是為了把贓款追回來，補齊虧空。倘若這些貪汙的官員說自己沒錢，要賴該怎麼辦？雍正的對策就兩個字——抄家。

抄家也有講究：凡虧空官員題參時，一面嚴搜衙署，一面行文原籍官員，封其家產追變。[11]雙管齊下，只要查到罪證，犯事官員辦公室和老家的資產一併查封，隨時準備充公。

如果這些官員轉移資產到親友名下，該怎麼辦？這還不簡單？「查其族黨親戚平日分用宦貲者。」[12]查一下犯事官員的親戚有誰曾經花過他的錢，把這些人的家一起抄了。

有的大臣忙勸說：「皇上，這於法不合。」雍正反道：「他的俸祿是多少，他的親戚心裡沒數嗎？他們大手大腳花錢時，會不知道那是贓款嗎？他們知法犯法，就該抄家。」當然，雍正也表態即便操作過激，出了問題：其害不過一家一人而止，若侵帑殃民者在一縣，則害被於一縣；在一府，則害被於一府。[13]

朕抄家抄錯了，頂多禍害一家；可是要是放過他們，就會禍害一方的百姓。

只要雍正查到官員貪汙，該官員的錢就不可能保得住。有的官員被捕後，就在獄中上吊自殺。畢竟死無對證了，這樣一來，犧牲自己，至少能保住家人的榮華富貴。出現此種狀況，雍正更加憤怒，堅決不吃這套——你們盤剝百姓，貪了國家的錢，憑什麼你一死，這錢就順理成章地歸你家了？雍正昭告天下：捨命抵賴，似此刁惡之風亦不可長，著將……嫡親子弟並家人等，令該督撫嚴審。[14]

官員被捕，只抓你一個；凡是自殺的，直接抓全家。此招一出，官員自殺現象立刻大為減少。

雍正這種全方位、無死角的討債方式打擊的官員過多，一時間謠言滿天飛，說雍正是「抄家皇帝」，說他貪財好色、荒淫無度，才四處抄家，以便大範圍斂財。然而事實是，在雍正的雷霆手段之下，康熙朝晚年虧空日益擴大的趨勢，立刻被擋住了。用數據說話，雍正元年的國庫存銀是二千三百六十一萬兩，追討三年後，雍正四年的國庫存銀就漲到四千七百四十一萬兩，直接翻了一倍多。謠言說雍正荒淫無度，但戶部的帳目卻顯示雍正執政初期的財政支出逐年降低。他雖然是皇帝，日子卻過得比那些富貴王爺苦得多。

除了追繳虧空的雷霆手段之外，雍正真正使清王朝得以緩過氣來的關鍵在於那一項項精巧的制度設計。

三、朝乾夕惕的改革

我們的印象中，雍正這個皇帝當得特別累，有個深層原因在於他意識到國家存在諸多問題後，深覺以自己四十多歲的年齡和精力，如果一項項去改，完全來不及。於是從繼位伊始，就同時展開多項大規模改革工作，力求同步推進。

康熙六十一年十二月，雍正宣布追繳財政虧空。雍正元年正月，會考府成立；四月，開始廢除「賤籍」；八月，宣布祕密立儲；九月，決定推行「攤丁入畝」；十月，意外發生，青海羅卜藏丹津叛亂，需要緊急籌備軍務；十一月，實現「臺省合一」[15]，完善監察制度；十二月，啟動「火耗歸公」與「養廉銀」試點推廣。雍正二年三月，青海平定，政權穩固，正式推行「官紳一體當差，一體納糧」。

不到十六個月時間，雍正追繳虧空和平定青海的同時，還推進八項制度改革。其中有簡單的，也有複雜的。像「攤丁入畝」、「火耗歸公」、「官紳一體當差，一體納糧」這三項直接把改革開進深水區，直接挑戰難題。

歷史上有些所謂改革，本質上只是順著權貴集團的意願做表面功夫，甚至不能叫改革，應該叫分贓。而雍正所進行的改革，動的就是權貴集團的蛋糕，這可不是分贓，而是玩命。做為全國改革的核心操盤手，雍正的工作壓力之巨大，可想而知。

雍正改革的核心目標就是在確保國庫有穩定財政收入的基礎上，提高君主對官員的控制力，加強政府的治理能力，緩和社會階級矛盾，以鞏固清王朝統治，延續清王朝的壽命。當時影響清朝國家財政的主要是兩類人——貪汙的官員和不交稅的鄉紳，雍正的改革無異於是改革集團和他們的一次政治火拚。

雍正和官員們的對決就是「三板斧」：追繳虧空、密摺專奏、火耗歸公。

第一板斧追繳虧空，就是為了整頓風氣，並告訴官員們：形勢正在發生變化。

做為第二板斧的密摺專奏，特別解釋一下。清朝以前，官員的奏本要經過層層遞交才能轉交到皇帝手中，下級官員有些話是不敢說的。而從康熙開始，他逐漸允許一些親近的大臣繞過「中間商」，在給皇帝內廷的請安摺子裡奏報公事，以便獲取更加真實的消息。但這個密摺專奏的權力，康熙給的人不多，因為他自身審理奏摺的精力有限。從康熙二十年開始，一直到康熙駕崩，四十多年時間裡，擁有密摺專奏權的官員全加在一起只有二百人左右。

為了加強對官員的控制，儘管雍正在位時間只有十三年，但雍正朝擁有密摺專奏權的大臣卻超過一千三百人，甚至有部分州縣長官都有資格直接寫奏摺給雍正，所以雍正僅批閱奏摺這一項工作量就非常龐大。儘管在某種程度上，可以說雍正是自討苦吃，但的確在「自討苦吃」過程中構建一整套關於奏摺傳遞的新系統，實現對官場的高度控制，以確保改革順利進行。

之後，雍正又掄起對官員們的「第三板斧」。關於「火耗歸公」，前文已稍有提及，此處再進行補充。

皇帝之所以無法管控「火耗」，核心原因在於明、清兩朝官員的俸祿實在太低，七品知縣的一年收入是四十五兩，也許夠知縣自己生活，但考慮到衙門的辦公支出，官場的眾多陋習，逢年過節的上司勒索，這點錢就遠遠不夠了。受現實因素影響，在中央財政不額外撥款給官員漲工資的前提下，皇帝只能任由自行加派「火耗」現象的存在。這種情況下，貪官和清官唯一的區別可能就是貪官收「火耗」時，肆無忌憚，隨意加派；清官收「火耗」時，相對合理，少加派一些。而雍正的新政「火耗歸公」，本質上就是將「火耗」合法化，維持一個低稅率，然後收歸國有，再分撥給各級衙門用做辦公經費和官員俸祿，就是所謂「養廉銀」。這個措施一舉三得，既保證清官的日常開支，又避免百姓被肆意盤剝，財政上也能做到精細化管理。

「火耗歸公」的基本邏輯不難想到，此前也有人向康熙提過，但康熙的答覆是：「朕若批發，竟視為奏准之事。加派之名朕豈受乎？」（《清聖祖實錄》卷二九九，康熙六十一年九月初六日）意思是「火耗」這件事如果合法，不就等於朝廷變相向百姓加派嗎？「加派百姓」的惡名，朕這種聖明君主不可能背。但這話說得實在失之偏頗了，為了一己的名聲，放任百姓被盤剝，君主無限聖明，鍋全是貪官汙吏在背。

但對雍正似乎不成問題，不就是挨罵嗎？雍正直接把「火耗歸公」推廣開了，這一政策在實際操作中相對順利，因為雍正給官員的工資漲得特別多。知縣一年的俸祿是四十五兩，實行「養廉銀」之後，普遍能漲到八百兩，這是起薪，最高能接近二千兩，幾十倍的增幅。

雍正還下令禁止逢年過節送禮，並利用密摺和巡察御史進行嚴查，整頓官場陋習。一時間，貪官不敢貪，清官不用貪，官場風氣被迅速扭轉。民間百姓要交的「火耗」，數額普遍降低。

雍正真正強大之處在於整頓官場的同時，還整頓地主士紳。手握兩大法寶，左手「攤丁入畝」，右手「官紳一體當差，一體納糧」。

古代的農業稅收有兩份，一是按田畝收地稅，二是按人丁收丁稅。隨著土地兼併和人口膨脹，地少人多的窮人交不上稅，只能被迫逃亡。這樣不僅導致社會動盪，也會造成丁稅白白流失。雍正推行的「攤丁入畝」就是取消丁稅，把這部分錢分攤到地稅中，保證國庫總收入不變的同時，還能減輕窮人的負擔，確保社會安定。

這項改革的阻力可想而知，儘管地少人多的窮人會舉雙手贊成，但地多人少的地主必然堅決反對。只是雍正無比強硬地壓著官員們必須推行。

當時浙江巡撫法海推行「攤丁入畝」時，地主們到衙門鬧事，法海沒頂住壓力，宣布暫停推行「攤丁入畝」。雍正立刻調走法海，換李衛就任浙江巡撫繼續推行新政。李衛的手腕甚硬，進行鐵血改革——命令親兵，凡是反對新政的地主一律先抓到牢裡，進行思想教育，什麼時候認識到新政是對的，什麼時候放他們回家。最終，「攤丁入畝」在浙江率先成功實行，並逐漸推廣到全國。保證國家財政收入的同時，又減輕底層民眾的經濟壓力，可以說，「攤丁入畝」是古代賦稅制度史上的一次重大改革。

而推行「官紳一體當差，一體納糧」，更多是為了解決一個歷史遺留問題。

清朝初期，清軍剛入關時，清政府為了爭取官紳的支持，就給他們一個福利政策——在清朝為官或取得功名的士紳，本人不用服差役，家裡人也能按官員的品級減免部分丁稅。隨著時間的推移，這個福利政策在具體執行時就走樣了。不僅官紳本人不用服差役，連帶著一大家族的人都不用服差役了。而且收稅時，丁稅不是減免，而是壓根不收，甚至推行「火耗歸公」之前，官員們收非法「火耗」時，也會繞開士紳家族，只收平民百姓的。如此一來，民怨漸深，憑什麼幹活的是我們，要錢時還找我們？極大地激化民間矛盾，導致社會嚴重不安定。

有鑑於此，雍正推行「官紳一體當差，一體納糧」的目的就是為了緩和社會矛盾、維護社會安定。這項措施核心內容就三點：當初說好的官紳本人不服差役，依然有效，但家族中其他人在政府有需要時都必須服差役；之前說減免的是丁稅，現在推廣「攤丁入畝」，丁稅不存在了，各家交地稅時，必須得全額如數上交；過去，官員私人收取「火耗」時，繞你們而行，可現在實行「火耗歸公」，你們的「火耗」就得和其他百姓一樣，該怎麼交，就怎麼交。

總體來說，雍正的幾項改革一旦疊加，相當於把士紳家族的諸多特權一次性清零。這麼做，儘管得到底層民眾支援，可是鄉紳地主萬萬不會答應。由此，雙方的矛盾開始激化，而且雍正隨之應對的一系列做法，可不像電視劇演得那般軟塌塌。當時，河南的考生罷考，反對「官紳一體當差，一體納糧」，在歷史上是真實發生過的事情，電視劇《雍正王朝》中，雍正下派弘曆去安撫考生，好言相勸。而真實歷史中，雍正的態度強硬多了。當時，雍正收到田文鏡的奏報後，寫的朱批是：必將一二渠魁正法示儆。[16]

雍正甚至不耐煩等案卷上報中央報批了，命刑部侍郎阿爾松阿[17]直奔河南，就地簽字處決。帶頭罷考的鄉紳生員，兩情節嚴重者砍頭，還有數人判絞刑。

儘管河南當地對田文鏡罵聲一片，史稱「無人不怨」[18]，可以大膽推測罵聲中一定少不了針對雍正的。但一場血腥鎮壓後，「官紳一體當差，一體納糧」順利在河南推廣實施了。不管地主怎麼想，底層的老百姓一定很喜歡這個政策，儘管百姓服差役時還是一樣受罪，但至少看起來公平，民間的矛盾因此得到相當程度的緩解。

和官僚集團與地主士紳進行幾輪碰撞、博弈後，雍正先是透過「攤丁入畝」和「火耗歸公」重新塑造清朝的稅收制度，使政府有了穩定且源源不斷的財政收入；又透過密摺專奏和後來設立的軍機處實現對官僚集團的高效控制，並透過「官紳一體當差，一體納糧」促進社會安定。

待乾隆繼位後，雍正留給後繼之君最重要的東西不是他賺的多少銀子，受到雍正朝後期的西北戰事影響，雍正留下的資金不算充裕；真正重要的在於，雍正給乾隆留下一整套高度嚴密而穩定的稅收和行政系統。

乾隆上臺後給老八、老九平反，釋放老十四，就以為他和雍正唱反調。前面提到這些收錢、管人的制度，乾隆可是照單全收，因為用起來是真的方便啊。乾隆曾經一度被地方官員糊弄，準備取消「火耗歸公」，但冷靜下來後，還是意識到當初父親這些天才般的設計，一點都不能改，否則會出大亂子。今若輕更現行之例，不且導之使貪。重負我皇考惠民課吏之盛心乎！（《清高宗實錄》卷一七八，乾隆七年十一月初十日）

雍正為了設計出這些制度，推廣這些改革，到底付出了什麼呢？雍正五十二歲那年寫過一首詩：

虛窗簾卷曙光新，柳絮榆錢又暮春。聽政每忘花月好，對時惟望雨暘勻。宵衣旰食非干譽，夕惕朝乾自體仁。夙紀分頒雖七度，民風深愧未能淳。[19]

春色很好，但我一直在忙，總是忘了去看。我工作也真算是盡力了，可是總覺得還能做得更好。

雍正身為皇帝，有時還會在奏摺的朱批裡，和大臣們寫一些自嘲的話，這些話甚至有些致歉的意味，例如他曾在給鄂爾泰回信時說：「燈下批寫，字跡可笑之極。」[20]唉，今天工作得太晚了，燈暗眼花，朕這字寫得不太好看了。

經常有人說雍正勤勞，一年裡天天都在工作，只在過年時歇一天。其實這種說法不準確。據《雍正朝起居注冊》的相關記載，按中國人民大學清史研究所史松教授的統計，以雍正七年為例，那一年農曆有閏七月，全年一共有三百八十四天。雍正有多少天在處理公務呢？三百七十六天，只給自己放了八天假。雖不是一年只休一天，但也非常辛苦。

但雍正的苦熬是有效果的，否則在慣於欺上瞞下的清朝官場，那些改革很難成功。而雍正知道他對官紳的做法注定不會讓他落下什麼好名聲。雍正五年，他說過：「朕年已五十，於事務經練甚多。加以勤於政事，早夜孜孜。凡是非曲直，尚有定見，不致為浮言所動。」[21]朕五十歲了，大風大浪見多了，知道什麼是對的，那些流言蜚語影響不了朕。

縱是如此，一年後「曾靜案」爆發時，雍正看到民間流傳自己的十大罪狀——謀父、逼母、弒兄、屠弟、貪財、好殺、酗酒、淫色、懷疑誅忠、好諛任佞，再也忍不住了，他選擇「公開對線」，出版那本清朝名著——《大義覺迷錄》來替自己辯白，並在全國刊行，強制推廣。只可惜愈描愈黑，原是辯白黑料的平反之書，反倒成為一本關於雍正的黑歷史。

不過，雍正有一點說得是對的，他真的認為「凡是非曲直，尚有定見」，因此「不致為浮言所動」，當黑料滿天飛的時候，雍正照樣苦熬著，繼續推行改革、完善制度。不過他到底不是鐵人，雍正八年後，他的朱批數量明顯減少，當然這個減少是和過去的朱批數量對比的結果，若和其他皇帝相比，仍然很多。

雍正八年到底發生了什麼？那年五月初四，老十三允祥病重去世。雍正傷心欲絕，跟著大病一場，嚴重到什麼程度呢？據乾隆回憶說：「（雍正）八年六月，聖躬違和。特召臣，及莊親王、果親王、和親王，大學士、內大臣數人入見，面諭遺詔大意。」（《清高宗實錄》卷五〇，乾隆二年九月初一日）

雍正這一場大病，當時連他都覺得怕是撐不過去，要下遺詔了。不過好在還是撐過來了，可是拖著這副病身子，他又開始玩命工作，即便病情好轉，照他的工作強度而言，病雖能好，身體卻不復如初。偏偏雍正還迷信丹藥，身體愈虛，愈要讓道士煉丹，強行吃丹藥來補一補。雍正十三年八月二十日，雍正感到身體不適，二十一日、二十二日仍堅持帶病工作，一直到二十二日深夜，雍正的病情突然加劇，他急召王公大臣，宣布遺詔。二十三日凌晨子時，雍正駕崩，終年五十八歲。

如果用雍正的話為他的一生做收尾，應該就是：「自古帝王治天下之道，以勵精為先，以怠荒為戒。朕非敢以功德企及古先哲王，而惟此勤勉之心，自信可無忝於古訓，實未負我皇考付託之深恩也。」[22]

回望雍正的一生，他說的這番話，自己做到了嗎？

奏摺朱批：「朕就是這樣漢子！」

如果不是親眼看到雍正的批紅，很難想像高高在上的一朝之君會在和臣子交心時說：「朕就是這樣漢子！」[23]也會和臣子陰陽怪氣地說：「朕這樣平常皇帝，如何用得起你？」[24]有時還赤裸裸地威脅大臣說：「若不如是，李紱、甘汝來頭莫望在頂上。」[25]你們就別指望腦袋還能在脖子上頂著了！

雍正為什麼會形成這樣一種特殊的語言風格呢？那些隱藏在朱批背後的故事又是什麼？

一、拉幫結派的漢子

雍正朱批內容的風格是分階段的，早期非常肉麻，市井氣、江湖氣很重，後期則是嬉笑怒罵的各色形態都一一展現，字裡行間可窺見帝王威嚴。為什麼會發生這種轉變？與雍正的執政環境和個人處境的變化緊密相關。

最初的奪嫡過程中，老四胤禛比較弱勢，比起曾經受滿朝擁戴的老八胤禩，老四顯得非常孤獨。雍正繼位之初，面臨著雙重困局：急於改革的雍正政治班底薄弱，除了怡親王允祥，幾乎無人可用；

改革的核心是追繳虧空和重塑財政制度，這種傷害士紳和官僚利益的目標，使得無人可用的問題變得更加嚴重。

如此一來，他該如何拉攏官員來支持改革呢？慣用手段簡單來說就是打感情牌。金錢上，現在國家有困難，朕或許無法當個好長官；但在感情上，朕一定給你當個好大哥。那句「朕就是這樣漢子！」就是在這種雙重困局的特殊背景下，雍正對田文鏡說過的話。

與電視劇中那個年輕小夥子不同，雍正即位後，田文鏡已經是個六十多歲的老頭，且官職僅是從四品的內閣侍讀學士。另外，田文鏡當初是靠納捐買官，沒有科舉功名，朝中沒什麼朋友。要不是個人能力太過出色，怕是連從四品的京官都未必當得上。在所有人的眼中，甚至包括田文鏡都認為自己這一輩子可能就這樣了，不過一介碌碌無為的職業官僚而已，最終會被淹沒在歷史的海洋之中。

可是雍正的出現直接改寫田文鏡的既定人生結局。雍正元年，山西鬧災，川陝總督年羹堯請求賑災，山西巡撫德音卻粉飾太平，這讓雍正糊塗了，到底誰在撒謊？山西究竟有沒有災情？雍正把剛從山西出差回來的田文鏡叫了過來，一番詢問後，田文鏡對答如流，把山西的災情介紹得空前細緻。《清史稿．列傳八十一．田文鏡》記載：及文鏡還，入對，備言山西荒歉狀。

雍正聽完彙報，心想田文鏡果真是個人才。經驗足、能力強，心裡還裝著百姓，無非沒有科舉功名，朝中又沒什麼朋友，才致使一把年紀還沒升上去。但不正好是用來打感情牌、拉攏成親信的最佳人選嗎？雍正當即決定讓田文鏡連升四級，就任從二品的山西布政使，領命新職，前往山西賑災。一個大半輩子碌碌無為的京官，轉眼成為主政一方的大吏，田文鏡會是什麼樣的心情？士為知己者死，我老田已經六十多歲，還能再活幾年？田某這輩子剩下的時間只認你雍正一個人，你想幹什麼，我都聽你的。

雍正二年，推行「官紳一體當差，一體納糧」，官場中誰也不願意帶頭得罪人的時候，主政河南的田文鏡就表示：我歲數大，沒什麼好怕的，沒人願意來，那我先來！而之後鬧出的「監生罷考」事件，田文鏡又在雍正的堅定支持下大開殺戒，一時間，不光是河南的士紳、官員對田文鏡怨聲載道，甚至遠在京城的中央官員都對他心懷不滿，若有若無地陷害田文鏡。

同樣是雍正二年，秋天時江南鬧災，糧食不足，物價飛漲。朝廷下令讓河南、山東兩省收購小米運往江南，平抑物價。可是田文鏡表示江南人吃不慣小米，請求讓河南換購小麥送往江南：江南人不食小米，請買小麥運送。[26]

雍正覺得有道理，準備讓山東把小米換成小麥，朝中一部分官員因此表達不滿，認為田文鏡的建議純粹是吃飽撐著，江南百姓也會喝小米粥。最終，雍正沒讓山東換購小麥。結果「據何天培奏稱，江南小米不能發賣，請易小麥。」[27]小米果真賣不動，還是得讓山東換購小麥。

雍正大火，朕用個田文鏡，你們這幫中央官員橫挑鼻子豎挑眼，最後怎麼樣？還不是得看田文鏡的？雍正把曾經批評田文鏡的官員逐一罵一遍，總結陳詞道：「田文鏡辦理此事甚好，應著吏部議敘具奏。」[28]

你們吏部自己看著辦，該怎麼誇朕的田文鏡，就不用朕多說了吧？田文鏡收到消息後，感動到不行，皇上可太夠意思了，買小麥這樣的小事也要為我抱不平。於是立刻上奏：知遇之隆，超越千古！臣受恩深重，無可圖報，夙夜永兢，惟有隨時隨事，恪遵聖訓，心體力行，並不敢稍留一毫心血，亦不敢旦夕苟且偷安。至買米一事，臣實愚昧無知，並不識如此料理方免貽誤。此皆疊蒙聖恩，多方教導故。[29]

什麼叫高水準發言？田文鏡這就是。先表達對雍正知遇之恩恩重如山的感念，再表態對雍正的每一道命令都高度忠誠地執行，最後謙虛地說自己沒有才能，這次換糧救濟的差事辦得好，完全是皇上對他悉心教導的功勞。

雍正收到田文鏡的謝恩奏摺後自然非常開心，表示：老田，你不必客氣，朕力排眾議破格重用，你也確實給朕長臉了，放心，只要你不辜負朕，朕一定永遠不會辜負你！於是，雍正就寫下了這條流傳至今的朱批：朕就是這樣漢子，就是這樣秉性，就是這樣皇帝，爾等大臣若不負朕，朕再不負爾等也。勉之。[30]

雍正確實從來沒辜負過田文鏡，哪怕後來他真的犯了一些小錯誤，還是對他袒護有加。雍正對田文鏡的個人生活也非常關心，例如田文鏡六十多歲還沒有兒子這個重大問題，雍正特別在朱批中解釋為什麼要送一服神祕藥方給他：有人新進朕一方，朕觀之甚平和通順，服之似大有裨益，與卿高年人必有相宜處。可與醫家商酌，若相宜，（不可因朕賜之方強用也）方可服。卿雖年近七旬，朕尚望卿得子。此進藥人言，此方可以廣嗣，屢經應驗云云。[31]

哪個皇帝能在奏摺裡給近七十歲的老臣說送這種不正經的補藥偏方？今天無法知曉田文鏡看到雍正這份朱批後內心是什麼感覺，有沒有真的照方抓藥，不過能確定的是，田文鏡到最後都沒能生出兒子。

除了田文鏡之外，雍正初年，他還和許多大臣都在密摺中說過這種類似「你不辜負我，我也絕不辜負你」的悄悄話。只不過，這些朱批諭旨在今天看來，就像是「渣男語錄」。

例如，雍正曾對兩江總督查弼納[32]說過：「朕信賴爾，對爾朕一向決非負心之君。」[33]朕對你和對其他那些大臣不一樣，朕也許會辜負他們，卻絕不會辜負你！再例如，雍正還對山西巡撫諾岷說過：「爾即照此矢志向前，既便朕有負於爾，上蒼亦必知垂愛於爾。」[34]我們君臣就這樣好好的，即便有一天朕辜負了你，老天爺也一定不會辜負你！

雍正在執政初期到處打感情牌，拉攏官員，實際效果確實還不錯，畢竟這些官員什麼時候見過皇上這樣？我們能想像康熙這麼和大臣們說話嗎？場面一定充滿違和感，可是放到雍正身上，似乎還挺合理。

雍正單純是靠表演來欺騙大臣們的感情嗎？這種猜測未免太膚淺，很多時候，雍正對他的大臣應該是付出真感情的。

二、袒露真情的君主

批評雍正是具有表演型人格的人，常舉的例子就是——雍正殺年羹堯。雍正當初叫年羹堯「恩人」：自你一下以至兵將，凡實心用命效力者，皆朕之恩人也。[35]後來不是說殺就殺嗎？可是雍正對年羹堯早年間投入的情感真的只是為了表演嗎？倒不見得，這一點從朱批上也能找到解釋。

雍正繼位後，年羹堯先後立下兩次大功。一次是康熙六十一年，他讓在西北領兵的「大將軍王」老十四交出兵權，解除雍正的外部危機。另一次是雍正二年，年羹堯平定青海叛亂，讓雍正坐穩皇帝寶座。憑著這兩份功勞，雍正早期對年羹堯真是好得無以復加，以至於說出那句特別肉麻的告白：

「朕實不知如何疼你，方有顏對天地神明也。」[36]

雍正可不是光用嘴說說，平定青海後，雍正給年羹堯加封一等公、賜雙眼花翎、賞四團龍補服，此外賞賜的各種金銀珠寶就更不用詳述了。簡單一句話，雍正對年羹堯，除了沒辦法封王，能給的都給了。

有觀點認為這是雍正「捧殺」年羹堯，倒真不見得。年羹堯可能是雍正朝唯一敢和怡親王允祥鬧彆扭，還能被雍正哄著安撫情緒的人。雍正初年，老十三允祥追繳虧空，年羹堯說西北各省在打仗，沒錢，請求不還。雍正對追繳虧空的態度非常堅決，但還是答應年羹堯。雖然雍正答應年羹堯的請求，但他始終和老十三不對盤。雍正該怎麼辦呢？

看一下當時的朱批，就能知道雍正夾在中間有多麼為難了。起初先是哄，雍正和年羹堯說：「怡親王甚怪你自春不寄一音。……他甚想念你，時時問及，你當深知他待你才是。」[37]

朕的十三弟一直很想你，他之前只是照章辦事，對你沒有惡意。年羹堯軍務繁忙之時，雍正又寫朱批說：「真正累了你了，不但朕，怡親王都心疼你，落眼淚。」[38]

可是年羹堯始終不接話，硬是逼得雍正連「以前我和老十三也不是很熟」這種鬼話都說出來了：

「（怡親）王此一種真實公忠血誠，實宗藩中之難得者，朕當日實不深知，自即位來，朕惟日重一日待之。」[39]

朕的十三弟怡親王真是特別好的人，朕之前和他接觸得不多，不太了解。更過分的是，年羹堯剛諷刺完老十三，轉頭就在官員任命問題上膨脹了。當時雍正出於對年羹堯的信任，數次在任命官員前詢問他的意見。本來是君臣相宜的美事，但年羹堯居然就此認為真的能繞過吏部自行任命官員。以至於當時有個叫岳周的工部郎中，和老八允禩關係密切，竟然敢拿著錢去找年羹堯買官。

儘管年羹堯將岳周買官之事上報給雍正，但這件事還是引起雍正的警惕。「岳周案」曝光後，雍正在直隸總督李維鈞的奏摺中，寫下這樣一句話：「近日年羹堯陳奏數事，朕甚疑其居心不純，大有舞智弄巧、潛蓄攬權之意。」[40]

雍正對年羹堯真的是非常恩寵與信任，只可惜他不僅貪汙受賄、作威作福，還毫無節制、不思分寸。換誰當皇上，「恩人」如此膨脹都很難不處理。最後事情無法收場，年羹堯被賜死，他真的冤嗎？

雍正很多時候對臣子都非常體貼，除了前面提到的張廷玉、田文鏡、李衛、鄂爾泰等雍正朝寵臣之外，那些未處在帝國權力核心圈子的官員，也能在朱批中感受到雍正給予他們的溫柔。

雍正五年，有一對兄弟官員祖秉圭和祖秉衡，祖秉圭升任貴州巡撫，祖秉衡就任山西大同總兵官。按理說是好事，後來雍正得知他們有個七十多歲的老母親留在安徽老家，儘管兒子都有出息了，但一個母親拉拔兩個兒子長大，家裡的經濟狀況仍舊很一般，現在母親年紀大了，身體狀況不佳，需要照顧。去貴州，太遠；去山西，盤纏不夠。兄弟倆發愁時，也沒上奏請求雍正，雍正聽聞後，主動下旨給張廷玉：可寄信與范時繹、魏廷珍，或酌量幫助盤費，或給與驛遞夫馬，並遣閒散微員送到大同任所。[41]范、魏二人一個是兩江總督，一個是安徽巡撫，讓他倆想辦法將祖家兄弟的母親送至祖秉衡所在的大同任所。

范時繹和魏廷珍接到旨意後不敢含糊，兩位高階主管各出四百兩白銀，派人一路護送，老太太在雍正六年正月初八，安安穩穩地到達山西。接到母親的祖秉衡激動得無以復加，其上交的謝恩摺子甚是感人：山西大同總兵官臣祖秉衡謹奏。為叩謝天恩事，臣兄弟二人均叨沐聖主殊恩，不次超擢，自揣逾分，恐懼日深。更蒙皇上垂憫，烏鳥至情，俾臣母邀，榮格外洵為千古異數……臣母於本月初八日至臣任所，臣母惟有朝夕焚頂祝頌萬壽無疆，臣兄弟二人亦惟有益遵母訓，各竭犬馬心力，冀仰答高厚於萬一耳！[42]

類似這樣的事情，雍正做了不只一、兩回。例如江蘇巡撫陳時夏在外奔波做官，任地一年一換，母親八十歲了，一直遠居雲南。母子倆十九年沒見過面。如今的陳時夏主政一方，有出息了，想請假去接母親來蘇州。雍正又是大筆一揮，回覆說：不用你去接，山高路遠不方便，朕下旨讓雲貴總督鄂爾泰和雲南巡撫楊名時派人精心伺候著，讓老太太走官路、住驛站，一路上絕對讓老太太風風光光，直至安安全全地到蘇州見你。陳時夏接到母親時，也是激動萬分地立即給雍正上摺子表達感激。陳時夏對雍正說：「（臣）不勝感激，伏地涕泣不能自己，竊思臣之一身，受皇上如許厚恩，無以仰報於萬一。乃臣母復蒙聖衷垂念，更邀曠古難逢之盛典……臣跪接叩頭祇領，泣感隆恩稠疊無以復加，即生生世世為犬馬，亦圖報不能盡也。聞臣母一路康健倍常。」[43]

臣的母親說她從來沒有這麼開心過啊！而雍正的朱批回信則是：「朕忻悅覽之，自滇省奏聞卿母起程直至閱卿此奏，朕每不能不係諸懷抱。今聞平安抵蘇，心方釋然矣。」[44]

這一路上，朕一直很擔心你的母親，如今平安到了就好。雍正又派人送了不少人參和貂皮去慶祝他們母子團圓。雍正的這些故事似乎從未聽人講起過。

那些說雍正心狠、愛表演的觀點，確實有待商榷。如果官員認認真真地當差辦事，不貪汙、不腐敗，雍正又折磨過誰呢？說到底，雍正無非好面子、要業績而已，當臣子真遇到困難有求於他時，他可沒有和祖秉衡、陳時夏說：「小祖、小陳啊，你倆現在為朝廷做事，家裡有困難，我理解，但誰沒有困難呢？你倆得克服。」而是說：「小祖、小陳，好好幹，家裡的事不用擔心，有朕在，只要認真工作，朕一定把你們家中的諸多困難都解決得漂漂亮亮。」

儘管雍正在軍事、外交上的能力有瑕疵，但對於這樣有同理心的皇帝，或者說是長官，我們真的會討厭他嗎？

三、難知天命的凡人

雍正喜歡祥瑞，愛搞「天人感應」的迷信。可是他到底是怎麼理解「天人感應」？他真是看到天上飄來幾朵五彩祥雲就會沾沾自喜的皇帝嗎？其實不是。雍正七年，他寫給江蘇巡撫尹繼善[45]的朱批：天人之際有感必應，其理顯而易見……凡興一役，舉一事，必先盡其心、殫其力，謀之人、聽之天，而後冀有成功。能如是，將見人事盡於下，天道感於上，不期其應而自無不應矣。[46]

雍正這段話可以說是對「天道酬勤」的完美注解，只要你竭盡全力地做到最後，老天就一定能幫你贏。

而這正是雍正一生的信念所在：只要努力工作就一定能感動上天，獲得成功。反過來，也成為雍正一生的枷鎖，只要還沒成功，就會覺得是自己還不夠努力，還不足以感動上天所致。其實雍正知道有些事不能強求，但就是不甘心，偏要強求。

雍正對年羹堯動殺心之前，曾勸過他：「凡人修身行事，是即是矣，好即好矣，若好上再求好，是上更覓是，不免過猶不及。治己求治，安己求安之論，到底是未治未安也。朕生平不為過頭事，不存不足心，毋必毋執，聽天由命，從來行之，似覺有效。」[47]

人要知足，做事情要講究限度。可惜年羹堯沒聽，依然我行我素，最終一路走向死亡。

雍正就做到自己說的了嗎？他做到了「不為過頭事，不存不足心」了嗎？也沒有，他帶病工作，強求因果。康熙在位六十一年，現存康熙批閱過的奏摺只有三千多件；而雍正在位僅十三年，現存朱批奏摺就超過四萬件。

雍正駕崩時年僅五十八歲，比父親、比兒子都短命得多，如今的我們只能在這四萬多件奏摺中去感受雍正的心緒與為人了。

雍正高強度工作極為傷身體。例如，他似乎從雍正元年就開始戴眼鏡，在清代皇帝中，比較罕見。乾隆一輩子沒受過視力問題的困擾，從沒戴過眼鏡，六十五歲時，還寫詩說：「器有眼鏡者，用助目昏備。……老年所必須，佩察秋毫細。然我厭其為，至今未一試。」[48]

乾隆在七十一歲時視力仍然很好，還寫詩勸人別戴眼鏡：「一用不可捨，捨則如瞽定。」[49]眼鏡這東西戴了就摘不掉，摘了眼鏡，人就像瞎了一樣。心態良好、勞逸結合的乾隆活到八十九歲才駕崩，比他辛辛苦苦一輩子的老爹雍正多活了三十多年。

這道理《黃帝內經．靈樞》早就說過：「五臟六腑之精氣，皆上注於目。」一個人衰老或疲憊，他的眼睛早就已經告訴我們了。

強人短處：祥瑞、外交與征伐

再次審視雍正，不論是逆風翻盤地奪嫡，還是夙興夜寐地改革，確實都讓人心潮澎湃，可是雍正一樣有著短處，人生一樣充滿痛苦與無奈，執政生涯中的缺陷與不足，仍舊是真實存在的。

一、信仰祥瑞的新君

康熙的兒子普遍非常迷信。例如老大胤禔想透過魘鎮來奪嫡；老八胤禩找張明德相面過；老九胤禟編造自己看見「大羅金仙」的政治謠言；甚至是老十四胤禵頂著「大將軍王」的頭銜到西北後，就找當地的算命先生測算八字。

極有可能是受到政治鬥爭的高壓影響，皇子們容易被各種神祕文化吸引，潛意識中總是期望能預知未來。老四胤禛一樣不例外，他勤奮好學，面對神祕文化時，不是找人來測算未來，而是親自下場研究，所有領域舉頭並進，全面學習。

雍正喜歡佛學，有個法號叫「圓明」。雍正和蒙古活佛章嘉呼圖克圖對談佛法時，被章嘉活佛稱讚「得大自在」[50]，可見雍正的佛法造詣應該挺高。學佛之外，雍正也學道，且是個資深的煉丹愛好者。他還特別寫過一首關於煉丹的詩：鉛砂和藥物，松柏繞雲壇。爐運陰陽火，功兼內外丹。光芒沖斗耀，靈異衛龍蟠。自覺仙胎熟，天符降紫鸞。[51]

雍正甚至學過測算八字，而且對算命水準相當有自信。有一次，雲貴總督鄂爾泰生病了，雍正除了關心他的身體，還特地把他的八字要來，親自算完，對鄂爾泰說：「朕因你少病，留心看看，竟大壽八字，朕之心病已痊癒矣。」[52]朕本來挺擔心你，一看你的八字是個長壽之人，朕就放心了。鄂爾泰活到六十六歲，還真算是挺長的壽命了。

而雍正對神祕文化的熱衷，導致他在登基後頻頻引導官員去製造各種「祥瑞」象徵。所謂「祥瑞」，是說君主勵精圖治，讓百姓們安居樂業，上天就會降下類似千年靈芝、五彩天石這類的珍貴物件，或是出現麒麟、鳳凰這些稀有動物，以褒獎君主的仁德，彰顯君主是天命所歸。後世的我們都知道諸如五彩天石、麒麟、鳳凰等並不存在。也就是說，祥瑞在本質上是一種假像。

康熙非常不喜歡祥瑞，用他的話來說就是：「如慶雲景星、鳳凰麒麟、靈芝甘露、天書月宮諸事，從不以為祥瑞而行慶典……或遇有地震日晦，幸災樂禍者將借此為言，煽惑人心。」（《清聖祖實錄》卷二九一，康熙六十年三月初四日）

今天朕要是因為一些吉利的自然現象就辦慶典，明天就會有人拿地震、日食這些凶險的自然現象來攻擊朝廷、蠱惑人心。但這只是康熙的主觀想法，他不推崇祥瑞的客觀原因另有其他，自他八歲登基，歷經幾十年風雨，宗室內沒有政敵，政治地位空前穩定，不需要靠祥瑞來鞏固自己的位置。

可是雍正不一樣，四十五歲才登基的他，宗室內有「八爺黨」虎視眈眈；執政之後整頓官場、敲打士紳，又得罪半邊天下。雍正在某種程度上必須靠祥瑞來證明自己是天命所歸，以鞏固位置。康熙朝三、五年都見不到一次祥瑞，雍正朝的十三年間，先後出現五十多次，平均每年出現四次。

有批評的聲音說：雍正如此大量地製造祥瑞是迷信和昏庸的表現。說雍正製造祥瑞是昏庸之舉，不如說更像他和寵臣們唱雙簧。

田文鏡推行「官紳一體當差，一體納糧」得罪地主士紳後，雍正四年，直隸總督李紱直接彈劾田文鏡用人不當，違背律法，隨意提拔官員。事情愈鬧愈大，雍正的態度是堅決支持田文鏡，幾乎把所有攻擊田文鏡的人都打成朋黨。可是這件事，雍正其實做得非常偏心，當時田文鏡的用人的確出現違背律法的問題。因此，官場對雍正的各種非議變得很多。

隔年，田文鏡就報祥瑞。按說一棵正常的水稻主莖上應該只有一株稻穗，田文鏡卻上奏說：「河南通省地方各種收成俱十分豐稔，所產瑞穀至十有五穗之多。」[53]一棵水稻上居然長了十五株稻穗，這是大豐收的象徵啊！雍正就當著百官的面說：「實伊忠誠任事之感召，愈見朕加恩之公當矣。」[54]這種祥瑞一定是田文鏡用忠誠與勤勉感動了上天才會出現的，朕對田文鏡的支持是公平的，是得到老天認可的。

君臣之間這般一唱一和，要說他們沒有事先串通，怕是沒人會相信。此後發生一件事，雍正藉祥瑞穩定朝堂的意圖看起來更明顯了。

雍正六年九月，「曾靜案」爆發，有謠言說雍正「謀父」、「逼母」。僅過了三個月，雲貴總督鄂爾泰就聯合雲南全省官員上報祥瑞，說雲南出現「五色卿雲」，「光燦捧日」[55]，正符合《孝經緯》[56]中記載的「天子孝，則慶雲現」，肯定是因為皇上是天下至孝之人，感動了天地，才會有此祥瑞。雍正便藉此祥瑞又大事宣傳一番。

雍正在政治形勢相對孤立的情況下，只能透過和親信之間互相製造祥瑞來逐漸扭轉輿論，最終背上「迷信祥瑞」的黑鍋。

但比起信仰祥瑞，雍正在外交上有著更大的問題。

二、失誤妥協的談判

雍正的外交經歷不多，僅有的兩次對外談判，一次面對強敵俄國，一次面對弱鄰越南，他都做了妥協和讓步。

清朝時，中、俄兩國領土接壤的邊界爭端很多。總體來說，一共有三處存在邊界爭端——東北的黑龍江、北部的喀爾喀蒙古、西北的新疆。其中東北的黑龍江屬於滿洲的龍興之地，早在康熙時期，朝廷就出兵對抗俄國，簽訂《尼布楚條約》，成功劃清中、俄雙方的東段邊界。但中段邊界和西段邊界的爭端卻始終沒有解決。究其原因在於西段無法解決，中段不敢解決。

當時的西段邊界屬於準噶爾叛軍的勢力範圍，儘管康熙早年間解決準噶爾領袖噶爾丹，後來卻因為財政問題，被迫和準噶爾的新領袖策妄阿拉布坦議和。西段邊界實質上處於尚未收復的狀態，問題自然無法解決。

康熙不想丟失喀爾喀蒙古的領土，又無法貿然出兵，促使俄國和準噶爾兵合一處，聯合對抗清政府。所以中段邊界的問題一直處於一種不敢解決的狀態。

雍正登基後，為了加速國家統一，就做出一個戰略構想：先透過中段邊界的談判進行一定的領土讓步後，簽訂條約，穩住俄國，然後大兵壓境一舉平定準噶爾，收復西北。這個戰略構想雖然不高明，但算相對務實。而人們真正對雍正的批評則是與俄國的談判過程中，雍正連續出現兩個失誤。

第一個失誤，御下不嚴。中、俄談判剛開始，清政府就出現一個叛徒，大學士馬齊。馬齊收了俄國人的賄賂後，直接把雍正為了收復西北，準備在中段邊界讓步的底牌暴露給俄國人。導致談判過程中，俄國人空前強硬。而雍正對馬齊的異心毫無察覺，以致後人透過俄國人的紀錄才知道馬齊叛國的事情。更離譜的是，吃裡爬外的馬齊在乾隆朝去世後，還進了清朝的賢良祠。雍正身為君主，事前沒有控制住馬齊，事後沒能及時發現馬齊的罪行，責任巨大。

第二個失誤，臨陣換將。清政府最初負責談判的人是隆科多，當時他正因結黨獲罪而失寵，急於戴罪立功，談判過程中兢兢業業，不但親自勘察邊界的具體情況，還表態說俄國必須把目前侵占的中國領土全部吐出來，才能繼續談後面的通商、傳教等問題。清政府在丟了底牌的情況下，因隆科多的強硬，仍然可以在談判中占據一定的主動權；但另一方面，使得雍正想先穩住俄國的戰略構想出現偏差。在俄國人虛張聲勢的武力威脅與談判即將破裂的恐嚇之下，雍正恰好查到隆科多在家中私藏皇家族譜（玉牒），懷疑他圖謀不軌。談判剛進行到一半，雍正臨陣換將，把隆科多給撤了。

頂替隆科多的卻是不懂外交的蒙古親王策棱，被俄國人一陣糊弄後，策棱糊裡糊塗地簽訂了《布連斯奇界約》，非但沒把被俄國侵占的土地要回來，反倒貼不少喀爾喀蒙古的無主荒地給對方，連俄國代表都說：「說真的，我從來沒有希冀過劃界會獲得如此有利且公正的成功……不僅邊界上有利的地方沒有讓與中國人，而且有些以前俄國不占有的地區也由俄國獲得了。」[57]

總體來說，儘管雍正的戰略目的達到了，此後清朝出兵西北時，俄國確實保持中立。但雍正重用馬齊、撤下隆科多、安排策棱頂替這一系列決定，的確是他在這次談判中無法被忽視的黑點。

與此同時，雍正在北方與俄國談判之際，南方一樣出現問題。

安南（今越南）先是趁明末清初天下大亂之際，侵占中國雲南八十里土地；在康熙朝，又趁吳三桂引發的「三藩之亂」初定、雲南局勢混亂時，再次侵占雲南四十里土地。一共侵占一百二十里地。雲南地方官員怕被問責，居然始終隱瞞不報，直到雍正二年十一月，才被時任雲貴總督的高其倬發現。找安南討要時，安南國王黎維祹抵賴不給，高其倬上奏雍正，請求出兵收回領土。

站在雲貴總督的立場上，高其倬討回土地沒有問題。但站在一國之君的立場上，雍正就很為難了——年羹堯剛平定青海，朝廷元氣還沒有恢復，加上各項改革剛起步，各方矛盾極其複雜，根本無法騰出手再去打一場跨國戰爭。更為緊要的是，當時雍正剛派出鄂倫岱等人與俄國進行初步交涉，西北的準噶爾正虎視眈眈，如果此時在南方貿然動兵，一旦戰爭擴大，北方就會有嚴重危機。站在雍正的角度來看，只要是神志清醒的人就能明白和安南的這場仗一定不能打。

可是高其倬已經和安南那邊發生矛盾，該怎麼辦呢？雍正做出一個百分之百要招來罵聲的決定：

安南自我朝以來，累世恭順，深屬可嘉。方當獎勵是務，寧與爭尺寸之地？況係明季久失之區乎！

（《清世宗實錄》卷三一，雍正三年四月二十二日）

歷代安南國王都很恭順，本來就該嘉獎安南，怎麼還能去爭那麼一點小小的領土呢？更何況那是明朝末年丟了的土地！最終，雍正的要求是：明朝時丟的八十里土地，就賞給安南，只要把康熙朝丟的那四十里土地收回來就行。當時在雲南當布政使的李衛感到非常不理解，壯著膽子上奏雍正，說安南人「畏威而不懷德，結怨而不記恩」[58]，安南這夥人沒有感恩之心，皇上對他們再好也沒用，將來說翻臉就翻臉。雍正無奈痛斥李衛「此奏一無可取」[59]，要求雲南官場必須執行命令。

正如李衛所言，安南國王非但不知感恩，且根本就不打算歸還康熙朝侵占的那四十里土地。這下雍正的面子有些掛不住了，降旨訓斥安南國王：以執迷之心，蓄無厭之望。（《清世宗實錄》卷六五，雍正六年正月二十八日）

做為配合，雲南巡撫鄂爾泰厲兵秣馬，一副隨時準備開戰的樣子，成功唬住對方。安南答覆說：「朕願意將康熙朝時侵占的四十里地歸還。但令人意外的是，雍正卻沒要這四十里地，反而回覆說：「朕覽閱之餘，甚為嘉悅。在王既知盡禮，在朕便可加恩。況此四十里之地，在雲南為朕之內地，在安南仍為朕之外藩，一毫無所分別，著將此地仍賞賜該國王世守之。」（《清世宗實錄》卷六五，雍正六年正月二十八日）

站在現代人的角度講，雍正這些做法都極度缺乏主權意識，領土怎能隨便拿來賞賜？可是回到當年的天朝體系下，這件事似乎不算特別離奇。安南國王黎維祹收到消息後，難掩激動，面對清朝的賞地特使行三拜九叩之禮，並對天盟誓道：安南將永世稱臣。史書是如此記載的：（黎維祹）行三跪九叩首禮……維祹聞言，以手至額者再四，誓「世世子孫永矢臣節」。（《清史列傳．大臣畫一傳檔正編十四．杭奕祿》）

而雍正朝的安南邊界，此後的確保持安定。

這兩次外交經歷，雍正可以說一直飽受批評。首先，造成國家領土的巨大損失；其次，兩次妥協都是希望能為剿滅準噶爾營造更好的外部環境，收復西北，但那場收復西北的戰爭，卻在雍正的指揮下，以失敗告終。這應該也是雍正人生中最痛苦的一段經歷。

三、軍事崩潰的結局

首先要說，雍正的軍事履歷絕對不是一無是處，不管是雍正二年平定青海叛亂，還是雍正六年平定西藏叛亂，這兩次平叛，仗打得都是既快又漂亮，並且加強清政府對青藏地區的管理，也為雍正日後收復西北積累了信心。

即位後，憑藉一系列追繳虧空和改革財政的措施，到了雍正五年，雍正不但在國庫賺下五千五百二十五萬兩白銀，還使得清政府這幾年幾乎都有超過一千五百萬兩的穩定財政收入。於是，雍正決心「捨千萬帑金，除策妄一大患」[60]。這裡的「策妄」，指的就是準噶爾的首領策妄阿拉布坦。雍正的意思是，不要考慮錢的問題，不管花多少錢，只要能收復西北，這事就不算虧。

接著，真出現一個歷史機遇。策妄阿拉布坦死了，其子噶爾丹策零繼位。

雍正猜測此時準噶爾內部一定是青黃不接的狀態，準備完畢後下令，分一西一北兩路大軍進攻西北。其中，西路軍統帥是川陝總督岳鍾琪，北路軍統帥是領侍衛內大臣傅爾丹。從整體的軍事和經濟實力而言，清軍毫無疑問極具優勢。如果說有什麼隱患，就是雍正在軍隊出征前秀了一把「才藝」。

當時西路軍統帥岳鍾琪已經敲定各營統帥的名單，交上去等著雍正批准。特別邪門的是，雍正找岳鍾琪把這些統帥的生辰八字要來算一算，算完後，便回覆岳鍾琪說：「馮允中看過，甚不相宜，運似已過，只可平守；袁繼蔭亦甚不宜，恐防壽云云；張元佐上好，正旺之運，諸凡協吉。」[61]

可以想像岳鍾琪看到這份聖旨後有多崩潰，典型的外行指導內行。雍正一個連拉弓都吃力的宅男，非要靠測八字來指導常年領兵的岳鍾琪該如何選用將領。

可是岳鍾琪沒有別的選擇，他不是當初的年羹堯，沒有得到雍正的高度信任；雍正六年的「曾靜案」，曾靜投書勸說岳鍾琪謀反的事歷歷在目，讓他不敢越雷池一步，生怕雍正懷疑自己。將領出征在外，如果事事都要請示後方，失敗成為必然。而雍正一直在收復西北的道路上接連犯錯。

雍正七年，兩路大軍一起出動，沒多久，準噶爾就派來使者求和。岳鍾琪覺得此事有詐，想予以拒絕。但意外卻發生了，雍正八年五月初四，怡親王允祥去世，雍正傷心過度，一下就沒了此前的戰鬥決心。同年五月初十，雍正下旨：如果準噶爾誠心歸順，可以議和，並要求岳鍾琪和傅爾丹兩位統帥帶著使者立刻回京，討論未來部署：著寧遠大將軍岳鍾琪、靖邊大將軍傅爾丹……來京。（《清世宗實錄》卷九四，雍正八年五月初十日）

剛出兵僅一年，一場硬仗都沒打，就直接把兩名司令官召回中央。若老十三還活著，一定不會讓他的四哥做出這麼大膽且危險的決定。

岳鍾琪前腳剛走，準噶爾後腳就突襲西路大軍，清軍大敗，傷亡約六千七百人，直接把清軍的西路軍給打敗了。雍正非常尷尬，但撤兵又太丟人，只能再次徵兵，繼續西征。只不過初戰告負之後，清軍整體的作戰策略就趨於保守了。之後，雍正犯下了在整場戰爭中最大的錯誤。

雍正九年三月，回到前線指揮的岳鍾琪收穫情報，準噶爾用小支部隊襲擾西路清軍的同時，動用三萬人準備在五月間突襲北路清軍。岳鍾琪遂申請西路軍北上，與北路軍共同禦敵，請求雍正批准。但遠在千里之外的雍正卻一陣分析認為敵人一定不會選擇五月間進攻北路軍，這樣一來，戰役很可能拖到七月後，一旦落雪，叛軍將難以返疆。雍正認為這不合常理，他堅持道：「朕料其詭計，仍欲來犯西路也。」（《清世宗實錄》卷一〇四，雍正九年三月初五日）讓岳鍾琪按兵不動。

雍正的分析不能說沒有道理，只是岳鍾琪身在戰場，顯然更熟悉情況。將領不能獨立指揮戰鬥，清軍的失敗顯然就注定了。最終，北路軍不但遭到準噶爾合圍，統帥傅爾丹還輕敵冒進，導致北路軍幾乎全軍覆沒，此役一共陣亡兩個副將、四個副都統、三個參贊，創下清軍入關以來出征作戰陣亡將領數的最高紀錄。雍正八年和雍正九年，兩路大軍連續受挫，但好在雍正有錢，繼續調兵遣將持續西征，只可惜士氣已衰，難以為繼。

唯一值得慶幸的是，雍正十年，準噶爾進攻塔密爾時，把喀爾喀親王策棱的兒子擄走。別看策棱談判的技術一般，打仗卻十分強悍，（策棱）檄調諸部落蒙古兵，得三萬人……日行三百里，至光顯寺。[62]

策棱得到消息後，斷發盟誓，立刻召集三萬蒙古兵，日行三百里，瘋狂追殺準噶爾軍，一路追到光顯寺，斬敵一萬餘人，直接把準噶爾的主力部隊打殘了，算是替雍正挽回一些顏面。

遭到重創的準噶爾請求議和，另一邊的雍正儘管不願意承認，但事實上，當時的清軍已無取勝的可能，最終同意和談。雍正十二年，和談達成，一切重新回到起點。

整場戰爭自雍正七年打到雍正十二年，歷時六年，消耗軍費數千萬兩白銀，陣亡數萬將士，卻一寸土地都沒打下來。一年後，雍正就帶著對西北局勢的莫大遺憾駕崩了。也許雍正直到臨終時都感慨，假如他的十三弟能多活幾年，一定能勸住他，讓他別犯那些愚蠢的錯誤。只可惜，一切都不可能了。過了整整二十五年之後，才由乾隆徹底平定準噶爾，成功收復新疆，將清朝的版圖直接拓展到帕米爾高原，站在父祖的肩膀上，他達成康熙與雍正都不曾達成的願景。儘管乾隆在很多方面都讓人覺得他這個人有待商榷，但至少在軍事功績與版圖擴張方面，甚顯出色。

一個人不管再怎麼努力，終究都要背負一些痛苦和遺憾。政治上的孤立，使得雍正必須靠祥瑞來造勢；周邊環境的複雜，使得雍正的外交方式趨於妥協和保守；「千古君臣知遇榜樣」的年羹堯死後，雍正很難再給予其他將領同樣的信任，事事請示與越級指揮間接導致清軍在軍事上的慘敗，最終雍正在遺憾中去世。

不過，雍正的高壓反腐和制度改革，的的確確讓當時的國家變得更好。回望康熙留下的種種問題，雍正已經做得很出色了，清朝絕大多數民眾的生活狀態確實因他而得到切實的改善。

以上，就是雍正那些不那麼出色的故事了。

忙裡偷閒：胤禛的業餘生活

奪嫡、新政、奏摺、黑料……政治場中的雍正，其輪廓已然漸漸清晰，儘管政治場很重要，但依舊不能代表一個人完整的一生。雍正這一輩子，從皇子到皇帝，朝堂之外的他又是怎樣的呢？

一、熱衷藝術的「文藝青年」

正常情況下，滿洲皇族出身的人一生中最大的愛好往往是打獵，射殺各種小動物。早在後金時期，皇太極就和滿洲上下強調過：我國家以騎射為業……欲爾等識之於心，轉相告誡，使後世子孫遵守，毋變棄祖宗之制耳。（《清太宗實錄》卷三四，崇德二年二月二十七日）

滿洲子子孫孫都得認真練習騎射，否則就是背棄祖宗。

滿洲入關後，康熙和乾隆這對爺孫的騎射功夫都非常好。然而奇怪的是，做為康熙的好兒子、乾隆的好父親，夾在清朝武德最充沛的兩位皇帝中間的雍正，反倒極其厭煩騎射、打獵。

像木蘭圍獵這種和蒙古王公溝通感情、必須由皇帝親自參加的活動，雍正除了登基前當皇子時陪著康熙去過幾次之外，登基之後，就把這事全推給老十三怡親王允祥了。朕就不去了，你替朕去就好，我們倆誰去不一樣？

對於雍正不愛打獵這事，似乎也容易理解，畢竟他常年勤於批奏摺，怕是想打獵可能都沒時間。不過，現存於北京故宮博物院的一件文物卻為我們找到其他解釋。此文物名叫「木葡萄紋樺皮雍正帝御用弓」，弓身所附二皮簽上用滿漢文書寫了「世宗皇帝葡萄花面弓四力半」。「四力半」指的是拉開這個弓所需用的力氣是四力半。「力」是個計量單位，一般情況下，「力」的數值愈大愈厲害。當時，清朝軍隊中日常使用的弓，若拉開最沉的應該要「十八力」，而雍正的弓只要「四力半」，相當於滿分一百分的考卷，雍正上場只能考二十五分。

也許雍正還是能拉開更重的弓，只是我們尚未發現，但結合他一生的經歷和遙控指揮軍事的戰績，在武藝方面，雍正可能真的是不及格的水準。不過，東邊不亮西邊亮，雖然雍正的武藝水準比較一般，但文藝水準還是很高。琴棋書畫，除了畫畫可能不太擅長以外，其他三項，雍正的水準都是能拿得出手的。

首先是琴。康熙的兒子中，音樂天賦最好的應該是老三胤祉和老十六胤祿，兩人吹拉彈唱的水準都很高，不過老四胤禛在這方面也不差。

康熙五十二年，康熙安排老三胤祉帶著大臣編了一部叫《御製律呂正義》的音樂教科書。編到關於音律的部分時，突然遇到問題，進展停滯。康熙就派人去請教南府[63]的教習朱四美。朱四美是康熙朝的音樂高手，當時已經八十多歲，行動不便，才派人上門請教。當時的康熙囑咐道：「問南府教習朱四美，琵琶內共有幾調，每調名色原是怎麼起的，大石調、小石調、般涉調這樣名，知道不知道？還有沉隨、黃鸝等調，都問明白。將朱之鄉的回語，叫個明白些的，著一寫來。」[64]

康熙剛囑咐完就意識到音樂、曲調這種東西，若是派個不懂的人去請教，根本問不清楚。於是又補充一句：「倘你們問不上來，叫四阿哥問了寫來。」[65]能在編音樂教材這種事上被康熙記起來，老四胤禛的音樂水準想必應該是厲害的。而且老四經常寫詩描繪自己彈琴的場景，其中有一首〈偶題〉：秋宵嗷嗷雲間鶴，古調泠泠松下琴。皓月清風為契友，高山流水是知音。

雍正的這首詩韻味尚佳，至少比起他兒子著詩的平均水準高一些。

接著是棋。儘管史書上沒有記載過雍正的棋藝水準究竟如何，但他對下棋的熱情著實高漲。雍正五年，外邦使臣送給他一對象牙雕刻的鑲銅鍍金的痰盂。雍正一看，東西實屬精美，只是拿來當痰盂實在太過可惜，於是下旨要求改樣。諭旨記錄在《活計檔》[66]中：著將此痰盂，改做大棋盒。[67]這裡的「大棋」，指的就是圍棋。可見雍正對下棋的興趣肯定不一般，對尋常人而言，把痰盂改成棋盒，實在有點不拘一格。

最後是書。雍正的書法，之前略有提及。雍正說過：「朕早蒙皇考庭訓，仿學御書，常荷嘉獎。」他從小就模仿老爹康熙的筆跡，而且經常被誇。還有史書記載說：「聖祖最喜世宗宸翰，每命書扇，歲書進百餘柄。」[68]

康熙喜歡老四的書法，經常讓老四寫扇面。而老四也很熱衷，每年只要康熙吩咐，老四就會寫上一百多把扇子交上去，說留著父親送人時比較方便。

倘若大家想要親自辨別雍正的書法水準，今天到北京故宮養心殿的西暖閣，便能看到雍正親筆寫的對聯「惟以一人治天下，豈為天下奉一人」，橫批「勤政親賢」。這副對聯不光字好，意思也好。

君主的使命是治理天下，而不是盤剝天下。雍正做為封建帝王，究竟有沒有做到這兩句話暫且不提，單看他能把這兩句話掛到養心殿裡，掛到自己的辦公室，這般警示也算是一種誠懇的態度了。

總之，滿洲傳統的搭弓騎射，雍正沒興趣；漢人儒士喜愛的琴棋詩書，他倒是樣樣精通。不過要是說到雍正的愛好，最有名的還是做為「cosplay 鼻祖」的特殊身分。

二、花樣迭出的變裝

之所以說雍正變裝這件事，主要是因為雍正留下來一整套造型各異的畫像——《胤禛行樂圖冊》（十三頁）[69]。這套畫冊中，雍正的確是穿著五花八門的衣服、頂著千奇百怪的髮型，模仿了不少人。

例如《許遜降龍》[70]中，胤禛在懸崖之上，穿著道袍，揮著拂塵，姿勢很滑稽；而旁邊的波濤之中，盤著一條張牙舞爪的龍。許遜是東晉時期的道士，開宗立派，成為道教的經典人物。今天，桃園大園區有一座仁壽宮，供奉的就是許遜的香火，當地人把許遜稱為「感天大帝」。

接下來雍正還模仿的幾個人。《東方朔偷桃》[71]中，雍正扮演的東方朔就像是個變戲法的藝人；《李白行吟》[72]中，雍正站在河邊，似乎正感慨「君不見黃河之水天上來」；《阮籍撫琴》[73]中，雍正身著長衫端坐於竹林中，專心撫琴。

除了模仿古人之外，還有不少對不同風格著裝的模仿。《岩穴喇嘛》[74]中，雍正模仿藏傳佛教徒，反映他尚佛的一面；《與兔共憩》[75]中，雍正則模仿蒙古貴族。最有意思的是，雍正除了模仿各民族人士之外，還模仿西洋人。《洋裝刺虎》[76]中，他頂著一頭假髮，穿著十七世紀的法國宮廷風的背心和外套，拿著一把三叉戟刺向老虎。但這幅畫中，雍正對他穿的這身洋裝還是有些小改動，他把裡面穿的西服背心織上中國傳統的鎖子甲紋路；然後又把法國式大袖口改成滿洲式小袖口。

雍正這些畫在今天來看是有些「魔性」。很多人第一次看到這些畫時，還以為是網路上的惡搞圖片。做為帝王的雍正在歷史上為什麼會留下這樣一組畫作呢？是當皇帝當煩了，需要靠 cosplay 來愉悅身心嗎？

儘管已經確認這些都是雍正本人的畫像，但雍正朝內務府造辦處[77]的畫作檔中，根本沒有記載這些畫作的成畫時間。學者們從許多蛛絲馬跡中去找答案，推測出這組畫極有可能是胤禛登基前，還是皇子時的畫像。理由主要有三點：

第一，雍正繼位時是四十五歲，而這組畫裡，他的鬍鬚都偏短，年紀似與當皇帝時有差距；

第二，畫中的場景相對簡陋，雍正繼位不久就開始翻修圓明園，翻修結束後，雍正在園中的各種畫像，背景都相當漂亮，所以這組畫極有可能是翻修圓明園之前創作的；

第三，把沒有準確成畫年代的這組《胤禛行樂圖冊》（十三頁），和登基後成畫的《雍正十二月行樂圖軸》[78]進行對比，明顯發現後者的畫工遠比前者精細。正常情況下，一組皇帝的單人畫像，怎麼可能畫得比在群像畫中的皇帝還要粗糙呢？最合理的解釋就是《胤禛行樂圖冊》（十三頁）創作時，胤禛還不是皇帝。

即便成畫時胤禛還是皇子，但看畫中人物的歲數應該是封王以後了。一個滿洲親王為什麼要找人畫這麼一組畫呢？

很有可能和康熙朝晚年的政治形勢掛鉤了，老四這場模仿秀是為奪嫡做準備，因為雍正做類似的事情是有「前科」的。

康熙三十五年，康熙為了表達對農業的重視，找人畫過一組《耕織圖》[79]來展現農民的生活。那之後，老四胤禛也找人畫了一組[80]。如果將其中一張擺在一起看，構圖幾乎完全一致。最大的區別是趕牛農民的臉，從普通百姓換成老四胤禛的臉；而遠處房間裡的人物自然就是他的福晉烏喇那拉氏。[81]

雍正的目的再明顯不過——拍老爹的馬屁，表示自己同樣重視農業發展，甚至願意身體力行。

如果說胤禛版耕織圖是展現自己對經濟的重視，這組《胤禛行樂圖冊》（十三頁）就是展現他對文化的包容。儘管這組畫中胤禛的形象看上去雜亂無章，但仔細數一數就會發現，這組畫把滿洲士兵、蒙古貴族、蒙藏喇嘛、中原儒生、煉丹道士等當時清朝統治下的不同民族、不同宗教信仰的核心社會角色都涉及了，還包括遠在九州之外的西洋人。畫中的服裝都十分考究，但雍正的表情幾乎都呈現淡定自若的模樣。

雍正明顯有兩層目的：表面上，展現自己不貪慕權力、無心奪嫡的中立姿態；深層內裡，顯示自己對各類人群，甚至對西洋人都有深入了解，以此來暗示老爹，他在文化素養方面，完全有能力管理好這個國家。

同時，考慮到康熙晚年經常去老四胤禛家裡串門子，這組畫很可能是此期間誕生，《雍正像耕織圖冊》也好，《胤禛行樂圖冊》（十三頁）也罷，儘管這些畫作在一定程度上展示老四胤禛的愛好與趣味，但都是胤禛畫給康熙看的，並以此為自己增添奪嫡砝碼的工具。

我們不能只看「魔性」、有趣的畫作，便把一個心思深沉的奪嫡冠軍理解成有點萌的搞笑分子。

不管怎麼說，雍正都是個在官場混跡多年、在血雨腥風中逆風翻盤的狠角色。

而老四胤禛做了皇帝後，又會有哪些新的愛好呢？

三、燒瓷、遛狗的宅男

說雍正是宅男，絕對不是冤枉他。

執政十三年中，除了隔幾年會到清東陵給康熙、順治上墳之外，雍正的日常生活不是宅在紫禁城，就是宅在圓明園，每天最大的愛好是批摺子。今天能看到保留下來雍正親自批閱過的奏摺就有四萬多件，其中漢文的有三．五萬多件，滿文的有六千多件。雍正平均每天都要批上八、九本奏摺，再加上日常政務的處理，可想而知會有多麼疲憊。

人勞累時，必然需要一些愛好來調劑生活。雍正靠什麼來放鬆呢？簡單來說就是兩件事，一是製瓷，一是養狗。

很多人喜歡買一些小擺件，看到喜歡的東西時，賞心悅目、心曠神怡之感油然而生。只不過雍正不是去買擺件，而是親自設計。

清朝宮廷器物的製作流程都是固定的，大致分三步：第一步，皇帝下旨，說朕要做什麼東西；第二步，底下的人提供一張設計圖，或是一個臘製的模型，讓皇帝提出修改意見；第三步，待修改完後，正式燒製成型。

清朝歷代宮廷器物的製作可以說是皇帝個人審美的體現，而雍正設計器物時，有一個明顯的追求和一條明顯的紅線。追求就是必須「文雅素淨」，紅線就是不能「亂蠢笨俗」。

有個非常典型的例子，雍正六年，底下人做了一方墨硯給雍正，雍正看了很不喜歡：「蓮艾硯做的甚不好，做素靜文雅即好，何必眼上刻花？」[82]

乾乾淨淨的多好看，這麼多花裡胡哨的幹什麼？除了圖案，對文字，雍正也很反感那些看起來沒什麼文化的措辭。雍正七年，底下呈上一件蜜蠟如意，上面寫著「萬壽無疆」的字樣。雍正第一反應就是說：「如意柄上『萬壽無疆』四字，俗氣，著去平。」[83]把字磨掉，朕要是握著這麼一個東西，讓人看見還真夠丟人。

正因雍正這些吹毛求疵的要求，今天看到雍正朝的宮廷文物往往相對雅致。有些什麼花紋都沒有，唯求素雅、漂亮；即便有圖案花紋，第一眼看上去也是力求精緻，並不雜亂；再有，雍正偶爾在器物上的題字也都注重文化氣息。例如，雍正款松花江石硯的背面，雍正題的是「以靜為用，是以永年」，韻味悠長。

只不過物件終究是死物，不會給回應，缺乏生氣。雍正在製瓷之餘，還有一項愛好，就是養狗。有些人養狗，狗吃得比人都好。雍正身為皇帝雖然沒誇張到這種程度，但他和愛狗在吃這方面的對比也挺有意思的。張廷玉經常陪著雍正和伺候他吃飯，他說過：「世宗憲皇帝時，廷玉日值內廷。上進膳時常承命侍食，見上於飯顆餅屑，未嘗棄置纖毫。」[84]

雍正用餐時，不管是吃大米還是啃大餅，從不浪費糧食。可是他不浪費，不代表狗不能浪費。雍正養狗，經常擔心自己的狗吃不飽。按內務府的傳統規定是：「每狗一條，每日食羊腸十兩。」[85]這樣的伙食其實很不錯了，但雍正說：不行，朕養的狗怎麼能只吃這麼點？於是，雍正的狗天天餵牛肉吃。在古代，農民的牛拿來耕地都不夠用。而雍正養的狗天天吃牛肉，想來也是挺諷刺的。

雍正替狗起的名字很有趣，最有名的兩條狗，一叫「造化」，一叫「百福」，都取自吉祥話。

今天替寵物犬穿衣服不是什麼新鮮事，若看到那些花花綠綠的、用料貴重的，還是會覺得奇怪。但雍正替自己的小狗們做的衣服更邪門。雍正五年，雍正下旨給內務府：

> 給造化狗做紡絲軟裡虎套頭一件，再給百福狗做紡絲軟裡麒麟套頭一件。[86]

光做紡絲的衣服還不夠，雍正還給自己的狗做了不少真皮的衣服。像貂皮、豬皮都曾被雍正下令做成狗衣。最誇張的是，連老虎和豹子的皮都被雍正找人扒了，縫成衣服，套在自己養的狗身上。

除了吃穿之外，在住的方面，內務府的檔案中，同樣能看到雍正為自己的狗設計籠子、被單、被褥等各種紀錄。雍正五年，他曾下旨：

> 做圓狗籠一件，徑二尺二寸，四圍留氣眼，要兩開的。[87]
>
> 著將此狗籠上配做見方四幅、深藍布窀單一塊。[88]

「窀單」就是滿語「被單」的意思，可見雍正在養狗這件事上非常上心，著實喜歡。

只是講到雍正的這些愛好時，叫人難免心生不悅。

封建社會，窮人家省吃儉用，只能勉強穿上一件棉布麻衣。可是到了皇家，連一條狗都能穿著貂皮大衣，睡著紡絲軟布。底層人不如富家狗，這就是所謂「萬惡的舊社會」注定要被推翻和摧毀的原因吧。人，終歸需要獨屬於「人」的尊嚴。

許多人談及古代那些富家子弟的花樣愛好和生活情趣時，似乎會刻意平添一些美好而令人嚮往之感，但這些皇族、官員、地主鄉紳的幸福生活，這些統治階層每一秒的歲月靜好，底下都是負重前行的無數貧苦百姓。

包括雍正也一樣，面對雍正朝文雅的瓷器給我們帶來喜悅的同時，我們找不到當年生產這些瓷器的底層工匠名字。最多會知道當時景德鎮有個督陶官，名叫唐英，但唐英也是官員，再往下的那些髒兮兮的工匠呢？沒人記得。

第五章

祕密立儲：雍正朝的後奪嫡時代

三阿哥弘時：行事不謹的皇家棄子

雍正帝的皇三子愛新覺羅·弘時，傳說被父親雍正處死的皇子，典型的悲劇人物。整個後奪嫡時代中，他是乾隆在奪嫡之路上唯一可能存在的障礙。

雍正一共有十個兒子：長子弘暉、皇子弘盼、次子弘昀、三子弘時、四子弘曆、五子弘晝、皇子福宜、皇子福惠、皇子福沛、六子弘瞻。其中四位早早夭折的皇子未能序齒。

在只剩六個人的情況下，老大弘暉和老二弘昀幼時就因病去世。真正長大成人的只有四個——老三弘時、老四弘曆、老五弘晝、老六弘瞻。其中，老六弘瞻是雍正十一年才出生，雍正駕崩時只有三歲。

相當於雍正的皇位繼承人只有三位候選人。年紀最大的三阿哥弘時，比弘曆和弘晝大了七歲。

做為實際上的長子，弘時本該很有希望奪嫡，但他的結局為什麼會比上一代的皇長子——他的大伯胤禔——還要悲慘呢？讓我們來看一下他這只長身體、不長腦袋的一生。

一、行事不謹的少年

弘時出生於康熙四十三年，母親是老四胤禛的側福晉李氏，就是後來的齊妃。李氏是個漢家女子，她的父親李文輝只是清廷地方上的普通官員，沒有家族勢力。因此，從出身的角度來看，弘時繼位的可能性非常低。

畢竟在清朝，滿、漢有別。雍正已經算是清朝最不在乎滿、漢之分的皇帝，他能讓漢臣張廷玉配享太廟；還曾讓李衛和田文鏡合寫一本《州縣事宜》，以推廣給全國各地的滿、漢官員做為教科書，讓他們學習如何管理地方政府。諸如這些行為放在清朝其他皇帝身上是無法想像的。

即便致力於淡化滿、漢之分的雍正，仍然說過兩句話。第一句話是：「用人惟當辨其可否，不當論其為滿洲為漢人也。」[1]用人應該看其能力，而不應該看其出身。這話聽著還不錯吧？但第二句話則是：「滿洲內有一善人，漢軍內亦有一善人，朕必先用滿洲。」[2]若是同等條件，優先用滿洲人。雍正有時就是這樣，他會把一些在大家心照不宣的東西擺在檯面上來講。

這種前提下，弘時的母親李氏是漢人，且家族實力一般；而弘曆的母親是鈕祜祿氏，不但是滿洲人，還是傳統的豪門大姓。兩位兄弟一對比，弘時必須在能力上肉眼可見地超過弟弟弘曆，才可能有機會勝出。不管今天多麼喜歡拿乾隆的詩文開玩笑，也必須承認，一個人想在政治能力上以「肉眼可見」的程度超過「章總」，絕非易事。

我們可能會有疑問：弘時為什麼非要爭皇位呢？安心當個富貴王爺不好嗎？答案是，很難。一來是因為年齡，二來是因為家庭。

在年齡上，弘時實際上是長子，比弘曆大七歲。讓哥哥向弟弟俯首稱臣，太困難了。康熙朝的皇子中，不奪嫡的全是年紀小的，年紀排序前十的阿哥裡，除了學習成績太差的老五和身有殘疾的老七，其他只要活著的全去爭了。面對那把龍椅根本無法抗拒誘惑。

在家庭上，弘時的母親李氏雖然是漢人，但她嫁給老四胤禛的時間卻非常早。胤禛的前六個孩子中，有四個是李氏生的，早期的她肯定極其受寵。雍正登基前，李氏就是雍親王府的側福晉，地位上不但高於弘曆的母親鈕祜祿氏，僅次於嫡福晉烏喇那拉氏。偏偏烏喇那拉氏的兒子老大弘暉夭折了。至此，弘時不但成為長子，而且他母親的地位還是眾阿哥中最尊貴的。有這樣的先機條件，弘時怎麼可能忍住不去爭呢？不但會爭，甚至可能默認那把椅子就該由他來坐。

很可惜，弘時的成長道路並不順利。

康熙五十八年，十六歲的弘時成親了，新娘子是禮部尚書席爾達[3]的女兒棟鄂氏，算是一門不錯的婚事。舉辦完這場象徵長大成人的婚事後，弘時面臨的卻是接二連三的打擊。

弘時結婚，父親胤禛旗下的得力幹將四川總督年羹堯不但沒送賀禮，連封賀信都沒寫。為此，胤禛大發脾氣在信中訓斥年羹堯：「阿哥完婚之喜，而汝從無一字前來稱賀。」[4]

這件事倒不能說是年羹堯針對弘時，同一年，胤禛母親德妃烏雅氏六十大壽，年羹堯同樣沒送賀禮、沒寫賀信。年羹堯當時身為康熙寵臣，不是沒把弘時當一回事，而是壓根沒把胤禛當一回事。

如果說年羹堯對弘時的無視是無心之失，之後康熙對弘時的無視肯定就是有意為之了。

弘時成婚後第二年（康熙五十九年），康熙宣布加封皇孫：甲寅，封和碩誠親王允（胤）祉子弘晟、和碩恆親王允（胤）祺子弘昇，俱為世子。班次俸祿，照貝子品級。（《清聖祖實錄》卷二九

〇，康熙五十九年十二月二十二日）

康熙朝晚年，皇子中只有三位親王，老三、老四、老五。老三胤祉和老五胤祺的兒子都被加封為世子了，唯獨把老四胤禛的兒子跳了過去。

是弘時年齡不夠嗎？不可能，弘時已經完婚，完全夠資格。是老四胤禛不受寵嗎？也不可能，隔年，康熙六十年大慶，老四還代表康熙去瀋陽祭祖，怎麼可能不受寵呢？而且就算老四再不受重視，肯定也比老五強。

最後的原因只剩一個，就是弘時本身有問題。我們甚至可以推測，康熙此時恰恰已經考慮將皇位傳給老四，同時看弘時實在不爭氣，才沒有加封弘時，以免老四胤禛未來選擇接班人時產生不必要的壓力。

此時的弘時不過是個十七、八歲的少年，年紀輕輕的他到底犯過什麼錯，有什麼問題呢？關於弘時的相關記載都被清朝官修史書刪掉了。具體的錯誤是什麼，已經無法查證。但僅有的資料中，不管是雍正還是乾隆都曾隱晦地批評過少年的弘時。據乾隆的回憶，雍正說弘時：「年少無知，性情放縱，行事不謹。」（《清高宗實錄》卷五，雍正十三年十月二十四日）這個「行事不謹」到底是指什麼呢？眾說紛紜。

中國人民大學清史研究所的史松教授曾推測：弘時很有可能是生活作風出了問題，「一是康熙後宮佳麗頗多，皇帝晚年江南還時有美女送來；康熙最小的兒子……允祕生母陳氏年齡未過二十。二是弘時那時大概十五、六歲，正是情竇初開的大男孩，在佳麗叢中發生『不謹』之事，完全有可能」[5]。當然，這只是一種推測。

無論真相如何，唯一可以確定的是，弘時的品格與才幹被他的皇爺爺康熙明確否定過。等到康熙駕崩，雍正繼位後，弘時從皇孫變身為皇子，處境會有所改善嗎？

並沒有，從康熙拒絕封弘時為世子的那一刻起，他的奪嫡之路已經終結了。

二、屢遭打擊的皇子

雍正登基之後，弘時的母親李氏的地位轉瞬就被弘曆的母親鈕祜祿氏拉平了。雍正元年二月，李氏被封為齊妃，鈕祜祿氏被封為熹妃。兩個人至此平起平坐。

雍正元年八月，雍正宣布祕密立儲，公開表示不立皇太子，同時又說了一句話：「今朕諸子尚幼，建儲一事，必須詳慎，此時安可舉行？」（《清世宗實錄》卷一〇，雍正元年八月十七日）

當時的弘時已經二十歲，而雍正這番話已經暴露出潛意識中就沒考慮過弘時繼位的可能性。同年十一月，康熙逝世一週年的景陵祭典上，雍正沒有去，反而安排十三歲的弘曆代行。如此重要的大型典禮，皇帝不去，讓皇子代去，這事雖然並不稀奇，但放著成年皇子不用，轉而讓未成年的皇子去，可就非常罕見了。當時滿朝野幾乎都意識到雍正心中默認的繼承人就是弘曆。

雍正登基僅一年，弘時連續遭受三次打擊，斷絕奪嫡的希望。站在這個時間點上，如果弘時能夠甘心認命，未必不能當個富貴王爺。雍正此時沒有完全放棄弘時，反而希望能從其他方面培養他，當不了皇帝，當個能臣也是好的。

為此，當時的雍正專門下旨把一位五十多歲的儒家老學究王懋竑從安徽請到京城，給他翰林院編修的官職。然而老王實際的工作卻只有一項——當弘時的老師，端正弘時的行為。

為什麼選中王懋竑呢？他是江南有名的大儒，為人處世極為嚴謹。用乾隆朝吏部尚書王安國的話來評價其一生就是：「自處閨門里巷，一言一行，以至平生出處大節，舉無愧於典型。」[6]

如果要在當年為定義「何為儒家禮義？」找個榜樣、範本，王懋竑就是教科書式人物。雍正費這麼大的功夫把王懋竑請來當弘時的老師，可見此時對弘時仍然充滿希望。而且王懋竑給家人寫的信中，還提到非常有意思的一件事。

雍正元年臘月，雍正要給大臣們寫「福」字賜福，當時的情況是：又二十六日，皇上傳書房中有未得「福」字者，今親詣養心殿。是日，適阿哥奉差出，余不往書房，遂不與賜，而蔡聞之（蔡世遠）獨得之，三阿哥言當請賜，余以小臣不敢。[7]

沒有領到「福」字的都來養心殿，朕補發給你們。可不巧的是，恰好趕上弘時不在，老王不敢去，就沒領到。等弘時回來後，弘時再勸他去，他還是不敢去。

這個故事中，我們能看出三點：

第一，弘時奉差外出。證明此時弘時和父親的關係，應該還算不錯。

第二，弘時和王懋竑的師徒關係應該比較親近。

第三，弘時的性格應該有些輕率和衝動，張嘴就要老師去找雍正討「福」字，他不知道爸爸有多忙嗎？

無論如何，王懋竑給弘時當老師的這段日子裡，弘時一定有明顯進步。雍正二年二月，王懋竑的母親在江南老家病逝，他申請回家守喪，丁憂三年。雍正為此連下了兩道聖旨：先是賞銀一百兩，好讓王懋竑拿回家去辦喪事；接著是：與江南總督巡撫照看他治喪畢，速速來京，不必俟三年滿。欽此。[8]

一邊讓當地的省級長官照看王懋竑，把這場喪事辦得漂漂亮亮；另一邊以聖旨的名義，讓王懋竑不必守喪，待喪事結束立刻回京。可見雍正對王懋竑指導弘時的教育成果是認可的。且雍正認為弘時的身邊少不了王懋竑。

然而，王懋竑回家奔喪的這段時間裡，弘時在京城的日子又過得如何呢？

三、父子反目的悲劇

王懋竑回家的同一年，弘時就出狀況了。雍正二年十一月，康熙去世兩週年的祭典上，十四歲的弘曆第二次代表皇家去景陵祭奠康熙。

一次也許是偶然，連續兩次指定弘曆去，弘曆為雍正默認的繼承人人選似乎已經沒有異議。而弘時可能也意識到不管自己再怎麼遵循老師的教導去滿足父親的期望，都沒辦法贏過弘曆。此時的他，一定很迷茫。

一個月後，雍正二年十二月，時任吏部尚書的朱軾要出公差到浙江視察海塘。朱軾離京前，弘時特地私下找到朱軾，拜託他繞道去找老師王懋竑，勸王懋竑盡快返京。

我們如何知道這種私密談話呢？王懋竑對吏部尚書這種高官的到來過於意外，在日記中特別寫下來：高安朱公奉命出，過江南，府君出謁，高安公促來春進京，且致三阿哥惓惓屬望之意。[9]

可見弘時非常思念老師，希望隔年春天就能見到老師。但事與願違，王懋竑在喪母後，傷痛欲絕病倒了，一直拖到來年八、九月間才返京。

王懋竑晚到的半年中，沒有老師的規勸與寬慰，生性衝動、放縱的弘時，犯下了一生最大的錯誤。

雍正三年二月，雍正坐穩皇帝的位置後，正式著手處置「八爺黨」。而弘時犯的錯誤就是在這場對「八爺黨」的政治清算中，沒有支持父親，反而旗幟鮮明地站到八叔允禩那一邊。

關於弘時這次自殺式政治站隊的原因與經過，史書上沒有記載。可能被雍正刪掉了，畢竟父子反目，實在太過恥辱。而我們見到的結局是來自雍正朝的一份聖旨：弘時為人斷不可留於宮廷，是以令為允禩之子。[10]

老八有兒子，沒絕後，而且誰都知道雍正和老八是對立關係，究竟是什麼事逼得雍正把親兒子過繼給敵人呢？最有可能的是，這個親兒子背叛了自己。這一年，弘時二十二歲，他被自己的皇阿瑪拋棄了。

王懋竑在雍正三年秋季抵達京城後，他的文稿中再沒有過「三阿哥弘時」的相關消息了。此時的弘時已經不是三阿哥，也不再需要王懋竑的教導了。

雍正四年二月，雍正開除老八允禩的宗籍後，連帶把親兒子弘時的宗籍也開除了：今允禩緣罪撤去黃帶，玉牒內已除其名，弘時豈可不撤黃帶，著即撤其黃帶，交與允祹，令其約束養贍。欽此。[11]

弘時人生的最後時刻是和老十二一起度過。當時的老十二也因為一些錯誤從郡王被貶為鎮國公。弘時最後的處境就是親爹雍正不要他，後爹允禩被圈禁致死，最後投奔的十二叔也鬱鬱不得志。

可以想像此時的弘時多麼痛苦，本是雍正長子，可以一生富貴，卻落得一場糊塗。也許弘時也會後悔吧，後悔小時候為什麼不能安分守己，讓皇爺爺多喜歡自己一點；後悔自己為什麼偏偏昏頭和八叔攪在一起。只是如今木已成舟，被開除宗籍的弘時已經沒有回頭路。雍正五年八月初六，弘時在一片悔恨鬱悶中，病逝在老十二的家中。

弘時應該是正常病死。雍正實在沒有理由去殺一個已經被開除宗籍的兒子，他連老八都沒殺，又怎麼會殺弘時呢？更重要的是，「曾靜案」爆發時，民間給雍正羅列的「十大罪狀」中，沒有「殺子」這一項。如果弘時真有可能是被雍正殺的，當年那些給雍正羅織罪名的人，一定不會放過這盆髒水。

事實上，雍正心中對弘時的死也很難受。弘時死後一個月，時任陝西總兵的劉世明因弟弟劉錫瑗犯罪，主動向雍正申請處罰自己，意思是：弟弟犯錯，終究是我當哥哥的沒有督促好他。而雍正給劉世明的批紅回覆，皇帝會這麼和大臣聊天，也是頗為感慨。雍正說：「朕尚有阿其那、塞思黑等判（叛）賊之弟，劉世明豈能保無錫瑗之兄弟乎？不但弟兄，便親子亦難知其心術行事也。骨肉間原有兩種：善緣、惡緣。所以釋家言，『不是冤家不聚頭也』。」[12]

不僅弘時到死都想不通，可能連雍正也不明白，父子關係怎麼走到如此無法挽回的地步了呢？到最後，怕是只能用「不是冤家不聚頭」這種話來解釋了。但有些事本是可以避免的。

正如雍正那句有名的朱批，「朕生平不為過頭事，不存不足心，毋必毋執，聽天由命，從來行之，似覺有效。」雍正很可能對弘時說過類似的話，只可惜弘時太偏執，終究沒能悟清楚，最終把自己的一生活成一齣大悲劇。

弘時和雍正父子反目的特殊性，有關弘時的文獻記載經過大量刪減，《清世宗實錄》中，對弘時的記載是零；而《清史稿》中，關於弘時的記載只有兩句話，其中一句是：弘時，世宗第三子，早薨，無嗣。（《清史稿．皇子世表五．世宗系》）

另一句則是：弘時，雍正五年以放縱不謹，削宗籍，無封。（《清史稿．列傳七．世宗諸子》）。

若是想了解弘時，只能從散落四處的文獻中找尋蛛絲馬跡來拼湊出他的一生。

愈是這種歷史的邊緣人物，愈需要去關注他們完整的人生。我們不應該在想起弘時時，只記得他在電視劇中那些被改編而來的關於刺殺、政變之類過於追求戲劇衝突的劇情，因為他是個複雜且有過努力、有過掙扎、有過迷茫的人。

五阿哥弘晝：知足常樂的富貴親王

雍正帝的皇五子愛新覺羅．弘晝，一個經常被人們認為是大智若愚之人的皇子。他和弘曆是同一年出生，年紀相同。按常理，本該是彼此最大的奪嫡對手。但弘晝選擇公開退出奪嫡，頂著親王的帽子一直活到六十歲，壽終正寢。而他就此成為乾隆唯一得到善終的兄弟。許多人認為弘晝很聰明，很會做人，方得善終。真的是這樣嗎？

弘晝的一生，說一句「千奇百怪」，實不為過。

一、前程早定的童年

弘晝出生於康熙五十年，他的母親耿氏只是雍親王府中名分不高的格格，而且耿氏是個漢家女子，家族實力很一般。同時，耿氏只生下弘晝這個孩子，可能不怎麼受寵。這樣一來，她便集齊一個女性在滿洲皇家當媳婦最不幸的四個要素——名分低、家族勢力弱、不受寵和是漢人。

「前程早定」的說法此時比較好理解，從生母的角度而言，弘晝從一出生就注定很難繼承父親的位置。但事有利弊，弘晝除了生母耿氏之外，還有個養母。前面提過，滿洲皇族培養子嗣時，為了避免生母一方的親戚干政，小孩出生後，再替孩子找個養母。目的是讓有血緣的母子之間不親近；親近的母子之間又沒有血緣，小孩長大之後就不容易被母親家的親戚擺布。

弘晝的養母是誰呢？儘管目前沒有可靠的原始文獻印證，但根據弘晝的八世孫、北京師範大學教授啟功先生的說法，「和親王（弘晝）是雍正耿氏妃所生……而撫養他的恰恰是乾隆的生母」。[13]

弘晝的養母就是雍正朝的熹妃，鈕祜祿氏。做為養母，鈕祜祿氏對弘晝的人生影響可就太大了，至少有兩方面不得不提及。

首先，鈕祜祿氏的存在使得養子弘晝和親兒子弘曆兄弟兩人的關係從小就特別好。乾隆回憶過和弘晝小時候的狀態：當是時，侍奉皇考膝下……吾兩人者，相覲以善，交相勉，相得無間，如是者垂二十年！[14]

這就是我看著你好，你看著我也好，兄弟兩人從小到大，二十多年都沒發生過爭執。

除了從小培養弘晝與弘曆的深厚感情之外，鈕祜祿氏對弘晝更大的影響則在於她的長壽。弘晝活到六十歲，已經算長壽，可是鈕祜祿氏活到八十六歲，是清朝歷史上最長壽的皇太后。弘晝去世七年後，鈕祜祿氏才去世。因此，弘晝的一生都處於鈕祜祿氏的保護之下。稍後會具體談到，弘晝曾在乾隆朝犯過一個十分出格的錯誤，令乾隆震怒，正是因為鈕祜祿氏的存在，弘晝才免受處罰。

某種程度上說，同樣是排行老五，如果說胤祺是因為有個好奶奶，得以使自己的前半生得到很好的照顧；弘晝就是因為有個好養母，安穩地保護了自己一輩子。

弘晝人生的福分不止於此，小時候還經歷過一次大難不死。

弘晝八歲那年生了一場大病，幾乎就要喪命。老四胤禛當時被嚇得不行，關鍵時刻，老十三胤祥四處尋醫訪藥才救活弘晝。於是，胤禛對弘晝說：以後見到十三叔就不要喊叔叔了，應該直接叫他爸爸，他就是你的二阿瑪！

這件事在當時相當隱晦。老四在康熙朝末年一直以「孤臣」自詡，沒有多少人知道他和老十三親近到如此程度。雍正初年，雍正還用「自己和老十三並不太熟」這種鬼話哄騙過年羹堯。

這件事怎麼為人所知呢？雍正八年八月，老十三去世後，弘晝在祭文中交代了這件小事——弘晝自八歲時患病濱危，叔父賜以良藥，旋即得生。皇父嘗命弘晝曰：「汝命叔父所活也，汝宜呼之為父。」自此十餘年間，叔父撫愛誨勖，無所不周。[15]

八歲的小弘晝大病不死後，和老十三胤祥締結十多年非常親密的叔侄關係。所謂「撫愛誨勖，無所不周」，指的就是老十三胤祥經常給弘晝關愛、教誨和勉勵。

而弘晝的確從小就形成最標準意義上儒家的「孝悌」觀念，對父親要孝順，對哥哥要尊重。

弘晝和弘曆兩個人同齡，都是九歲開始上學，但智力明顯存在一定差距。每天都是哥哥弘曆早早寫完作業後，還要等弘晝。

弘晝也不沮喪，學得更加認真，用他的話來說就是：「未敢一日稍輟者，誠恐有負我皇考至誠明理之大訓也。」[16]

我沒有一天不努力，只怕會對不起父親的教導。

康熙六十一年，兄弟倆十二歲了。那一年康熙來老四家串門子，一眼看中哥哥弘曆，就帶回皇宮養了大半年，只留下小弘晝繼續在雍親王府讀書。小弘晝既沒嫉妒也沒失落，只是時常會思念哥哥弘曆。

弟之在家不能常聚，跡雖兩地，心則相同。[17]

我們兄弟倆雖然不在一起，但弟弟的心一直和哥哥在一起。這話聽著確實令人動容，一個十二歲的小孩子少有成人間的虛偽與遮掩。乾隆也說過，他們兄弟「相得無間，如是者垂二十年」，可見弘晝從小就很懂事。雍正看到這番場景後，內心一定很欣慰。

二、謙遜退讓的皇子

康熙六十一年十一月，康熙駕崩，雍正繼位。弘晝和弘曆從皇孫升級成皇子。

雍正正式登基後，雖然嘴上說著祕密立儲，不公開冊封太子，但幾乎所有人都知道雍正心中的繼承人就是弘曆。雍正元年和雍正二年，弘曆連續兩年代表雍正去參加康熙的週年祭典，這是再明顯不過的訊號。

愈是在這種敏感時刻，人與人的不同之處愈會被放大。

雍正的皇子中，一邊是老三弘時，患得患失，進退失據，莫名其妙地站隊老八，被父親開除宗籍；另一邊的弘晝則寵辱不驚，繼續專心讀書。就連學堂裡的老師張廷玉都誇獎弘晝和弘曆兩兄弟：「友愛之深，真誠篤摯，和氣藹然，薰蒸融浹，而平昔講習討論，互相師友，學日益以進，道日益以明。」[18]

更讓人佩服的是，老三弘時死後，奪嫡候選人只剩下弘晝和弘曆兩個人的情況下，弘晝連絲毫奪嫡的念頭都沒表現出來，選擇主動退讓。這得從雍正八年說起。

當時，二十歲的弘曆和弘晝各出了一本文集，要公開刊印，兄弟二人互相給對方寫序。弘晝誇讚弘曆的序言中主動說明了：弟之視兄，雖所處則同，而會心有淺深，氣力有厚薄，屬詞有工拙，未敢同年而語也。[19]四哥，儘管我們同齡，又在一起上學、讀書，但論心思、水準、文采，我都不敢和你比。

如果說此時弘晝的話只是客套，接下來弘晝對弘曆的吹捧簡直就是「毫無底線」了。

兄弟二人出的文集，弘晝的叫《稽古齋全集》，差不多二百頁。弘曆的那本叫《樂善堂全集》，卻有五百多頁，比弘晝多了不只一倍。弘晝不停地拍哥哥馬屁，如：兄於問寢視膳之暇，每有所得，發為文詞，日課文一首。[20]

四哥真是文思敏捷，每天吃飯、睡覺的功夫都能寫首詩出來，弟弟拍馬難及。而且四哥您的詩詞水準也高，弟弟讀起來好似讀古人的《詩經》一般：一吟一詠，亦皆揚風扢雅，溫柔敦厚，有合於三百篇之旨。豈揚華摛藻徇外忘內者，所能髣髴其萬一哉？又豈弟之淺識譾詞所能讚美哉？[21]

如果看完《樂善堂全集》開篇所有王公大臣的序言，不得不說，還是數弘晝的馬屁拍得最響。而其他序如張廷玉寫的，雖說是表揚弘曆，但讀起來簡直就像諷刺一樣：皇四子粹質天稟……詩賦諸體之作，常不假思索，一揮數千言……數年來俱不下千餘篇。[22]

皇子弘曆天賦甚好，寫詩都不用經過腦袋，這幾年已寫了一千多首。

不論如何，弘晝的有心退讓，已經保證宗室的極大穩定。而三子弘時死後，雍正看到老五弘晝能不爭不搶，甚是欣慰。從雍正十一年給兩個兒子的親王封號中，就能看出雍正的心思。弘曆叫「寶親王」，就是大寶貝，而弘晝叫「和親王」，「和」是什麼意思？正是兩者相安之意。雍正起的封號不需要過度解讀，畢竟他的意思一直都很直白。

同時，雍正考慮到這麼多年但凡大小事情都是安排弘曆去辦，難免冷落弘晝，他也從沒抱怨過，心中多少覺得有些愧對弘晝。他是當爹的，知子莫若父，對哥哥弘曆也是相當擔心。

雍正臨終前，特別留有一份遺詔：弘曆仰承祖宗積累之厚，受朕訓誨之深。與和親王弘晝，同氣至親，實為一體。尤當誠心友愛，休戚相關。親正人，行正事，聞正言。勿為小人所誘，勿為邪說所惑。祖宗所遺之宗室宜親。（《清世宗實錄》卷一五九，雍正十三年八月二十三日）

雍正的意思很明顯，弘曆當了皇帝後，如果你對不起弘晝，就是辜負祖宗的恩德，也違背朕對你的教導。

弘曆登基後，他做得怎麼樣呢？

三、為夢想飛翔的王爺

弘曆繼位之初，對弘晝關照有加。雍正十三年底，雍正的喪期剛過，乾隆就張羅著要給弟弟補辦親王冊封大典；乾隆元年，又給弘晝分房子、置園地，讓弘晝有自己的宅子。除此之外，乾隆還表示：朕登基了，富有四海，之前雍親王府裡的所有物件，管他什麼寶貝，金子、銀子，朕統統不要了，都賞給你。二十六歲的和親王弘晝轉眼之間成為當時京城最有錢的王爺。不僅如此，乾隆二年，還加封弘晝的母親耿氏由裕妃升為皇考裕貴妃。但最能彰顯弘晝在乾隆朝初年所享受超高政治待遇的竟然是一個負面新聞。

乾隆即位之初重用大臣訥親，他出身滿洲名門，是康熙朝託孤大臣遏必隆的孫子，如今又受到乾隆重用，位居軍機大臣之首，更是到處橫著走，有時比三朝元老張廷玉擺的譜還大。據史書記載：遇事每多谿刻，罔顧大體，故耆宿公卿，多懷隱忌。[23]

訥親辦事風格極其苛刻，不少王公大臣早就看他不爽，但又沒人敢惹，畢竟是乾隆跟前的紅人。但訥親偏偏就招惹上弘晝，不過弘晝可沒慣著他，當場一頓暴打。官員都看傻了，這是什麼情況啊？

據史書記載，這件事的結果是：（和親王弘晝）嘗以微故，驅果毅公訥親於朝，上以孝聖憲皇后故，優容不問，舉朝憚之。[24]

孝聖憲皇后，指的就是弘晝的養母、乾隆的親媽鈕祜祿氏。相當於乾隆根本就沒管，藉口說是鈕祜祿氏把弘晝寵壞了，我弟弟當眾打人，打就打了，我不管。自此以後，朝堂上，一個敢惹弘晝的人都沒有了。

此時的弘晝可以說是要地位有地位，要錢有錢，唯一美中不足的是沒有擔任什麼重要官職。因為乾隆不信任弟弟嗎？倒也不是，主要是當時老十二、老十六、老十七這些叔叔都健在，還騰不出什麼位置給弘晝。

乾隆對弘晝的態度從一件小事就能看出來。乾隆當時安排弘晝給自己的皇長子永璜當老師，這肯定不是一般地信任了，而且從側面證明，弘晝的文化和品行有相當高的水準。

在封建社會，以弘晝的資本，他有錢、有地位、深得皇帝信任，換成其他人可能早就妻妾成群，可是弘晝對感情卻異常專一。弘晝做為親王，只有三個老婆，一個嫡福晉，兩個側福晉。或許有人要問：「只有三個老婆，這叫專一？」實際情況是，在那個年代，一個親王除非像老十七允禮那樣身體有疾，情況不允許，否則最少都是娶一嫡兩側三個老婆。

而弘晝的專一還有另外的資料可以印證。弘晝有九個孩子，七個都是和結髮妻子嫡福晉吳扎庫氏生的。可見弘晝對吳扎庫氏肯定甚是喜歡，而且長期鍾情於她。吳扎庫氏是弘晝十九歲還沒有任何爵位時嫁給他的髮妻，這可就是一輩子的感情。對於一個封建親王而言，弘晝擔當得起「專一」的褒獎。

以過去封建的環境而言，弘晝既然沒有一天到晚琢磨著如何尋花問柳，那他都去做什麼了呢？弘晝從小就愛和老十三待在一起，非常喜歡和叔叔們在一起玩。到了乾隆朝也一樣，弘晝只要閒下來，就經常去找兩位叔叔老十二允祹和老十六允祿。愛去找有著「專業愛好」的叔叔，弘晝的業餘愛好又能是什麼呢？沒錯，就是置辦喪禮。史書記載，弘晝「性喜喪儀」[25]。哎，就喜歡做這些事。最早帶著弘晝踏入這個領域的人，還是老十二允祹。

雍正十三年八月，雍正駕崩，棺槨擺放和喪事都是到雍親王府操辦。當時，老十二主持喪禮需要一個熟悉地形的助手，熟悉雍親王府地形的就兩個人，一個乾隆，一個弘晝。乾隆已經是九五之尊，不能親自上場，弘晝就去當老十二的助手。此後，一發不可收，弘晝好似打開通往新世界的大門，日後每當老十二主持重大事務時，總能看到弘晝的身影。

乾隆十三年，乾隆最心愛的皇后富察氏的喪禮就是由弘晝和老十二聯合主持。說起來，這場喪禮還出了點小紕漏。做為乾隆的皇長子、弘晝的愛徒，永璜在喪禮上看起來不太想哭。而當時的乾隆正為愛情傷心欲絕，看見兒子這個樣子，就拿弘晝當出氣筒：今遇此大事，大阿哥竟茫然無措，於孝道禮儀，未克盡處甚多。此等事，謂必閱歷而後能行可乎？此皆師傅諳達，平時並未盡心教導之所致

也。（《清高宗實錄》卷三一一，乾隆十三年三月二十二日）

永璜不想哭固然是年紀尚小，沒經歷過，但歸根結柢都是當老師的沒教好，我兒子才這般人情淡薄。於是，乾隆宣布：「和親王……罰食俸三年。」（《清高宗實錄》卷三一一，乾隆十三年三月二十二日）扣了弘晝三年工資。

但這明顯是乾隆在氣頭上的處置，翌年，弘晝家的宅子著火，損失嚴重，乾隆大手一揮，從內務府批了一萬兩銀子，讓弘晝拿去修房子。還表示你也不容易，要罰的俸祿就不罰了，省得在皇太后那裡，朕不好交代。即便在富察皇后的喪禮上出了些小紕漏，弘晝對喪儀的熱情仍然很高。可是宗室裡的幾位叔叔、大伯又太長壽，沒機會練習，弘晝開始在家裡替自己辦喪禮，而且從供品到明器再到相關禮儀都要親自把關。《清史稿．列傳七．世宗諸子．和恭親王弘晝》記載：（和親王）嘗手訂喪儀，坐庭際，使家人祭奠哀泣，岸然飲啖以為樂。

家人們在那裡哭，弘晝就坐在那又吃又喝，還表示這回辦得可真不賴。

當然弘晝沒白練習，老十二允裪的喪禮就是由他主持，算得上是一種傳承吧！

不過，弘晝並非一門心思全撲在喪禮上。儘管老十二只擅長送人，但老十六可是多才多藝。早在雍正十三年十月，乾隆就安排弘晝去找老十六允祿，學習如何管理內務府。從乾隆十五年開始，乾隆每次出去玩，總是安排弘晝和老十六叔侄合作總理京城事務，畢竟這二位很明顯都沒有任何政治野心。

和老十六相處的時間長了之後，弘晝的辦事能力究竟能提高多少，這不好說，但他對吹拉彈唱的喜愛程度直線上升。前文提及，允祿少時學過西方樂理，歲數大了，還在內務府編過樂譜，而弘晝也有樣學樣，玩起琵琶。只可惜，小時候父親管得嚴，弘晝沒有童子功傍身，乃至於長大後再學，水準始終差了一點。當時弘晝請人來家裡聽自己彈琴，場面「客皆掩耳厭聞，而王樂此不疲」。[26]

老實一輩子的弘晝，人到中年後，愈來愈為了夢想而飛翔了。

乾隆最開始很信任弘晝，例如乾隆十九年（一七五四年），乾隆想去盛京祭祖，剛好趕上科舉殿試。乾隆對弘晝說：「這次殿試你替我盯著就好，朕先去祭祖。」殿試一般不淘汰人，存在的意義就是為了給考生排序，然後披上一層「天子門生」的外衣。乾隆不監考，讓弘晝盯著，這種信任非同一般。

經歷此回，弘晝就有點得意了。一次八旗子弟的內部殿試，當時乾隆和弘晝監考，可是這組考生答題太慢，吃飯時間過了還沒寫完。弘晝就勸乾隆說：皇上您先吃飯去吧。乾隆說不用，再盯一下。弘晝不知怎麼鬼使神差地問了一句：「上疑吾買囑士子耶？」（《清史稿．列傳七．世宗諸子．和恭親王弘晝》）

您不吃飯，非在這裡盯著，難道是懷疑我會和這些考生串通作弊嗎？這讓乾隆怎麼回答？說朕懷疑你？朕要是懷疑你，還能讓你在這裡和朕一起盯著嗎？說朕不懷疑你？朕不懷疑你，就不能在這裡盯著嗎？朕就非得聽你的去吃飯？朕是皇上，想做什麼輪得著你質疑嗎？

弘晝硬是把乾隆氣得半天沒說出話來，弘晝回到家後才意識到：完蛋，說錯話了。弘晝第二天一早直奔宮裡，找哥哥乾隆請罪。乾隆看見弘晝，也是沒好氣，直接說：「使昨答一語，汝齏粉矣！」（《清史稿．列傳七．世宗諸子．和恭親王弘晝》）就憑你昨天說的那句話，朕要是真和你計較，能直接把你剁成肉醬！當然，乾隆就是放放狠話，此事之後，乾隆對弘晝還是待之如初。

不過，看著弘晝逐漸無拘無束的態勢，乾隆除了偶爾讓他去編書，或者偶爾去參加祭孔之類的典禮外，就沒再讓他承擔過什麼重要職務。弘晝也樂得清閒，沒事在家彈琴吹曲，倒也歡樂。

弘晝就是這樣樂樂呵呵直到終老。

據說，弘晝臨終前發生一件很有意思的事情。這件事在史書上沒有記載，但啟功先生說弘晝臨終前的小趣事已經在他們家傳了八代。

弘晝快不行的時候，乾隆就在他旁邊，彼時弘晝已經是六十歲的老頭，他一邊磕頭，一邊在腦袋上比畫帽子的手勢。意思就是問哥哥乾隆能不能像父親對十三叔那樣，給他也來一頂鐵帽子，讓他這個「和親王」的爵位能子子孫孫、世世代代地傳下去。但問題是，一方面，乾隆不是雍正；另一方面，弘晝半輩子要嘛拉琴，要嘛出喪，怎麼好意思和十三叔比呢？乾隆就是想給你，面對王公大臣時也說不出口。

不過，乾隆對弘晝真是十分夠意思。雖然不可能把這個「和親王」變成世襲罔替的鐵帽子，但還是讓它多傳了一代，讓弘晝的二兒子永璧承襲「和親王」爵位。而按清朝祖制，非鐵帽子的親王要「世降一等」，這一代是親王到了下一代，正常情況下，繼承者要降為郡王。

乾隆對弘晝，絕對算對得起雍正在遺詔裡對他的囑託了。弘晝在乾隆三十五年（一七七〇年）壽終正寢，享年六十歲，整整一甲子。在古人來看，可是相當圓滿的一個數字。

滿洲皇室裡，能活成弘晝這個樣子算是拿到非常好的劇本。要錢有錢，要樂子有樂子，小時候謙遜有禮得到名望，人到中年還可以解放天性、無拘無束。雖然也做過一些出格的事惹怒過乾隆，但從來沒犯過原則性大錯。弘晝死後，乾隆可能挺想念這個弟弟，弘晝的生母耿氏也挺長壽，活到九十六歲，弘晝走的時候老太太還活著，乾隆四十三年（一七七八年），老太太九十歲大壽時，乾隆特別辦一場大型生日慶典，不僅替老太太祝壽，還把耿氏的位分往上拔了一層，從皇考裕貴妃升為裕皇貴太妃。這就升到頂了，再升可就是皇后了。

乾隆和弘晝兄弟倆這六十年來的手足關係，在殘酷的皇家實屬難得。

六阿哥弘瞻：哥哥養大的紈褲弟弟

雍正帝的皇六子愛新覺羅．弘瞻，可能是比較陌生的人物。電視劇縱使有涉及，描繪的只是小時候的他，或可愛，或童真。但真實歷史上的老六弘瞻是個品行極其過分的皇二代。他的一生堪稱放浪形骸。

一、長兄帶大的弟弟

弘瞻出生於雍正十一年，三歲時，父親雍正皇帝駕崩；二十五歲的四哥弘曆繼位，成為乾隆皇帝。長兄如父，乾隆就此承擔起撫養小弘瞻的責任，考慮到弟弟從小就沒了父親，對弘瞻格外關愛。首先，乾隆對他的稱呼就很親暱，小弘瞻在圓明園長大，被乾隆直接叫做「圓明園阿哥」。其次，小弘瞻的生母謙嬪劉氏位分不高，乾隆把劉氏從謙嬪升為皇考謙妃。又將小弘瞻交給自己的母親——皇太后鈕祜祿氏親自撫養。

按說這已經算是遙遙領先於其他人的起點，但還不夠。乾隆三年，小弘瞻六歲時，輔政大臣果親王允禮去世，且無後，絕嗣了。

當時老十六允祿提議讓六歲的小弘瞻去給老十七續香火：

（果親王允禮）無子，莊親王允祿等請以世宗第六子弘瞻為之後。（《清史稿・列傳七・果毅親王允禮》）

老十六的提議絕對是出於好心，老十七當了這麼多年親王，在雍正朝又極為受寵，家產相當豐厚，反正當不了皇上，不如就讓小弘瞻去老十七家撿現成的吧。

乾隆更是一拍大腿，好，就這麼辦。不但讓小弘瞻直接繼承老十七的家產，連老十七「果親王」的爵位都原封不動給了小弘瞻，等於小弘瞻六歲就當了親王。但乾隆的賞賜到此還沒有結束。

乾隆八年，小弘瞻十一歲，乾隆帶著弟弟去熱河的獅子園。那是他們的父親做皇子時所住過的地方。而雍正登基後，工作太忙，十三年間沒再來過獅子園。如今，獅子園已經破敗得不成樣子。這地方弘瞻雖沒住過，但承載乾隆很多童年記憶，乾隆感慨萬千，忍不住作詩一首：

梧蔭惟添密，蛩音更助愁。趨庭空有憶，視膳竟無由。[27]

院子裡的樹長高了，角落裡的蟋蟀聲依然熟悉。儘管這裡仍保有兒時回憶，但朕想再侍奉父親吃一頓飯時，他已經不在了。「章總」感慨完之後便一揮手，把整座獅子園都賞給弘瞻。六弟你記住，這是我們父親生前住過的地方。

光在熱河有園子還不行。乾隆十一年，弘瞻十四歲時，乾隆又張羅著在京城給小弘瞻分新房子、蓋新宅子。小弘瞻臨出宮前，乾隆特地從內務府找一對老夫妻，吩咐他們提前去照應一下：

查派內府年老結髮夫婦，於王出府日，預行前往，俟王至府迎出引入，預備餑餑桌十張，飯桌十張，賞賜往送人員。[28]

弘瞻十六歲時，乾隆親自主持婚事，安排小弘瞻迎娶監察御史范鴻賓的女兒范佳氏；十八歲時，乾隆安排他去管理武英殿和御書處；二十一歲時，加封正白旗蒙古都統。乾隆也許曾對不起很多人，但他對這個小弟弟真是恩賞有加了。

弘瞻又是怎麼報答乾隆呢？

二、目無法度的親王

弘瞻從小就相當有錢，但仍然異常貪財，最讓人無法理解的是，他喜歡錢，但不花錢，錢就擺在家裡看著。

居家尚節儉，俸餉之積，至充棟宇。[29]

錢堆得滿屋子都是。如果弘瞻僅是個守財奴就罷了，但他換著花樣四處斂財，目無法度。弘瞻曾看中一塊地，想用來開煤窯，可是這地不是他的，他居然直接派人把老百姓的地給搶了：（果親王弘瞻）開設煤窯，占奪民產。（《清高宗實錄》卷六八六，乾隆二十八年五月十三日）

而乾隆聽說弘瞻私開煤窯、侵占民田的事後，只說道：「以年幼無知，不忍遽治其罪，曲加訓飭。」（《清高宗實錄》卷六八六，乾隆二十八年五月十三日）

簡單教訓兩句就完事了。您的皇弟年幼無知，老百姓的地就活該被搶嗎？此事最後毫無波瀾，不了了之了。

乾隆愈不管，弘瞻愈得寸進尺，覺得做什麼都行。有一回，乾隆安排弘瞻去瀋陽盛京送玉牒，他居然直接當場拒絕。史書記載：（弘瞻）謾奏先赴行圍等候。（《清高宗實錄》卷六八六，乾隆二十八年五月十三日）送個玉牒急什麼啊？臣弟準備先去打獵。真不知弘瞻如此荒唐行徑的自信到底是什麼。難不成因為雍正走得早，哥哥就得一直照顧你？關鍵四哥乾隆是什麼人，你心裡沒數嗎？還是說乾隆的種種恩寵，讓你產生某種不切實際的錯覺？

可能的確不能完全怪弘瞻放肆，哪怕抗旨不遵，乾隆也只是訓斥幾句，沒有嚴加處罰。直到乾隆二十七年（一七六二年），時任兩淮鹽政的高恆在江南盜賣人參被抓，乾隆才算知道這個弟弟到底是什麼貨色。

首先，人參在清朝是內務府專營的買賣，弘瞻走私人參，就是搶乾隆的小金庫。高恆起初很有氣魄，一口咬死這事是他一個人幹的。但乾隆知道憑著走私人參的暴利和風險，絕對不是高恆這個滿洲包衣家族出身的人敢單獨去做。乾隆單獨提審高恆，把御前大臣和軍機大臣的名字逐個報出來問，傅恆參與了嗎？兆惠參與了嗎……在乾隆的威壓與緊逼之下，高恆坦白了，吐出弘瞻的名字。史書記載整個經過：

（高宗）面為詢問，御前大臣、軍機大臣內，如大學士公傅恆、協辦大學士公兆惠等，有無授受情事？高恆力言無有。及再三嚴詞詰責，始奏出弘瞻。（《清高宗實錄》卷六八六，乾隆二十八年五月十三日）

乾隆聽完大受震撼，我弟弟他……缺錢嗎？他盜賣人參幹什麼？問來問去，才知道是弘瞻當初找了一個叫江起鐨的商人借錢，拿到錢後去蘇州買了唱戲的歌女。時間到了弘瞻卻不還錢，反而讓護衛帶著江起鐨去找高恆走私人參，還說賺到的利潤就權當還錢。

乾隆沉默了。這是弘瞻，朕的親弟弟？一個親王居然為了幾個江南歌女去找商人借錢？最過分的是，弘瞻還錢不從自己的王府拿銀子，跑去走私人參，和朕的內務府搶錢！考慮到這事太丟人，弘瞻買歌女的經過，《清實錄》根本沒有記載。相關線索只能在乾隆給負責查案的大學士來保[30]的滿文信件中才能看到：（弘瞻）今何以又出採買優伶而借取銀兩之事？[31]

不過，乾隆還不死心，他不相信弘瞻這麼不可靠。於是，把弘瞻府上的太監和護衛都叫過來加以核實。事情鬧得更大了，這些下人不是高恆，沒當過官，一經嚇唬便全招了。不光買歌女、賣人參，弘瞻還讓各地織造局的官員幫他買綢緞：至於各處織造關差等……派辦繡緞什器，不一而足。（《清高宗實錄》卷六八六，乾隆二十八年五月十三日）且弘瞻讓人幫他買東西，錢從來就沒給夠。

乾隆猶疑了一下，錢沒給夠不就是勒索官員嗎？你們這些下人說話倒挺委婉的。很快，又有新案情審出來了。底下答覆說：皇上您前幾年不是安排兵部尚書阿里袞[32]去選官嗎？當時果親王拜託阿里袞安排自己的門人做官，但被阿里袞拒絕了。

朕這個弟弟不僅貪財，還敢干政？乾隆只得派人去問弘瞻本人，弘瞻雖然試圖隱瞞，但基本上都承認了。

侵占民田、抗旨不遵、走私人參、干涉選官……這些罪名隨便挑一個安到別人腦袋上，都足夠被乾隆狠狠收拾一頓。可是事至如此，乾隆仍然沒有下定決心處理親手養大的弟弟。直到後來弘瞻真的傷到乾隆的感情。

三、黯然收場的結局

乾隆二十八年五月初五，乾隆當天住在圓明園，不料住所附近突然失火。所有的王公大臣都快馬加鞭地趕過來關心乾隆，詢問聖上的安危，乾隆左看右看都沒找到弘瞻，過了許久，才越過眾人看到弘瞻姍姍來遲的身影。弘瞻當時住得離乾隆最近，卻最後一個到。而且根據史書記載，弘瞻沒怎麼關心乾隆，連句「皇兄安好」之類的場面話都沒說，反倒「嬉笑如常，毫不關念」（《清高宗實錄》卷六八六，乾隆二十八年五月十三日）。在諸王公的眼裡，弘瞻當時的樣子甚至是「談笑露齒」[33]。乾隆差點身陷火海，你做為沐浴皇恩的弟弟，竟然還笑得出來。

第二天乾隆帶著弘晝和弘瞻，兄弟三人去給皇太后鈕祜祿氏報平安，弘瞻膝席跪坐在本該由乾隆坐的墊子上。一時間乾隆站也不是，坐也不是。用乾隆的話說是：「直於皇太后寶座之旁，膝席而跪坐。按以尺寸，即朕請安所跪坐之地也。」（《清高宗實錄》卷六八六，乾隆二十八年五月十三日）

接連兩天，弘瞻對哥哥乾隆既不關心、安慰，也不尊重禮法。乾隆愈想愈氣，終於在七天後正式開會，宣布弘瞻的罪行。那天的會議相當漫長，僅在《清高宗實錄》用文言文記錄的簡潔會議紀要中，乾隆的發言就有一千多個字。而《軍機處上諭檔》[34]中，乾隆當日的發言紀錄更是密密麻麻，弘瞻罪狀滿篇。

乾隆的發言從弘瞻開煤窯、搶民產開始，一樁樁、一件件，一直講到幾天前的圓明園失火事件。乾隆還說再不管弘瞻，只怕就得和雍正朝的阿其那、塞思黑一樣了：「我皇考御極之初，阿其那、塞思黑等狂悖不法，並經苦心整頓，此王大臣所共知。」[35]

言外之意就是前朝那些事，我們心裡都清楚。接著又說：「然弘瞻既如此恣肆失檢，朕若不加儆誡，將使康熙末年之劣習，自今復萌，朕甚俱焉。」[36]朕實在是擔心如果再不懲處弘瞻，朕的皇子會效仿他貪財干政，意圖安插門人，康熙晚年間的奪嫡慘劇豈不是要再次上演？大臣都聽得面面相覷，心想皇上把話說到這份上了，弘瞻這次一定完蛋了，圈禁、革爵跑不了，就看會不會被改名、開除宗籍。

接著就聽到了乾隆的宣判。先是：「從寬革去王爵。」（《清高宗實錄》卷六八六，乾隆二十八年五月十三日）但下一句感覺就不對了：「賞給貝勒，永遠停俸，以觀後效。」（《清高宗實錄》卷六八六，乾隆二十八年五月十三日）

啊，只是「降為貝勒」？犯下如此多的罪行，弘瞻還能落得個「和碩貝勒」的爵位；「永遠停俸」，您弟弟那些田產每年收租巨大，本就不指著這點俸祿；「以觀後效」，弘瞻暫不受圈禁，行動完全自由。

或許是出於對亡父雍正的感念才如此吧，無論如何，乾隆的「懲處」相當袒護弘瞻。這一年的弘瞻三十一歲，雖受懲處，仍然是個家產頗豐的皇族貝勒，應該可以繼續舒舒服服地過日子。可是順風順水的弘瞻經歷這次打擊後，卻變得鬱鬱寡歡，突然一病不起。

乾隆三十年（一七六五年）初，乾隆準備南巡，聽說弘瞻病了，特地前去探望。弘瞻一看到乾隆，就從病床上爬起來，拚命磕頭，一邊磕還一邊說：「皇上，我錯了。」如此場面也是頗讓人感到心酸。

上往撫視。弘瞻於臥榻間叩首引咎，上執其手，痛曰：「以汝年少，故稍加拂拭，何愧恧若

此？」（《清史稿・列傳七・聖祖諸子・果恭郡王弘　》）

五十五歲的哥哥乾隆一把握住三十三歲弟弟弘瞻的手，說當初只是覺得你年紀小才略加懲處，沒把你怎麼樣，怎麼就讓自己活成這副德行？

南巡前，乾隆特別派了御醫悉心照顧弘瞻。沒多久，乾隆就收到弘瞻病情的最新消息，情況開始不太妙。乾隆的內心中，還是非常在意這個親手養大的弟弟。收到消息的當天，乾隆連寫了兩份檔。一份是公開發給軍機處的聖旨，下令緊急加封弘瞻為郡王，理由竟是：封伊為郡王。弘瞻聞後欣喜，病情必會速痊。[37]

乾隆想的是：若封了郡王，我弟弟的心情就會好了，自然就能速速痊愈。乾隆又單獨給弘瞻寫了封信：今加恩將伊晉封郡王，伊接奉諭旨，理宜仰體朕恩，加意調養。果若善加調養，朕回鑾時，自可痊癒，永受朕恩。[38]

乾隆的話已經不能更直白了，六弟，朕已經封你為王，只要能養好身體，往後的好日子和福氣還長著呢。

一個月後，遠在南方的乾隆還是收到年僅三十三歲弘瞻病逝的消息。乾隆傷心之餘，又下旨囑咐京城，要求弘瞻的一切喪禮仍按親王標準去辦，並安排皇六子永瑢戴孝，為叔叔弘瞻發喪。哀痛之餘，乾隆還寫了特別長的碑文來悼念弘瞻，其中一句是這樣寫的：荊枝遽折於春風，薤葉易晞於朝露。[39]

嫩枝被春風折斷，菜葉上的露水在清晨被晒乾，這是乾隆感慨弘瞻的英年早逝。

只不過，對那些被弘瞻侵占過土地的百姓、肆意買來的歌女、欠錢不還的商人、屢遭勒索的官員而言，對那些沒有皇帝哥哥的人們來說，大概都會暗地裡為弘瞻的死而拍手稱快吧。這些被弘瞻傷害過的人，除了高恆和江起鏳之外，連名字都不曾留下。假如時空變換，我們變成弘瞻當年開煤窯之處生活的農民，親眼看著果親王府的護衛把父母種了一輩子的田地搶走，我們又能做些什麼呢？

四阿哥弘曆：保送奪嫡的清高宗乾隆皇帝

雍正帝的皇四子清高宗愛新覺羅．弘曆，就是我們熟悉的乾隆皇帝。這是一位極其幸運，能力極強的君主。

說他幸運，乾隆做為滿洲入關後的第四位皇帝，許多難啃的硬骨頭，他的先祖都已經解決了。曾祖順治主導滿洲入主中原的過渡時期；祖父康熙平三藩、平臺灣，完成對中國的實質性統一；最後父親雍正夙興夜寐十三年，打造一套中國古代最強的稅收與國家行政運行系統，等乾隆繼位時，整套系統幾乎拿起來就能用。

但同時也得承認，乾隆的能力十分強悍。六十年的皇帝，三年多的太上皇，乾隆執政六十三年，大權從未旁落，是中國古代掌握最高權力時間最長的君主。軍事方面，乾隆平定準噶爾，將清朝的版圖徹底推向巔峰，因此他自詡「十全武功」、「乾隆盛世」。但他所謂的「盛世」背後，卻是官場吏治崩塌與頻繁的人民起義。整個清王朝由盛轉衰，「章總」是實際上的第一責任人。

乾隆的一生宏大、複雜，必定是個很長的故事。但每個傳奇的故事都有一個獨特的開始。不妨從這個「開始」開始，看一看愛新覺羅．弘曆走上權力巔峰之前的模樣。

一、保送奪嫡的童年

康熙五十年，雍親王胤禛的四兒子弘曆出生。他的母親鈕祜祿氏當時雖然只是老四胤禛府上位分不高的格格，但弘曆一出生就得到父親胤禛的極大寵愛。

一是弘曆出生前，胤禛的嫡長子弘暉和二兒子弘昀都幼年而逝。老二弘昀在弘曆出生前一年剛病逝。飽受喪子之痛的老爹胤禛突然收穫弘曆，加倍開心。

二是從出身上來講，小弘曆的母親鈕祜祿氏是滿洲人，胤禛另外兩個兒子老三弘時和老五弘晝的母親都是漢人。當時的歷史背景下，顯然弘曆會在王府中得到更多關注。

小弘曆不但出身較好，還特別聰明。九歲時，弘曆和弟弟弘晝一起上學，兩個人表現出的智力完全不在同一條水平線上。每天都是哥哥弘曆早早寫完作業後等著弟弟弘晝。弘曆長大後曾回憶說：「余幼時，日所授書，每易成誦，課常早畢。」[40]我小時候上學時，先生們教的那些課文，我沒多久就都能背下來。

而弘曆還真憑藉著背課文的絕技在眾位皇孫中脫穎而出。

康熙五十九年，弘曆十歲。當時康熙要加封成年的皇孫，老三胤祉和老五胤祺的兒子都被加封為親王世子，唯獨把同樣是親王的老四胤禛的兒子弘時給跳過去了。原因前文分析過，可能是康熙瞧不上胤禛當時唯一成年的兒子弘時。

那時，老四胤禛很緊張。奪嫡比賽進入衝刺階段，誰贏誰輸還是未知數，有個好兒子未必是多大的加分條件，但沒有好兒子絕對是致命的扣分條件。胤禛就琢磨：得讓爹爹康熙知道，我的兒子裡也有不錯的。胤禛當時有四個兒子，分別是已經被淘汰的老三弘時，課文背得超快的老四弘曆，每天都寫不完作業的老五弘晝，還有沒斷奶的福宜阿哥。

胤禛會選擇誰呢？弘曆就是唯一選項。

但想推薦出去並不容易，因為競爭對手太多了，康熙一共有九十七位孫子，好多皇孫根本連見都沒見過，其中就包括弘曆。康熙去世的兩年前都沒見過弘曆，甚至不知道有弘曆這麼一個孫子。

胤禛如何把弘曆推到康熙的視線中呢？就是靠背課文。

康熙六十年，康熙帶著眾皇子到熱河避暑，老四把十一歲的小弘曆一起帶去。可是，老四找不到可以接近康熙的機會，就帶著弘曆到康熙侍從們當差、休息的地方，沒做什麼，只是閒逛。胤禛一開始假裝看風景，突然對弘曆說：閒著也是閒著，要不你給阿瑪背段課文吧！弘曆開始瘋狂「輸出」，背了一大段，一個字都沒錯。把周圍的侍從都看傻了，大家都稱讚說：雍親王這個兒子是個天才啊！只要這幫侍從有一個嘴快的，康熙就能知道老四胤禛家有一個非常出色的兒子。

上面這一段是不是聽起來很像世人杜撰、編排的野史？還真不是，這是乾隆八十四歲寫詩回憶童年時，詩中的注解提到：康熙六十年，予年十一，隨皇考至山莊內觀蓮所廊下，皇考命予背誦所讀經書，不遺一字。時皇祖近侍，皆在旁環聽，咸驚穎異。[41] 朕一個字都沒漏背，讓他們驚嘆到不行。

十一歲時背書的場景，乾隆八十多歲還記得，肯定是印象太深了。為什麼印象深刻呢？非常有可能是父子二人合謀，胤禛提前安排弘曆背好相關課文。證據是乾隆說的：「皇考始有心奏皇祖，令予隨侍學習。」[42] 爸爸應該早就想把我推薦給爺爺了。

今天回看，胤禛和弘曆爺倆的小心思還挺多的，尤其是弘曆，明顯是從小心眼就頗多的孩子，八十多歲還能記得。只是很可惜，康熙當年沒有特別召見弘曆。弘曆和他皇爺爺之間的初見在康熙六十一年，見面的情況還很特殊。

康熙六十一年三月，康熙要慶祝六十九歲生辰。當時他的身體已經出現如眼花、手抖等各種問題。然而這個慶生月，康熙沒去其他皇子家，唯獨去老四胤禛家，而且連續去了兩次。這期間，康熙第一次見到十二歲的小弘曆，就決定把他帶回宮中親自撫養調教。

說康熙是看好小弘曆才傳位給胤禛的說法似乎無法成立，因為他們祖孫見面的時間太晚了，而且他們相處時間也短，弘曆進宮不到八個月，康熙就駕崩了。

從先後關係上來看，康熙應該是已經決定讓老四胤禛當繼承人的情況下，才會和弘曆只見一面後，就決定帶走這個小皇孫親自培養。康熙不會輕易培養皇孫，根據目前的史料記載，除了弘曆之外，康熙只在多年以前撫養過一個皇孫，是當時太子老二胤礽的兒子弘晳。這樣一來，其指向性就非常明確，康熙只有先選中皇子，才會去撫養相對應的皇孫。

康熙對弘曆的教育，絕不是尋常爺爺疼孫子的教育。一般情況下，爺爺帶孫子大致是教讀書、寫字，做為滿洲人，教騎馬、射箭也很正常。康熙當時卻是連批閱奏摺、召見官員談話，都讓小弘曆在一旁看著自己怎麼做。乾隆後來回憶過當初的場景：批閱章奏，屏息侍傍；引見官吏，承顏立側。[43]

此時的弘曆不過是十二歲的小娃娃，能展現出多大的治國才能與潛力？康熙讓他來感受這些頂級政治活動有現實意義嗎？康熙這麼做的重點根本不在十二歲的弘曆身上，而是在四十五歲的胤禛身上。彼時的康熙已經發現要立胤禛為繼承人，他的那幾個兒子當中，老三弘時品行不過關；老五弘晝腦袋跟不上；其他皇子年紀又太小，只有弘曆最有可能繼位。不培養弘曆，又能培養誰呢？

說弘曆是「被保送奪嫡的阿哥」毫不為過，託他祖父康熙和父親胤禛的福，以及他兄弟的「同行襯托」，弘曆在十二歲時，已被兩代君主默認為未來的接班人了。

康熙駕崩，雍正繼位後，弘曆的日子又過得怎麼樣呢？

二、久居深宮的皇子

雍正登基後，為了避免再次出現皇子奪嫡、手足相殘的慘劇，他採取兩條非常有力的措施。

第一是祕密立儲，不公開冊立皇太子。不過這條措施其實沒什麼用，雍正元年和雍正二年，雍正連續兩次破格安排尚未成年的弘曆代表皇家參加康熙的週年祭典，幾乎所有人都知道弘曆就是他心中默認的儲君。

祕密立儲之外，雍正又追加一條措施。他把弘曆、弘晝等皇子全都安排在宮裡的上書房讀書，不准他們插手任何具體政務，並嚴格限制他們與朝中大臣來往。無法結交官員就沒有政治勢力，自然不可能參與奪嫡。雍正十一年，哪怕弘曆和弘晝已經被加封為親王，雍正仍然不允許他們離宮建府，收養門人。

雍正的這一套做法，雖然的確避免奪嫡慘劇的出現，但也導致弘曆的皇子生涯過得空前無聊。除了偶爾參加一些祭祀活動，基本只剩學堂生活。弘曆最後的娛樂只剩下打獵和寫詩。

雍正八年，年僅二十歲的弘曆出版了一套文集《樂善堂全集》。他在書的序言特別強調：這書只是精選集，不是全部詩文，裡面的文章只是平常「所作者十之三四」[44]。《樂善堂全集》收錄弘曆的詩作達一千三百八十八首，還收錄其他一堆文章。可能「章總」在學生時代空虛寂寞只能寫詩，所以寫詩成為他相伴一生的愛好。

弘曆的皇子生涯當中，有一節點非常值得關注。弘曆的青春期剛好趕上雍正施展鐵腕，改革最激烈的那個階段，帶來的衝擊力非常強，可以站在弘曆的視角去感受當初的形勢。

雍正三年末，弘曆十五歲，他的庶母舅年羹堯被賜死。雍正四年，弘曆十六歲，他八叔允禩和九叔允禟被開除宗籍，當年就死在囚所。雍正五年，弘曆十七歲，先是他三哥弘時被開除宗籍後離奇地死在老十二允祹的家裡，年僅二十四歲；同一年，他的舅老爺隆科多獲罪監禁，第二年死在被圈禁的住所。幾年之間，在雍正的鎮壓下，宗族皇親年年死人，整個過程充滿殘酷與血腥。

少年時代的弘曆怎麼看待父親一系列嚴苛的政治手段呢？儘管弘曆沒有公開表態過，但很可能持否定態度。弘曆在雍正八年曾發表過一篇政治論文〈寬則得眾論〉，為政寬仁才能得到大多數人支持的意思。文章中有句話，弘曆寫得有些過分：以褊急為念，以刻薄為務，則雖勤於為治……亦何益哉？

他說一個人執政如果狹隘、偏激、刻薄，即便他勤政而努力，打造安定的社會秩序，一樣沒有意義。

儘管沒有指名道姓，但很明顯此時的弘曆和雍正在執政思路上已經產生巨大分歧。雍正主嚴苛，弘曆主寬仁。父子之間政見不同的原因，可能基於以下三點：

第一，弘曆小時候和爺爺康熙一起相處過八個月，受其影響。康熙晚年的執政風格就是非常寬仁。當然，這是往好聽說，說難聽點，可以叫放縱。但在小弘曆眼中，那時康熙的權威遠高於父親。

面對父祖兩代人截然不同的執政方式時，弘曆非常有可能更贊同爺爺康熙寬仁的風格。

第二，雍正的漢化程度比較深，他給弘曆找的老師，從早期的福敏到中期的蔡世遠、朱軾，再到後期的劉統勳都是標準的儒家士大夫，難免會給弘曆灌輸大量的「仁政」思想。

第三，弘曆從小到大都沒有經歷過多少具體的政治實踐，可能也是最重要的一點。一方面是父親的限制，使得弘曆很少和朝中官員有比較深入的接觸；另一方面是弘時早逝和弘晝放棄奪嫡，讓弘曆沒有經歷過任何艱難的政治鬥爭。早期的弘曆對事態的思考很容易簡單化、理想化，看不見父親許多嚴苛執政背後的不得已。

面對這種父子執政思路上的衝突，雍正的態度又是怎樣呢？史書沒有明確記載，不過我們能確定雍正對弘曆還是相當滿意。不過即使雍正不滿意，也沒有其他的皇位候選人了。

雍正駕崩，弘曆繼位。成為皇帝後，乾隆到底會做些什麼呢？

三、轉折式改革的新君

二十五歲的乾隆繼位時，接手的大清基本盤堪稱完美。

首先，乾隆面臨的政治壓力很小。對比之下就能發現，曾祖順治繼位時，多爾袞攝政；祖父康熙繼位時，鰲拜專權；父親雍正繼位時，「八爺黨」仍然樹大根深。等到乾隆繼位時，朝堂裡有誰呢？有鄂爾泰、張廷玉，有愛好廣泛的老十六允祿和病懨懨且即將不久於人世的老十七允禮。這些人非常能幹，但沒有什麼巨大的政治野心。

經濟方面，乾隆拿到的也是雍正留下一整套穩定的稅收系統，財政壓力幾乎為零。即便在雍正最不行的軍事方面，藉著當年「超勇親王」策棱的光顯寺大捷，雍正朝晚年，清廷實現與準噶爾之間的有效和談，暫無重大軍事隱患。

乾隆就在政治、經濟、軍事幾乎全方位無壓力的狀態繼位，正常情況下，只要能繼續貫徹落實眼前的一切，大清國就可以保持蒸蒸日上之勢。

但乾隆偏不，他有獨屬於自己「寬仁治國」的政治抱負，他不贊同父親那套嚴猛治國的套路，想擁有自己的政治成就。乾隆開始做為新君的大轉折式改革。可是剛開始執政，乾隆就面臨一個問題——自己過去一直被控制在王府和深宮之中，缺乏足夠的政治威望，該怎麼辦呢？

乾隆的想法很簡單，替政治犯平反，為知識分子調整待遇，讓他們出來說好話，以此提高自己的聲望。而且，為了避免自己的做法遭到前朝舊臣反對，他主動說這些都是雍正生前的意思。即便底下偶爾有反對的聲音，乾隆也會反問道：我和我爹處了多少年，你們還能比我更了解他嗎？

乾隆的一系列行動就此開始。

雍正十三年八月，雍正駕崩。同年九月乾隆就下令讓各省停止呈報祥瑞。雍正生前喜歡祥瑞，乾隆當皇子時也一樣寫過〈萬壽日慶雲見苗疆賦〉之類的歌頌祥瑞文章來拍老爹馬屁。雍正剛去世，乾隆立刻翻臉——我皇考臨御萬方，勤求治理，惟務實心實政，從來不言祥瑞。每各省督撫奏報慶雲、甘露、嘉禾、瑞繭、醴泉、麟鳳之類，皆蒙特降諭旨，訓示開導。（《清高宗實錄》卷二，雍正十三年九月十五日）

我爹生前專注努力工作，非常不喜歡祥瑞，從來就不提倡這些，即便曾經出現過某些祥瑞，也屬於當時的特殊情況。最終乾隆宣布：嗣後凡慶雲嘉谷，一切祥瑞之事，皆不許陳奏。（《清高宗實錄》卷二，雍正十三年九月十五日）總之一句話，此後的祥瑞，你們就不要報了。

廢祥瑞是乾隆在雍正駕崩後所做的一個非常重要的政治舉措。乾隆指出雍正朝最明顯但又無關痛癢的「錯誤」，再借雍正的名義廢掉。表面上看是尊重父皇，實際上乾隆倘若真想要維護父親權威，有必要把雍正朝如此多的祥瑞類型都羅列而出嗎？初登大寶的乾隆就是拿一個小問題開刀，他想告訴所有人：他比雍正更清醒、更優秀、更理智，並且也提醒著朝堂裡的諸位大臣，事態正要開始發生變化。

接著，僅過一個月，雍正十三年十月，乾隆開始進行一系列的翻案行動。

十月初八，乾隆表態：「阿其那、塞思黑，存心悖亂……而其子若孫，實聖祖仁皇帝之支派也。」（《清高宗實錄》卷四，雍正十三年十月初八日）八叔、九叔固然有罪，可是他們的子孫是無辜的。這句話說的還挺有道理，沒多大毛病。但下面的話就變得離譜了：「當初辦理此事，乃諸王大臣再三固請，實非我皇考本意。」（《清高宗實錄》卷四，雍正十三年十月初八日）乾隆說：把老八、老九一家老小全部開除宗籍的事是當年那些王公大臣逼迫，不是父皇的本意。這是什麼意思？滿朝大臣開始聽不懂了。

乾隆接下來的話就比較直白，他說：「你們這些大臣討論一下，看看老八、老九的子孫，他們的戶口問題該怎麼解決。」既然話都說到這份上了，還能怎麼解決？直接恢復他們的宗籍不就好了嗎？乾隆聽完說：「既然這是集體討論的意見，就這麼辦吧。」

這時的乾隆還比較收斂，只是恢復老八、老九子孫的宗籍，兩位當事人仍然是獲罪被開除宗籍的狀態。表面上看很合理，畢竟子孫是無辜的；但顯然這件事只是乾隆翻案工程的開始。兩天後的十月初十，乾隆宣布所有因罪被革除宗籍之人的子孫，全部恢複宗籍。

同樣在這個月，乾隆十幾天內連續釋放十五位在雍正朝被圈禁的大政治犯，包括老十允䄉和老十四允禵。之後的半年裡，又釋放大量的「八爺黨」舊臣。

有的觀點認為乾隆這一系列操作不能叫「翻案」，只能叫「寬大處理」，因為這些政治犯的罪名仍舊保留著。但這個做法對雍正的傷害很大，被釋放的這些政治犯會在私底下發牢騷：我們當初根本沒做錯什麼，要是真做錯了，他兒子為什麼要把我們放出來呢？

乾隆為什麼要這麼做？其好處太明顯，他可以輕易地獲得宗室內的廣泛支持。可是乾隆覺得光有宗室的支持還不夠。乾隆元年二月，他又宣布：無論士民，均應輸納。至於一切雜色差徭，則紳衿例應優免。（《清高宗實錄》卷一二，乾隆元年二月初四日）雍正朝透過極其暴烈的手段才勉強推廣開的「官紳一體當差，一體納糧」，乾隆上臺後不到半年，就變成「官紳只納糧，不當差」了。

乾隆的政治收買仍然沒有結束。與雍正一上臺就追繳各省的虧空不同，乾隆繼位後不久就宣布：為了彰顯新朝新氣象，各省目前存在的虧空全部平帳，朕不查了。還進一步修改對貪汙官員的量刑標準，規定：數滿千兩以上者，照例擬斬監候。其一千兩以下，照律雜犯准徒。遇赦，則數逾萬兩者，不准援宥；萬兩以下，俱准赦免。

貪汙一千兩以上死刑緩期，貪汙一千兩以下有期徒刑；只要貪汙不滿一萬兩，遇到大赦天下，官員還有機會被無罪釋放。可是雍正活著時，他對貪汙犯又是什麼樣的量刑標準呢？

其從前數滿三百兩，擬斬；及一千兩以上，不准援赦之例。滿三百兩死刑緩期，一千兩以上殺無

赦。而乾隆對這些前朝條例的最終態度就是「請刪除從之」。（見《清高宗實錄》卷三〇，乾隆元年十一月初九日）

乾隆的這套操作，總結下來就是：透過政治翻案獲得宗室內的支持，透過提高待遇獲得鄉紳階層的支持，透過放寬司法獲得官場上的支持。二十六歲的乾隆上臺還不到一年，就獲得遠超父親執政十三年裡透過改革積累下來的聲望。

乾隆即位後沒多久，民間就出現一首特別邪門的對比式民謠，「乾隆錢，萬萬年」（雍正朝後期出現「雍正錢，窮半年」的民謠）。令人疑惑的是，什麼樣的百姓會在乾隆初年一下子就發財，以至於說出「乾隆錢，萬萬年」這種話。而且乾隆初年，有些官員對乾隆的吹捧真是令人深感頭疼，如「甫數月而囹圄幾空」[45]，誇讚乾隆朝的治安可太好，監獄裡都沒人了。可不是沒人了嗎？之前犯罪的能放就放；之後犯罪的能不抓就不抓。乾隆朝的監獄不空，哪一朝的監獄空？

但不得不說，乾隆透過出賣底層民眾和前朝政策來換取政治資本的同時，仍然保持高度的政治清醒。對雍正所留下的「密摺專奏制度」、「軍機處」、「攤丁入畝」、「火耗歸公」、「養廉銀」等維繫著政府運轉的主體機構和國家體制，乾隆都是全方位繼承，還分別加以完善，以便繼續加強對整個國家的控制。

經歷乾隆式改革和重塑後，他真的能實現少年時心懷憧憬的那種「寬仁治國」理想嗎？乾隆朝的未來會走向何處？真的會帶來古代的巔峰盛世嗎？

上面這些問題的答案，可能需要從乾隆接下來的道路中去找尋了。

四阿哥弘曆：寬仁治國的幻想與實際

今天評價乾隆時有一種特別有意思的現象，也許會拿他的審美開玩笑，會拿他的詩文開玩笑，但很少會拿他的政治能力開玩笑。有些人評價乾隆為中國古代最標準的專制君主，一臺偽裝成「人」的政治機器。但沒必要神化乾隆，沒有人天生就會搞政治或熱衷於搞政治，弘曆剛繼位時，只是二十多歲缺乏實踐經驗的年輕人，他對政治的理解，一樣經歷由淺入深的過程。

乾隆懵懂的青年時代都經歷什麼呢？青年時代的政治生活又是什麼樣子呢？

一、初入職場的新君

乾隆繼位後，做為一個初入職場的年輕人，渾身充滿幹勁，想實現獨特的政治抱負。他非常渴望證明自己，在治國理念與用人思路上都展現出強烈的個人風格。

例如，即位後不久就說過：「政令繁苛，每事刻覈，大為閭閻之擾累……朕即位以來，深知從前奉行之不善。留心經理，不過欲減去繁苛，與民休息。」（《清高宗實錄》卷一四，乾隆元年三月十一日）政府的法令如果既繁瑣、又嚴苛，就會嚴重影響百姓的日常生活，朕很清楚，前朝過去的一些做法有問題，朕治理天下，不要繁苛，要的是施行仁政、與民休息。

除了治國施仁政之外，乾隆在用人上也表達自己的喜好，就是重視科舉出身的知識分子。他曾說過：「王大臣為朕所倚任，朝夕左右者，亦皆書生也。」（《清高宗實錄》卷五，雍正十三年十月十六日）朕身邊重用的大臣都是讀書人。他還說：「人無書氣，即為粗俗氣、市井氣，而不可列於士大夫之林矣。」（《清高宗實錄》卷五，雍正十三年十月十六日）書要是讀不好，就不配當官。

乾隆這套用人的思路和雍正十分不同，甚至截然相反，雍正當年明顯更偏愛非科舉出身的官員。例如，雍正為了規範官員的行為，找人寫一本教地方官員如何當官的教科書《州縣事宜》。這本書找誰寫的呢？雍正最寵愛的兩位大臣——田文鏡和李衛。這二位論行政都嚴苛暴烈；論出身都是納捐買官出身，是監生，不是標準意義上的讀書人。放在乾隆朝，他們不但不會成為模範官員，說不定還會成為官場的負面教材。

乾隆這種「治國施仁政」與「用人重讀書」的政治見解又是從何而來呢？顯然和他登基前的人生經歷脫不了關係。弘曆繼位時二十五歲，人生前八年的經歷在史書中大致是空白的。從九歲開始讀書到二十五歲繼位，這些年弘曆大多數時間在學堂裡度過。唯有的兩個例外，十二歲那年，他有八個月和康熙一起生活；二十五歲那年，有三個月跟著果親王允禮一起去處理西南的苗疆問題。

不難發現，弘曆繼位前，真正的政治實踐時長只有三個月，政治經驗不豐富，對政治的理解可能只有三個來源：爺爺康熙、父親雍正、上書房裡老師們的教導。

祖父康熙的教導雖然只有八個月，但考慮到康熙當時在弘曆心目中的高大形象，康熙晚年寬仁治國的風格對小弘曆的影響長遠而深刻，實際上，乾隆的確有模仿祖父康熙的傾向。不過康熙駕崩時，弘曆只有十二歲，思想尚未定型。

與之相對應的，父親雍正對弘曆的教導及影響明顯要小得多。乾隆回憶過父親和他之間的某一理念衝突：皇考嘗以朕為賦性寬緩，屢教誡之。朕仰承聖訓，深用警惕。（《清高宗實錄》卷四，雍正十三年十月初九日）父皇當年說朕性格太寬仁、厚道、善良，總是批評朕。這些批評朕都記在心裡，深以為戒。

乾隆雖然嘴上說記在心裡，可是從他早年間的執政風格來看，顯然沒把雍正的話當回事。為什麼呢？因為乾隆政治理念的形成受到上書房那幾位老師潛移默化的影響。

提到乾隆的老師，很多人第一反應都是張廷玉，但其實老張沒怎麼教過弘曆，他大部分精力都用來幫著雍正處理政務。按乾隆的說法，他真正的老師只有三個人，就是福敏、朱軾和蔡世遠。福敏是弘曆小時候在雍親王府的老師，雖然接觸得早，但沒教幾年。而朱軾後來在康熙朝升任吏部尚書兼管水利，在上書房教書的時間也不算長。

因此，和弘曆相處時間最長的老師應該是蔡世遠。他從雍正元年六月起擔任弘曆的老師，一直到雍正十一年因病去世。十三歲到二十三歲，弘曆人生觀、價值觀形成的最重要階段是蔡世遠陪他度過，兩人的相處時間比弘曆和父親都要多。而且他倆的師生關係非常好，乾隆繼位後沒多久，就追封已經病故兩年多的蔡世遠為禮部尚書。蔡世遠有七個兒子，除了一個夭折，剩下六位都接受過乾隆賞賜。聰明伶俐的就保送當官，例如蔡家老二，以廩生[46]身分選入太學，後來慢慢升遷到兵部侍郎。其他不善學習的，乾隆直接賞賜舉人身分，一樣可以當老爺。可見在乾隆的心中，他非常在意蔡世遠。

蔡世遠的政治理念是什麼？他對乾隆的執政構想到底有什麼影響呢？清朝官方史書上沒有明確記

載。但卻能透過一個人的經歷發現一些蛛絲馬跡，這個人就是雍正朝初年的雲貴總督楊名時。

楊總督是科甲出身，為官清廉，學問也很好，但有個缺點是會袒護鄉紳，還會官官相護，是典型的好好先生。雍正推行新政、打擊官僚和鄉紳知識分子時，楊名時總是有抵觸情緒，出工不出力，雍正就找藉口把楊名時革職了。和楊名時情況類似的還有兩位，就是電視劇《雍正王朝》中和田文鏡吵架的李紱和謝濟世[47]，他們都對雍正的改革有抵觸情緒，最終都被免職。

他們三位後來的經歷頗有戲劇性，被免職的時間是雍正四年與雍正五年。當時的弘曆只有十六、七歲，考慮到雍正嚴格限制皇子與大臣來往，因此，弘曆最多聽說過他們三位，但絕不可能有多少接觸。但出人意料的是，乾隆繼位後，把他們全召回京城，不但免罪，還加官晉爵。三人都封了大官，楊名時封禮部尚書兼國子監祭酒，李紱封戶部侍郎，謝濟世封江南道御史。朝野一片譁然，完全搞不懂發生什麼事。

根據《清高宗實錄》記載，乾隆的說法是：朕覺得他們幾個不錯才免罪封官。但你怎麼知道他們不錯？且光是「覺得」就能給他們這麼大的官嗎？他們都是戴罪之身啊。

一篇比較冷門的文獻中可以看到一段非常有意思的記載。乾隆朝的翰林院庶吉士全祖望曾給楊名時寫過一篇傳記——〈江陰楊文定公行述〉。傳記結尾處有一句話：漳浦蔡文勤公謂人曰：「今世而時時有堯舜君民之念者，江陰一人而已。」

「蔡文勤公」是指蔡世遠，「文勤」是乾隆賜給他的諡號。而「江陰一人」，指的就是楊名時。蔡世遠生前把雍正朝這位罪臣楊名時比做堯、舜一樣的聖人。可見他很可能反對嚴猛治國，對雍正打壓楊名時等科甲文官的行為持反對意見。鑑於乾隆初年對楊名時、李紱、謝濟世等人的重新啟用，不難發現，乾隆可能也不贊成父親的打壓行為，當雍正與科甲知識分子發生對立時，他選擇和儒家士大夫站在一起。

不過，乾隆搞仁政、寬刑罰、重視讀書人，這樣執政，最後的效果到底如何呢？

二、寬仁治國的幻想

乾隆早年間為了獲得輿論支持，打著「寬仁」的旗號對雍正朝很多舊事做了翻案。很明顯，乾隆最初搞仁政的出發點就是你好、我好、大家好，我給你們鬆綁，你們也給我支持。整個政局很快就在嚴猛的緊密秩序中打開一道出口，之前壓抑已久的人都長舒了一口氣。但為什麼還是說乾隆的「寬仁治國」只是一種幻想呢？

乾隆儘管在翻案時打著父親的旗號，但明眼人一看就知道，乾隆就是「掛羊頭賣狗肉」，嘴上說的是雍正的指導思想，可是手上做的明顯全都基於乾隆心思。尤其乾隆做的這些翻案文章都是在雍正駕崩不到半年的時間內迅速完成，短時間內在政治路線上的掉頭，必然會導致官場的撕裂。

例如，乾隆元年任四川巡撫的王士俊，他是田文鏡的助手，也是雍正嚴猛治國路線的絕對支持者，當年七月，看到政治風向的猛烈轉變，以及發現自己逐漸被邊緣化後，王士俊沒忍住發了個大牢騷：「近日條陳，惟在翻駁前案。甚有對眾揚言，只須將世宗時事翻案，即係好條陳之說。傳之天下，甚駭聽聞。」（《清高宗實錄》卷二三，乾隆元年七月二十九日）

大意是，如今大臣們寫文書只做一件事，只知道批評前朝世宗皇帝的政策，還揚言說只要這樣就是好奏摺。這些說辭要是傳出去，像什麼話？豈不是要被天下人笑話？

這番場景被別人笑話了嗎？還真被笑話了，嘲笑者就是中國的鄰居朝鮮。當時有朝鮮史官挖苦乾隆元年的政局道：「政令皆出要譽，臣下專事謏說。」[48]

如今的清朝，皇帝只想撈名聲，大臣只顧拍馬屁。而當時國內、國外的輿論似乎也印證了乾隆初年的官場秩序，相對混亂。

不過，乾隆的政治能力很強，強就強在他對很多事情很敏感，很快發現自己那一套「寬仁治國」的方案好像有問題，而且在宗室、鄉紳、官場全都出問題了。

乾隆剛開始對宗室很友好，對十六叔允祿和十七叔允禮這兩位老爹留下來的幹部更是特別好，均委以重任。經濟上，乾隆給老十六、老十七都賞親王雙俸；政治上，乾隆更是做了件破天荒的大事。雍正十三年十月，雍正駕崩不到兩個月，乾隆宣布裁撤軍機處。軍機處可是古代中央集權最強盛時設立的中樞機構，是雍正最傑出的政治設計之一。但當時乾隆說：「今西北二路既已無事……大小事件，既交總理事務王大臣等辦理。」（《清高宗實錄》卷五，雍正十三年十月二十九日）如今天下太平，軍機處沒什麼用了，撤掉吧。乾隆就把軍機處的權力直接平移給以老十六莊親王允祿為代表的輔政大臣。

乾隆放權的結局可想而知，老十六允祿的政治勢力瞬間空前膨脹，雖然允祿多半沒什麼想法，但權力變大後，底下的人自然會主動撲上來。史書載：見朕於王加恩優渥，群相趨奉。恐將來日甚一日，漸有尾大不掉之勢。（《清高宗實錄》卷一〇三，乾隆四年十月十六日）

後來連乾隆都意識到了，對宗室太好，很容易形成一股威脅皇權且難以把控的政治力量。

宗室勢力抱團後，鄉紳地主一樣出現問題。乾隆最初廢除「官紳一體當差，一體納糧」、恢復鄉紳特權時，他心中想的是：朕對你們這麼好，你們一定也會對朕感激涕零吧？

然而現實非常冰冷殘酷，乾隆很快就發現自己把這幫鄉紳、這幫名義上的讀書人代表想得太好了。

乾隆七年八月，江南鬧水患，出了災情。乾隆安排人員賑災。剛進行一半，時任兩江總督的德沛上奏說：皇上，不好了，出事了。乾隆一看奏摺，直接氣瘋了。按慣例，賑災這種事向來是救急、救窮、不救富：在城居民，有力之家，例不在賑恤之列者。（《清高宗實錄》卷一七三，乾隆七年八月十九日）

家裡有糧食的，就別過來搶窮人活命的這口吃的了。可是江南的地主士紳做了什麼事呢？聚眾罷市抬神，哄鬧公堂衙署，勒要散賑。（《清高宗實錄》卷一七三，乾隆七年八月十九日）他們聚眾鬧事，索要賑災糧食，並義正詞嚴道：政府不能因為我們有錢就不發口糧給我們啊，我們都是良民啊。

雍正活著的時候，地方鬧災，不把這些鄉紳趕到河堤上去當差修壩就不錯了，居然還敢鬧事？還敢搶災民的口糧？都不用雍正發話，李衛出手即可解決。可是到了乾隆朝，這幫鄉紳地主真敢這麼做，顯然，他們把乾隆的寬仁當成膽怯了。

這時，乾隆終於理解父親當年為什麼專門打壓這幫鄉紳了——紳衿之家……此等惡習，自我皇考整飭以來，已漸次改易。今豈可使之復萌潛長？（《清高宗實錄》卷一七三，乾隆七年八月十九日）

這幫鄉紳地主的臭毛病，我爸當初不是都教育過他們了嗎？不是都改了嗎？怎麼到今天又死灰復燃了？乾隆意識到是當地的學政官員沒有教育好，乾脆直接宣布當地的學政和聚眾的鄉紳全部交刑部議罪。但此時的乾隆仍然保持了極大耐心，對這些人只是關押、教育了事，並沒有殺人。

宗室和鄉紳產生變化後，接下來要改變的就是最重要的官場。某種程度上，真正讓乾隆產生警覺的是官場的不良風氣，典型的代表就是李紱。

李紱當年在雍正朝和河南巡撫田文鏡產生矛盾，與幾位大臣聯手參劾田文鏡，而被雍正懷疑其結黨，進而被免職。但李紱的學問確實很好，為官也算清廉，自雍正十三年九月被乾隆重新啟用後，一直深受乾隆信任。只不過才過了八個月，李紱就捅了婁子。

事情發生在乾隆元年五月，新一屆的科舉選拔剛結束，乾隆想選幾個人才以便培養新人。出於信任，乾隆安排李紱去新科進士中挑選，推薦幾個可造之才。

按常理，這件事應該是個美差，在素質優秀的人中找幾個好的，保舉一、兩個，最多三、四個，對上不負皇恩，對下也有順水人情。可是李紱不但給了乾隆一串特別長的保舉名單，而且為了讓乾隆相信名單上的人都是可造之才，還拉著六部九卿的官員一起簽字保舉。意思就是，皇上您別看這名單上的人多，但都是大臣們公認的優秀人才啊。

我們完全可以想像以「章總」的政治頭腦，看到這麼一份推薦名單會是怎樣的心情。

乾隆此時的心理情境劇大概是——李紱，父皇當年說你結黨，朕還以為你是冤枉的，沒想到你真的喜歡結黨搞串聯啊？朕讓你推薦學子，你拉著這麼多官員一起上書是什麼意思？你能耐大？你威望高？你開了這麼長一串推薦名單，朕是該叫它「李選」，還是叫它「紱選」？將來朕用了這些人，他們會感謝朕的重用，還是感謝你的舉薦呢？你以為朕年輕好騙，什麼都不懂嗎？

乾隆立刻把李紱叫來問話，而李紱的答話特別有意思：「惟有永絕妄言等語。」（《清高宗實錄》卷一八，乾隆元年五月初七日）皇上，我說錯話了，以後再也不亂說話了。

乾隆聽完更火大了，李紱你明不明白什麼是重點？你的問題是話說得不對嗎？你的問題是事做得不對啊！乾隆實在氣不過，發表了一篇公開的上諭：

> 朕即位以來，並未有因臣工多言，即加以處分者。今李紱明係妄舉，乃自謂妄言，避重就輕，希圖朦混。著交部嚴察議奏。（《清高宗實錄》卷一八，乾隆元年五月初七日）

朕這麼寬仁的皇帝，什麼時候會因大臣話說多就加以處分？李紱你拉幫結派、保舉官員，明明是典型的政治問題，你卻只認為自己話說多了，這是避重就輕，企圖蒙混過關！機智如朕，怎麼可能上當？朕最終下令將李紱送審，你們這些大臣仔細想想該怎麼處理。不過，乾隆最後的處理倒比較寬仁，只是將李紱降兩級、調崗位罷了。

乾隆朝初期的寬仁政治，表面的輿論吹捧背後，潛藏著很多危機。宗室出現政治團體，鄉紳再次集體鬧事，連文官大臣也敢隨意而放肆地串聯。乾隆二年，乾隆就不由得發出一句感慨：「崇尚寬大，則啟廢弛之漸。」（《清高宗實錄》卷四二，乾隆二年五月十四日）朕這是笑臉給多了，對你們太好，再這麼下去，局面怕是控制不住。「章總」最終如何把局面再次牢牢握在自己手中呢？

三、幡然悔悟地整頓

儘管「章總」早年間的「仁政」看起來你好、我好、大家好，但不代表他放鬆對朝堂的管理。恰恰相反，他在執政初期和父親一樣，非常勤政。

按照學者對乾隆《御製詩集》[49]的統計，乾隆在位六十年，一共寫了四萬一千八百六十三首詩，平均每年約寫六百九十八首，產量非常高。如果把目光聚焦在乾隆執政前四年，那段時間他平均每年的詩作產量只有幾十首。以乾隆對詩歌的熱衷，早年間沒怎麼寫詩，他做什麼去了呢？忙著批奏摺去了。乾隆曾在詩裡感慨說：「剩有憂懷批奏牘，那餘逸興賦詩篇。」[50]

唉，朕稍有點功夫全批摺子了，根本沒時間寫詩。

處置李紱後，「章總」決心整頓官場，由此開啟一個大工程。簡單來說，就是乾隆用了三年時間，把全國各省主要部門的官員輪流叫來京城見面。從召見這批官員的過程就能看出，儘管乾隆年紀尚輕，但政治手腕和布局能力十分強悍。透過召見官員的順序就能看出此番運作明顯早有預謀。

各省的督撫是主政一方的一把手，乾隆最開始一個都不見。這些人都是雍正的擁護者，且在當地一手遮天，若一上來就召見這些封疆大吏，既沒辦法貫徹乾隆的政治意志，又不容易了解當地的真實情況。

乾隆最先召見的是哪些人呢？各省的軍事長官。乾隆元年五月，乾隆發布上諭：各省提督總兵官，朕未經認識者甚多……酌量先後，輪流來京。（《清高宗實錄》卷一九，乾隆元年五月二十日）

大半年之後，乾隆總算把各省的提督、總兵都見了一遍。乾隆二年二月，「章總」又發布一道新上諭：外省藩臬，所以佐督撫理一省錢糧刑名之事，責至重也。（《清高宗實錄》卷三六，乾隆二年二月初八日）

「藩」指的是各省的布政使，「臬」指的是各省的按察使，是各省的二把手和三把手。乾隆說這兩職務一個負責錢糧民政，一個負責刑名司法，責任都很重大。

> 其中尚有未曾引見者居多。（《清高宗實錄》卷三六，乾隆二年二月初八日）
>
> 著該督撫酌量，何時令其陛見。（《清高宗實錄》卷三六，乾隆二年二月初八日）

可是各省的二、三把手有很多人朕都沒見過，你們各省的一把手商量一下，排個班，趕緊讓底下老二、老三的得力幹將們，速來京城見朕。

乾隆不找督撫，找藩臬，絕對是有目的的。

道理很簡單，哪個老二、老三不想當老大呢？又有哪個老大不擔心老二、老三出賣自己、頂替自己呢？乾隆演這麼一齣，來京的藩臬都會找機會向乾隆表達忠誠，出賣一些情報；而仍在外省的督撫則如坐針氈地趕緊寫各種摺子上奏，表達自己對乾隆的擁護。

即便某省的督撫和藩臬之間關係要好，沒有出賣彼此，但只要乾隆在密摺的朱批裡挑撥幾句，一定能在彼此的心裡埋下一顆懷疑的種子。這一年的乾隆剛二十七歲，處理人事問題的方面卻異常老成。乾隆三年，乾隆又發起狠來，連各地的知府、知縣都叫來京城問話。身為皇帝，大臣之間彼此的懷疑愈多，乾隆收到的情報也愈多，臣子對皇權的威脅就愈小。

召見各省官員的同時，乾隆還辦了一件大事。他終於意識到當初撤銷軍機處的行為實在太蠢了。老爹留下來這麼好用的機構，怎麼就撤了呢？

乾隆二年十一月，雍正二十七個月的喪期正式結束後，乾隆立刻下旨表示要重組軍機處。這時的乾隆明顯不是一時興起才重組，絕對籌劃已久。當時的上諭是：皇考當日，原派有辦理軍機大臣。今仍著大學士鄂爾泰、張廷玉、公訥親、尚書海望、侍郎納延泰、班第辦理。（《清高宗實錄》卷五七，乾隆二年十一月二十八日）

這個名單一出來，儘管什麼具體的規定都沒說，但朝野就意識到官場要發生變化了，而且多半是系統性變化。因為這份名單中的兩個改變實在是太明顯了。

軍機處重組人員名單

1. 西林覺羅・鄂爾泰
2. 張廷玉
3. 鈕祜祿・訥親
4. 烏雅・海望
5. 薩爾圖克・納延泰
6. 博爾濟吉特・班第

第一個改變就是，這份名單裡沒有宗室的王公。當時位高權重的老十六允祿和老十七允禮都不在其中。言外之意很明顯，乾隆要約束宗室，軍機處的國家政務，宗室皇親不要再插手。當時，允祿愛好多、允禮身體差，且目睹過上一代的奪嫡慘劇，二人很平靜地接受了，整個宗室基本上沒有什麼反對的聲音。

第二個改變就是，雍正朝德高望重的首席軍機大臣張廷玉，他的排位從第一位降到第二位。最初人們覺得是乾隆對張廷玉個人有意見，但很快就發現這不是個體問題，而是有關某個群體的問題。乾隆不僅對張廷玉缺乏信任，對整個漢族官僚群體都缺乏信任。乾隆朝的軍機處始終有個不成文的規定，首席軍機大臣必須是滿洲人，不能是漢人。乾隆漫長的六十三年執政生涯中，只有劉統勳和於敏中兩個漢人曾當過首席軍機大臣。總體來說，乾隆這次重組軍機處後的變化，概括來說就是「兩打壓一扶持」，打壓宗室王公和漢族士大夫，扶持滿洲官僚。

這麼做的好處顯而易見。首先，打壓宗室可以避免宗室王公憑藉血統優勢威脅皇權；其次，打壓漢族士大夫可以避免漢人官僚憑藉人數優勢威脅皇權；至於扶持滿洲官僚，這些人沒有皇室血統，又和漢人天然對立，同時受到文化水準限制，平均能力普遍低於漢族官僚，他們的政治地位躍升，很大程度上依賴皇帝個人的重視與喜好。只要專注扶持這些人，就能在最大程度上鞏固滿洲，鞏固皇族，尤其能鞏固皇帝本人的統治地位。這也是乾隆朝後期為何會任用和珅這種官員，因為和珅符合「章總」一貫的用人偏好。

儘管從掌權者的角度而言，乾隆這麼做無可厚非。但也要認知到這種優先看血統，其次看能力的用人模式，明顯是讓權力遠遠凌駕於國家的正常發展之上。而且，這種模式被他執行了六十多年。

由此導致的嚴重問題就是，在乾隆朝，官僚集團的自我糾錯能力和進取心都被無限降低。乾隆有活力時，這個國家才會有活力；乾隆變得老態龍鍾時，這個國家就逐漸趨於萎靡了。

但截至乾隆二年重組軍機處，乾隆頂多是提防宗室和漢族官僚而已，他統治國家的責任心遠沒有到破罐破摔的程度。但接下來發生幾件事導致乾隆的執政理念徹底轉型，使得他對宗室、漢族士大夫、滿洲官僚的信任度都降到最低。今天說乾隆在某種意義上是一臺沒有感情的政治機器時，指的是乾隆十三年之後的乾隆。

從乾隆二年到乾隆十三年的十一年間，「章總」經歷了些什麼呢？他的一生豐富而漫長，兩個章節寫下來也只寫到執政的前幾年。

乾隆這個人既有本身的複雜性，也有漫長生命歲月的前後變化。而且比起提到的其他「冷門」人物，乾隆的相關史料實在是太豐富了，方方面面都要關注到位。比如前面提到全祖望的〈江陰楊文定公行述〉，只有在這些細枝末節中，才能理解蔡世遠具體的政治立場，以及他可能對乾隆所造成的影響。

如果只是把乾隆的形象以粗線條手法來勾勒，不僅容易出現較大的爭議，也無法真正認識乾隆這個人。乾隆做為一個專制君主，出生於一七一一年，駕崩於一七九九年，他的人生經歷在某種程度上，就是一部十八世紀中國政治史。我們讀歷史，不誇張地說，曾經有大半個世紀的中國人，都是籠罩在他一個人的身影之下。

到底發生什麼事，使乾隆徹底變成一臺沒有感情的政治機器呢？

四阿哥弘曆：奪嫡時代的最終結局——弘晳逆案

乾隆的政治手腕與策略都是在一次次政治鬥爭中磨練出來。他成為那個大權在握、玩弄各方大臣於股掌之中的政治強人之前，成為真正的乾隆大帝之前，他一路披荊斬棘，走了很長的路。

而打通帝王心術的第一關，就是乾隆執政以來所面臨的第一次政治鬥爭。鬥爭對象既不是朝中大臣，也不是地方鄉紳，而是那些愛新覺羅家族的親戚，宗室王公們。

繼位之初標榜「寬仁治國」、「敦睦一本，加恩九族」（《清高宗實錄》卷一〇六，乾隆四年十二月初六日）的乾隆，為什麼會掀起大獄狂潮，打擊宗室呢？這關乎乾隆朝初期最大的一場宗室政治風波——「弘晳逆案」。這場「弘晳逆案」為波及三朝的「九子奪嫡」畫上真正的句點。

一、「命中注恨」的堂兄

我們得先認識這位相對冷門的人物——愛新覺羅．弘晳。弘晳出生於康熙三十三年（一六九四年），是康熙朝太子老二胤礽的兒子，比乾隆大十七歲，算是乾隆的堂兄。某種程度上，弘晳是個被命運逼瘋的人。

弘晳的童年對任何一個皇孫而言，幾乎是滿分的開局。

第一，他有個好爹。弘晳的父親胤礽是太子，是當時公認的下一任皇帝，康熙朝的奪嫡鬥爭中，一度擁有絕對的領先地位。

第二，命好。弘晳雖然在排行上是胤礽的二兒子，但命運無常，胤礽的大兒子、四兒子、五兒子不是童年夭折，就是少年早喪。而排在後面的那些兒子歲數又太小，因此，弘晳一出生沒多久就成為胤礽唯一的繼承人。

第三，最重要的一點，弘晳得到爺爺的關注。別看乾隆說自己小時候和康熙的關係是：「見即驚愛……親授書課，教牖有加。」（《清高宗實錄》卷一，雍正十三年八月）乾隆說康熙一見到他就喜歡得不得了。事實上，弘晳才是康熙最喜歡的孫子。乾隆和康熙一共相處過八個月，但弘晳卻是從小就子憑父貴，被康熙親自撫育。從這點來看，他倆完全不是一個等級。

「章總」的「心胸開闊」，導致清朝的官方文獻上已經看不到任何關於康熙與弘晳祖孫關係的相關記載，仍能從其他地方捕捉到康熙對弘晳獨特的疼愛。

一個典型的證據，朝鮮方面針對康熙晚年間不再冊立太子的政局，曾有過猜測：或云太子之子甚賢，故不忍立他子。[51]

意思是說，胤礽的太子之位被廢後，康熙之所以晚年不立太子，很可能是因為太喜歡弘晳。前文提過，康熙晚年不立太子主要是為了避免引發新的奪嫡之爭。但這種傳言的出現至少證明當時在朝鮮人的訊息源和判斷中，康熙非常喜歡弘晳，以至於到足以影響繼承人歸屬的程度。

站在幼年弘晳的立場上便知：爺爺康熙是現任皇帝，父親太子胤礽是下任皇帝，且父祖兩代人都很喜歡他。這種環境下，不管把誰放在弘晳那個位置上，都會預設自己就是將來的皇上。

但就是這種「我一定能當皇帝」的執念把弘晳給害了。

從弘晳十五歲到十九歲，他眼睜睜看著父親的太子之位兩次被廢，最後一家人都慘遭圈禁，弘晳直接從溫馨家庭掉進冰宮。可是弘晳放棄當皇帝的執念嗎？不但沒有，反而更加昏頭。康熙朝內務府的滿文檔案中，記載一起非常離奇的宮廷案件。

康熙五十五年十一月，被圈禁在咸安宮裡的弘晳居然穿過層層封鎖，找到一個太監傳話，讓內務府的工匠華色[52]為他偷偷打造一件御用的琺瑯火鏈。這是絕對的僭越之舉，也暴露出弘晳的腦袋此時已經相當不清醒。打造這樣一件敏感的物件，除了擺在家裡玩模仿秀，滿足一下心理需求之外，對奪嫡沒有任何實際幫助，還會讓自己陷入無端的危險之中。

而透過這件事能看出康熙對弘晳這個孫子確實是喜歡。案發後，康熙讓工匠背鍋，把他流放，對弘晳沒有任何處罰。甚至幫弘晳傳話的那個小太監也只是稍加處罰。康熙對弘晳的有意保護，顯然會讓他心存幻想——爺爺仍然愛我，我還有機會。

六年後，康熙六十一年，康熙駕崩。弘晳的四叔胤禛繼位，成為雍正皇帝。按理說，這個時候，弘晳的皇帝夢也該破碎了。但雍正的一些做法又讓這位傻侄子產生一些不切實際的幻想。

雍正繼位之初，他的得力助手、最親愛的弟弟老十三允祥曾是「太子黨」的核心人物，而如今雍正手底下用的人大多是當初的「太子黨」成員。也就是說，雍正初年的核心政治班底有一部分人員都曾是允礽的手下。為了安撫他們，雍正自然要善待老二允礽一家。但考慮到當時老八允禩的「八爺黨」仍然樹大根深，老九允禟又一直找雍正的彆扭，不是抗命就是爭辯，一場新朝的政治清洗在所難免。為了保障宗室的穩定，雍正必須縮小打擊範圍，他要抓對幫扶對象來展示自己的寬仁。

考慮到允祕是被康熙圈禁，又當過三十八年太子，放他出來的政治風險太大，不如幫扶他的兒子。雍正就把豐沛的愛和熱情都送給弘晳。

雍正不但在登基那年就封弘晳做郡王，雍正六年又加封親王。讓弘晳成為「弘」字輩一代中第一個親王，比弘曆封王都要早。

面對雍正的恩賞，弘晳表現得太沒有下限了。為了討好雍正，居然在奏摺裡直接稱呼雍正為「皇父」。例如，某一謝恩摺子中，弘晳是這樣寫的：仰蒙皇父之恩授封為王。因臣子弟眾多，皇父又思慮周詳，賞賜一年給養。臣弘晳全仰賴皇父養育之恩而生存。[53]

弘晳的這幾聲「皇父」，實在令人感到不適。難不成是滿洲人的某種習俗？皇族內的所有子侄都得稱皇帝為爸爸？但查閱相關文獻就能發現，其他「弘」字輩的皇侄對雍正的稱呼都是「我皇上」或「聖主」，只有弘晳稱雍正「皇父」。雍正倒也不攔，弘晳愛怎麼叫就怎麼叫吧。

可是雍正不攔，流言就散開了。有人懷疑雍正是不是搶了自己的嫂子，把弘晳的媽媽給娶了，才逼著弘晳改口。可是連曾靜羅列雍正的「十大罪狀」時，都沒出現過「盜嫂」之類的字眼，這種懷疑實屬無稽之談。

弘晳這一聲聲「皇父」，旁人尚且無法忍受，當年的「章總」聽到後，心情可想而知。弘晳什麼意思？你對我爸叫爸，難道你還想接著當太子嗎？

從祖父到父親，乾隆真是煩透了弘晳。更關鍵的是，弘晳看「章總」也很不爽。論出身，我爸爸當太子時，你爸爸只是個不受寵的阿哥；論經歷，我和皇爺爺朝夕相處時，你還沒生出來；論歲數，我比你大十七歲，憑什麼你是皇上，而我只能是個王爺呢？哪怕已經到了乾隆朝，弘皙還是沒忘記皇帝夢，他找人算卦，問道：「將來我還升騰與否？」（《清高宗實錄》卷一〇六，乾隆四年十二月初六日）此時的弘皙已是親王，他還想往哪裡升騰？野心昭然若揭。

為什麼說弘皙是「命中注恨的堂兄」，早在「章總」登基前，他和弘皙就已經產生不可調和的矛盾。

雍正活著時，也考慮過弘皙的問題。說到底是前朝太子的兒子，留著，多少有一點政治風險；處理，以弘皙展現出來的能力和水準之低，確實是沒必要，反而顯得當叔叔的沒氣量。最後，雍正安排弘皙住到距京城二十里外的鄭家莊，弘皙成為既不住在京城，又無兵無權的閒散王爺。

既然弘皙已經沒有任何政治威脅，且乾隆執政之初一向以寬仁示人，「弘皙逆案」又從何說起呢？這關係到乾隆初年宗室裡另一位重要人物——老十六莊親王允祿。

二、「摸魚」、錯付的叔叔

前文講過老十六允祿是康熙朝晚年隱藏的「四爺黨」，且文武雙全。論學業，能解析幾何；論才藝，能譜曲唱歌；論武力，能單槍刺虎；論愛好，能操辦喪儀。

總體來說，允祿幾乎擅長一切和政治不相關的事情。

但雍正八年，老十三允祥死後，老十六允祿和老十七允禮成為雍正在宗室內唯二信得過的弟弟。

雍正駕崩後，允祿和允禮成為遺詔中專門指定的兩位輔政親王。雍正在遺詔中特別囑咐說：老十七身體不好，得養著，別讓工作上的事把他累壞了。如此一來，宗室裡真正管事的只剩老十六允祿了。

巧了，乾隆還挺信任允祿，他們叔侄之間有感情基礎。根據《清高宗實錄》卷首記載：（弘曆）年十二……學火器於莊親王允祿。（《清高宗實錄》卷一，雍正十三年八月）弘曆小時候學打槍都是老十六手把手教的。

乾隆二年，乾隆重建軍機處時有意把宗室王公排除在外，但沒有影響他對允祿的信任。乾隆三年，老十七允禮病重去世後，本來由允禮主管的理藩院，乾隆沒有轉交給其他人進行權力拆分，反而是直接劃給老十六允祿。讓允祿在已經是議政大臣兼內務府總管的身分下，又多了理藩院主管的職務，他的權勢又上升一個層級。

這是不是乾隆準備「捧殺」允祿？可能性不大。一方面，允祿始終沒有表現出任何越界的地方，例如，乾隆將允祿主管的工部轉交給他人時，允祿二話不說就把工部交出去。乾隆若是想打擊允祿，根本不需要「捧殺」，因為他壓根不會反抗。另一方面，綜合來看允祿一生，乾隆對他一直非常信任，允祿死後，乾隆給他賜的諡號都是「恪」，意思就是恭敬、謹慎。

乾隆對允祿予以重用最合理的解釋是，執政之初因年紀尚輕，比較單純的想法是想透過對允祿施以信任和恩賞來獲得他的忠誠與配合，並借助他的威望達到間接控制宗室的目的。

但很快乾隆就發現自己想多了，允祿這個樂呵呵的性格，別說控制宗室，連控制手底下的太監都吃力。

有一回，乾隆去內務府散步，看見身為內務府總管的允祿和底下的領侍太監蘇培盛坐在同一張板凳上聊天。乾隆大火，我的親叔叔啊，您是王爺，還是鐵帽子親王，怎麼能讓一個太監和您平起平坐？這些奴才容易得寸進尺，您這個樣子怎麼樹立皇家威信呢？

乾隆立刻組織太監們開會要批鬥蘇培盛：（蘇培盛與）莊親王並坐接談，毫無禮節。莊親王總管內務府事務，凡內廷大小太監，均屬統轄。而蘇培盛即目無內務府，獨不思莊親王乃聖祖仁皇帝之子。（《清高宗實錄》卷四，雍正十三年十月十一日）

即便蘇培盛亂了規矩，忘了莊親王是內務府總管，難道你連莊親王是聖祖仁皇帝的兒子也忘了嗎？怎麼敢和他坐同一張板凳。

乾隆這段發言不只是為了罵蘇培盛，也是罵給允祿聽，莊親王需要時刻注意自己的身分，不能這麼不可靠。

允祿吸取教訓了嗎？顯然沒有。允祿在乾隆朝初年的形象用一句話來形容就是：宗室喝酒，場場都到；朝堂政務，處處應付；到了緊要關頭，立刻化身老好人，和和稀泥，誰也不得罪。用乾隆的話來形容就是：「惟務取悅於人，遇事模稜兩可。」（《清高宗實錄》卷一〇三，乾隆四年十月十六日）允祿天天上班「摸魚」，碰上事就和稀泥，一點正事都不做。

摸魚、和稀泥就算了，真正讓乾隆火大的是，自己最討厭的、家住京城二十里外鄭家莊的弘晳居然開始沒事就往允祿的莊親王府裡鑽，偏偏允祿來者不拒，帶著弘晳一起玩。

允祿雖然在輩分上是叔叔，但他出生於康熙三十四年（一六九五年），實際上比侄子弘晳還小一歲；因為年齡相近，他們可能從小玩到大，成長軌跡完全重合，是真正的兒時玩伴。而且以弘晳當年在宮中的地位，說不定小時候對允祿還照顧有加。

這二人攪在一起，再正常不過了。

可是乾隆實在難以接受，我重用你十六叔是為了讓你給我當心腹去管控宗室，不是為了讓你和弘晳「鴛夢重溫」，給他當靠山，在宗室裡另立山頭。

除了允祿之外，還有一個人同樣傷了乾隆的心。就是乾隆五叔允祺的長子弘昇。按輩分，也是乾隆的堂兄。

但和弘晳有一點不同，雍正在世時就特別瞧不上弘昇，儘管當初弘昇在軍事上表現出一些才能，雍正仍然批評道：「多方教訓，不知悛改。著革去世子，交與伊父允祺，在家嚴加訓誨。」（《清世宗實錄》卷五五，雍正五年閏三月三十日）弘昇不但做事容易出錯，屢教不改！雍正除了革除弘昇的世子身分，還直接讓老五允祺把弘昇領回家閉門思過。

面對這樣一個堂兄時，乾隆卻產生特別奇妙的想法。這位老哥還是有才華，他在我爸那裡鬱鬱不得志，如今要是由我來重用，他必定感恩戴德，對我無比忠誠。乾隆在雍正十三年八月繼位後，九月就封弘昇做正黃旗滿洲都統；同年十一月，更是連火器營也一起交給弘昇來管。結果怎麼樣呢？弘昇得到重用後，也和弘晳混在一起了。

弘昇出生於康熙三十五年，只比弘晳小兩歲，他的父親允祺還是由康熙朝的皇太后博爾濟吉特氏撫養長大，因此弘昇的童年應該也是在宮中度過，他和弘晳同樣是從小玩到大的玩伴。

乾隆此時龍顏不悅了，沒當皇上時就討厭弘晳；現在當了皇上，在宗室中重用的允祿和弘昇居然都選擇和弘晳攪在一起。你們倆難道不知道弘晳有稱帝的野心嗎？朕這次要是不好好把你們給辦了，在宗室中還有人把朕當回事嗎？你們真當朕的刀不會捅人？

三、蓄謀已久的爆發

說蓄謀已久是允祿、弘晳、弘昇攪在一起這件事，「章總」在乾隆三年就已經知道，但他硬是忍到乾隆四年（一七三九年）的下半年才發難。

「章總」當時二十八、九歲，正是容易衝動的時候，按他的性格，一般都是吃虧馬上報復。忍這麼久的目的只有一個，就是要多方布局，集齊證據，以辦成鐵案，一次性咬死弘晳，讓宗室內的人都知道如今的愛新覺羅家族到底誰是領導。

老十六允祿也許提前聽到風聲，乾隆四年五月初六，乾隆正式動手前，允祿突然主動去找乾隆，說要申請辭職：「臣忝竊要職，乞罷議政大臣及理藩院、內務府之任。」（《清高宗實錄》卷九二，乾隆四年五月初六日）如今叔叔老了，能力不濟，實在做不動了，議政大臣不想當了，理藩院、內務府，我都不管了，請聖上收回交由他人管理吧。乾隆是怎麼答覆的呢？

王持躬恪勤，辦事諳練。簡畀重任，正資料理。著照舊供職。（《清高宗實錄》卷九二，乾隆四年五月初六日）

叔叔如此優秀的人才，這官怎麼能說不當就不當了呢？不許辭職，請繼續幫朕料理政務，朕離不開你啊。這話說出來像是一種安慰和信任，但允祿聽完估計心都涼透了。辭職沒答應，看來怕是連最後一絲體面都保不住了。

果不其然，允祿辭職未遂，僅四個月後，乾隆的抓捕行動就開始了。

乾隆四年九月，毫無徵兆的情況下，乾隆突然抓捕弘昇，並進行祕密審問。此時放著最有野心的弘晳和最有權勢的允祿不抓，去抓相對弱勢的弘昇，這是為什麼？就是要套口供。乾隆要撬開弘昇的嘴，好替弘晳送一口更大的鍋。

今天已經很難知道弘昇招供的具體內容是什麼，但他應該是把知道的全招了。這次審判後，儘管弘昇遭到暫時圈禁，但他在晚年卻突然被乾隆晉升為正一品的領侍衛內大臣。這可是只有皇帝的絕對親信才能擔任的職位。曾經的政治犯能有這樣的待遇，最大的可能是在當年的政治審判中，他出賣了自己人，並明確站隊乾隆。

弘昇被抓後，乾隆一口氣在同年十月逮捕包括允祿和弘晳在內的六位王公，皇族宗室瞬間引發大地震。此時宗室中的一個人立刻旗幟鮮明地支持乾隆，平息了宗室的動盪。

乾隆四年十月抓捕紀錄

1. 莊親王允祿
2. 理親王弘晳
3. 寧郡王弘晈
4. 貝勒弘昌
5. 貝子弘普
6. 鎮國公寧和

這個人就是和乾隆同齡、從小玩到大的——慎郡王允禧。允禧從康熙朝開始就是宗室內絕對的文藝門面，本身的聲望不低。此時允禧還有另一個身分，宗人府主管。允祿等六位王公被抓後，宗人府迅速審理，並表態說這次案情是「私相交結，往來詭祕」。嚴重的政治結黨，要頂格嚴懲。當時宗人府給出的處理意見是：「請將莊親王允祿及弘晳、弘昇俱革去王爵，永遠圈禁。」至於其他四位王公

的處理方式都是革除一切爵位。（見《清高宗實錄》卷一〇三，乾隆四年十月十六日）

乾隆能批准嗎？不能，至少對允祿的處置不能批准。允祿畢竟是雍正指定的輔政大臣，又被乾隆重用多年。在允祿沒有明顯錯誤的情況下，若是對允祿處罰得過重，不僅打自己和父親的臉，且不利於宗室的穩定。

乾隆該怎麼處理允祿呢？肯定其忠誠，批評其能力。

幾個月前在乾隆口中「辦事諳練」的允祿，此刻變成「朕看王乃一庸碌之輩」，朕看莊親王就是個糊塗蟲，他雖然犯了一些錯誤，但「若謂其胸有他念，此時尚可料其必無」。說他想結黨造反、謀逆，斷不可能。乾隆對允祿的處理意見是：「莊親王從寬免革親王，仍管內務府事。其親王雙俸及議政大臣、理藩院尚書，俱著革退。」親王照當、內務府照管，之前的雙倍工資取消，其他職務一律撤銷。（見《清高宗實錄》卷一〇三，乾隆四年十月十六日）

這屬於典型的「高高舉起，輕輕放下」，同時也展現出乾隆的政治手腕，既敲打允祿，又穩住宗室，還平穩地完成權力的回收。

但乾隆對弘晳的處理就沒這麼簡單了，乾隆有著絕對的洩憤傾向。

乾隆沒能查出弘晳有任何謀逆的行為，卻強行說他一定有謀逆的想法。例如，乾隆批評弘晳說：「胸中自以為舊日東宮之嫡子，居心甚不可問。」（《清高宗實錄》卷一〇三，乾隆四年十月十六日）

弘晳每天在心裡想著自己是前朝太子的兒子，誰知道他腦袋裡有沒有裝什麼虎狼想法？

乾隆給弘晳判刑的理由更有意思了：本年遇朕誕辰。伊欲進獻，何所不可？乃製鵝黃肩輿一乘以進。朕若不受，伊即將留以自用矣。（《清高宗實錄》卷一〇三，乾隆四年十月十六日）朕今年過生日時，弘皙非要送一頂鵝黃色的轎子？朕要是沒收下這份禮，你是不是就準備自己坐這頂轎子了？

客觀講，就是找碴。即便乾隆沒收轎子，後續怎麼處理也得聽乾隆安排。而且弘皙要是真想坐這轎子，還能給乾隆送上來嗎？等宗人府審問時，弘皙說他確實沒想坐那轎子，單純送禮。可是乾隆抓住便不鬆口，說弘皙是狡辯，屬於典型的「不知畏懼，抗不實供，此尤負恩之甚者」。（《清高宗實錄》卷一〇三，乾隆四年十月十六日）弘皙，被抓了都不老實交代，真是有負皇恩。

乾隆宣布：既然弘皙如此有負皇恩，朕實在不得已了：弘皙，著革去親王，不必在高牆圈禁。仍准其鄭家莊居住，不許出城。（《清高宗實錄》卷一〇三，乾隆四年十月十六日）

「欲加之罪，何患無辭」呢？隨便找個罪名，你要是認，按罪處理；你不認，就是有負皇恩，罪加一等，照樣按罪處理。總之，這份革爵圈禁套餐，弘皙無論如何都躲不掉。

弘是皙真的冤嗎？也不算冤，兩個月後，有個本是弘皙的親信、名為福寧的人看到弘皙失勢後，主動到宗人府舉報弘皙。剛收到舉報時，乾隆真是無比亢奮，心想這下肯定能證據確鑿地嚴懲弘皙，可是真等查出結果，乾隆快被氣傻了。

順著舉報線索，查到叫安泰的巫師。據安泰交代，弘皙找他算過命，還問了他四個問題，分別是「準噶爾能否到京？」「天下太平與否？」「皇上壽算如何？」「將來我還升騰與否？」這四個問題真是一個比一個過分。

「準噶爾能否到京？」和準噶爾的戰爭失敗，八旗子弟家家戴孝，幾乎是雍正一生最大的汙點，是全體滿洲人的傷痛。而弘皙居然敢問準噶爾能不能打到京城來？「天下太平與否？」弘皙到底在期盼什麼？「皇上壽算如何？」乾隆還不到三十歲，弘晳就盼著乾隆的壽終之日？最後一問更是叫人膽戰心驚，你還想升騰去哪裡呢？

當年老大胤禔魘鎮東宮時，可能是魘鎮錯方向？沒鎮到胤礽，反而把弘晳的腦袋鎮壞了。

除了「算卦四問」外，更震驚乾隆的是，弘晳居然在鄭家莊設置縮小版內務府，其中，掌儀司、會計司等一應俱全，弘晳在家裡「重操舊業」，玩起皇帝模仿秀。

乾隆破口大罵，我早就猜到弘晳狼子野心，沒想到真能僭越成這個樣子！乾隆還納悶，即便弘晳想玩模仿秀，可是他家裡哪裡來這麼多內務府擺件？一查才發現，全是老十六允祿換給弘晳的。

允祿啊允祿，我的親叔叔，這種糊塗事您也幹得出來！乾隆把允祿叫來，又扣了五年工資以示懲戒。只不過具體執行時，只扣了兩年多就照常發放了。對允祿而言，也算不上什麼處罰。

但對弘晳，乾隆這回可算是抓到把柄，可以下死手了。乾隆不但把弘晳的圈禁地點從鄭家莊改成景山東果園，還把他的宗籍直接開除，並把他的名字也改了。雍正當年給弟弟改名時，「阿其那」這個名字是老八自己起的，老九「塞思黑」這個名字是老三允祉起的，弘晳的新名字極大可能是乾隆起的。

這個新名字的侮辱性較強，弘晳覺得自己年紀大，時常在乾隆面前表現得很不恭敬。當時二十九歲的乾隆給弘晳起了「四十六」這麼一個新名字。弘晳今年不是四十六歲嗎？朕祝你永遠年方四十六。弘晳活到四十九歲，死在景山東果園。「弘晳逆案」到此終於結束。

這個案子裡，乾隆先後處理七位宗室成員，還給弘晳送上「革爵、圈禁、除籍、改名」的四合一大套餐。相當於乾隆正式向宗室公布：都別惹我，當初我爸能幹的事，如今我一樣能幹得出來。

而「弘晳逆案」的完結，標誌著乾隆對宗室的寬仁態度徹底終結。隨著老十七允禮在前一年去世，如今的老十六允祿也在慘遭打擊後退場，乾隆朝的宗室中，再沒有任何一位能夠在政治上鶴立雞群。從此之後，乾隆再也沒給過任何一位宗室王公過大的權力和信任。

今天回顧清朝的歷史時會發現，努爾哈赤時期，有四大貝勒；皇太極及順治時期，有多爾袞；康熙朝，早期有福全，後期有奪嫡九子；雍正朝，也有怡親王老十三允祥等。可是到了乾隆朝，「弘晳逆案」之後，幾乎很難發現任何一個具有政治影響力的宗室王公。滿洲入關以來，宗室對皇權的影響力就此落到最低點。

然而，對宗室的打擊只是乾隆初年政治鬥爭的第一步，接下來他還會完成一場更大規模的政治清洗。而那次鬥爭中被針對的對象，就是雍正心愛的張廷玉和鄂爾泰。

《大義覺迷錄》始末：一個皇帝的自我辯白

沒有人希望自己被冤枉，每當有謠言出現，我們總是忍不住替自己辯白，皇帝也一樣。雍正皇帝在位僅十三年，卻至今都備受人們關注，一方面是他卓越的政績，另一方面也是他當年所遭遇的一場造謠和本人的親自辯白。

當年到底發生了什麼呢？不得不提雍正帝親手整理而成的這本清朝名著《大義覺迷錄》。雍正編完這本書後，動用從中央到地方各級政府的力量瘋狂推廣，以至於《大義覺迷錄》成為雍正朝晚期風靡全國的暢銷書。

書中的內容恰恰就是雍正的深情闢謠，以圖粉碎當時圍繞著他的種種謠言。從書名就能看出來：「大義」即「君臣大義」，指好皇帝應該是怎麼樣的；「覺迷」即「迷途知返」，旨在讓大家認清誰是好皇帝。總體來說，「大義覺迷」就是雍正希望那些聽信謠言誤會他的百姓都能在迷霧中覺醒，且能認識到愛新覺羅．胤禛真的是個好人，是個兢兢業業的好皇帝。

當年到底傳出怎樣的謠言才會逼得雍正寫下《大義覺迷錄》呢？雍正帝真情辯白的「大義」，到底有沒有換來人們的「覺迷」呢？

一、荒唐、兒戲的造反

故事要從雍正六年講起。當時的清朝，如果要找出兩個心情最舒暢的人，一個是在北京的雍正皇帝，另一個就是在陝西西安的川陝總督岳鍾琪了。

雍正開心是此時的他不但在政治上清除宗室裡的老八、老九和官場上的年羹堯、隆科多，完成中央內部的高度團結；而且在經濟上，基本完成制度改革的總體框架，國家的財政收入逐年上升，達成政治和經濟的雙豐收。

岳鍾琪開心則是自從大將軍年羹堯被賜死後，他成為雍正的新一代軍事寵臣，不僅接過川陝總督和撫遠大將軍的官職，還深受雍正信任。用雍正的話說就是：「朕與岳鍾琪，君臣之際，一德一心。」[1]

只可惜，雍正皇帝和岳鍾琪君臣二人的好心情都因為一個人的突然出現戛然而止。

這個人自稱「張倬」，是個普通書生，卻在雍正六年九月二十六日清晨，做了一件不普通的事。當時，做為川、陝兩省的最高行政長官，手握四川、陝西、甘肅三省大軍的岳鍾琪，在西安城裡，一個照常上班的早晨，居然被張倬攔住了。

張倬說他要越級上訪，手上有一封他老師的親筆信要交給岳鍾琪。岳鍾琪可能心情不錯，就接過這封信。等他打開信讀完後，一定無比後悔，因為這封信的內容實在太觸目驚心了。

整封信的核心思想只有一個，就是勸岳鍾琪造反，還給了三點理由：

一、華夷有別。民族矛盾大於君臣名分。雍正是滿人，岳將軍您是漢人，您得替漢人反清復明，驅除韃虜、推翻滿洲。

二、皇帝昏庸殘暴。張倬的老師在信中說岳將軍不夠了解雍正，並羅列雍正的十大罪狀，即「謀父」、「逼母」、「弒兄」、「屠弟」、「貪財」、「好殺」、「酗酒」、「淫色」、「懷疑誅忠」、「好諛任佞」。面對這樣一個十惡不赦的皇帝，岳將軍您向來剛正不阿，自然要替百姓誅殺殘暴昏君。

三、光復祖輩榮光。南宋岳飛曾經抗擊金人，是抗金英雄。岳鍾琪將軍您正是岳飛後人，而雍正皇帝又是金人子孫。那麼，您為了不辱祖先的榮光，也應當起兵造反，為宋朝，為明朝，為過去的漢人王朝報仇雪恨。

謂臣（岳鍾琪）係宋武穆王岳飛後裔，今握重兵，居要地，當乘時反叛，為宋明復仇。[2]

看完信件，岳鍾琪可能都傻了。自己怎麼莫名其妙地被捲進謀反案裡了？尤其是考慮到清朝滿人和漢人之間原本就微妙而脆弱的關係，這事情若處理不好，即便岳鍾琪是無辜的，難免會被人借題發揮。

當時岳鍾琪的反應可謂極其敏銳，不但當場讓人逮捕張倬，而且立刻派人叫來時任陝西巡撫的西琳[3]和時任陝西按察使的碩色[4]這二位滿人官員，通報這一案件。當天夜裡，岳鍾琪當著這兩位滿洲大臣的面突擊審訊張倬來證明自己的清白。

岳鍾琪雖然透過快速反應和坦誠之態證明自己的清白，卻審出一個爆炸性消息——審問過程中，張倬宣稱他們已經動員六個省的人馬參與本次造反活動。按《筆記小說大觀》的說法，張倬稱：「六省在我，一呼可定！」

這造反的規模可太大了，岳鍾琪、西琳、碩色三個人都有些慌了。這麼大一起謀逆案件，如果沒能審出什麼有用的資訊，到雍正那裡，肯定無法交代。

岳鍾琪三人在連續幾天的嚴刑逼供都沒有什麼效果的情況下，想出一個餿主意：讓岳鍾琪先假裝答應張倬的造反請求，獲得其信任後，再騙出張倬的口供；而西琳和碩色則在隔壁房間監聽、做筆錄，證明岳鍾琪的清白。

岳鍾琪如何騙取張倬的信任？史書沒有詳細記載，只留下一句話：（岳鍾琪）令張倬入署，與之盟誓，偽為激切之言。[5]意思是說，岳鍾琪賭咒發誓，假意說了很多過分的話。張倬真的被岳鍾琪騙到，可以推測，岳總督這一晚上肯定沒少胡說八道，以至於張倬真把岳鍾琪當成結義兄弟，便把老師和同夥的姓名、家庭住址、愛好特長、思想來源等全都說了，說不定連他親爹家住址都告訴岳鍾琪了。用岳鍾琪的話來說就是：「（張倬）將其師實在姓名、居址，並平素與伊師往來交好詆毀天朝之人各姓名、居址一一吐出。」[6]

岳鍾琪終於對這次「張倬投書案」有了全面認識：眼前的書生本名不叫張倬，而是叫張熙，寫信給岳鍾琪的人，就是張熙口中的老師曾靜；曾靜不是什麼大人物，只是湖南的山野秀才。曾靜、張熙二人之所以想造反是因為讀了浙江已故文人呂留良的書，深受「華夷有別」的思想影響，才想反清復明。至於張熙口中的「六省人馬」則純屬子虛烏有，拿來糊弄人的，他們這個團夥實際上只有十幾個人。

相當於曾靜和張熙師徒二人在沒有任何兵馬組織的情況下，就想糊弄岳鍾琪，讓他領著清朝的軍隊造清朝的反。當岳鍾琪確認情報無誤後，當即再次扣押張熙，嚴加看管，並起草奏摺，將案情的來龍去脈全部上呈給雍正。岳鍾琪在奏摺的最後，附上這個造反團夥的案犯名單。

總體來說，曾靜、張熙的策反行動，說是謀反，倒不如說是一場鬧劇。還沒開始，就已經胎死腹中，還被岳鍾琪查個乾乾淨淨。

雍正為什麼在案件調查清楚後，還要刊出《大義覺迷錄》呢？

二、愈查愈亂的案情

當雍正剛收到岳鍾琪的彙報奏摺時，心情還很不錯。因為他看到的是岳鍾琪的轉述，沒有看到曾靜所寫信件的原件，不知道關於自己那「十大罪狀」的具體描述。看到這樣一對妄圖造反的笨蛋師徒時，還在岳鍾琪的奏摺上寫了句朱批，感慨說：「竟有如此可笑之事！」[7]

甚至比起自己被誹謗，雍正最開始更心疼岳鍾琪。前文提過，雍正非常迷信這些賭咒發誓的鬼怪之說，當他看到岳鍾琪為了破案不惜和張熙賭咒發誓、欺瞞上天時，雍正特別感動，特地寬慰岳鍾琪道：「覽至（誓盟），朕不禁淚流滿面，卿此一心，天祖鑑之。此等誓盟再無不消災滅罪、賜福延生之理。」[8]

岳愛卿，你的委屈朕看到了，朕心疼你啊，相信你的忠心上天也會看在眼裡。因此，你的誓言非但不會傷害你，反而會讓你延年益壽。不過曾靜、張熙畢竟意圖謀反，雍正安慰完岳鍾琪後，立刻採取行動，按照岳鍾琪給的名單抓人。

雍正先派叫海蘭[9]的欽差到湖南抓捕首犯曾靜，又讓浙江總督李衛去把張熙口供中提到的已故文人呂留良的家人抓起來，還把呂氏的書籍全部沒收，檢查其中的問題；最後，讓兩江總督范時繹派人按圖索驥，將剩下的涉案人員一網打盡。

這樣聲勢浩大的一場造反，最後的抓捕行動竟無比順利，連雍正都感慨：「大奇事……凡張熙開列名單所有之人，一人未曾免脫，皆就擒矣。」[10]

張熙供出來的十幾個人，包括曾靜在內，全部抓捕歸案，無一人逃脫。當雍正為案件順利偵破而開心時，讓他難受的事馬上就來了。在雍正的催促下，岳鍾琪還是把曾靜寫有雍正「十大罪狀」的那封信寄到中央。待雍正讀完後，瞬間就傻了：「朕覽逆書，驚訝墮淚覽之，夢中亦未料天下有人如此論朕也！」[11]

朕做夢都想不到，有人會把朕說成這個樣子！雍正立刻傳旨給海蘭，讓他抓到曾靜後務必問清楚，信中這些胡言亂語，尤其涉及皇家宮廷之事，曾靜一個山野秀才到底是從哪裡聽來的。

海蘭審問曾靜的口供還沒到，李衛倒是把剛查收的呂留良作品集先寄給雍正了。雍正再次火大。呂留良的書中內容充斥著「華夷之分，大於君臣之倫」的理論，言外之意就是：滿洲人不配做中國皇帝。更讓雍正「破防」的是，他還接到密報稱：多年以來，呂留良在浙江當地的影響力一直非常巨大，他死後不但有百姓修祠堂、供香火，甚至清朝的地方官上任時，往往會前去祭拜，以示對當地讀書人的尊重。更要命的是，據說雍正最信任的李衛在就任浙江總督時也去祭拜過呂留良。

這下子，雍正受不了了。倒不是認為李衛背叛自己，而是覺得呂留良太具迷惑性。連李衛這麼忠誠的人居然都被矇騙了！雍正的原話是：「呂留良一人為之宣導於前，是以舉鄉從風而靡也……總督李衛為大臣中公正剛直之人，亦於到任之時循沿往例，不得不為之贈送祠堂匾額，況他人乎？」[12]雍正對呂留良的恨意又上了一個臺階。

一波未平一波又起，雍正還沒想好怎麼處理呂留良，海蘭就把曾靜最新的口供送來了。說實話，曾靜的口供本身寫得不錯。他本就是個山野秀才，頗有文采，被抓後立刻就怕了，主動承認錯誤，不但自稱「彌天重犯」，而且一上來就說：「彌天重犯……平常有志於聖賢、大學之道，期勉躬行實踐，以副朝廷之望。」[13]我一直堅持努力學習、想報效朝廷，在監獄中還回憶起青春往事：聖祖皇帝賓天詔到，雖深山窮谷，亦莫不奔走悲號，如喪考妣。[14]

當初聽到康熙帝駕崩時，罪臣哭得可傷心了！我完全是因為信了呂留良的歪理邪說才誤入歧途。

曾靜的證詞雖然沒問題，可是往下一查就發現不對勁了。他發現關於自己的「十大罪狀」不是曾靜編出來的，而是老八允禩和老九允禟手下那些被問罪發配的嘍囉編造的。而且這幫嘍囉從京城發配到廣西等地的過程中，沿途一路散播。一傳十、十傳百，等曾靜聽到時，已經是湖南當地的第四手資訊。雍正無比慌張，謠言傳播的範圍太大，相當於這「十大罪狀」的謠言在某種程度上已經傳遍半個中國。

至此，「曾靜造反案」本身已經非常清晰，只是該如何解決、如何收場卻成為一大難題。案件的始作俑者曾靜正瘋狂認罪，處理他倒是不難。可是宣揚「滿洲人不配統治中國」的呂留良早就死了，該怎麼處理？最要命的是雍正「十大罪狀」的謠言極有可能已經人盡皆知。要不要闢謠？怎麼闢謠？都是問題。

雍正面對這一團亂麻時，究竟會如何抉擇呢？

三、「出奇料理」的結局

「出奇料理」這個詞是雍正說的，當時雍正為了徹查「十大罪狀」謠言的來源，把曾靜的發瘋信找人反覆謄抄，接著給從北京到廣西的省級行政長官每人都發了一份。最為感念雍正知遇之恩的河東總督田文鏡一收到信，立刻回覆說：「臣跪讀之下，實不禁切齒痛心，眥裂髮指，恨勿食其肉而寢其皮也。」[15]

曾靜必須殺，不殺不足以平民憤。這也是當時朝堂上的共識，曾靜意圖謀反，別說是死刑了，株連九族也合理合法。可是偏偏此時，雍正卻在奏摺朱批上答覆田文鏡說：「遇此異物，自然有一番奇料理。」[16]

換句話說，對曾靜的處理，雍正不想採用常規手段。那麼，雍正到底怎麼做呢？簡單來說，對曾靜，要輕放；對呂留良，要重懲；對謠言，則要親自闢謠。

雍正之所以做出這樣的決定是發現案子審到最後，要解決的不是某個具體的人，而是一種思想，需要他來回答「滿人到底配不配當中國的皇帝？」這個問題。

雍正當時先把宣揚「華夷有別」的呂留良一家都重懲了，他主持的判決原文是：呂留良、呂葆中俱著戮屍梟示。呂毅中著改斬立決。其孫輩俱應即正典型，朕以人數眾多，心有不忍，著從寬免死，發遣寧古塔，給與披甲人為奴。[17]

呂葆中是呂留良的兒子，父子二人當時已經死了，仍要扒出屍體，梟首示眾。呂留良唯一在世的兒子呂毅中被判了死刑並立即執行。呂留良的孫輩逃過死刑，被判集體流放。可是呂留良一家人實際上沒有參與造反，雍正的判決多少有些重了。

而另一邊，雍正對真正意圖謀反的曾靜、張熙師徒，非但沒殺，還主動給曾靜一千兩銀子當安家費。

雍正不殺曾靜、張熙的原因只有一個，在他眼中，曾靜活著比死了更有用，他要用曾靜去打一場思想上的輿論戰，向世人解釋清楚——雍正皇帝，愛新覺羅．胤禛到底是個什麼樣的人，以及滿洲人到底配不配統治中原。

正式靠曾靜打輿論戰之前，雍正還要親自出一本書，對各種針對他的謠言逐條進行闢謠。這本書就是《大義覺迷錄》。雍正這個皇帝真是挺有意思的，翻開《大義覺迷錄》，我們會發現不管多敏感的問題，雍正都敢毫不避諱地親自和你辯論到底，直到說明清楚。

例如開篇，他回應的問題就是「華夷之辯」和「君臣之分」到底哪個更重要，滿洲人到底配不配統治中原。這完全是古代版「真．清朝粉絲團團長」正面回應清朝的最大爭議。

而雍正筆下的回應文章也是一板一眼、有理有據，一開始就引經據典：「孔子曰：『故大德者必受命。』」意思是說，一個人、一個群體配不配統治天下要看其德行功績，而不能單純地看其地域血統。緊接著又說，滿洲人雖然在地域上屬於蠻夷，但「本朝之為滿洲，猶中國之有籍貫」。你們漢人不能對我們進行地域歧視，歷史上，「舜為東夷之人，文王為西夷之人，曾何損於聖德乎？」意思是說，舜和周文王也是蠻夷，難道他們就不是聖明的君主了？[18]

隨後，雍正開始講述清朝的德行功績。核心論點有三點：第一，從道義上講，「明之天下喪於流賊之手。」[19]明朝的天下不是滿洲人搶的，是老朱家自己弄丟的，我們入主中原只是順應天時。第二，從民生上講，「明代自嘉靖以後，君臣失德，盜賊四起……本朝定鼎以來，掃除群寇，寰宇義安……黃童白叟，一生不見兵革。」[20]我們滿洲人能讓天下更太平。第三，從版圖上講，「漢、唐、宋全盛之時，北狄西戎世為邊患……自我朝入主中土，君臨天下，並蒙古極邊諸部落俱歸版圖，是中國之疆土開拓廣遠，乃中國臣民之大幸。」[21]

滿洲開疆拓土，擴張的也是中國版圖，之前的漢、唐、宋時期，哪個朝代統治下的中國版圖都沒有滿洲人統治下的大，滿洲人對中國是有功的。雍正當年這套邏輯，他是皇帝，自然沒人敢反駁。但站在今天的角度來看，發現雍正有意忽略一個非常重要的問題，就是「功績」是個概念，「道德合法性」是另一個概念，有功績不代表政權合法。「華夷之辯」的流傳不是「呂留良們」故意搞事情，而是滿洲人從多爾袞入關開始，就實行非常明顯滿、漢有別的民族壓迫政策。因此，不是漢人先搞民族對立，是滿人最早預設滿、漢之分才激起漢民族的「華夷之辯」。

只不過，雍正做為滿洲皇帝的獨特身分，既不可能背叛自己的階級，也不可能背叛自己的民族，他願意和漢族知識分子討論民族問題和滿洲的合法性問題，還提出樸素的不分地域、血統的統一多民族國家概念，認同中國人的身分，在清朝的皇帝中，已經難能可貴了。清朝其他皇帝大多數壓根就不想討論什麼「華夷之辯」的問題，往往選擇殺人了事、消滅肉體。

假如說討論「華夷之辯」時，雍正還算頭腦清醒，後面辯解「十大罪狀」時，多少有些失態了。其中很多內容都是雍正最初看到曾靜的信件時，在極度氣憤的狀態下所寫的。雍正開篇就寫道：今以全無影響之談加之於朕，朕之心可以對上天，可以對皇考，可以共白於天下之億萬臣民。[22]

朕活到如今，年過五十，執政也有六、七年，朕對做過的事問心無愧，上對得起老天，中間對得起我父親，下對得起黎民百姓，沒什麼不能公之於眾。並且，雍正還解釋為什麼要親自澄清這一切：

若不就其所言明目張膽宣示播告，則魑魅魍魎不公然狂肆於光天化日之下乎？[23]

意思是說，朕要是不逐一闢謠，只怕惡語中傷會愈演愈烈。然而，雍正將「十大罪狀」逐一反駁辯白時，不可避免地將許多不足為外人道的宮廷祕聞也寫進去了：人家說他「謀父」，他就說從小到大康熙到底有多喜歡他，以及康熙駕崩那天晚上到底發生什麼事；人家說他「逼母」，他就說烏雅氏生病時，他是如何在床前伺候母親喝藥，烏雅氏病故時，他又是如何哭到昏迷。

人家說他「弒兄」，他就說大哥、二哥當初是如何惹怒父親，以至於最後被圈禁；人家說他「貪財」，他就開始細數執政以來修河堤、興水利、開農田、置軍備的多項大筆費用，卻沒向百姓們加徵過賦稅；人家說他「好殺」，他就說朕在位六、七年，其中四年的秋決問斬，刑部和廷議都暫停處決人犯，這豈能算是「好殺」？

人家說他「酗酒」、「淫色」，他就說按歷史記載，堯、舜，還有孔子這些先賢聖人都會喝酒，喝酒根本不是過錯，而且，朕壓根就不喝酒，哪來的「酗酒」之說？還有說朕好色的，誰不知道朕向來清心寡欲、崇尚佛法，誰來說說，朕到底好哪個妃子的色了？特別是說他「淫色」這一罪狀，估計雍正是被氣傻的，截至「曾靜案」爆發前，雍正登基的六、七年裡，只生過一個孩子，且孩子出生當天就夭折了。

人家說他「懷疑誅忠」，他特別誠實地回答說：朕真正處死的近臣只有三個，年羹堯、鄂倫岱和阿爾松阿。被判無期徒刑後死去的也只有兩個，蘇努[24]和隆科多。可是你們知道他們五人當初有多過分嗎？順勢將這些國家高官當年為非作歹的諸多故事傾訴而出。

人家說他「好諛任佞」，他就說朕又不是娃娃皇帝，朕當了四十多年的皇子，遭受多少罪才登基大寶，朕一天要批多少摺子、看多少人，朕這雙眼睛還能分不出來忠奸？朕手底下的大臣哪個不是靠勤政能幹升官？有誰是靠拍馬屁而平步青雲？

雍正唯一沒反駁的是「屠弟」這一條，但他的表述相當坦誠。直接說老八允禩和老九允禟這兩個弟弟：假使二人不死，將來未必不明正典刑。但二人之死，實係冥誅，眾所共知共見，朕尚未加以誅戮也！[25]

對阿其那和塞思黑這兩人，朕是動了殺心，不過他倆確實是暴斃而死，朕還沒來得及動手，「今逆賊乃加朕以屠弟之名……朕不辯亦不受也。」[26]

但有人非要說朕殘殺弟弟，朕不反駁，但也不接受。待把所有罪狀逐一批駁完後，雍正覺得這下總算都解釋清楚了，天下人一定知道自己是清白的。以至於，闢謠到最後還特別感慨地說：「朕見逆賊之書，坦然於中，並不忿怒，且可因其悖逆之語明白曉諭。俾朕數年來食寢不遑，為宗社蒼生憂勤惕厲之心，得白於天下後世，亦朕不幸中之大幸事也！」[27]

哼！藉著這次機會，倒是要讓天下人都知道，朕是個多麼好的皇帝。

《大義覺迷錄》正式出版後，此前逃過一死的曾靜、張熙師徒就派上用場了。這兩個人帶著這本書開始到處「現身說法」，表示書中說的全是真的，自己此前的造反行為完全是被謠言蒙蔽和聽信呂留良胡言的結果。

光靠曾靜、張熙去宣講還不夠，雍正還動用國家機器，從雍正八年開始，他要求全國各省各州縣，每個月都要派官員向百姓宣講《大義覺迷錄》，並且表示本書版權免費，全國各地都可以自行刊印。《大義覺迷錄》因此在雍正朝後期直接成為風靡全國的第一暢銷書。

雍正這次輿論戰的效果怎麼樣呢？只能說，《大義覺迷錄》肯定是廣受歡迎、備受追捧。只可惜，老百姓對雍正誇自己的話沒什麼興趣，他們的關注點全在雍正親口說的那些宮廷祕史、朝廷八卦——原來康熙死的時候，暢春園那麼亂啊，這還是皇家呢？滿人果然是蠻夷啊！還有年羹堯、隆科多，看看他們這些國家官員，出事前人模狗樣，原來背後做這些勾當啊！雍正不喝酒是真的嗎？他真能不喝酒？他肯定撒謊，別的闢謠估計也有問題，這「十大罪狀」說不定全是真的……

總之，《大義覺迷錄》的大規模宣講非但沒像雍正期待的樹立起良好形象，反倒讓關於自己的「十大罪狀」謠言傳遍每一個角落。

雍正十三年，這場關於《大義覺迷錄》的宣講已經持續整整五年了，雍正都駕崩了，新登基的乾隆帝實在忍不住，才終止這一系列荒唐的宣講。

乾隆的行事邏輯中，雍正親自闢謠這件事實在是辦得太蠢了，這些謠言有什麼可辯論的？敢誹謗皇家的人，有一個殺一個就好了。告訴天下：皇家是不允許討論，時間長了，沒人說了，神祕感就浮上來了，這樣皇家才能有威嚴。

雍正十三年十二月，乾隆連續下兩道聖旨：一是立刻把曾靜和張熙抓起來，淩遲處死，誹謗皇家、鼓動造反，怎麼可能平安無事呢？二是把《大義覺迷錄》所有副本全部收繳，放進宮存檔，民間一本都不許留，也不允許再有任何宣講和討論。

乾隆或許是想彌補雍正的錯誤、捍衛皇家尊嚴，但強行收繳《大義覺迷錄》的行為反倒讓百姓有了一種奇妙的想法：你看，關於雍正的罪狀果然都是真的，不然他兒子為什麼要把書都收回去呢？面對「曾靜案」時，雍正選擇下場辯論；而乾隆則選擇重刑威懾，最後兩個人都沒能洗白雍正，反而讓謠言愈演愈烈。

面對鋪天蓋地的謠言與「華夷之辯」的衝擊時，這兩位皇帝的不同做法，究竟誰對誰錯呢？無論是雍正推廣《大義覺迷錄》的做法，還是乾隆禁絕《大義覺迷錄》的做法，父子的目的都一樣，就是維護滿洲統治的合法性。

只不過，雍正在某種程度上自視為中原文化的繼承者，才會用儒家的觀點去論證合法性；而乾隆則認為滿洲對中原的統治本就是天命所歸，根本沒有討論的必要，有些事情愈討論，合法性愈模糊，倒不如直接殺人了事。

從實際效果而言，雍正的做法在當年肯定沒有達到效果，直到今天，《大義覺迷錄》的澄清聲明都屬於「愈描愈黑」的典型；可是乾隆的做法就一定對嗎？也許當年，乾隆壓住民間的聲音，但此後乾隆的統治期間，滿洲統治者的輿論環境始終持續惡化，乾隆在位六十年，但觸發的文字獄卻超過一百三十起，而康熙、雍正兩朝加在一起也才二、三十起。

雍正的故事就以《大義覺迷錄》做為句點吧。

注釋

（全書非引文出處的注釋，若無特殊說明，均為編者注）

第一章　治國用人：清世宗的偏愛與憎惡

1 負責滿漢文書翻譯的低級文官。

2 題目為編者所加。

3 北京故宮博物院編《文獻叢編全編》（第二冊），《文獻叢編》第一輯《雍親王致年羹堯書》，北京圖書館出版社，二〇〇八年，第四九〇頁。

4 同上。

5 康泰，清朝將領，曾隨軍出征噶爾丹，後官至四川提督。

6《年羹堯滿漢奏摺譯編》、《奏陳營伍積弊請暫加總督虛銜摺》，季永海等翻譯點校，天津古籍出版社，一九九五年，第二〇一頁。

7 北京故宮博物院編《文獻叢編全編》（第二冊），《文獻叢編》第一輯《雍親王致年羹堯書》，北京圖書館出版社，二〇〇八年，第四九〇頁。

8 傅恆：《平定準噶爾方略》前編，卷十二，四庫全書本，第一四頁a。

9《年羹堯滿漢奏摺譯編》，《奏謝自鳴表摺》，季永海等翻譯點校，天津古籍出版社，一九九五年，第二七六頁。

10 同上書，《條陳西海善後事宜摺》，第二九三頁。

11 怡親王第宅外觀宏廣，而內草率不堪。（蕭奭：《永憲錄》卷三）

12 中國第一歷史檔案館編：《雍正朝起居注冊》（第一冊），雍正二年十一月十五日，中華書局，一九九三年，第三七一頁。

13 同上書，第三七二頁。

14 張廷玉：《張廷玉年譜》，戴鴻義點校，中華書局，一九九二年，第六頁。

15 清內廷機構之一。原為康熙帝讀書處，後選翰林文人才品兼優者於此辦事，主要負責代擬諭旨，以備諮詢，講求學業。

16 康熙九年（一六七〇年）設置，負責記錄皇帝言行，修撰起居注，並為皇帝講讀經史。

17 張廷玉：《張廷玉年譜》，戴鴻義點校，中華書局，一九九二年，第一六頁。

18 富寧安，滿族鑲藍旗人，富察氏。康熙朝曾參與平定準噶爾的戰事，在雍正朝官至武英殿大學士。

19 李元度：《國朝先正事略（一）》卷十三，《名臣》，易孟醇校點，岳麓書社，二〇〇八年，第四〇九頁。

20 同上。

21 昭槤：《嘯亭雜錄》卷一，《寵待大臣》，中華書局，一九八〇年，第九頁。

22 同上。

23 清朝官員，歷仕康、雍、乾三朝，官至文淵閣大學士。

24 陳可冀主編《清宮醫案研究：橫排簡體字本》，〈大學士張廷玉用加味異功湯案〉，中醫古籍出版社，二〇〇三年，第二八三頁。

25 張廷玉：《張廷玉年譜》，戴鴻義點校，中華書局，一九九二年，第一一五頁。

26 張若澄，大學士張廷玉次子，在乾隆朝官至禮部侍郎。

27 見中國國家圖書館藏《張氏宗譜》卷之七，〈世系第二之六〉，清嘉慶十九年刻本，第四六頁。

28 佟佳氏，初為順治妃嬪，康熙即位後尊其為皇太后，死後加諡為孝康章皇后。

29 佟國維之女，孝康章皇后的侄女，康熙二十八年病重時冊封為皇后。

30 早年間為內務府包衣，於康熙四十一年出任步軍統領，康熙五十一年因「結黨會飲」案被懲治。

31 又稱梁九公，康熙朝時曾任太監總管，因「托合齊案」被囚禁，雍正即位後自縊。

32 北京故宮博物院編《文獻叢編全編》第二冊，《掌故叢編》第十輯〈年羹堯摺〉，北京圖書館出版社，二〇〇八年，第四二六頁。

33 也稱袞泰，滿洲人。原為著護軍統領，在隆科多後接任九門提督，後參與平定準噶爾的戰爭。

34 滿洲正白旗人，康熙朝官至山西巡撫，任期間多行腐敗之事且隱匿災情，雍正元年四月被革職，由諾岷接任山西巡撫一職。

35 《撫豫宣化錄》，張民服點校，中州古籍出版社，一九九五年，第三五頁。

36 《朱批諭旨》卷一百二十六之一，《朱批田文鏡奏摺》，四庫全書本，第四頁。

37 見《世宗憲皇帝上諭內閣》卷五十一，四庫全書本，第一三頁b。

38 指諾岷，滿洲正藍旗人。雍正元年任山西巡撫，為官清廉，在雍正三年因病請辭。

39 李紱，康熙進士，雍正四年授直隸總督。因參劾田文鏡貪虐事獲罪革職，在乾隆朝重新被起用，對理學深有研究。

40 《朱批諭旨》卷一百二十六之八，《朱批田文鏡奏摺》，四庫全書本，第二六頁b。

41 八旗制度。自順治朝起，上三旗為正黃旗、正白旗、鑲黃旗，下五旗為正紅旗、正藍旗、鑲白旗、鑲紅旗、鑲藍旗。

42 漢軍正白旗人。雍正朝初期任河南布政使，後升任廣東巡撫。為官勤政強幹，死後賜祭葬。

43《朱批諭旨》卷一百二十六之十一，《朱批田文鏡奏摺》，四庫全書本，第四頁a。
44《六部則例全書》是康熙朝官員鄂海編纂的法律文獻，規定六部官員的辦事規程及違制的處罰辦法等。
45由政府印製，發給商人用來支取及運銷食鹽的憑證。民間商人持有鹽引，方可販鹽。
46滿洲鑲黃旗人，康熙朝進士，官至廣東巡撫、浙江巡撫。
47滿洲正黃旗人，康熙五十四年任浙閩總督，全面整頓海防，雍正三年死於任上。
48臺北故宮博物院藏《宮中檔雍正朝奏摺》第六輯，雍正四年十一月二十日，第九〇一頁。
49《朱批諭旨》卷一百七十四之二，《朱批李衛奏摺》，四庫全書本，第五七頁b。
50清朝官員，曾任江南崇明總兵官，雍正九年繼李衛後任浙江總督。
51臺北故宮博物院藏《宮中檔雍正朝奏摺》第十九輯，雍正九年十二月初七日，第二三一頁。
52《朱批諭旨》卷一百七十四之十四，《朱批李衛奏摺》，四庫全書本，第三九頁a。
53楊鍾羲：《雪橋詩話》卷第七，吳興、劉承幹參校，北京古籍出版社，一九八九年，第三二四頁。
54轉引自宋媛媛：《直隸總督李衛與京畿治理研究》，碩士學位論文，河北大學歷史系，二〇一四年，第二八～二九頁。
55北京圖書館編《北京圖書館藏珍本年譜叢刊》（第九一冊），《襄勤伯鄂文端公年譜》，北京圖書館出版社，一九九九年，第五二六頁。
56《八旗滿洲氏族通普》成書於清朝前期，是鄂爾泰等人奉敕撰修的譜書，也是記錄滿洲姓氏的官方文獻，於乾隆九年（一七四四年）成書。
57北京圖書館編《北京圖書館藏珍本年譜叢刊》（第九一冊），《襄勤伯鄂文端公年譜》，北京圖書館出版社，一九九九年，第四五五頁。
58同上書，第四五八頁。

59 同上書，第四五九頁。

60 陳康祺：《郎潛紀聞三筆》卷十二，《鄂文端公戒弟彞泰之先見》，中華書局，一九八四年，第八六三頁。

61 北京圖書館編《北京圖書館藏珍本年譜叢刊》（第九一冊），《襄勤伯鄂文端公年譜》，北京圖書館出版社，一九九九年，第七三〇頁。

62 同上。

63 袁枚：《小倉山房文集》卷八，《武英殿大學士太傅鄂文端公行略》，見《小倉山房詩文集》，周本淳點校，上海古籍出版社，一九八八年，第一三三七頁。

64 昭槤：《嘯亭雜錄》卷十，《憲皇用鄂文端》，中華書局，一九八〇年，第三六六頁。

65 鄂爾泰：《寫懷八首·其一》，見《鄂爾泰文學家族詩集》，《文蔚堂詩集》，上海古籍出版社，二〇一八年，第八七～八八頁。

66 昭槤：《嘯亭雜錄》卷十，《憲皇用鄂文端》，中華書局，一九八〇年，第三六六頁。

67 北京圖書館編《北京圖書館藏珍本年譜叢刊》（第九一冊），《襄勤伯鄂文端公年譜》，北京圖書館出版社，一九九九年，第四八〇頁。

68 江蘇十禁：禁打降、禁唆訟、禁賭博、禁惡霸、禁遊民、禁賽會、禁婚嫁逾制、禁喪葬違禮、禁婦女入廟燒香、禁游方僧道。

69 《朱批諭旨》卷一百二十五之一，《朱批鄂爾泰奏摺》，四庫全書本，第六頁b。

70 漢軍正白旗人，清朝將領，雍正元年起署理江蘇巡撫。

71 中國第一歷史檔案館編《雍正朝漢文朱批奏摺彙編》（第四冊）《署江寧巡撫何天培奏代藩臣鄂爾泰叩謝諭訓摺》，江蘇古籍出版社，一九九一年，第一四二頁。

72 同上。

73 《朱批諭旨》卷一百二十五之一，《朱批鄂爾泰奏摺》，四庫全書本，第二三頁b—二四頁a。

74 藍鼎元：《鹿洲全集》（上冊）《鹿洲初集．論邊省苗蠻事宜書》，蔣炳釗、王鈿點校，廈門大學出版社，一九九五年，第三八頁。

75 袁枚：《小倉山房文集》卷八，《武英殿大學士太傅鄂文端公行略》，見《小倉山房詩文集》，周本淳點校，上海古籍出版社，一九八八年，第一三三七頁。

76 同上。

77 同上。

78 《朱批諭旨》卷一百二十五之四，《朱批鄂爾泰奏摺》，四庫全書本，第四八頁a。

79 同上書，第二六頁。

80 同上書，卷一百二十五之五，第三頁。

81 北京圖書館編《北京圖書館藏珍本年譜叢刊》（第九一冊），《襄勤伯鄂文端公年譜》，北京圖書館出版社，一九九九年，第六九五頁。

82 袁枚：《小倉山房文集》卷八，《武英殿大學士太傅鄂文端公行略》，見《小倉山房詩文集》，周本淳點校，上海古籍出版社，一九八八年，第一三三九頁。

83 綠營軍下級軍官，位於千總之下，正七品，負責巡守營地防區。

84 乾隆進士，考選陝西道監察御史，後官至左副都御史。乾隆七年因密奏留中事泄於鄂容安被革職投入獄中，後在獄中病逝。

85 滿洲鑲藍旗人，鄂爾泰長子，雍正朝進士，乾隆朝官至兵部侍郎。

86 鄂爾泰：《桐城太保和餘朝罷詩二章用元韻奉報．其二》，見《鄂爾泰文學家族詩集》，《文蔚堂詩集》，上海古籍出版社，二〇一八年，第七〇頁。

返場　鄂張黨爭：前朝舊臣的落幕

1 明生員，明末投靠後金政權，清軍入關後提出多項政策被採納，前後歷仕太祖、太宗、世祖、聖祖四朝。

2 張廷玉：《張廷玉年譜》，戴鴻義點校，中華書局，一九九二年，第四七頁。

3 儒家崇尚的最為隆重的敬老禮儀，此禮漢初創立，通常設「三老」、「五更」各一人，國君尊之以重禮，以示孝悌。隨著皇權不斷加強，該禮儀漸漸廢止。

4 吳晗輯《朝鮮李朝實錄中的中國史料》（下編），《李朝實錄》卷八，《英宗一》，中華書局，一九八〇年，第四四八九頁。

5 昭槤：《嘯亭雜錄》卷六，〈張文和之才〉，中華書局，一九八〇年，第一八三頁。

6 弘曆：《五詞臣五首．故刑部尚書張照》詩注，見《御製詩四集》卷五十九，四庫全書本，第四頁b。

7 昭槤：《嘯亭雜錄》卷一，〈不喜朋黨〉，中華書局，一九八〇年，第二〇頁。

8 滿洲鑲黃旗人，鈕祜祿氏。乾隆朝官至保和殿大學士，後征討大金川土司無功，被勒令自盡。

9 清官員，安徽桐城人。康熙朝曾因事受牽連入獄。乾隆初年擢內閣學士兼禮部侍郎，在乾隆七年辭官。

10 滿洲正白旗人，舒穆魯氏。乾隆朝歷任御史、兵部尚書等職，官至武英殿大學士兼軍機大臣加太保。

11 滿洲鑲藍旗人，瓜爾佳氏。曾因軍功授領侍衛內大臣，乾隆二十二年（一七五七年）獲罪被奪爵罷官，發配熱河。

12 見《奏為遵旨嚴審仲永檀鄂容安結黨營私一案按例定擬事》（乾隆七年），中國第一歷史檔案館藏，《朱批奏摺》，檔號：〇四－〇一－三〇－〇〇七五－〇六二；轉引自張一馳：《京官社交網路與盛清政治——以乾隆初年許王猷、仲永檀系列事件為例》，《史學月刊》二〇一七年第六期。

13 張廷玉：《和西林相國朝罷元韻二首》，見《澄懷園載賡集》卷四，清乾隆十三年刻本，安徽省圖書館藏，第二頁b；轉引自嚴萍：《張廷玉晚節考》、《安徽史學》二〇二〇年第六期。

14 鄂爾泰：《桐城太保和餘朝罷詩二章用元韻奉報．其一》，見《鄂爾泰文學家族詩集》，《文蔚堂詩集》，上海古籍出版社，二〇一八年，第七〇頁。

15 同上。

第二章　蕭牆奪嫡：四阿哥胤禛的登基之路

1 康熙二十年時，康熙就將自己的帝陵（景陵）提前修好了。

2 中國第一歷史檔案館編譯《康熙朝滿文朱批奏摺全譯》，《胤祉等奏請萬安摺》，中國社會科學出版社，一九九六年，第六八三頁。

3 胤祥：《月夜》，見北京故宮博物院編《清世宗御制文》附《交輝園遺稿》，海南出版社，二〇〇〇年，第三六一頁。

4 見《承政院日記》，戊申（雍正六年）四月初四日申時條。

5 電視劇《雍正王朝》中，允禩勾結隆科多，逼迫雍正恢復「八王議政」的祖制，提前得到消息的怡親王允祥暗中擒拿隆科多手下的帶兵提督，化解危機。

6 弘曉：《明善堂文集》卷之三，〈怡仁堂詩稿跋〉，第三二頁b。

7 胤禛：《和碩怡親王誄並序》，見北京故宮博物院編《清世宗御制文》，海南出版社，二〇〇〇年，第二四〇頁。

8 八王共治制度，由清太祖努爾哈赤設立，從天命七年（一六二二年）開始推行，雍正年間軍機處成立後此制遂廢。

9 溫達：《平定朔漠方略》卷三十三，四庫全書本，第三〇頁b。

10 中國第一歷史檔案館編譯《康熙朝滿文朱批奏摺全譯》，《皇太子胤礽奏為各部所奏摺》，中國社會科學出版社，一九九六年，第一二一頁。

11 標題為編者所加。

12 北京故宮博物院編《文獻叢編全編》（第三冊），《文獻叢編》第三輯《允禩允禟案續》，北京圖書館出版社，二〇〇八年，第一三六頁。

13 滿洲正黃旗人，康熙朝官員。曾任刑部尚書，在康熙四十六年調兵部尚書，後因「托合齊案」獲罪，處以絞刑。

14 康熙朝官員，曾任川陝總督，康熙四十八年調刑部尚書，因「托合齊案」獲罪被處以極刑。

15 吳晗輯《朝鮮李朝實錄中的中國史料》（下編），《李朝實錄》卷六，〈肅宗四〉，中華書局，一九八〇年，第四三二二頁。

16 中國第一歷史檔案館編《雍正朝起居注冊》（第一冊），雍正二年十二月十五日，中華書局，一九九三年，第三九六～三九七頁。

17 白晉：《康熙皇帝》，趙晨譯，劉耀武校，黑龍江人民出版社，一九八一年，第五八頁。

18 玄燁：《命裕親王福全、皇長子允禔帥師征厄魯特錫之以詩》，見《聖祖仁皇帝御制文第二集》卷四十四，四庫全書本，第一〇頁b。

19 滿語音譯，清代旗籍奴隸名。

20 玄燁：《賜皇子允禩》，見《聖祖仁皇帝御制文第二集》卷四十六，四庫全書本，第五頁b。

21 滿洲貴族，康熙二十四年封鎮國公，康熙四十七年緣事革退，康熙五十一年復封鎮國公。

22 雍正三年，天津州民人郭允進將該話語寫成傳單。

23 中國第一歷史檔案館編《雍正朝起居注冊》（第一冊），雍正二年四月初七日，中華書局，一九九三年，第二〇五頁。

24 見《世宗憲皇帝上諭八旗》卷四，四庫全書本，第四八頁a。

25 宋代詞人秦觀的後人。康熙四十二年時受康熙賞識被帶回京城，後指派給皇九子侍讀，雍正即位後受牽連入獄，乾隆元年被釋放。

26 北京故宮博物院編《文獻叢編全編》（第二冊），《文獻叢編》第一輯《允禩允禟案》，北京圖書館出版社，二〇〇八年，第五〇三頁。

27 同上。

28 同上書，第四九三頁。

29 滿洲正藍旗人，伊爾根覺羅氏。康熙三十五年，因軍功被授予雲騎尉世職，康熙四十一年授正藍旗蒙古都統。

30 康熙十八年進士，官至吏部郎中。為人剛直而遭忌恨被彈劾，後被革職返鄉。

31 康熙進士，初為翰林院編修，累遷內閣學士。康熙四十七年自認受賄被查處。

32 監生出身，任河南知府期間因私派濫徵等罪擬斬監候。

33 滿語、蒙語中，「巴圖魯」的意思是「勇敢」、「勇士」。

34 北京故宮博物院編《文獻叢編全編》（第三冊），《文獻叢編》第三輯《允禩允禟案續》，北京圖書館出版社，二〇〇八年，第一三六頁。

35 蕭奭：《永憲錄》卷一，中華書局，一九五九年，第六三頁。

36 胤禛：《大義覺迷錄》卷三，哈佛大學漢和圖書館藏本，第五二頁b。

37 跟隨允禟在西寧的筆帖式，將允禟教給他的自創文字教給弘暘。

38 見弘暘滿文書信，雍正朝（無具時），中國第一歷史檔案館藏；轉引自鄭小悠、橘玄雅、夏天：《九王奪嫡》，山西人民出版社，二〇二一年，第二〇一頁。

39 北京故宮博物院編《文獻叢編全編》（第三冊），《文獻叢編》第三輯《允禩允禟案續》，北京圖書館出版社，二〇〇八年，第一三六頁。

40 即格魯派，藏傳佛教教派之一。清順治時期，達賴五世活佛受冊封，此後格魯派在藏蒙等地區廣泛流傳。因該派喇嘛戴黃帽，俗稱「黃教」。

41 見《世宗憲皇帝上喻旗務議覆》卷八，四庫全書本，第八頁a。

42 中國第一歷史檔案館藏滿文朱批奏摺，允祉奏，無朝年，第二一二號；轉引自楊珍：《滿文密摺所見誠親王允祉與雍正帝胤禛》，載中國社會科學院歷史研究所、日本東方學會、大東文化大學編《第一屆中日學者中國古代史論壇文集》，中國社會科學出版社，二〇一〇年，第四四三頁。

43 滿洲正白旗人，曾參與平定吳三桂的叛亂，康熙三十四年任撫遠大將軍，次年隨康熙征噶爾丹，在昭莫多（位於今烏蘭巴托東）大敗準噶爾軍。後還京師，進一等公。

44 康熙五十二年進士，授編修，後官至工部尚書。

45 見《博野縣誌》卷六，《儒林》，新華出版社，一九九六年，第九頁a。

46 中國第一歷史檔案館整理《康熙起居注》，康熙五十六年三月初五日，中華書局，一九八四年，第二三六五頁。

47 中國第一歷史檔案館藏滿文奏摺，允祉奏，無朝年，第二一二號；轉引自楊珍：《滿文密摺所見誠親王允祉與雍正帝胤禛》，載中國社會科學院歷史研究所、日本東方學會、大東文化大學編《第一屆中日學者中國古代史論壇文集》，中國社會科學出版社，二〇一〇年，第四四三頁。

48 同上書，第四四四頁。

49 同上。

50 同上。

51 同上書，第四四五頁。

52 允祉從前過惡多端，不可枚舉。但因其心膽尚小，未必敢為大奸大惡之事。（《世宗憲皇帝上諭八旗》）

53 雍正皇帝第八子。

54 中國第一歷史檔案館編《雍正朝起居注冊》（第三冊），雍正六年二月初二日，中華書局，一九九三年，第一七六一頁。

55 秀才曾靜讀呂留良遺作，深受反清復明等思想的影響，反對清朝的統治。雍正六年，曾靜派門人投書川陝總督岳鍾琪，勸其造反，被岳告發下獄。審問後，雍正將該案相關上諭、曾靜的口供及懺悔之言集為《大義覺迷錄》，並將曾靜免罪釋歸。

56 北京故宮博物院編《文獻叢編全編》（第二冊），《文獻叢編》第一輯《允禩允禟案》，北京圖書館出版社，二〇〇八年，第五〇七頁。

57 北京故宮博物院編《文獻叢編全編》（第三冊），《文獻叢編》第三輯《允禩允禟案續》，北京圖書館出版社，二〇〇八年，第一三七頁。

58 同上。

59 清初數學家，康熙五十七年進士，康熙朝末年任翰林院編修，雍正朝升至侍講學士。

60 北京故宮博物院編《文獻叢編全編》（第三冊），《文獻叢編》第三輯《戴鐸奏摺》，北京圖書館出版社，二〇〇八年，第一二九頁。

61 滿洲鑲紅旗人。曾任西安副都統，康熙五十五年授西安將軍，康熙五十七年秋，與準噶爾軍交戰過程中陣亡。

62 見《允禩允禟案·張愷供詞》，出自北京故宮博物院編《文獻叢編全編》（第二冊），《文獻叢編》第一輯，北京圖書館出版社，二〇〇八年，第五〇八～五〇九頁。

63 北京故宮博物院編《文獻叢編全編》（第二冊），《文獻叢編》第一輯《允禩允禟案》，北京圖書館出版社，二〇〇八年，第五〇四頁。
64 同上，第五〇〇頁。
65 蒙古正白旗人，清前期測繪學家。康熙朝任一等侍衛，曾參與探視黃河河源等考察活動，在雍正朝升為議政大臣。
66 民間傳說人物，相傳她是明末思想家呂留良的後代，善於拳腳，江湖人稱「女俠呂四娘」，為報家族之仇刺殺雍正帝。
67 中國第一歷史檔案館編《雍正朝起居注冊》（第一冊），雍正二年十月二十八日，中華書局，一九九三年，第三五三頁。
68 《康熙起居注》（第六冊），康熙三十七年三月初二日，徐尚定點校，東方出版社，二〇一四年，第七二頁。
69 北京故宮博物院編《清世宗御制文》，《熱河閒詠七首·其二》，海南出版社，二〇〇〇年，第二七九頁。
70 同上書，《侍從興京謁陵二首·其二》，第二五五頁。
71 同上書，《恭謁五臺過龍泉關偶題》，第二八〇頁。
72 見雅爾江阿等滿文奏摺，康熙朝（無具時），中國第一歷史檔案館藏；轉引自鄭小悠、橘玄雅、夏天：《九王奪嫡》，山西人民出版社，二〇二一年，第六三頁。
73 見《聖祖仁皇帝御制文第三集》卷十四，《喻宗人府》，四庫全書本，第八頁 a。
74 中國第一歷史檔案館編《雍正朝起居注冊》（第一冊），雍正三年二月二十九日，中華書局，一九九三年，第四四三頁。
75 見《清朝文獻通考（一）》卷一百三十四，《王禮十》，考六〇一九，浙江古籍出版社，一九八八年。

76 雍正潛邸的策士。曾在福建任知府，康熙末年任四川布政使。

77 北京故宮博物院編《文獻叢編全編》（第三冊），《文獻全編》第三輯，《戴鐸奏摺》，北京圖書館出版社，二〇〇八年，第一二四頁。

78 同上書，第一二五頁。

79 胤禎：《大義覺迷錄》卷一，哈佛大學漢和圖書館藏本，第一七頁b～一八頁a。

80 清朝軍機處專門記錄皇帝諭旨的檔冊。

81 見《清朝文獻通考（一）》卷一百三十四，《王禮十》，考六〇一九，浙江古籍出版社，一九八八年。

82 見馬國賢：《清廷十三年：馬國賢在華回憶錄》，李天綱譯，上海古籍出版社，中央民族大學圖書館藏本，第一〇五頁。

83 北京故宮博物院編《文獻叢編全編》（第二冊），《掌故叢編》第十輯《年羹堯摺》，北京圖書館出版社，二〇〇八年，第四二六頁。

84 《朱批諭旨》卷一百七十四之九，《朱批李衛奏摺》，四庫全書本，第一二頁a。

85 孟森：《明清史講義》，中華書局，一九八一年，第四七一～四七二頁。

86 中國第一歷史檔案館整理《康熙起居注》，康熙二十六年六月初十日，中華書局，一九八四年，第一六四五頁。

87 中國第一歷史檔案館整理《康熙起居注》，康熙二十六年六月初十日，中華書局，一九八四年，第一六四五頁。

88 同上。

89 中國第一歷史檔案館編《雍正朝起居注冊》（第一冊），雍正二年十月十七日，中華書局，一九九三年，第三四〇頁。

90 見《清朝文獻通考（二）》卷二百四十一，《帶系三》，考七〇〇四，浙江古籍出版社，一九九八年。

91 編纂於康熙年間的算書，是《律曆淵源》的第二部分。《數理精蘊》共五十三卷，全面而系統地介紹明末以來傳入中國的西方數學和當時流行的傳統數學。

92 見馬國賢：《清廷十三年：馬國賢在華回憶錄》附錄《康熙朱筆刪改德理格馬國賢上教王書稿》，李天綱譯，上海古籍出版社，中央民族大學圖書館藏本，第一五頁。

93 出自第五代莊親王後人所整理的皇十六子胤祿虎槍銘文，見郭招金：《末代皇朝的子孫》，團結出版社，一九九一年，第二六〇頁。

94 愛新覺羅．皇太極第五子之子。

95 鐵帽子王是清代對受封王爵並得以世襲罔替者的俗稱。清初加世襲罔替者有睿、禮、鄭、豫、肅、莊六親王及克勤、順承兩郡王，俗稱「八鐵帽子王」。

96 中國第一歷史檔案館編：《雍正朝起居注冊》（第五冊），雍正八年五月初九日，中華書局，一九九三年，第三六二四頁。

97 同上書，第三六二四頁b。

98 同上。

99 章嘉．若貝多傑：《七世達賴喇嘛傳》，蒲文成譯，中國藏學出版社，二〇〇六年，第一二一頁。

100 鄭燮：《板橋自序》，載《鄭板橋詩文集注》，王慶德注，文化藝術出版社，二〇一四年，第二三〇頁。

101 允禧：《喜得板橋書自濰縣寄到》，見北京故宮博物院藏南京徐石橋捐贈紫瓊道人《喜得板橋書自濰縣寄到》墨蹟。

第三章　阿哥之外：被遺忘的滿洲公主

1 滿洲入關後，十代君主，共計生育皇子八十四人，皇女六十二人。

2 鄂爾泰、張廷玉等編纂《國朝宮史》卷之二《訓諭二》，北京古籍出版社，一九九四年，第八頁。

3 中國第一歷史檔案館譯編《雍正朝滿文朱批奏摺全譯》，《科爾沁純慎固倫公主奏請賞兒媳格格封號摺》，黃山書社，一九九八年，第六七五頁。

4 同上。

5 中國社會科學院歷史研究所清史研究院編《清史資料》第五輯《張誠日記》，中華書局，一九八四年，第二〇四頁。

6 李兆洛輯《皇朝文典》卷四十六《封榮憲固倫公主冊文》，哈佛大學燕京圖書館藏本，第二頁a。

7 中國第一歷史檔案館編譯《康熙朝滿文朱批奏摺全譯》，《胤祉等奏二公主病情及為二公主重新看房請旨摺》，中國社會科學出版社，一九九六年，第九一七頁。

8 同上。

9 同上。

10 皇后、皇貴妃、貴妃、妃、嬪、貴人、常在、答應。

11 中國第一歷史檔案館藏滿文朱批奏摺，圖巴等奏；轉引自楊珍《康熙皇帝一家》，學苑出版社，一九九四年，第二八九頁。

12 同上。

13 李兆洛輯《皇朝文典》卷五十六《和碩溫憲公主祭文》，哈佛大學燕京圖書館藏本，第三頁a。

14 同上。

15 輕車都尉，一個爵位不高的小封號。

16 中國第一歷史檔案館譯編《雍正朝滿文朱批奏摺全譯》，《喀爾喀副將軍策稜奏謝賞賜御筆福字摺》，黃山書社，一九九八年，第一四九三頁。

17 楊珍：《康熙皇帝一家》，學苑出版社，一九九四年，第二九五頁。

18 準噶爾汗國宰桑（宰相），曾多次做為準噶爾的使臣訪京。

19 中國第一歷史檔案館編譯《康熙朝滿文朱批奏摺全譯》，《胤祉等奏報八公主產下雙胎後死亡摺》，中國社會科學出版社，一九九六年，第六二九頁。

20 中國第一歷史檔案館藏滿文朱批奏摺，關保等奏；轉引自楊珍《康熙皇帝一家》，學苑出版社，一九九四年，第三〇二頁。

返場　父親康熙：「聖父聖子」構想的破產

1 錢儀吉：《碑傳集》卷十八，《康熙朝部院大臣上之下．沈荃傳》，中華書局，一九九三年，第五七二頁。

2 見《清聖祖御制詩文集第二集》卷三，《諭禮部》，四庫全書本，第七頁a。

3 中國第一歷史檔案館整理《康熙起居注》，康熙二十五年四月二十六日，中華書局，一九八四年，第一四八五～一四八六頁。

4 同上書，康熙二十六年六月初十日，第一六四五頁。

5 同上書，康熙二十六年六月初九日，第一六四一頁。

6 同上書，康熙二十六年六月初二日，第一六三五頁。

7 中國第一歷史檔案館整理《康熙起居注》，康熙五十七年二月二十六日，中華書局，一九八四年，第二四九二頁。

8 孟森：《清史講義》，中華書局，二〇〇六年，第二一三頁。

9 吳晗輯《朝鮮李朝實錄中的中國史料》（下編），《李朝實錄》卷六，《肅宗四》，中華書局，一九八〇年，第四三三三頁。

第四章　朝乾夕惕：雍正帝繼位後的日子

1 胤禛：《大義覺迷錄》卷一，哈佛大學漢和圖書館藏本，第三三頁b。
2 見《世宗憲皇帝上諭內閣》卷二十六，四庫全書本，第九頁b。
3 中國第一歷史檔案館譯編《雍正朝滿文朱批奏摺全譯》，《閩浙總督滿保奏報總督衙門每年各項進銀數目摺》，黃山書社，一九九八年，第二三頁。
4 見《世宗憲皇帝上諭內閣》卷二，四庫全書本，第一九頁b～二〇頁a。
5 中國第一歷史檔案館編《雍正朝漢文朱批奏摺彙編》（第二冊）《和碩怡親王允祥等奏請查三庫錢糧請準虧空官員限內賠補摺》，江蘇古籍出版社，一九九一年，第七九〇頁。
6 中國第一歷史檔案館編《雍正朝起居注冊》（第一冊），雍正二年十一月十三日，中華書局，一九九三年，第三六六頁。
7 同上。
8 同上。
9 見《世宗憲皇帝上諭內閣》卷四，四庫全書本，第二一頁b。
10 同上書，卷十九，第九頁a。
11 蕭奭：《永憲錄》卷二下，中華書局，一九五九年，第一三七頁。
12 中國第一歷史檔案館編《雍正朝起居注冊》（第一冊），雍正三年二月二十七日，中華書局，一九九三年，第四三七頁。

13 同上。

14 中國第一歷史檔案館編《雍正朝起居注冊》（第二冊），雍正五年二月初三日，中華書局，一九九三年，第九六三頁。

15 雍正元年，雍正命執掌封駁的吏、戶、禮、兵、刑、工六科轉歸都察院管理，實現「臺省合一」。

16 《朱批諭旨》卷一百二十六之一，《朱批田文鏡奏摺》，四庫全書本，第四五頁a。

17 滿洲鑲黃旗人，鈕祜祿氏，累官至領侍衛內大臣、刑部尚書。曾與其父阿靈阿積極擁立允禩為太子，後因此獲罪，在雍正四年被處死。

18 《朱批諭旨》卷一百二十六之二，《朱批田文鏡奏摺》，四庫全書本，第三頁a。

19 胤禛：《暮春有感》，見北京故宮博物院編《清世宗御制文》，海南出版社，二〇〇〇年，第三三八頁。

20 北京故宮博物院編《文獻叢編全編》（第一冊），《掌故叢編》第三輯《鄂爾泰摺》，北京圖書館出版社，二〇〇八年，第二四六頁。

21 中國第一歷史檔案館編《雍正朝起居注冊》（第二冊），雍正五年十月初三日，中華書局，一九九三年，第一五一二頁。

22 北京故宮博物院編《清世宗御制文》，海南出版社，二〇〇〇年，第一二三～一二四頁。

23 中國第一歷史檔案館編《雍正朝漢文朱批奏摺彙編》（第四冊），《河南巡撫田文鏡奏謝著部議敘買米微勞摺》，江蘇古籍出版社，一九九一年，第一九〇頁。

24 中國第一歷史檔案館編《雍正朝漢文朱批奏摺彙編》（第一冊），《山東布政使佟吉圖奏繳御批並請曲賜矜憐摺》，江蘇古籍出版社，一九九一年，第六一三頁。

25 中國第一歷史檔案館編《雍正朝漢文朱批奏摺彙編》（第十冊）《都察院左都御史甘汝來奏報緝獲劫獄逃犯莫東望摺》，江蘇古籍出版社，一九九一年，第六八三頁。

26 中國第一歷史檔案館編《雍正朝漢文朱批奏摺彙編》（第四冊），《河南巡撫田文鏡奏謝著部議敘買米微勞摺》，浙江古籍出版社，一九九一年，第一八九頁。
27 同上。
28 同上。
29 同上。
30 同上書，第一九〇頁。
31 中國第一歷史檔案館編《雍正朝漢文朱批奏摺彙編》（第一八冊），《河東總督田文鏡奏謝恩賜養益丹方暨鹿角摺》，浙江古籍出版社，一九九一年，第七三九頁。
32 滿洲正黃旗人，完顏氏，康熙末年授江南江西總督。雍正年間參與征討準噶爾的戰爭，於雍正八年遇敵擊而身死。
33 中國第一歷史檔案館譯編《雍正朝滿文朱批奏摺全譯》，《兩江總督查弼納奏報整飭驛站營伍等情摺》，黃山書社，一九九八年，第二七七頁。
34 同上書，《山西巡撫諾岷奏請調轉現任之員以便清查虧欠摺》，第三五一頁。
35 臺北故宮博物院：《年羹堯奏摺專輯（下）》，《奏謝鹿尾摺》，臺北故宮博物院，一九七一年，第八五八頁。
36 中國第一歷史檔案館藏檔，雍正帝「朱諭」，第十二函；轉引自馮爾康主編《清朝通史六・雍正朝分卷》，紫禁城出版社，二〇〇三年，第一三五頁。
37 北京故宮博物院編《文獻叢編全編》（第二冊），《掌故叢編》第十輯《年羹堯摺》，北京圖書館出版社，二〇〇八年，第四四一頁。
38 臺北故宮博物院：《年羹堯奏摺專輯（下）》，《論年羹堯酌量支用錢糧事》，臺北故宮博物院，一九七一年，第七五九頁。

39 中國第一歷史檔案館編《清代皇帝御批真跡選（二）：雍正皇帝御批真跡》，西苑出版社，一九九五年，第一〇〇頁。

40 《朱批諭旨》卷十下，《朱批李維鈞奏摺》，四庫全書本，第二九頁a。

41 《朱批諭旨》卷一上，《朱批范時繹奏摺》，四庫全書本，第五三頁b。

42 《朱批諭旨》卷一百十六，《朱批祖秉衡奏摺》，四庫全書本，第五頁b～六頁a。

43 《朱批諭旨》卷十一上，《朱批陳時夏奏摺》，四庫全書本，第五六頁。

44 同上書，第五七頁。

45 滿洲鑲黃旗人，章佳氏。雍正元年進士，在雍正朝官至雲貴廣西總督。尹繼善擅詩詞，著有《尹文端集》。

46 《朱批諭旨》卷二百二十三中，《朱批尹繼善奏摺》，四庫全書，第一一頁。

47 《年羹堯滿漢奏摺譯編》，《奏報抵署日期並謝蒙陛見摺》，季永海等翻譯點校，天津古籍出版社，一九九五年，第三一〇頁。

48 弘曆：《眼鏡》，見《御製詩四集》卷二十七，四庫全書本，第三四頁a。

49 同上，第七頁a。

50 胤禛：《御選語錄序選》，《歷代禪師後集後序》，中華書局，二〇一四年。

51 胤禛：《燒丹》，見北京故宮博物院編《清世宗御制文》，海南出版社，二〇〇〇年，第三一六頁。

52 臺北故宮博物院藏《宮中檔雍正朝奏摺》第六輯，雍正四年九月十九日，第六〇六頁。

53 見《世宗憲皇帝上諭內閣》卷六十，四庫全書本，第一五頁b。

54 同上。

55 《朱批諭旨》卷一百二十五之九，《朱批鄂爾泰奏摺》，四庫全書本，第三〇頁b。

56 漢代流傳下來的緯書之一，其內容多為天人感應、符瑞災異，兼載古代傳說與解說經義之語。

57 加斯東·加恩：《彼得大帝時期的俄中關係史》，商務印書館，一九〇八年，第二三五頁。

58 中國第一歷史檔案館編《雍正朝漢文朱批奏摺彙編》（第五冊）《雲南布政使李衛奏陳開化府與交趾界地方情形摺》，江蘇古籍出版社，一九九一年，第一二〇頁。

59 同上書，第一二一頁。

60 中國第一歷史檔案館編《雍正朝漢文朱批奏摺彙編》（第九冊）《陝西總督岳鍾琪奏覆派兵隨欽差進藏保護達賴喇嘛並等久安長治之策摺》，江蘇古籍出版社，一九九一年，第一四七頁。

61 臺北故宮博物院藏《宮中檔雍正朝奏摺》第十輯，雍正六年四月二十九日，第三六九頁。

62 昭槤：《嘯亭雜錄》卷十，《書光顯寺戰事》，中華書局，一九八〇年，第三五九頁。

63 清代掌管宮廷演劇事務的機構，隸屬於內務府，在道光年間改名為升平署。

64 中國第一歷史檔案館編《掌故叢編》，《聖祖諭旨二》，中華書局，一九九〇年，第五二頁。

65 中國第一歷史檔案館編《掌故叢編》，《聖祖諭旨二》，中華書局，一九九〇年，第五二頁。

66 清宮內務府造辦處記載日常承領各項活計的檔冊總稱。

67 中國第一歷史檔案館、香港中文大學文物館合編《清宮內務府造辦處檔案總匯二》，雍正五年五月二十九日，人民出版社，二〇〇五年，第四七六頁。

68 吳振棫：《養吉齋叢錄》，《養吉齋餘錄》卷三，中華書局，二〇〇五年，第三六九頁。

69 佚名繪。雍正皇帝眾多行樂圖中的一冊，該圖冊中，雍正的裝束十分多樣，很多幅畫中，雍正均著漢族衣冠，做文人裝扮，模仿歷史上或傳說中的人物，如偷桃的東方朔，題壁的蘇東坡，在竹林撫琴的阮籍等；此外亦有做少數民族打扮。最奇特的一幅，雍正戴著西洋假髮，身著西裝，儼然歐洲人。

70 見文前插圖《胤禛行樂圖冊（十三頁）08》。

71 見文前插圖《胤禛行樂圖冊（十三頁）02》。

72 見文前插圖《胤禛行樂圖冊（十三頁）12》。

73 見文前插圖《胤禛行樂圖冊（十三頁）01》。

74 見文前插圖《胤禛行樂圖冊（十三頁）13》。

75 見文前插圖《胤禛行樂圖冊（十三頁）10》。

76 見文前插圖《胤禛行樂圖冊（十三頁）07》。

77 清皇宮內管理手工作坊的機構。

78 一套按春、夏、秋、冬四季和十二個月順序而畫的圖軸，共十二幅。該圖軸的畫作主要繪製的是山水、樓閣等景物，其中所繪的人物較小，但細緻、逼真，較好地表現雍正的日常生活。

79 即《御制耕織圖》，又名《佩文齋耕織圖》。該作不分卷，康熙帝題詩，焦秉貞繪圖，朱圭、梅玉鳳鐫刻，清康熙五十三年刊印。該組圖有耕圖、織圖各二十三幅，共計四十六幅圖。

80 指《雍正像耕織圖冊》，其內容和規格完全仿照焦氏本，不同的是圖中主要人物如農夫、蠶婦等均為胤禛及其福晉等人的肖像。該圖冊現存五十二頁，有六頁為未定稿的衍頁，其餘四十六頁均有胤禛親筆題寫的五言律詩並加蓋「雍親王寶」、「破塵居士」二印。

81 詳見文前康熙《御制耕織圖》（康熙三十五年彩繪本）與《雍正像耕織圖冊》（第二開．耕）的對比。

82 中國第一歷史檔案館、香港中文大學文物館合編《清宮內務府造辦處檔案滙總三》，雍正六年五月初五日，人民出版社，二〇〇五年，第七四頁。

83 中國第一歷史檔案館、香港中文大學文物館合編《清宮內務府造辦處檔案滙總三》，雍正七年十月十八日，人民出版社，二〇〇五年，第六七〇頁。

84 張廷玉：《澄懷園語》卷一，見葛元煦輯《嘯園叢書》，清光緒年間刻本。

85 《內務府為養鷹犬房辦買餵食肉等用銀按月向廣儲司領取事奏案》，乾隆六年內務府奏案，中國第一歷史檔案館藏。

86 中國第一歷史檔案館、香港中文大學文物館合編《清宮內務府造辦處檔案總匯二》，雍正五年正月十二日，人民出版社，二〇〇五年，第七五八頁。

87 中國第一歷史檔案館、香港中文大學文物館合編《清宮內務府造辦處檔案總匯二》，雍正五年三月初四日，人民出版社，二〇〇五年，第四四六頁。

88 中國第一歷史檔案館、香港中文大學文物館合編《清宮內務府造辦處檔案總匯三》，雍正六年二月初十日，二〇〇五年，第三〇頁。

第五章　祕密立儲：雍正朝的後奪嫡時代

1 見《世宗憲皇帝上諭內閣》卷七十四，四庫全書本，第五頁a。

2 同上書，卷三十，第九頁。

3 滿洲鑲紅旗人，棟鄂氏。兼通滿漢文，曾跟隨康熙征噶爾丹。

4 北京故宮博物院編《文獻叢編全編》（第二冊），《文獻叢編》第一輯《雍親王致年羹堯書》，北京圖書館出版社，二〇〇八年，第四九〇頁。

5 史松：《雍正研究》，遼寧民族出版社，二〇〇九年，第一九二頁。

6 王安國：《朱子年譜序》，見王懋竑《朱子年譜》，中華書局，一九九八年，第二頁。

7 《白田王公年譜稿》，廣陵書社，二〇〇八年，第五九～六〇頁。

8 同上，第六二頁。

9 王懋竑：《白田草堂存稿》，《行狀》，哈佛大學燕京圖書館藏本，第八頁。

10 《宮中檔雍正朝奏摺》第二十六輯，第二九一頁；轉引自楊珍《雍正殺子辨疑》，《清史研究》，一九九二年第三期。
11 同上。
12 中國第一歷史檔案館編《雍正朝漢文朱批奏摺彙編》（第十冊）《陝西與漢總兵劉世明奏親弟交遊匪類請斥革議處及飭屬跴緝楊廷選摺》，江蘇古籍出版社，一九九一年，第五七二頁。
13 啟功口述，趙仁珪、章景懷整理：《啟功口述歷史》，北京師範大學出版社，二〇〇四年，第一二頁。
14 弘晝：《稽古齋全集》，《御制序》，清乾隆十一年刊本，第二頁a～三頁a。
15 弘晝：《稽古齋全集》卷五《祭叔父怡賢親王文》，清乾隆十一年刊本，第四七頁。
16 弘晝：《稽古齋全集》，《自序》，清乾隆十一年刊本，第三三頁a。
17 同上書，卷四，第一三頁a。
18 弘晝：《稽古齋全集．序》，清乾隆十一年刊本，第一〇頁a。
19 弘曆：《御制樂善堂全集定本》，《庚戌年原序》，四庫全書本，第一〇頁a。
20 同上書，第一一頁a。
21 弘曆：《御制樂善堂全集定本》，《庚戌年原序》，四庫全書本，第一一頁b～一二頁a。
22 同上書，第一九頁b～二〇頁a。
23 昭槤：《嘯亭雜錄》卷一，《殺訥親》，中華書局，一九八〇年，第一四頁。
24 昭槤：《嘯亭雜錄》卷六，《和王預凶》，中華書局，一九八〇年，第一七八頁。
25 同上，第一七九頁。
26 同上。
27 弘曆：《獅子園二首》，收入《御製詩初集》卷十六，四庫全書本，第一三頁b～一四頁a。

28 中國第一歷史檔案館藏《內務府奏案》；轉引自韓曉梅《乾隆帝革去弘　親王爵位始末探析》，《吉林師範大學學報（人文社會科學版）》，二〇一九年第三期。

29 昭槤：《嘯亭雜錄》卷六，《果恭王之儉》，中華書局，一九八〇年，第一八一頁。

30 滿洲正白旗人，乾隆十三年以太子太保、大學士任軍機大臣，乾隆二十九年（一七六四年）卒於任上。

31 中國第一歷史檔案館編《乾隆朝滿文寄信檔譯編》（第四冊），轉引自韓曉梅《乾隆帝革去弘　親王爵位始末探析》，《吉林師範大學學報（人文社會科學版）》，二〇一九年第三期。

32 滿洲正白旗人，鈕祜祿氏，訥親之弟。

33 昭槤：《嘯亭雜錄》卷六，《果恭王之儉》，中華書局，一九八〇年，第一八一頁。

34 清自雍正朝起綜合記載皇帝諭旨的檔冊，彙集清帝日常發布和密寄的重要政令，並附抄有與之直接相關的敕諭和公文書。

35 中國第一歷史檔案館藏《軍機處上諭檔》（乾隆二十八年五月十三日），轉引自韓曉梅《乾隆帝革去弘　親王爵位始末探析》，《吉林師範大學學報（人文社會科學版）》，二〇一九年第三期。

36 同上。

37 中國第一歷史檔案館藏《軍機處滿文上諭檔》，轉引自韓曉梅《乾隆帝革去弘瞻親王爵位始末探析》，《吉林師範大學學報（人文社會科學版）》，二〇一九年第三期。

38 中國第一歷史檔案館編《乾隆朝滿文寄信檔譯編》，轉引自韓曉梅《乾隆帝革去弘瞻親王爵位始末探析》，《吉林師範大學學報（人文社會科學版）》，二〇一九年第三期。

39 弘曆：《多羅果恭郡王碑文》，見伊利民主編《河北滿族蒙古族碑刻選編》，作家出版社，二〇〇七年，第一三〇頁。

40 弘曆：《龍翰福先生》詩注，收入《御制詩四集》卷五十八，四庫全書本，第九頁a。

41 弘曆：《遊獅子園》詩注，收入《御制詩五集》卷九十一，四庫全書本，第六頁b。

42 同上。

43 弘曆：《避暑山莊紀》，收入《御制文二集》卷十二，四庫全書本，第六頁a。

44 弘曆：《御制樂善堂全集定本》《庚戌年原序》，四庫全書本，第一頁b。

45 謝濟世：《梅莊雜著》《進〈學庸注疏〉疏》，黃南津、蔣欽揮、廖集玲、石勇校注，廣西人民出版社，二〇〇一年，第一七頁。

46 明、清兩代由公家給以膳食的生員。

47 清朝官員。康熙五十一年進士，雍正四年考選浙江道御史，因堅持參劾田文鏡被革職，在乾隆即位後補江南道御史。

48 吳晗輯《朝鮮李朝實錄中的中國史料》（下編），《李朝實錄》卷九，《英宗二》，中華書局，一九八〇年，第四五一八頁。

49 收錄乾隆帝詩文的官修作品集，共五集，四百三十四卷。

50 弘曆：《覽舊作志懷》，收入《御製詩初集》卷一，四庫全書本，第四頁a。

51 吳晗輯《朝鮮李朝實錄中的中國史料》（下編），《李朝實錄》卷六，《肅宗四》，中華書局，一九八〇年，第四三三四頁。

52 康熙朝養心殿的工匠，康熙五十五年違制為弘皙打造琺瑯火鏈，事發後被杖笞、流放。

53 中國第一歷史檔案館譯編《雍正朝滿文朱批奏摺全譯》，《和碩廉親王允禩等奏請供給理郡王弘皙生活用品事摺》，黃山書社，一九九八年，第九一〇頁。

返場　《大義覺迷錄》始末：一個皇帝的自我辯白

1 胤禛：《大義覺迷錄》卷三，哈佛大學漢和圖書館藏本，第一三頁a。

2 北京故宮博物院編《文獻叢編全編》（第三冊），《文獻叢編》第二輯《張倬投書案》，北京圖書館出版社，二〇〇八年，第七九頁。

3 滿洲官員，參與「張倬投書案」的會審，乾隆朝因遣家人詐索錢財而獲罪抄家。

4 滿洲正黃旗人，烏雅氏，乾隆朝官至雲貴總督、湖廣總督。

5 中國第一歷史檔案館編《雍正朝漢文朱批奏摺彙編》（第一三冊），《川陝總督岳鍾琪奏報張倬供吐夥黨情由摺》，江蘇古籍出版社，一九九一年，第五七一頁。

6 同上。

7 北京故宮博物院編《文獻叢編全編》（第三冊），《文獻叢編》第二輯《張倬投書案》，北京圖書館出版社，二〇〇八年，第八四頁。

8 中國第一歷史檔案館編《雍正朝漢文朱批奏摺彙編》（第一三冊），《川陝總督岳鍾琪奏報張倬供吐夥黨情由摺》，江蘇古籍出版社，一九九一年，第五七一頁。

9 指正白旗副都統覺羅海蘭。

10 北京故宮博物院編《文獻叢編全編》（第二冊），《文獻叢編》第一輯《張倬投書岳鍾琪案》，北京圖書館出版社，二〇〇八年，第五三六頁。

11 同上書，第五三一頁。

12 胤禛：《大義覺迷錄》卷四，哈佛大學漢和圖書館藏本，第一三頁b～一四頁a。

13 同上書，卷三，第一四頁b。

14 胤禛：《大義覺迷錄》卷一，哈佛大學漢和圖書館藏本，第五五頁b。

15 中國第一歷史檔案館編《雍正朝漢文朱批奏摺彙編》（一五冊），《河東總督田文鏡奏覆聖訓事宜並繳朱批摺》，江蘇古籍出版社，一九九一年，第三四五頁。

16 同上。

17 卞僧慧：《呂留良年譜長編．後譜》卷十四，中華書局，二〇〇三年，第三九七頁。

18 胤禛：《大義覺迷錄》卷一，哈佛大學漢和圖書館藏本，第二頁b～四頁a。

19 同上書，第六頁b。

20 同上書，第三頁b～四頁a。

21 同上書，第五頁。

22 同上書，第一五頁a。

23 同上。

24 滿洲鑲紅旗人，清宗室，康熙末年被封為貝勒。雍正即位後，蘇努做為「八爺黨」成員被清算，於雍正二年在發配地死去。

25 胤禛：《大義覺迷錄》卷一，哈佛大學漢和圖書館藏本，第二八頁a。

26 同上書，第二九頁b。

27 同上書，第五二頁。

HISTORY 124

何以為雍正？：從蓄勢隱忍到權力巔峰

作　者—李正
副總編輯—邱憶伶
責任編輯—陳映儒
封面設計—兒日
內頁設計—張靜怡

董事長—趙政岷
出版者—時報文化出版企業股份有限公司
一〇八〇一九臺北市和平西路三段二四〇號三樓
發行專線—（〇二）二三〇六—六八四二
讀者服務專線—〇八〇〇—二三一—七〇五
（〇二）二三〇四—七一〇三
讀者服務傳真—（〇二）二三〇四—六八五八
郵撥—一九三四四七二四時報文化出版公司
信箱—一〇八九九臺北華江橋郵局第九九信箱

時報悅讀網—http://www.readingtimes.com.tw
電子郵件信箱—newstudy@readingtimes.com.tw
時報出版愛讀者粉絲團—https://www.facebook.com/readingtimes.2
法律顧問—理律法律事務所　陳長文律師、李念祖律師
印　刷—華展印刷有限公司
初版一刷—二〇二三年十二月二十九日
初版二刷—二〇二四年八月十二日
定　價—新臺幣五二〇元
（缺頁或破損的書，請寄回更換）

時報文化出版公司成立於一九七五年，
一九九九年股票上櫃公開發行，二〇〇八年脫離中時集團非屬旺中，
以「尊重智慧與創意的文化事業」為信念。

何以為雍正？：從蓄勢隱忍到權力巔峰／李正著. -- 初版. -- 臺北市：時報文化出版企業股份有限公司, 2023.12
432 面；14.8×21 公分. --（History；124）
ISBN 978-626-374-768-5（平裝）

1. CST：清世宗　2. CST：傳記

627.3　　112021291

本作品中文繁體版透過成都天鳶文化傳播有限公司代理，經中南博集天卷文化傳媒有限公司授予時報文化出版企業股份有限公司獨家出版發行，非經書面同意，不得以任何形式，任意重製轉載。

ISBN 978-626-374-768-5
Printed in Taiwan